HERMES

在古希腊神话中,赫耳墨斯是宙斯和迈亚的儿子,奥林波斯神们的信使,道路与边界之神,睡眠与梦想之神,亡灵的引导者,演说者、商人、小偷、旅者和牧人的保护神……

西方传统 经典与解释
Classici et Commentarii
HERMES

莱辛注疏集
Lessings opera cum commentariis

刘小枫 ◎ 主编

修订版

论人类的教育

——莱辛政治哲学文选

Die Erziehung des Menschengeschlechts

[德]莱辛 G. E. Lessing ｜ 著

刘小枫 ｜ 选编

朱雁冰 ｜ 译

华夏出版社

古典教育基金·蒲衣子资助项目

"莱辛注疏集"出版说明

直到晚年，施特劳斯心里还挂记着莱辛。在给朋友的信中，他曾这样写道："我还可能做的唯一一件事，是对我的好学生强调莱辛，在适当的场合说出我受益于莱辛的东西。"果然，在与老同学克莱因（Jacob Klein）一起面对学生们的对谈中，施特劳斯说了下面这番话：

> 为了获得独立的见解，我开始重新研习［斯宾诺莎的］《神学－政治论》；在这方面，莱辛对我很有帮助，尤其是他的神学著作，其中一些著作的标题令人生畏。顺便说一句，就我所懂得的哲学主题来说，莱辛也是唯一写作生动对话的作家。那时，莱辛的著作我常不离身，我从莱辛那里学到的，多于我当时所知道的。

在德语古典文人中，莱辛算歌德和席勒的前辈，但在文化界的流俗名气却远远不及两位后辈；唯有在少数心里有数的大哲人、学者甚至政治家那里，莱辛的文字及其历史意义不是歌德和席勒可比的（尼采就如此认为，参见《善恶的彼岸》，28条）。在汉语学界，莱辛以德语古典文学家、戏剧批评家和启蒙思想家身份闻名，《拉奥孔》、《汉堡剧评》、《莱辛寓言》以及剧作《嘉洛蒂》都已经有汉译本。不过，显然不能以为，我们对莱辛的认识已经差不多了。翻阅一下莱辛的全集就可以看到，莱辛的写作实在丰富多彩、形式多样。如果要确定身份,莱辛不仅是剧作家(传承莎士比亚传统)、诗人、评论家(著有大量书评),也是哲人、神学家、古文史学家——诚如施特劳斯所言,莱辛"以一种独特的方式集哲人和学者迥然相异的品质于一身"。

当今学界——无论西方还是中国——仍然置身于启蒙问题的阴影中,莱辛的写作对我们来说之所以尤其重要,首先是因为我们迄今没有从启蒙问题中脱身。巴特和施特劳斯在说到莱辛时,不约而同将他与卢梭相提并论,以至于让人感觉到,莱辛仿佛德国的卢梭。与卢梭一样,莱辛置身于启蒙运动的时代潮流,一方面伸张启蒙理性,另一方面又恪守古典的写作方式——虽然风格相当不同,但他们都竭力修补传统和谐社会因启蒙运动的兴起而产生的裂痕。卢梭的声名在思想史上如雷贯耳,莱辛却少见被人们提起。其实,对于现代民主(市民)社会问题的预见,莱辛并不比卢梭眼力差,对纠缠着二十世纪的诸多政治、宗教、教育问题,按施特劳斯的看法,他亦有超乎卢梭的深刻洞察。莱辛以一个公开的启蒙知识人身份审慎地与启蒙运动保持苏格拉底式的距离,表面上迎合启蒙思潮,却自己心里有数,以绝妙的写作技艺提醒启蒙运动中的知识人心里搞清楚自己是谁、究竟在干什么——对身处后现代文化处境中的我们来说,莱辛肯定是值得特别关注的前辈。

除生前发表的作品外,莱辛还留下大量遗稿。莱辛全集的编辑始于十九世纪,但直到二十世纪五十年代才有较为令人满意的进展。[①] 晚近刚刚出齐的 Wilfried Barner/Klaus Bohnen 编,*Lessing Werke und Briefe in 12 Bänden*(Frankfurt/Main,1985—2003)含所有书信和未刊文稿,校刊精审、笺注详实、印制精良,在现有各种莱辛全集版本中堪称最佳。遗憾的是,我国德语学界还没有心

[①] Paul Rilla 主编,Lessing *Gesammelte Werke*, Berlin: Aufbau,1954—1958;1968 第二版;Gerhard Fricke 主编,Lessing *Werke*,Leipzig: Reclam 1955。

力和能力来承担莱辛全集的汉译使命。

  德国坊间还流行好几种莱辛文集，Herbert G. Göpfert 主编的八卷本文集（*Werke*, Frankfurt/Main, 1970—1978；1996 新版）晚出，就内容含量而言，几近于全集（不含书信），校刊和注释俱佳。但即便这样的篇幅，我们目前的翻译力量也难以承受。"莱辛注疏集"除了以笺注体形式更新已有的莱辛要著的旧译外，还将集中力量编译迄今尚未有汉译的莱辛要著。

古典文明研究工作坊
西方经典编译部乙组
2003 年 12 月

目　录

编者前言 ·· 1

赫恩胡特人引发的思考（1750）······················· 1
莱布尼茨论永罚（1773）····························· 14
维索瓦蒂对三位一体说的异议（1773）·············· 50
一个适时的论题（1776）····························· 91
论人类的教育（1777—1780）······················ 102
恩斯特与法尔克（1778—1780）···················· 138

附录
赫尔德　关于一个不可见的可见社会的谈话········ 222
施勒格尔　恩斯特与法尔克························ 234
孔泰德　莱辛的秘传写作··························· 246
海　塞　从《恩斯特与法尔克》看莱辛历史观的辩证法 ··· 267
施尔松、施米特　《论人类的教育》编辑手记······ 285
施尔松、施米特　《恩斯特与法尔克》编辑手记···· 346

编者前言

与尼采一样，莱辛出生在一个基督教牧师家庭，却天生喜好哲学。拥有这种天性的人总爱不断发问、思索，宗教信仰却杜绝发问和思索——于是，哲学与宗教的关系，是莱辛在还十分年轻的时候就已经开始关注的问题：写下《赫恩胡特人引发的思考》一文时，莱辛年仅21岁，文中所反映的对哲学与宗教的关系的思考，在成熟的中年时期深化为《论人类的教育》《一个适时的论题》。哲学与宗教的关系就其实质而言，乃是政治哲学的核心问题，因此，这里收入的六篇作品，堪称莱辛政治哲学著作的代表。

莱辛热爱古典精神，一生研究古希腊－罗马文学不辍，加上得天独厚的秉性，莱辛对于哲学与宗教的关系很早就有自己的审慎直觉，但在读到莱布尼茨的神学著述之前，莱辛对自己的直觉还不是很有把握。莱布尼茨让莱辛的直觉获得了证实：哲人必须持守双重真理的道德——从《莱布尼茨论永罚》《维索瓦蒂对三位一体说的异议》到最后的《恩斯特与法尔克——写给共济会员的谈话》，莱辛把自己与西方政治哲学的古老传统维系在了一起。

施特劳斯在1930年代写过一篇短文《显白的教诲》，生前没有发表，后来收入潘戈（Pangle）编的《古典理性主义的重生》[①]，对《莱布尼茨论永罚》《维索瓦蒂对三位一体说的异议》《恩斯特与法尔克——写给共济会员的谈话》有精当的剖析——本书可以说是在施特劳斯的这篇文章指引下编辑而成的。施特劳斯在文章结尾时的一句话，也当成为我们的座右铭："我们这里所探查到的

---

① 中译本见郭振华、曹聪等译，北京：华夏出版社，2008。

莱辛的看法是这样的：仔细研究古典学问是一个勤奋的思考者能够成为哲人的唯一道路。"

　　为了有助于深入阅读，我编了六篇附录，可分为两个部分。第一部分是赫尔德和小施勒格尔就莱辛的《恩斯特与法尔克》所写的文字①；然后是两篇研究文章：孔泰德的《莱辛的秘传写作——〈恩斯特与法尔克〉及其历史命运》是一篇编者导言，介绍了不少背景情况；海塞是前东德的学者，他的《从〈恩斯特与法尔克〉看莱辛历史观的辩证法》②一文从马克思主义的立场来解读莱辛的《恩斯特与法尔克》，为我们提供了与孔泰德不同的解读视角。需要说明的是，这两篇文章的标题都是本编者重拟的。

　　《莱辛全集》（十二卷本，Wilfried Barner 等编）近年才出齐，《论人类的教育》和《恩斯特与法尔克——写给共济会员的谈话》两篇作品（收在卷十，Arno Schilson、Axel Schmitt 编）的编者附编了丰富的文献，涉及作品的形成经过、结构和主题分析等，相当有参考价值，这里一并译出，作为附录的第二部分。

　　莱辛的这六篇作品早在五年前已经译竣，依据的是 Herbert G. Göpfert 编的八卷本《莱辛全集》；后来我们得到十二卷本《莱辛全集》，又根据这个版本校订，采编其中的编者注释，补译"编辑手记"。《恩斯特与法尔克——写给共济会员的谈话》除了综合采编八卷本和十二卷本的注释，还采编了孔泰德编的单行本中的注释和1980年代的新英译本中的注释，谨此向协助整编注释和附录的黄瑞成教授、郭振华博士和卢白羽深表感谢。

刘小枫
2008 年 2 月于沐猴而冠斋

---

　　① 选自 Ion Contaides 编，*Gotthold Ephraim Lessing, Ernst und Falk: Mit den Forsetzungen Johann Gottfried Herders und Friedrich Schlegels*，Frankfurt/Main, 1968。
　　② 选自氏著，*Realistik und Utopie*，Berlin, 1982, 页 55 - 70。

赫恩胡特人引发的思考[*]
（1750）

> ……正义被如此多的不义行为损伤并备受迫害，我请求，我恳求你们，让正义最终在这里获得有力支持。[①]
>
> ——西塞罗，*pro Publ. Quintio*

胜利决定战争，但胜利不过是正义事业非常模棱两可的证明，甚至根本不是证明。

学术争执同样是一种战争，正如乔乔狗[②]是一种狗。人们就一个国家抑或就一种见解发生争执，争执要求付出鲜血或者墨水的代价，又有什么差别？反正人们争执。

可以说，掌握公理的和应掌握公理的，很少是同一个人。

千百种微妙的情况有时可能将胜利引向这一方，有时引向那一方。倘若这些微妙情况的效用即幸运，撤回对其英雄壮举的参与，多少人将从英雄名单中被剔除出去？

如果让这一或者那一伟大学者生于另一个世纪，夺去他的这一或者那一表现自我的辅助手段，给予他另一些对手，将他置于

---

[*] ［题解］赫恩胡特（Herrnhut）是位于德国德累斯顿地区的小镇，1722年，西里西亚的琴岑道夫伯爵（N. L. Zinzendorf）在此为流亡到德国的摩拉维亚弟兄会成员设立居留所。本文是莱辛最早的神学论文（1750），为未完稿，从中不难发现后来在《论人类的教育》中所阐发的神学思想的踪迹。

① ［中译按］原文为拉丁文。

② ［中译按］乔乔狗：一种原产于中国的狗，"乔乔"源于十八世纪欧洲泛称东方货的英语词 chow。

另一国度，我怀疑他是否仍是今天人们认为他之所是的那种人。如果他不再是那种人，他的伟大便是幸运使然。

战胜那些不可能或者不愿意为自己辩护的敌人，战胜那些不予抵抗束手就擒或者引颈受刑的敌人，战胜那些刚出手反击就因疲软无力而被自己击倒在地的敌人，怎么称得上是胜利？当然，人们尽可以按照自己的意愿称它为胜利；但我知道，这并非胜利，除非是那些注定胜利而无须斗争便可取得胜利的人。

学者中，也有这类胜利。如果我们的神学家迄今自以为对赫恩胡特人的胜利不是这种类型的胜利，必定是我大谬不然了。

我突发奇想，要将我关于这些人的思考写出来。我知道，这种思考是多余的，但不至于比其对象更多余，后者至少还可以充当一个假想敌，使一个年轻、勇敢的神学学者能够借以演练他的搏击力。我要遵循的规则是可爱的懒人规则。人们怎么想就怎么写：人们在其应留意的地方忽略了的东西，以后找机会再补上；不慎说了两遍的东西，便请求读者再读时略过不看。

我的铺陈似乎扯得太远。然而，在人们不知不觉中，我已切入正题。

人被创造出来是为了做事，而非为了搞牵强附会的推理。但正由于人不是为此而被创造的，他的心思却更多在此而很少在别处。人的邪恶始终是做他所不应做的，人的狂妄始终是做他不能做的。人——会容忍为他规定的界限吗？

那样的时代真幸福呵！那个时候，最有德行的，也是最博学的；那个时候，一切智慧便在于简明的生活规则！

那个时代真的太幸福了，因而不可能长久。七贤哲①的弟子们很快便自以为可以轻慢自己的师父了。每个人都可领会而又不能实行的真理最容易增强他们的好奇心。他们从前景仰的天，如今

---

① ［中译按］七贤哲，传说中生活于公元前七至公元前六世纪的七位希腊政治家和哲人，有许多格言流传于世。

成了他们推断的场地。数为他们敞开了那些愈与德行无缘便愈让他们感到惬意的奥秘之迷宫。①

据很少有其同类的神谕的一条谶语②说,最富有智慧的人竭力将求知欲从其狂妄的飞翔中收回来。愚蠢的凡人们呵,超然于你们之上的并不是为了你们的呀!你们得将目光转向你们自身!在你们自身中有着未经探测的深层,你们可以徜徉其中,可能从中受益。你们要在这里探察最隐秘的角落。你们要在这里认识自己情感的弱点和长处,认识你们情感的隐蔽曲径和它的公开爆发!你们要在这里建立起自己既为臣子又是君王的国家!你们要在这里把握和控制自己应该把握和控制的唯一的东西——你们自己。

苏格拉底——或者上帝通过苏格拉底如是告诫说。

什么?智术师③高声嚷嚷。你这亵渎我们神灵的人!你这民众的蛊惑者、青年的瘟疫、祖国的敌人!你这践踏智慧的家伙!你这嫉妒我们威望的小人!你的这些狂热说教目的何在?莫非要拐走我们的弟子?关闭我们的学园?让我们受鄙视,让我们陷于贫困?

可是,邪恶岂能对抗一个智术师?邪恶岂能强迫智术师改变自己的见解,否认真理?假若邪恶果真如此强大,智术师就可悲了。可笑的恶人要达到目的,除了夺取智术师的生命,别无所能。苏格拉底是真理的宣讲者,即便其敌人也会证明这一点。可是,他们除了杀死他,还能以其他什么方式来证明呢?

在苏格拉底的弟子中,只有少数几个人走上他所指出的路。柏拉图开始耽于梦想,亚里士多德开始推理。经过时而柏拉图时而亚里士多德占上风的许许多多世纪,这世界的智慧流传到了我们手里。

---

① 莱辛在这里暗示毕达戈拉斯派,他们将数的关系看成一切事物的本质。

② 谶语一般都模棱两可,但德尔斐神谕关于苏格拉底是最有智慧的人的谶语却非常明确。所以,莱辛在这里说,很少有其同类。

③ 智术师(Sophist),公元前五世纪开始时指游方的哲人和雄辩家。莱辛在这里以揶揄口吻称柏拉图。

柏拉图成为神人（zum göttlichen），亚里士多德成为诚实无欺的人（zum untrüglichen）。① 历史到了笛卡尔挺身而出的时代。真理在他手中似乎获得了新的形态，一种愈光彩熠熠愈有欺骗性的形态。笛卡尔为所有的人打开了以往由那两位学阀的威严精心守护着的真理圣殿的大门。这是笛卡尔的杰出功绩。

接着，两个人物登场了，② 他们虽然相互心怀妒意，却有着同一个目的。在他们看来，哲学的内容太过实际。正是他们使哲学隶属于数学之下。一种古代人几乎不知其门径的科学引导他们以稳健的步伐一直深入最隐蔽的自然奥秘。他们宛如在现场捕捉到了这类奥秘。

他们的门生是些现在给人类增添光彩的人物，他们自认为对哲人之名拥有专权。他们孜孜以求去发现新的真理。他们能够在最小的空间用不多的几个符号和数，揭示出亚里士多德需要撰写几本令人难以卒读的大部头书才可以说明的奥秘。他们填满了头脑，心却仍然是空的。他们将精神引向最遥远的天上，情感却受冲动支配沦落到牲畜之下。

我的读者或许变得不耐烦了。他们期待的是别的什么，绝不是装在胡桃壳里的哲学史。现在，我必须告诉他们，我之所以先说这么一番话，是为了以类似的例子指出宗教所经历的命运：这个例子将使我更接近我的目标。

我认为，宗教的情况犹如哲学。

人们不妨回顾一下远古时代。亚当的宗教多么朴素、简单、有生气！可这又能维持多久？亚当的后代中，每个人都自以为是地加进一些东西。本质性的东西沉没在种种武断命题的罪恶浊流中了。所有的人都背叛了真理，只有几个人背叛程度较轻；亚伯拉罕的后

---

① 在中世纪哲学中，"神人"是对柏拉图的谑称，"诚实无欺的人"是对亚里士多德的谑称。

② ［中译按］指牛顿和莱布尼茨。

代最轻。因此,上帝认为他们应受到特殊关注。但久而久之,在他们中间许许多多为他们自己所选择的毫无价值的习俗的影响与日俱增,以致只有极少数人还保持着对上帝的正确理解,其余的人始终沉湎于表面的假象,他们把上帝看成一种没有他们早晚供奉的牺牲便无以生存的本质(Wesen)。

谁能使世界摆脱其昏暗之境?谁能帮助真理战胜迷信?凡人做不到。θεος απο μηχανης(从机关中走出神来)。①

于是,基督来了。但愿人们允许我在这里只将耶稣看成一个受上帝启示而彻悟的教师。难道耶稣的意图不正是重建具有纯正品格的宗教?不正是将宗教纳入这样的界限——在这里,界限愈严,宗教所产生的效用便愈具有拯救性和普遍性?上帝是灵(Geist),你们应用灵(Geist)敬拜他(《约》4:24)。耶稣孜孜以求的不正在于此?除了这句话,还有哪句话更能将一切种类的宗教联系在一起?可正是这种联系引起了教士和圣经学者对基督的雷霆之怒:彼拉多,耶稣亵渎我们的上帝;将他钉在十字架上!对这些暴跳如雷的教士,狡猾的彼拉多有求必应。

我再说一遍,我在这里只是将耶稣看成一位受上帝启示而彻悟的教师。我拒绝邪恶可能从中引出的一切可怕推论。

第一个世纪幸运地看到这么一些人,他们遵循着最严格的道德,他们以自己的一切行为赞美上帝,也因上帝而招致不堪忍受的灾祸,他们竞相以自己的血维护真理。

可是,一旦人们因厌倦而放松迫害基督徒,基督徒便也随之厌倦了恪尽操守。他们逐渐占据了优势,因而认为他们现在已没有义务去遵守他们最初的神圣生活方式。基督徒宛如那种以某些诱人的格言使众民族对自己表示臣服的胜利者;可是,一旦众民族臣服于基督徒,基督徒便背离这些格言而使自己受到伤害。

---

① [中译按]在希腊戏剧中,当需要超自然的干预以解决难题时,便通过特殊机关让舞台上出现一个神。

人们在战争中使用剑，和平时期将它当饰物来佩带。在战争中，人们关心的是剑要锋利。在和平时期，人们擦拭剑，用黄金和钻石装饰它，给它虚假的价值。只要教会在打仗，便总处心积虑用无可指责和令人赞叹的生活赋予自己的宗教以精锐态势，使敌人很少能与之匹敌。一旦和平来临，教会便立即着意修饰自己的宗教，理清自己的信条，以人性的证明加强神性的真理。①

在这些活动中，教会取得了人们可望取得的最大成功。以前，罗马容忍一切被征服的民族敬拜其慈父般的神灵，甚至将他们奉为自己的神灵；罗马之所以蒸蒸日上，更多的是由于这一明智的策略，而非凭借其权力。可是，罗马突然一变而成为蹂躏良知的可憎暴君。② 据我看，这是罗马帝国一代代皇帝每况愈下、不断衰败最重要的原因。然而，这一观点还不属于我要达到的目的。我只想借此希望，我能够引领我的读者一步步经历各个世纪，并向他们指出，履行性基督教（das ausübende Christentum）日渐衰微是因为，在此期间，沉思性基督教（das beschauende Christentum）靠荒诞的幻想和人性的广延达到了迷信从不曾将一种宗教推到的高度。一切全取决于唯一一个人，这个人肯定会出差错，也经常出差错。

在有辱人的尊严的时代，有的人想重新以自己的双眼观察，这些人为人们所熟悉。人的理智虽然被套上枷锁；然而，一旦人感到这枷锁过分沉重，便会立即摆脱它。胡斯和其他几个人在这一点或那一点上动摇了基督代理人的尊位，他们是那些更为幸运地完全摈弃这一尊位的人们的先驱。

这些人来了。究竟是怎样一种敌视人的命运使两个人为言词之争、为无谓之争③失和呢?! 假若二人合力工作，他们本来是最有才

---

① ［中译按］指教父和经院的神学。
② 指罗马教廷，它与容忍非罗马宗教的前基督教时代的罗马形成鲜明对照。
③ 指路德与瑞士宗教改革家茨温格利（Zwingli, 1484—1531）就圣餐问题展开的争论。

干使宗教重新焕发出其固有光辉的。已故的人们呀，你们忘恩负义的后代沐浴着你们的光辉却又鄙视你们。正是你们扶正了国王头上摇摇欲坠的冠冕，却遭人嘲笑，被视为最卑微、最自私的人。

可是，真理不应因我对你们的赞美而蒙受损害。在你们的改革中，美德与圣洁为什么受益如此之微？既然人们生活在错误中，正确的信仰又于事何益？假若你们为我们留下一些既虔诚而又富学养的继承人，我们该是多么幸运！迷信消亡了。但正是你们借以推倒迷信的东西——理性，正是在你们的圈子里难以保持的理性，将你们引向了另一条歧路，① 这条歧路虽然较少偏离真理，却因此而更疏于履行一个基督徒的义务。

现在，在我们这个时代——我该说我们如此有幸还是如此不幸？——人们制造出一个如此美妙绝伦的神学与哲学的复合体，在这种复合体中，人们殚精竭虑，将神学与哲学区分开来；在这种复合体中，神学削弱着哲学，因为哲学要牵强地通过证明确立信仰，而神学却要以信仰加强证明。靠这种颠倒的方式宣讲基督教——我要说，现在比以往的黑暗时代更难培育出一个真正的基督徒。从认识上看，我们是天使，但从生活上看，我们是魔鬼。

我愿意让读者自己去进一步探求宗教与哲学的命运之间的相同点。他将自始至终发现，不论在宗教还是在哲学，人们总是在作理性推断，绝不愿行动。

现在，我要将这个观点用在赫恩胡特人身上了。这不会有什么困难。但事先我必须稍稍回顾一番哲学。

不妨想象一下：在我们这个时代，有这么一个人站出来，他可能从自己的感觉所达到的高山之巅鄙夷地傲视我们的学者所完成的最重要的工作，善于以苏格拉底般的力量发现我们那些备受称赞的哲人们可笑的方面，他敢于以一种充满自信的口吻高呼：

---

① 莱辛从启蒙观点出发，认为宗教改革运动是理性的功绩。这里说的另一条歧路，指路德的因信称义说。

>　　唉，你们的科学还在智慧的童年，
>　　它是聪慧者的游戏，高傲盲者的安慰！①

假定这个人的所有告诫和说教都针对唯一能够为我们带来幸福生活的东西，都针对美德，譬如，他教我们安于清贫，甚至逃避财富；教我们严于律己、宽以待人；教我们尊重功绩，哪怕它浸透着不幸和耻辱；教我们防范重大的蠢行；教我们在自己内心中生动地感知自然的声音；教我们不仅信仰上帝，而且——这尤其重要——爱上帝；最后，他教我们无畏地正视死亡，通过自愿从这一舞台上退出来证明人们的确定信念：智慧并不意味着取下我们的面具，如果我们还未扮演完自己的角色的话。此外，人们不妨设想，这个人不具备所有那些愈夸夸其谈便愈少用处的知识。他既不知历史，也不懂语言。他所了解的自然之美和奇妙，不外乎是关于它们的伟大创造者最确凿的证明。他可以对自己说，将"我不知道、我认识不到"的一切束之高阁、不探明其究竟，尽管这在蠢人看来欠体面，但正因为如此，我得到更大的自我满足。虽然如此，这个人仍然有勇气不承认那些经官方机构认可有权享有这一耀眼称号的人们的这种头衔。假若由于这个人在一切社交场合撕下了假哲学的面具，致使他们的听众——我不想说全走光——稀稀落落，我要请你们——请我的朋友们——回答我：我们的哲人们应该如何对付这个人？他们是否会说我们错了。是的，这个人是对的。人们一定不了解一个哲人，如果人们认为他能够收回这一说法的话。

噫！一个骄傲的代数学家会喃喃自语：您，我的朋友，是哲人？我倒要瞧瞧，您可懂得如何求一个双曲线的劈锥曲面的体积？或者——您能够求一个指数值的微分吗？这是区区小事；以后我们

---

①　引自 Haller, Gedanken über Vernunft, Aberglauben und Unglauben（《关于理性、迷信和不信的思考》），V. 59。

还要在大一点儿的事情上试试我们的力量。您摇头？不愿意？果然不出我所料。我敢打赌，您甚至不知道什么是无理数。您居然以哲人自居？天哪，好狂！呵，时代变了！呵，野蛮！

哈哈！一位天文学家打断他的话：看来我也不可能指望从您那里得到更好的回答？我听说，您甚至连代数最基本的入门知识都没有，假若您提出的月球理论比我更好，那必定是上帝直接传授给您的了。让我们看看，您对此究竟有何高见？您沉默不语？竟然还笑？

突然，几位形而上学者走来，同样想与我的主人公较量一番。请问，一个人高声嚷嚷：您是否相信单子说？是的。另一个人大声问：您是否拒绝单子说？是的。怎么？您相信而又不相信它？妙极了！

哲人这时徒然所要做的也许如那位农家少年一样，当牧师问少年"你能背出第七诫吗？"的时候，少年未作回答，而是拿起他的帽子放在一个指头上，然后一面让它在指头上旋转跳动，一面说：牧师先生，您会这一手吗？可是，我想在这里比较严肃地讨论这件事。我要说，哲人这时也许会徒然地向那些讥讽他的人提出其他一些重要问题。他甚至会徒然地证明自己的问题比他们的问题更有意义。您，哲人也许会对第一个人说：可否收敛一下您那种双曲线的傲慢？对第二个人则说：您比月亮更少变化？对第三个人，哲人可能会说：难道人们不可以在更好的事情上而非在不可探知的事情上训练自己的理智？您真迷狂！——他们会异口同声叫嚷。您是从疯人院逃出来的白痴！不过，有人一定会想方设法让您回到应待的地方。

上帝保佑，至今在俗人中还不曾出现这样一个狂徒，他也不可能出现在我们这个时代，因为着力研究事物之现实的先生们必定尽力使我们的想象永远变不成现实。

倘若我们的神学家们遭遇到这样一种命运，又会如何呢？我想直截了当地说说我的看法。我认为，我所描绘的这样一个人之于哲人，如今正如赫恩胡特人之于神学家。人们马上会明白我的话的用意吗？

唯一的问题——人们只要怀有最起码的正义感便永远不可能肯定的问题——将说明，我的比喻并非毫无理由。赫恩胡特人，或者他们的首领 Z 伯爵①可曾有意要改变我们基督教的理论？他可曾说过，我的信友们在这一或那一教条中错了？可曾说过他们在某一点上理解错了，一定得让他赫恩胡特人来指教他们？如果我们的神学家们胸怀坦荡，他们便必须承认，赫恩胡特人从不曾以宗教改革家自诩。他不是不止一次向神学家们明确保证，他的信条完全以奥格斯堡信纲②为依据？这很好，他们会回答说；可是，赫恩胡特人在自己的文章中提出的论断为什么又显然与他的保证相矛盾呢？我们不是也曾证实他的种种最可憎的谬误？请容我留待以后再对这一点做出回答。我们有赫恩胡特人的认信表示，这就够了；赫恩胡特人并没有要求改变任何我们教会的教条。究竟要求了什么呢？

---

① ［中译按］即 Zinzendorf 伯爵。
② 奥格斯堡信纲（Augsburgisches Glaubensbekenntnis）：1530 年在奥格斯堡帝国会议上提交给卡尔五世（Karl V.）皇帝的新教信纲，成为路德宗教会的基本信条文献。

[德文版编者附记]

《赫恩胡特人引发的思考》编辑手记

斯腾策尔（Jürgen Stenzel）

本文初次刊印于《莱辛神学遗稿》（Berlin，1784，卡尔·莱辛编，页255-268），其依据是后来失踪的两个半印张的手稿，此稿"极其可能"在封面注有1750年这个日期（LM 14，页154-163）。

成文经过

对一个路德宗牧师的儿子来说，神学问题至关重要，尤其因为他不能也不愿步其父亲的后尘。吸引着他的是另一些未知的新岸。与父亲的冲突要求辩护，而辩护则需要有所遵循。莱辛在1749年4月10日从罪恶的渊薮柏林写给父亲的信里说："可是，我希望上帝该给我机会，让我足够清楚地向我所属的宗教，也向我的父母表达我的爱。"此后不久，在1749年5月30日，他几乎逐字重复这里的说法——"宗教""父母"，他写道："应让时间证明，我是否对自己的父母怀有敬畏，对自己的宗教怀有信仰，在我的生活作风上恪守礼俗。"随后，莱辛着手从自己当时自我认同探索的一个核心领域进行一次原则性的思考：

应让时间证明，好基督徒究竟是哪种人，是那些脑子里牢记基督教信条的基本原则、虽不理解却嘴里常念叨着的人——他们常去教堂并出于习惯而大都恪守一切礼俗，还是另外一类人，他们因倍爱思考而产生怀疑，通过考察而生信仰或至少努力达到信仰。基督宗教并非人们从他们父母那里接受下来的一项基于忠诚和信仰的事业。虽然大多数人从父母那里像继承父母的财产那样将基督宗教接受下来,但他们通过自己的行为也证明,他们是正直的基督徒。只要我看不到,人们没有更认真地遵守基督教最高尚的戒条之———应爱自己的敌人,我就怀疑,那些自称为基督徒的人是不是基督徒。

上劳西茨小城赫恩胡特是 1722 年由琴岑道夫(Zinzendorf)伯爵与被驱逐的摩拉维柯①的教友一起建立起来的。他们发起的虔敬主义运动引起莱辛父亲莫大关注。施密特(E. Schmidt)的著作节录了莱辛父亲在 1737 至 1752 年间致魏马宫廷布道师巴托洛麦(Bartolamäi)的一些信件,这些信件表明,他始终审慎客观地对待赫恩胡特人,面对一个年轻同僚对虔敬派气势汹汹的态度保持着冷静头脑。四十年代的杂志记载了一场真正正统式的封杀战,这场封杀战战线宽阔,矛头指向琴岑道夫及其一伙亵渎上帝的心灵诱惑者。

1751 年 3 月 23 日,莱辛在《柏林特许报》(*BPZ*)第 35 期(LM 4,页 298 以下)讨论了这场封杀战中的一篇文章,即霍夫曼(Hoffmann)的《揭露赫恩胡特人的基本谬误》;该文的第一部分可能促使莱辛写下《思考》一文。但泽尔(Danzel)推想,莱辛此文最先是针对罗德(Ronde)牧师的《赫恩胡特的钥匙》写的,关于此书,莱辛在 1755 年 4 月 11 日致父亲的信中有些无可奈何地说,他已经将书托付给一家出版社。伏尔泰对"独立思考者"——他认为是英国贵格派——的讨论②想必增强了莱辛对赫恩胡特人的看法。

在一个充满冲突的人生阶段,莱辛企望寻求自己宗教信仰上的定位和对生存意义的正当解释,这一愿望在莱辛的第一篇神学论文中与论辩的冲动联系了起来,这冲动促成了后来被莱辛称为"正

---

① [中译按] Mähren,今捷克中部一个地区。
② *Lettres philosophiqua*(哲学通信集),页 1078。

名"的文体。① 这个名称有时还附有一段拉丁文警语。

至于这条"考察之路"为何中断，几乎无从推断。要说是因为顾忌父亲的正统思想以及不久后对赫恩胡特人评价的改变，很难令人信服。在这一点上，莱辛距离其父的观点并不是太远；对琴岑道夫追随者的评价，至少一直到1751年变化也不大：上面提到的他对霍夫曼著作的评论，虽然指出了赫恩胡特虔敬派迷狂般的"激情"（这个题目对于莱辛并非没有诱惑力）、理智的衰弱以及迷信，但却建议正统派对他们保持更高的冷静姿态；在《柏林特许报》1751年3月30日第38期（LM 4，页302－304），莱辛将对"头脑简单的赫恩胡特人"的诅咒看成"无益的争执"，因为这关系着"基督教的实践"；在1751年8月28日第103期（LM 4，页350以下）上，莱辛说话的口吻就完全与《思考》相似了：

> 靠一种由宗教精神主宰的生活，靠一种崇高的单纯展示其神性本原的信条瓦解这种［讽刺者的调侃］，是人们很不情愿与之合流的事，因为，赫恩胡特人已经想到这么做了。

---

① 1754年的莱辛文集的第三部分包括三篇这类"正名"文章。

莱布尼茨论永罚
（1773）

我注意到，在我们的神学家当中，关于永无尽头的地狱之罚的争论眼下又要热起来。但愿这场争论最终能够有个结果并得到解决！因为，这类争执中最令人悲伤的无疑是，争来争去一般都一无所获，二十年或五十年过后，某个热诚党人①或理智派自认为完全有理由重新来一次。

为了不至于跟这类空谈家同流合污，亟须事先研究一下这个有争议的学说的整个历史。只有详细了解此前每一位争论者在何处停止争论，比较争论者各自不同的思想方向，才可望消除争论，走上那条人们要么离开、要么从未踏上过的真理之路。在这些前人当中，倘若真有像莱布尼茨这样的人，有什么会比沿着他们模糊的足迹并由此向周围延伸更富教益呢？

我认为，为此不必说什么，只需引用这伟人的下面几行迄今仍未付印的文字；在我看来，他一行都没白写。关于这几行文字的情况，我想最好容我用莫斯海姆（Johann Lorenz Mosheim）②的话来说明：一个特殊的理由是，这些话本身有时可以得到文献上的解释和证实。

1725年，莫斯海姆在自己的虔诚讲话的第一部分的后面附上了

---

① 诚信派，源于公元一世纪，想以武力创立上帝之国的犹太教派别。
② 莫斯海姆（1694—1755），德国新教神学家。

与此有关的文章,①当时,他预先就此作了下面的说明:

> 后附关于为地狱之罚规定目的者的教义的思考,是我应要求而写的。其他人就这个论题写得更广泛、更富学养。所以,如果有人认为我的文章多余,我能够接受。我的几个朋友在我不知道的情况下要印行此文,他们这种并无恶意的操之过急的做法——并非没有错误——促使我向他们作出承诺,既然我知道他们的意图,我愿自己操持付印之事。我现在正实现我的承诺。这有什么可惩罚的吗?倘若我不信守承诺,我岂不是像我实现承诺一样犯罪吗?最终就世上的这类事物多出几个印张比少出几个要好些吧。这条教义对涉及永福原因的某些信仰真理的影响越大,人们便越是有理由巩固这些真理的佐证。
>
> 在这一点上,人们习惯上总是求诸理性。许多最负盛名的人物似乎认为,那些主张惩罚永恒性的人们的命题几乎要不击自倒,如果他们单单凭靠理性的话。但我认为恰恰相反。同时,我也并不因此而鄙夷其他持有不同思想的人。在我看来,理性虽说并非更有力,但确实是同样有力地支持那些维护神性报应之永恒性的人,正像支持那些维护神性报应之终结的人一样。人们往往将那些获得绝大多数人喝彩的人的见解看成不可否认的清楚的理性法则。
>
> 人们经常根据人世间的审判习惯量度神性审判的公正。就地狱之罚的终结所写下的最具洞察力的东西是一个本来极有学

---

① 指他的 Heilige Reden über Wichtige Wahrheiten der Lehre Jesu Christi(《关于耶稣基督学说的重要真理的虔诚讲话》),附 Gedanken über die Lehre von dem Ende der Hollenstrafen(《思考地狱之罚的终结的学说》),Hamburg,1725。这个德高望重的神学家的这本书取得巨大成功,1747 年印行第七版。在第二版的第二部分(页 239 - 288)收入了莱辛将在下面谈到的一篇 Sendschreiben an einen vornehmen Mann über unterschiedliche Dinge(《就各种不同事物致一个高贵的人的公开信》)。

养的人所表达的思想，人们指责他说，他以他的终结说而陷于**索兹尼派**①的严重错误。我专门为此读了他的东西，我确证这个作者有一副不坏的理智。可是，人们如果消除几个含混不清的地方，并否定从人性的事推及神性的事的推导力量，那么，所谓证明便成为一片阴暗，人们要在这种情况下寻找关联就是徒劳了。

我长久以来就想用拉丁文写一篇文章，论说这里所谈到的教义的历史，不仅揭示其来源，而且考察给予它色彩和分量的不同种类。可是，一大堆其他方面的工作——其中部分是人们所知道的——一直妨碍成就此事。也许很快会有几个小时使我能够理清积累下来的思想和文献，将之奉献于世人之前。

莫斯海姆用下面的文章标题向我们指出，撰写这篇支持否定性见解的最具洞察力的文章的富有学养的人究竟是谁：《索纳（Ernesti Soner）之神学-哲学论证：不信奉上帝者受到永罚并不说明上帝的义，而是说明其不义》②。他补充写道：

> 世界知名的莱布尼茨先生想将这本颇为罕见的小书编定出版。我手头有一份已经载有他想同时付印的序言的抄件。我在另一个地方将有机会就此多说几句，因为我同时还要对我必须表示感谢的人的善意说出我的敬佩之情。感谢他对这一和那一与此相关的论题所发表的见解。

可惜，莫斯海姆没有得到他在这里用以安慰他的读者的机会，

---

① Socinianer 是十六世纪从改革宗教会分裂出来的一个小教派，发起人为 Lelio Sozzini（1525—1562），为其侄子 Fausto Sozzini（1539—1604）所推动，认为三一论（尤其基督的神性）不符合圣经和理性。

② Soner 亦作 Sonner，1572—1612。

他无疑曾希望在他要讨论有争议的教义的历史的拉丁文文章里找到这个机会。正如这篇文章没有写成一样,曾提到的莱布尼茨为索纳的论证所写的序言也一直被埋没,几乎完全为人所遗忘。因为,自1737年,鲁多维茨(Kar Günther Ludvici)① 在《莱布尼茨哲学的历史》② 里提醒莫斯海姆记住他自己的承诺以来,我不知道它除了有时被可怜的图书鉴赏家③在因其为善本而引用索纳的书时提到过以外,还曾被谁想到过。甚至布鲁克(Brucker)也没有提及,虽然他在叙述索纳对亚里士多德哲学的注疏所作的贡献④时曾有过最好的机会。

所以,即便它没有出现在我们理应怀着感激之情提到的杜藤斯(Louis Dutens)先生⑤编订的全集新版,我们也无须为此而感到奇怪,因为德国根本没有积极支持这个可敬的外国人的努力。人们不仅没有争先恐后地为他提供可望搜集到的如此众多的未刊增补文稿,而且甚至没有向这个作者提示所有已经发表过的文章。而他作为一个外国人毕竟不可能知道所有的东西;唯一一个诚实的布鲁克当然也不可能为他核实一切。如果说这后一种情况之所以没有发生,也许只是因为每个德国学者必然在担心,其他人已经抢先一步做了,那么,最令人感到奇怪的莫过于我们的书评作者就此所保持的极度沉默了。难道他们对这部全集中缺漏的东西一无所知,对至少值得作一提示的东西一无所知?

不过,关于这方面的情况另找机会讨论。现在,我不想远离使我注意到这种缺漏情况的东西——简而言之:莱布尼茨为索纳的文

---

① 鲁多维茨(1707—1778),莱比锡大学哲学教授,著有《莱布尼茨哲学全史论纲》(1737)。
② [原注] 第二部分,页27。
③ [原注] Vogt, Cat. lib. rar(《善本图书目录》),页635。
④ [原注] Hist Cr. Phil(《哲学批评史》),T. IV. P1,页312。
⑤ 杜藤斯(1730—1812),法国历史学家和哲人,莱布尼茨第一个全集的编者,尽管尚不完全。全集共六卷,1768年出版于日内瓦。

章所写的序言，莫斯海姆拥有这篇序言，他想付印却未付诸实施，我从咱们的馆藏中取来在这里公之于世。

为了说明这篇序言如何流落到我们的图书馆，我只好直言了。有迹象表明，莫斯海姆本人从我们的图书馆里拿走了序言。至少，当时就有这样一个人，他曾出于好意在别的场合提到过这些序言，想以此表达对这篇序言的敬意——这人就是当时的图书馆员赫尔特尔（Lorenz Hertel）。不过，既然赫尔特尔与莱布尼茨本人过从甚密，而且对被认为是善本和异端的东西非常好奇，所以，他很可能从自己收藏的文献中将它连同索纳的文章透露给了莫斯海姆，同样，可能是在他死后，这篇序言才连同这些文献一起归我们的图书馆收藏。后一种情况在我看来更有可能，因为其中不仅有一份莫斯海姆所思考的东西的抄本，还有他致赫尔特尔的亲笔信。那个抄本与后来的刊印本完全一致；至于他的亲笔信，则容我在下面的注释里全文引录。① 我想以此立即让读者进入正题。

---

① "除了对新近为我所付出的辛劳再次表示我最恭顺的谢意以外，我还要告知我个人的种种一时之念，以及索纳关于地狱之罚的思考。虽然后者的立意是如此钻牛角尖儿，但按照这个诚实人自己提出的原则倒也容易讲得通。他提出的理由是，在上帝身上除了他必须恪守诺言这种公正以外别无其他公正；在所有其他方面，他的权力是无限的。您瞧！结论是明明白白的：上帝的公正并不妨碍他可以对不信奉上帝者施加永恒的惩罚。根据他握有的权力，他可以这么做。所以，整个争论的关键便在于他是否在圣经中真正对不信奉上帝者以永罚相威胁。倘若果真如此，这个诚实的索兹尼派就输理了，人们可以以十对一地响应他。我如果能自由支配自己的话，也会写得更多一些。后天我又有讨论会，我的其他议事讨论也应在复活节前结束。所以，我自己几乎没有瞬间的闲暇，我仅有的一点空闲又必须用来完成哈勒斯（John Hales，［中译按］英国学者，1584—1656）著作的编订出版（他的书《论多特莱希特宗教会之有害于教会和解决议》由莫斯海姆编订，于1724年出版）。我关于多特莱希特的长老们的思考恰恰不会让这次宗教会议的辩护者们满意。不过，这些看法基于明显的事实和理性原则。我个人并非例外，等等。——莫斯海姆"

莱布尼茨的《序言》[①]

有几个人称赞这一证明——也就是作者所称的关于永罚之不义的神学等方面的证明，因为据称它不可辩驳。提出这一证明的是一度在阿尔多夫颇有声望的索纳；但这篇文章之所以有更多害处，还由于没几个人能读到它；因为人们所看重者往往恰恰是他们不了解的东西。

所以，我通常认为得体的做法是出版原书，人们只需通读一遍此书，便足以批驳和放弃天晓得经过多少次转手才了解到的一些人的见解。当然，不可否认，索纳的书写得周详，内容也充实；但他的论证方式却有着明显的缺陷，对此我要略作说明，以便使漫不经心的读者不至于为形式上的华彩表述所迷惑。其表述的内容大致可归纳如下：罪是有限的；在有限和无限之间不存在比例关系，这就是说，惩罚也必然是有限的。他（索纳）试图说明罪之有限性的方法在于，他排除人们可能将罪视为无限的种种观点。

关于这些观点，他作了如下说明："如果不信奉上帝者的罪是无限的，或者人们至少可以将它看成是无限的，那么，罪之所以具有这种无限品格，要么是由于罪本身，要么来自犯罪者或者罪过所针对的人，这就是说，来自其中的几个或者同时来自所有这些方面；但是，不论从哪个观点看，罪都不可能是无限的，至少不可被看成是无限的。然而，除了这些观点，不存在其他任何观点可以将它看成是无限的，它在这一观点之下也不可能是无限的。因此它绝不是无限的。"

——关于神学家们一般对这种以罪与罚的关系为出发点的论证所作出的回答，人们最好去读他们本人的著作。我在这里更想指出索纳论证中的另一个弱点，即他对可以将某种

[①] [中译按] 整篇序言原文为拉丁文，这里据德文版编者提供的德译迻译。

东西视为无限者的观点的表述欠全面。因为不仅从罪过所针对的客体方面看，即不仅从上帝方面看，或者从罪过方式或者从其严重程度和作者提到的其他观点看，而且从罪的数量看，人们都可以将罪说成是无限的。这就是说，我们自己虽然承认，没有哪一种罪自身便是无限的，但我们在事实上却可以认为受永罚者的罪在其数量上是无限的，因为他们深陷罪中而不能自拔，经历着整个无限。

所以，既然罪过是永恒的，惩罚便也是无限的，这符合义的原则。罪人在惩罚自己，这正如智慧的人们正确指出的那样，因为他们永远缺乏悔过自新之心，他们背离上帝。可见，人们绝不可因此而怪罪上帝并使人觉得似乎上帝行事过分严厉，超出了一个罪过的性质所要求的程度。

这就是所称序言的全文。但愿人们不会期待我将索纳的本文也附录在这里，虽然它作为已印行的书，现在像在莱布尼茨时代一样仍然很难得；因为我不知道它在后来是否曾重新出版。但其内容已经不再有它当年在那些热爱自由探讨信仰问题的人们当中所可能取得的影响了。它自那时以来被转载于人人可得到的千百种书里。因为既然现在人们并没有特别为万物复原论①的拥护者们制造困难，妨碍他们随心所欲地公开说出他们的见解，所以，首先被理解为万物复原论的地狱之罚有限说也往往部分由他们，部分在他们的鼓动下以各种理由和各种激情与迷狂进行着辩护或者质疑。一言以蔽之，索纳的证明，也许除了一些钻牛角尖儿的机智，现在变成了因长年

---

① 万物复原论（Apokatastase），参见《太》19：28；《徒》3：21 和《彼后》3：7—13。恢复原初无罪状态的学说源于奥利金（Origines, 185—254），他认为，在这一状态下，一切惩罚和恶皆终止，所有罪人，甚至地狱里的恶鬼都将悔悟并蒙恩。所以，地狱之罚不可能是永恒的。在德国，这个学说的代言人是莱辛后来的对手埃伯哈德（August Eberhard）。

搁置而变了质的商品。①

可是，有人会想，难道我不可以出于这同样的理由将莱布尼茨的序言秘而不宣吗？因为他在序言中对索纳提出的异议现在已不再鲜为人知，他自己在其他地方也就此作过陈述。我非常清楚这一点。然而，我将这篇序言公之于世，不仅是为了受到辩护的真理，也为了辩护者、为了他进行辩护时的思想和理由——这两个方面都曾受到过歪曲和误解。

莫斯海姆本人可能深知莱布尼茨的序言所包含的基本内容，但他至今仍误导自己的读者，使得他们对此完全理解错误了。莫斯海姆最先提到序言时（［原注］曾在虔诚讲话的第一部分之前以引文形式提到）用语实在贫乏，以致善良的帕根戈本（Pagenkopen）② 想象，既然莱布尼茨要编定出版索纳的证明，必定是同意他。为了进一步启迪帕根戈本的理智，莫斯海姆响应说③：

> 莱布尼茨先生之所以要发表这些文稿，并非因为他认为它们很重要，并接受索纳的见解。相反，他为之附上一篇序言——序言目前在我的手里，他在这里甚至根据亚里士多德的基本学说批驳索纳，揭露他论证中的弱点。莱布尼茨的目的是要向世人指出其文低劣，他的论证之所以被认为不容辩驳，不过是因为它至为罕见，没几个人能读到它。

但是，如果说莫斯海姆开始时说得太少，那么，现在他显然又

---

① 在莱辛的晚期作品中，经常出现取自金融和商业方面的词语。
② 帕根戈本编有万物复原说论文集：《详解上帝通过基督对所有堕落生命的永恒之爱，或详证自然和圣经中关于万物复原的学说颠扑不破……》（Gründliche Erklärung der ewigen Liebe Gottes in Christo gegen alle Creaturen, oder ausführlicher Beweis, daß die Lehre von der Wiederbringung aller Dinge in der Natur und Schrift unumstoßlich gegrundet …）, Freistadt, 1726。
③ ［原注］见关于不同事物的公开信，载：虔诚讲话第二部分之后。

说得过多；所以，他的对手们怀疑他有意滥用莱布尼茨的威望，也并非一点道理都没有。现在序言就在这里；如果人们想从中发现莫斯海姆声称已经发现的一切，必定就得真正善于以少见多、以小见大。莱布尼茨根据亚里士多德的基本学说批驳了索纳？他揭露了索纳论证的弱点，还有他的论证？难道索纳的论证是唯一的两难选择（Dilemma）？所谓亚里士多德的基本学说究竟是什么？

不论从莱布尼茨的序言还是索纳的文章里，我都找不到这类东西，而据莫斯海姆称，后者涉及亚里士多德的原则。索纳的文章包含的所有可被称为亚里士多德的东西仅仅是：此文以完全符合严格规定的推论写成。因为，这些推论的前提无非是健康的人类理智的命题，而绝非亚里士多德独有的学说。可见，即便索纳的两难选择因莱布尼茨序言的评说而在事实上失去其力量，那也是在没有亚里士多德思想参与的情况下造成的。

不过，不论有无亚里士多德思想的参与，难道莱布尼茨的这唯一一次评说真的具有如此制胜、如此决定性的力量？恕我直言，我完全相信，因为人的罪即便从数量上看也可能，甚至必定是无限的，这一点无论如何不容辩驳。罪的这种可能的无限性与索纳何干？他有何必要对此妄加干预？他的干预针对谁？即便这种无限说被他的几个对手接受，这因此就成了他们的学说最优先甚或唯一的依据了吗？他们因此就不再坚持索纳原本怀疑的东西了吗？

这就是说，难道他们不再坚持认为，即便没有这种罪的无限性，也仍然会有一种无限的惩罚等待着此生之完全有限的罪？难道他们不再坚持认为，哪怕这些罪中的唯一一个罪也应受到这种无限的惩罚？事实上，莱布尼茨提出的异议甚至也改变了整个争论问题。这个问题在索纳仅仅是此生按其数量可能有限的罪。而莱布尼茨要求他也应把来世的罪考虑进去，后者本身倘若不断地发生，便足以受到不断的惩罚。

所以不难理解，莱布尼茨本人经再三斟酌之后仍然无法将它秘而不宣，正因为如此，这篇序言才得以完整保留下来。既然写成，为什么不该付印？人们至少不至于提出异议，反对他还将其中的基本内容在多年之后写进另一本书，即他的《神义论》①里吧。这同一种思想在另一个地方可能具有完全另一种价值。在序言中被莱布尼茨视为无效的批驳，在《神义论》中则可能被用作对另一个问题的解释。在序言中被视为无效的批驳本来意在驳倒索纳的异议，为陷入争议的教义提供基础，但该批驳显然担不起这样的任务。而在《神义论》——莱布尼茨在此可以假定，自己仅凭那种方式无法证明的东西已经得到证明——中，上述驳论只是被用来更直接地建立人的罪过之恶（Übel der Schuld）与最大的生理之恶（das größste physikalische Übel）之间的关联。莱布尼茨不得不承认，即便在可能的世界中最好的世界里面，最大的生理之恶仍然存在。但是，莱布尼茨在建立这一关联时，不用提到罪过的对象的无限性，因为不能把这种无限当作[有限]宇宙的一部分。

倘若我没有在这条道路上邂逅我们最新的作家之一，这大概就是我在这里要补充的全部内容了。埃伯哈德（Johann August Eberhard）先生②的《苏格拉底的申辩》一书在许多方面堪称优秀之作，书中研究了关于异教徒的永福的学说，他自认也必须同时考察永罚学说。虽然我有特别的理由，希望埃伯哈德——

---

① 《神义论》（*Theodizee*）是莱布尼茨的主要哲学著作之一，在这里，世界被表述为一切可能的世界中之最好的世界。它的完整标题是：*Essais de Theodicee sur la bonte de Dieu, la liberte de l' origine du mal*（《试论表现为上帝慈善的上帝正义、人的自由与恶之起源》），Amsterdam，1710（[中译按]《神义论》中译本见朱雁冰译，生活·读书·新知三联书店，2007）。

② 埃伯哈德（1738—1809）是沃尔夫（Christian Wolff）的学生，著有"Neue Apologie des Sokrates od. Unfersuchung der Lehre von der Seligkeit der Heiden"（《苏格拉底的新申辩或对异教徒的永福学说的考察》），Bd. I, 1772。在这里，他批评了原罪说，在第二卷（1778）表示了反对莱辛的立场。莱辛在 1778 年 2 月 25 日给弟弟的信中预感到这一点："如果埃伯哈德的第二卷跟我有关的东西已经发表，你可否从尼柯莱那里得到清样？……我想埃伯哈德提出的异议值得考虑。"

至少不是在苏格拉底的申辩里——没有反对永罚学说。可是，单凭这一点，不至于使我对埃伯哈德的作品提出些许批评——如果他没有以各种方式反对哲学家莱布尼茨在永罚问题上的论述的话。埃伯哈德在自己的论题上相当关注莱布尼茨的相关论述。我想尽可能简洁地归纳一下我要讲的内容，虽说不是理清，却称得上是——列出我的种种想法。

第一，我从埃伯哈德先生就莱布尼茨对假定的宗教信条的态度所下的判断开始。埃伯哈德在讨论了这里曾提到的关于永罚的证明以后正确地指出，人们对此不可超越可能的界限，接着他说：

> 这一论题的最机智的辩护者们，如莱布尼茨，想必感觉到这样的证明不充分。于是，莱布尼茨的论证仅仅限于圣经中已经得到证实的地狱磨难事实上的永恒性。由于他关注的是传播自己的哲学，所以，他尽力使自己的哲学适应各派占主导地位的教义，使它对所有各派都显得有用和有益，以便受到各方欢迎。莱布尼茨将各派的教义当作前提并赋予一种可接受的内涵，他借此将之跟自己的体系相比较，又无须对其本身表示赞同。

从这个判断看，这位哲人不是显得有些过分自负吗？他对宗教怀有的想法岂不因对宗教本身有利而更可疑？当然，这两点绝不是埃伯哈德先生的用心所在。不可否认，他在这里没有像以往那样，自始至终表述得那么得心应手和确定。虽然人们可以或者愿意设想，莱布尼茨为自己的哲学而颇感自负，可人们确实不可以说，莱布尼茨在处心积虑地使它适应各教派占主导地位的教义。这怎么可能？他怎么可能想，如一句古谚所说的那样，要去为月亮量体裁衣？恰恰相反，他在想方设法使各派的主要教义适合他的体系。我想我没有看错，此两者可大不一样。莱布尼茨在追求真理时从不顾及流俗意见；他确信，除非某种意见从某个特定视角、某种特定意义上讲具有真实性，否则他不会接受这种意见——而会彬彬有礼地绕道而行。莱布尼茨用火石取火，但并不将自己取到的火藏在火石里。

不过，从根本上看，埃伯哈德先生要讲的也只是仅此而已；而他所讲的话的一部分也确实如此："莱布尼茨将各派的教义当作前提，并赋予一种可接受的内涵，他借此将之跟自己的体系相比较。"——不错，只是埃伯哈德先生本来还必须补充一句："而无须对其本身表示赞同。"莱布尼茨当然表示赞同，这是由于他所赋予它以及他从中揭示出的可以接受的内涵的缘故。这种可接受的内涵便是真理，他怎么会不赞同真理呢？既不应以此指责莱布尼茨虚假，也不可认为他自负。

莱布尼茨所做的不多也不少，正是古代所有哲人习惯上以通俗说法（exoterischen Vortrage，或译"显白说法"）所做的。莱布尼茨十分尊重这种小心翼翼的做法，当然，我们最新派的哲人们已经太过聪明，不屑于顾及这个态度了。莱布尼茨甘愿将自己的体系搁置在一边；在通向真理的道路上，他想方设法引导自己在这条道路上遇见的每个人。

第二，埃伯哈德先生接着说：

> 这是眼下证明的情况。为了让那些设想地狱苦难之永恒性的人们了解他的可能的世界中最好的世界，莱布尼茨设法说明这种永恒性与他关于可能的世界中最好世界的命题，与他关于上帝正义的概念可以取得一致。

切勿忘记这是怎样的证明，这是从罪的不间断的连续性推导出惩罚之无限持久的证明。可是，这种证明与关于可能的世界中最好世界的学说有何联系？主张地狱苦难永恒说的人们不了解莱布尼茨的这一学说，莱布尼茨怎样才能让他们接受这种学说呢？永恒的苦难之所以不再是对可能的世界中最好世界提出的异议，只是因为这些苦难是义吗？不论义还是不义，永恒的苦难都使罪的后果变得无限；莱布尼茨要维护自己的可能的世界中最好世界，就要抵制罪的无限后果，而不是抵制不义。莱布尼茨也确实这么做了，但并非通过上述证明，而是完全通过另一种遁词。

如果有人立足于永恒苦难，反对莱布尼茨的最好世界说，并且强有力地指出受永罚者的数量无限大于得永福者的数量，那么，莱布尼茨对此如何回答？莫非这些多得多的受惩罚者仍然理应受到惩罚？如果论题有其正确性，这种原本顺理成章的说法对于他的最好世界说又会有什么帮助？可是，他将两个前提——不论绝大多数人之受永罚还是这种惩罚的正义性——都看成全然确定的，他所否认的只是推导出来的结果。莱布尼茨指出，从总体看，人是世界的无限小的一部分，而且在普遍的上帝之国中，恶跟善相比，可以说几近于无（［原注］《神义论》上编§19）。我认为，这意味着，那些主张地狱苦难的永恒性的人们也能接受关于最好世界的学说。

但这种永恒性赖以产生的思想只会进一步澄清上帝的正义。这从埃伯哈德先生的话来看是真实的。不过，我承认我看不明白，埃伯哈德为什么要说这只是指他的即莱布尼茨所独有的关于正义的概念。人们始终还是将关于最好的世界的学说称为他的学说，这够糟的了。可现在为什么又将关于上帝正义的完全正确的概念称为他的概念呢？

第三，埃伯哈德先生还补充说："他（莱布尼茨）只是有条件地承认永恒的苦难，他指出，在永远犯罪的前提之下，这种苦难并无不义。"我读过《神义论》中莱布尼茨完全如此表述过的那段话（［原注］《神义论》中篇§133）。他大概很难容许人们由此推断说，他似乎绝对抵制神学家们往往为说明惩罚的永恒性而引述的一切之外的东西。他确实也很少这么做，相反，他在这里所涉及的最重要的一点上倒是跟他们有更多一致的地方。我要说的是，他不仅未对这一点的价值或者非价值提出非议，而且还十分机智地为之辩护。

埃伯哈德先生认为，上帝在进行惩罚时可能和必然遵循一定的目的，那就是使受惩罚者弃恶扬善；而莱布尼茨不仅将这种悔改延伸到那些只是旁观惩罚的人（就好像被惩罚者本身并没有悔改），而且非常认真地讲到单纯报复性的神义，这种神义既不教人悔改，也不儆戒效尤，甚至也不是 ni meme la reparation du mal（以报复恶）为目的：他不仅将这种正义建立在为神学家们所认可的威严之上，而且还建立在现实的一致，即理智之某种程度的补偿之上。①甚至对于罪之受到无限惩罚是因为它玷污了一个无限的存在这样一个命题，他也从未表示拒绝，甚至不曾表示不同意。虽然他在一个地方说，曾有一段时间，当时他"还没有对这个命题进行过充分考察，因而无法就此作出判断"（［原注］《神义论》下篇§266）。

可是，我并未发现他后来作出了判断，这无疑是因为当他后来进行了充分考察的时候，他认识到就此不可能断然下定论。如果上述报复性正义真正为上帝所有，那么，怎样的有限理智才能界定其范围呢？谁敢擅自决定，这种正义在进行这种惩罚时应采取哪种标准、不可采取哪种标准？因为它自己的无限性之标准至少如其他任何标准一样都是极其可能的。

第四，所有这些议论用意何在？我要让人更怀疑莱布尼茨只是伪装正统？抑或我要正经八百地不惜激怒我们的哲人们，将他变成正统派？都不是。我承认，莱布尼茨非常显白地讨论永罚说；他本可以深奥地（［中译按］esoterisch，或译"隐微地"）采取另一种表述方式。但我可并不愿意人们自以为从中看出了某种超出学说差别的东西。我可并不愿意人们恰恰因此指责他在学说上的自相矛盾：他公开著文立言表示承认永罚，暗地里和根本上又否认它。这似乎有些太过分了，这是用方法论上的策略，用迎合所有人的要求所无

---

① ［原注］"这是一种既非以教人悔改，也不以（恐吓性的）榜样，甚至也不以抵制恶为目的的正义——霍布斯和其他一些人不承认这种本质上为报复性正义的惩罚正义——但它始终奠立在一种适度性关系之上，这种关系不仅使受辱者，而且也让旁观的智术师感到满足，正如优美的音乐或者完美的建筑使有良好教养的人们感到满足一样。"（《神义论》上篇§73）

法解释的。相反，我深信，而且我相信可以证明：莱布尼茨之所以根据其所有显白的理由容忍关于永罚的一般学说，甚至还以新的理由支持它，是因为他认识到，这学说比与其对立的学说更符合他的隐微哲学的伟大真理。

当然，莱布尼茨并不接受某些神学家所采用的粗陋和枯燥的概念。但他发现，甚至在这些粗陋和枯燥的概念里，也比狂热的万物复原论辩护者们同样粗陋和枯燥的概念包含更多的真理：这一点推动他宁可与正统派一起对论题言之过多，也不愿与后一类人一起言不及义。

第五，埃伯哈德先生对莱布尼茨及其隐微哲学恰恰不持这种看法。他认为，除非假定一切理性的存在最终都将达到永福，莱布尼茨哲学的首要原则（即所有可能的世界中最好的世界一说）才可能得到最大程度的证明。他说：

> 莱布尼茨深深感觉到了这一点，虽然他——如我在上文提到的——竭力使自己的哲学适应相反的见解，却毫不含糊地让人明白，他自己并不认可这种见解。莱布尼茨的一个最有才干的学生和辩护者（瓦特尔①）一眼便看出了这一点。罪人顺遂的命运深刻地渗透进莱布尼茨的原则，这样一来，倘若人们要了解这些原则的全部力量和广延，并探知它们最内在的秘密，就不可能不承认罪人的命运，否则无法接受他的原则。莱布尼茨不知道世界上的停滞、静止为何物；所有东西，包括最微小的东西都处于持续运动之中，即向多个方面广延。莱布尼茨对这种增长的重视显然甚于均衡的完美；再说，人们可以用双曲线或者三角形的纵坐标（durch die Ordinaten der Hyperbel oder

---

① 瓦特尔（Emmerich de Vattel, 1714—1767）著有 *Defense du systeme Leibnltien confre les objections de Mr. Crousaz*（《为莱布尼茨的体系辩护：驳克洛萨茨先生的异议》），Leyden, 1741。

des Dreiecks）来解释这种增长。①

怀着对埃伯哈德先生必要的尊重，我必须在这里说明，即便他在引自莱布尼茨哲学中的这后一个理由方面没有出错，他至少在为说明它而在注释中援引时有失误。莱布尼茨在这里说："我还没有发现任何方法可以明白具体地指出人们按照纯然的理性应选择这些假定中的哪一个假定。"（[中译按]原文为法文。）这似乎是埃伯哈德先生所理解的，要么通过双曲线的纵坐标（die Ordinaten der Hyperbel），要么通过三角形的纵坐标（die Ordinaten des Dreiecks）解释整体不断增强的完美的双重假定。然而，这里显然是指下述双重假定：整体不断增长的完美，或者整体之始终同样的完美。②

既然莱布尼茨自己在1715年还没有看到有什么办法从毋庸置疑的原则具体说明这个或那个，人们怎么可以说他明显倾向前者呢？他的体系丝毫不会强迫他声明选择两者中的一个；在两个前提之下始终是同样的；莱布尼茨一直到最后都表示，他还没有看清楚自己究竟必须采用哪个。因为，正如他要么通过双曲线假定、要么通过三角形假定——不论人们是否设想有第一个瞬间——来解释关于不断增长的完美的假定那样，他同样通过正方形（Rectangulum）来解释始终同

---

① [原注] 莱布尼茨：致布尔戈（Louis Bourguet）的信，载Opp. T. II, 页332。[中译按] 布尔戈，1678—1742，法国自然科学家。

② [原注] 人们可以构成两个假定：其一，自然在一切时代都是同样完美的；其二，它持续不断地使自己臻于完美。如果它——虽然以多种多样的方式——在整体上一直是同样完美的，那么，这就有更大的可能性证明它没有开端。如果它始终在完善着自己——比如前提是，不可能一举赋予它全部完美——那么，人们对此又可以通过两种方式解释，即通过双曲线的纵坐标或者三角形的纵坐标。如果根据通过双曲线所展示的假定，没有开端，世界的瞬间或者状态自永世以来便不断地完善着；相反，如果根据三角形的假定，便曾有一个开端之时。关于始终同样完美的假定可以通过正方形加以展示。我还没有发现任何方法可以明白具体地指出人们按照纯然的理性应选择这些假定中的哪一个假定。

样的完美。关于这三个假定,莱布尼茨在有别于埃伯哈德先生援引的另一封信中明确地说:"可见,在各种假定之间作出选择绝不是多么容易的事,为最终作出决定,尚须多多思考。"此外,在另一封信里,他又说:

> 至于这个重大问题,即是否能够通过纯然的理性证明究竟哪一个假定应在宇宙结构中占有优先地位,是正方形假定,三角形假定还是双曲线假定,我认为,人们在这里必须遵循严格的逻辑推理形式。因为,既然人们在形而上学中不像在数学中那样有着通过符号规定理念的优势,所以就必须以推理的严谨作为补偿;但在这类事物中要达到这种严谨,人们只能精确遵循逻辑形式。——所以,我请求您,我的先生,要考虑您能以什么方式使您这方面的思考具有得体的形式;我至少对此还没有发现什么办法。

而且,如上所述,所有这些都是莱布尼茨在1715年写的,在他一生即将终结之时写在包含着对自己的体系的最终解释的书信里。因此,首先发表在杜藤斯先生编订出版的全集中的致布尔戈的信也是最珍贵的优秀作品之一。

第六,可是,假若埃伯哈德先生不是如此精确地看待莱布尼茨的话,假若他只是要告诉我们,虽然莱布尼茨未能从根本意义上表述所设想的假定,但显然更偏向关于不断向着更完美推进的假定,那么我必须承认,我在这一点上也不敢对他的这个说法表示苟同。相反,我倒觉得莱布尼茨似乎更多倾向于始终同样的完美,他似乎引导自己的朋友([德文版编者按]指布尔戈)非常接近一种形式上的表述,想必有他自己的理由,宁可让他的朋友作出这种形式上的表述,而不愿自己抢先说出来。我的依据特别是莱布尼茨给这位朋友写的下面一段话:

您有道理,我的先生,您说,从有限的生命在数量上的无限绝不可推论说,他们的体系从一开始便必然获得它可能达到的总体上的完美品格。因为假若这个推论正确,那么正方的假定便会由此得到证明。

我觉得,即便这个结果并非必然,只是可能而已,正方的假定也将由此取得优先地位。因为,整体根据这个假定在每一瞬间都可能具有它根据其他假定始终只是接近而绝对达不到的那种完美品格;我不明白,它为什么不会由此而成为解释永恒智慧的优先选择。但是,对于从一开始便可能把无限数量的有限生命置于它们有能力达到的最完美的联系之内的可能性,莱布尼茨不仅予以承认,还加以维护,使之不至于受到永远千篇一律的指责。他指出,虽然如此程度的全面完美始终不变,可是,个别的完美却可能不断地变化着。

第七,然而,假若所有这些都不像我所说的那样;假若埃伯哈德先生的列举无可争论,即莱布尼茨显然更倾向于持续增长说,而不是均衡的完美品格;那么,莱布尼茨将之与这种增长联系在一起的概念岂不由此至少被引申得太远了吗?莱布尼茨只是准确地从整体之一般状况理解它,埃伯哈德先生则将它引申到所有个别本质。可是,既然这些本质将在持续运动中达到某些广延,那么我便想知道:在那些道德的本质身上,罪究竟是怎样产生的呢?除非罪本身只是一种向着多个方面广延的运动。非也,莱布尼茨肯定不曾这么想过;他根据均衡完美品格的假定就整体的个别状态说道:这种积聚在整体中可能是完美的,虽然组合它的个别事物可能会增加和减少它们的完美——这是根据持续增长的假定对整体之每一种状态的理解。整体可能持续地处于同样程度的完美品格,或者其完美品格每一瞬间都在增长,但不论这一或那一情况都不会妨碍个别本质可能在完美性上有所增减。没有这种可能的减少,有道德的人身上(bei moralischen Wesen)的罪便无法解释;而且,除了这种可能的减少,无需其他什么来解释惩罚,甚至解释对罪的永罚,哪怕是在不断增长的完美的体系框架里进行这种解释。

第八，我首先必须揭示一个深奥（隐微）的伟大真理，莱布尼茨认为，从这一真理入手有利于讨论关于永罚的一般学说。这个真理无非是下述富有创意的命题：世界上没有什么东西是孤立的，没有什么东西没有后果，没有什么东西没有永恒的后果——除此之外，岂有他哉？因此，既然没有哪种罪没有后果，而这种后果便是对罪的惩罚：这种惩罚怎么可能不会永远持续下去呢？这种后果怎么可能不再产生后果呢？埃伯哈德先生基于这种理解认识到惩罚的永恒性，并就此作了极其强烈和郑重的表述：

> 如果说无尽头的地狱只是这种每一次犯罪所加给我们的永恒的损害而非其他，那么，没有人会比我更乐于伸出双手支持这种说法了。为了事实本身的缘故，我将乐于对表达所可能产生的一切误解略过不计。我将想方设法以全副热情和上帝所赐予我的一切游说力量使人们牢牢记住，任何一种不道德行为都有其一直达到无限的恶果，人们在完美之路上每后退一步，都将在我们整个的永恒此在中，在完美之总和中，在连续不断的道路的总长上留下一个缺口。

听起来多么漂亮呵！可是，怎么好像唯有鲍姆嘉敦①向他提到过这种惩罚的永恒性呢？他怎么会单单给予鲍姆嘉敦尊荣，说他将如此真实而伟大的理智与之联系起来？惩罪永恒说不也来自莱布尼茨的原则吗？鲍姆嘉敦的这一学说本身难道不是基于莱布尼茨，而是基于其他原则吗？鲍姆嘉敦直接从中引出此说的命题：在一个实在的事物中，任何否定的事物都不可能是一个现实性理由，这不就是一个对某些特定情况更为实用的充足理由说②吗？切不可认为，

---

① S. J. Baumgarten，[中译按] 1706—1757，德国新教神学家。
② 充足理由说（der Zureichende Grund）是莱布尼茨解释世界的重要原则。

从这个命题既可得出惩罚之永世持续不断，也可推出从惩罚经由惩罚不可能进入永恒。

第九，但是，惩罚的永恒性既然如此明显地植根于无可置疑的莱布尼茨学说，就必然也符合关于世界的完美性的两个假定，即均衡的完美的假定与不断增长的完美的假定；否则，莱布尼茨的整个体系便将如我在上文所说，对这些假定毫无意义。事实上也是如此，条件是：不论这一种还是那一种完美都不是由每一个别本质，而是同时为所有本质的全盘状态所规定的。且不说这一种还是那一种完美说，难道一个道德的本质在走向完美的进程中不可能停顿下来，不可能后退几步？而且我不明白，为什么不可能永远坚持这种后退，为什么不可能离其完美品格越来越远？莱布尼茨为说明惩罚之无限持久而从罪的无止境的延续推出的明显理由便基于这种可能性。只是，他要想完全持正统立场，本来不仅应从中得出永恒的惩罚，而且必须从中推导出一种永恒的、一直进入永世的惩罚。

第十，当然，人类在作这种想象时不寒而栗，虽然那仅仅是一种可能。可是，我并不想因此追问：为什么仅仅是一种可能的东西是吓人的呢？因为我焦虑的倒是相反的一个问题：为什么不可因此而害怕呢？它本来仅仅对从不认真改恶从善的人才可能是可怕的啊。尽管事情本身并没有因这种可能性而获得其正确性，尽管这种可能性与整体的完美一起存在，尽管一种道德本质的永恒后退是自相矛盾的，可是，按照最严格的莱布尼茨原则，惩罚的永恒性始终还是自圆其说的。

这足以说明，在通向完美之路上的任何迟缓都不可能无限持久，这就是说，它自己将永远受到自己的惩罚。因为，即便至高本质进行惩罚的方式只可能是使受惩罚者改恶从善，即便改恶从善或多或少都是惩罚之必然结果，难道这就注定了惩罚除了通过自己永续不止以外还可能以其他方式劝善改恶？人们要说的是这个意思吗？"是的；还可以通过惩罚留下的关于自己的生动回忆"——难道这生动的回忆就不是惩罚?

第十一,可是,为什么老谈论没有人否认的事呢?人们所否认的并非自然惩罚的永恒,而是——是什么呢?——地狱的永恒。——这么说,两者不是一回事?难道地狱就是某种不同的东西,至少不只是前一种惩罚的象征?我很清楚,有些神学家持这种看法。但我发现,至少埃伯哈德先生并不在这类神学家之列,他因此肯定不至于比他们更缺乏正统性。因为,在整个宗教中不存在迫使人相信这类事的东西。相反,人们也可以被容许极其肯定地设想,圣经中所发出的惩罚威胁无非是自然的惩罚,这类惩罚即便不发出威胁也会随着罪而降临。但是,既然一个更高的智慧认为有必要发出这种非同寻常的威胁,它一定认识到完全按照我们的切身感受就此进行表达很有益。

在这里,我想,我们站在了所有这些难题产生的源头:人们为什么自以为必须否认惩罚的永恒性。因为,为了唤醒对于那场等待着罪孽的灾难最生动的想象,圣经几乎取来所有的人无一例外最为熟悉的关于身体痛苦的一切描绘,于是,人们虽然不是将身体痛苦本身,至少是将痛苦的状态和它与我们的天性的关系当成了事实本身,而不是只将其看成描绘,并从这种错误理解出发,否认在一切方面比这种理解更有依据的东西。

于是,惩罚变成了痛苦,痛苦变成了痛苦的状态,对这样一种状态的感受变成了一种排除其他一切、占据着我们整个本质的感觉。简而言之,这是人们或多或少、或暗自或公开轻率地加给或者自以为必须加给地狱之罚的张力强烈的(intensive)无限,正是因为这种无论在圣经里还是在理性中都没有根据的张力强烈的无限,过去和现在都必然使惩罚之无限持久如此不可理解,跟上帝之仁慈和正义如此矛盾,并使我们的理智和感情如此激愤。

第十二,尤其在那些无法想象没有改恶劝善目的的神性惩罚的人们身上必然产生这种感觉。他们的感觉很正确,但他们的理智却作出错误的推论。改恶从善之不可能,并非由于惩罚无限持久，而是由于惩罚具有张力强烈的无限。因为属于这种张力强烈的无限者首先是它的恒定不变；正是这种恒定不变使一切改恶向善成为不可能。我要说，而且已经部分说过：既然惩罚应改恶劝善，那么，惩罚带来的经久不断的肉体之恶对改恶向善便没有多大妨碍，相反，改恶向善是这种延续的一个结果。

可是，对这种持久的恶的感觉却不一定恒定不变，至少它的恒定不变不一定总是占主导，否则人们会无法理解，在这种恒定不变占主导的情况之下怎么可能产生哪怕只是最初步的改恶向善的决心呢。埃伯哈德先生本人以明确而又十分强调的语言坚持认为前一种情况是可能的：

> 惩罚所造成的肉体上的恶可能一直存在下去；可是，悔改的罪人不再将之称为恶，他不再感到不幸，尽管他仍然感觉得到痛苦。

这是什么意思？这不就是说，罪人受的惩罚虽然不会停止，但他却可以改恶向善吗？一旦这种对恶的感觉正像人们自认为必须从圣经的一些形象表述中所推定的那样，张力强烈而又恒定不变，难道他就会设想持久的肉体上的恶对于自己是一种慈善的恶，难道他就可能开始悔改了？

第十三，我在这里说"一些形象表述"颇为审慎。因为，其他表述——尤其如果人们可以将譬喻一直归入形象表述的话——会推论出更为正确的概念，不论惩罚之永无止境还是受惩罚者之改恶向善，都可能与这类概念一起存在。这一个并不抵消那一个，这不仅在改恶从善只有通过持久的惩罚才可能得到维持这一前提之下是可以理解的，也可以以其他方式得到相当程度的确认，这就是说，如果人们考虑到，虽然惩罚和奖赏是且必定是某种实在性的东西，惩罚状态和奖赏状态却同时又是相对的、保持不变的概念，如果它们以同样的比例增减的话。地狱中的富人可能一直在改恶向善，可能从感觉到惩罚的第一个瞬间开始便重又致力于完美,并在随后的时刻越来越接近完美。难道他因此在看见拉撒路时就不再留在地狱里了?① 拉撒路在自己感觉到永福的第一个瞬间起,就以同样的步伐奔向一个高而又高的完美了。——谁如果能够对此严正地提出异议,认为这样一来,地狱和天堂便会合为一体,每个罪人都由此而得到安慰,反正或早或迟都会升天堂,谁就恰恰是那种人们根本不可能对他做什么解释的人。对这种人而言,问题可能始终只停留在字面。因为,他和他那样的人,恰恰只会看到字面上的东西。

第十四,可是,对像埃伯哈德先生这样的一个人,我要不揣冒昧地问:将天堂与地狱这两个状态通过无尽头的梯级联系起来的前进步伐,而又不至于使这个或那个失去其相对的称谓,这种未遭破坏的前进步伐难道不正是从改恶劝善的惩罚体系里得出的结果?一般的思考方法在天堂与地狱之间造成全然分离,造成任何地方都不接壤的条条分界线,其樊篱被——我不知道是什么的——虚无的鸿沟②分离开来,截然两断,这一边(此岸)只会产生纯然的这一些感觉,那一边(彼岸)只会产生纯然的那一些感觉;所有这类东西岂不比关于永久存在的惩罚最粗陋的概念更是非哲学的吗?在后一种概念里至少还有无可争议的伟大真理为依据:这种全然分离之所以极度粗陋,只是由于人们同时吸纳了不仅与灵魂的本质而且与上帝的正义相矛盾的不和谐的东西。

第十五,这种全然分离显而易见与灵魂的本质相矛盾,因为灵魂无法有纯粹的感觉;这就是说,灵魂不具有那种一直到其最细微的因素都是纯粹愉快或纯粹不愉快的感觉,更不必说灵魂能够处于一种使自己只具有这种或那种纯粹感觉的状态了。但说灵魂与上帝的正义相矛盾,恐怕缺乏应有的审慎思考。可是,最明显的矛盾不正是设想或宣称,即便上帝的正义在惩罚时也无法避

---

① 参见《路加福音》16:22 以下。

② 参见《路加福音》16:26。

免人类的正义在某些情况下难以避免的不完美吗？这种不完美表现在，人类的正义在同时进行惩罚与奖赏的时候，只可能用减轻惩罚来奖赏，用减少奖赏来惩罚。总之，人类的正义在这类情况下必然是进行所谓一揽子惩罚和奖赏。上帝也必定这么做吗？绝不是。

如果说，最好的人真有许多恶，最坏的人真的并非一点儿善都没有，那么，恶的后果必定跟随最好的人升天堂，善的后果必定陪伴最坏的人下地狱，每一种人必定在天堂感到自己的地狱，在地狱感到自己的天堂。恶的后果不仅必定从许多善的后果里减去，善的后果不仅必定从许多恶的后果里减去，而且每一种后果都必定各自表现出其完整的实质。圣经在谈到地狱和天堂的梯级时所指者无非是这个意思。①可是，那部分不善思考的圣经读者也会想象到这些梯级吗？他们岂不会同时给予这类梯级的每一级——不论多么低的一级——以其固有的具有强烈直感的无限吗？天堂的最低一级在他们看来自然只是最低的一级，尽管如此，仍然是天堂，是喜悦和欢乐，是永福而非别的。

第十六，现在要问：他的武器为什么不是着重指向这些更容易从圣经里得到注解的错误概念，而有何必要指向惩罚之无限呢？至少我觉得，即便最精明的注疏家如果针对后者，也认为那些也许仍有许多值得对之提出异议的东西是确定无疑的。例如，埃伯哈德先生坚持认为，永恒这个词在希伯来语和希腊语里只是指一种不确定的持久，绝非无限的持久，他说：

> 必须从总的方面注意到，在逐级提高一个像永恒性概念这样的抽象概念时有个时间顺序。这个概念并非始终都具有最崇

---

① 莱辛在这里所依据的是否为圣经的某一段话，不太清楚。也可能是关于"第三重天"，即多重天的段落（如《哥林多后书》12：2）和关于"最底层地狱"的段落（如《申命记》32：22）。

高的哲学竭尽全力最后造成它时所具有的那种超验性。

这段话中包含某种暗示，可以很好地用于许多形而上的概念，却很难用于永恒这个概念。由于这暗示仅仅是负面的，我看不出从中会有怎样一种等级划分（Gradation）。人们根本不曾有过这个概念，或者说，人们从不曾在它可能达到的程度上完全拥有它。人们曾习惯将一段漫长的不确定的时间称为永恒，这种说法丝毫不能证明，人们在开始时将永恒仅仅设想为一段漫长的不确定的时间。因为，前一种说法仍然天天为人们所用，虽然他们很清楚永恒这个词原来所要指的意思。在原初之时，贫乏的语言只知道通过时间的累积表示永恒这个抽象概念，但这种情况不足以证明，这个概念本身当时缺乏其根本内容。

世界智慧的历史也完全与此说相反。因为，永恒这个概念毕竟凝聚着最崇高的哲学的特殊努力，哲学至少很早便有能力作出这种努力——这最崇高的哲学不是别的，正是最古老的哲学。甚至永恒这个概念能够达到的最为超验的东西（das Transcendentaliste）——我指的是排除一切暂时——至今仍然只有极少数人能够达到这种理解。甚至这一点，古代哲人们也非常熟悉，如上所说，几乎比我们今天的哲人更熟悉。

第十七，同样，我并不想将埃伯哈德先生的其他各种说法当成我的见解，它们与争论问题的本质无关，但却对问题作了错误的表述。我所称的这种表述指虽然并非明确主张，但却是可以非常正确地推导出的暗示：关于永罚的学说产生于基督徒当中。他说：

> 我虽然不能指出它在基督徒中产生和传播的真实时间。但不论这个时间是何时，在当时野蛮人必定已经占据了许多土地，所以，学园学者中的智术派（Sophisterei）有可能在人的情绪中为自己找到一条铺好的路。因为理性误解了这个可怕的学说，关于这一点，我希望提出一个非常明显的证据，说明他

们别无选择,只能将这个学说归结到被错误理解的圣经段落。

上面曾提到,虽然埃伯哈德说的这些话并没有明确否认,除基督教外其他宗教也宣讲和曾经宣讲过对罪孽之永罚,可其他宗教的表述并不十分清楚,不了解情况的人由此妄自以为,其他宗教没有或者从不曾有过这种学说。这无论如何大错特错。所以,埃伯哈德大概很难指出,哪怕只是一种以清楚的语言宣讲有限惩罚而非严格表述其相反情况的宗教,正像他不得不承认的那样,在圣经里,至少表面上看是这种情况。因此,每一个新基督徒都从自己所背离的宗教中把受到指责的教义带进了基督宗教;圣经中被误解的段落不一定使这新基督徒相信它,充其量只可能坚定自己的信仰。如果人们在基督宗教中首先部分根据自己认为的哲学理由、部分从自己被误解的前提出发,开始辩驳某种所有宗教共有的教义,真实的时间也许会更容易得到确定。

仅仅由于所有宗教的这种相互一致,我也不愿附和埃伯哈德先生的说法,即"理性没有认识到这个可怕的学说",或像他在另一个地方以更强调的口吻所说的,"理性对这条教义没有责任;在其整个真理范围之内,并没有一条通过正确的推论得出这条教义的真理"。凡一切宗教共有的东西都不可能在理性中没有依据;以往更多是隐约感觉到而非清楚认识到的关于罪之永恒后果的真理,无疑已足以使人想到这真理。或者毋宁说,这条真理与关于永罚的教义从根本上看是一回事,只是它在不同的宗教里由于使这种惩罚感性化的努力有高低之分而或多或少有些变形罢了。

第十八,我想以进一步揭示一开始提到的原因来结束本文:为什么我会希望埃伯哈德先生至少不要通过苏格拉底的申辩公开反对罪孽永遭惩罚一说。原因是,苏格拉底自己十分当真地相信永罚说,至少他认为以最不容置疑、最明确的语言宣讲此说是有益的。不妨读一下苏格拉底在柏拉图的《高尔吉亚》末尾的话,这一段话绝对不容对它提出异议:

无论谁，只要他必须遭受惩罚，并受到了另一个人的公正惩罚，那他就得明白，要么自己悔改从善，并由此获益，要么为其他人充当儆戒性榜样，使他们目睹他受难、受惩罚，因恐惧而改恶从善。但这些人自己因受到神灵和人们的惩罚而得到好处，他们因可以补救的错误而犯罪。可是，只有通过痛苦和折磨他们才得到好处，因为别无其他摆脱不义的方法。

不过，另一些人犯下最严重的罪恶，因这类犯罪而不可救药，他们被树立为儆戒性榜样，自己得不到任何好处，因为他们无可救药，其他人看到他们因自己的罪行而永世忍受最深重、最痛苦和最可怕的恶倒会得到好处，这显然是在阴间、在牢狱为所有沦落同一境地的罪人树立起来的儆戒性榜样，作为鉴戒和警告。①

在这里没有提出任何遁词的余地。这里的 τòν ἀεί χρόνον（永远）不像 αἰών 或 αἰώνιος② 那么含混不清。在为使自己改恶从善而遭受惩罚和忍受痛苦的罪人与自己全然不可能改恶从善、仅为了替其他人充当榜样而永世遭受苦刑折磨的罪人之间强烈对立的情况之下，所有这种种含混不清又会怎样呢？"都是永世忍受最深重、最痛苦、最可怕的恶"（[中译按]原文为希腊文）——诚然，至少苏格拉底并未不加区别地将地狱之罚当成永恒的。

可是，如果仅仅只是这一点使他的学说令人可以接受，那么，在我们的宗教中究竟是什么妨碍我们承认这种区别？什么东西在妨碍我们？看来真正承认它的是否并非与我们有同一信仰的人们的绝大部分？古代教会信仰和宣讲的中间状态（mittlere Zustand），

---

① [中译按]原文为希腊文，此处据德文版编者提供的德译迻译。

② 这两个词有多个含义：1. 永久、永恒；2. 漫长的时间、持久的；3. 终生、毕生之久。

我们的宗教改革家们曾肆意滥用——尽管是它本身造成的——但也许并不难摆脱的中间状态,根本上与苏格拉底所称的改恶劝善的地狱有何区别?虽然只是可能,虽然永远只是可能有绝不愿意改恶从善的罪人,有永远不可能停止犯罪的罪人,可为什么不可以为了这纯然可能的恶人的缘故而设想或承认同样纯然可能的专对他们的惩罚?

——啊,我的朋友们,我们为什么要让人觉得自己似乎比莱布尼茨更机敏、比苏格拉底更有人情味儿呢?

[德文版编者附记]

《莱布尼茨论永罚》编辑手记

波伦（Klaus Bohnen）

本文初次刊印于《论历史与文学》第一辑，后收入《文集》和《全集》（Berlin，1792）以及后来的印本时，亦按此印本和Seifert，页6；LM 11，页461–487。

成文经过

这篇论文放在"第一辑"末尾，成文时间可以比较可靠地确定。莱辛在完成《爱米丽亚·迦洛蒂》并首次公演（1772年3月）之后，便着手一个新项目，即《论历史与文学》丛书，于是在沃尔芬比特图书馆搜寻值得公之于众的"珍藏"。这时，落入他眼帘的是他的前任和涉猎多学科的著名博学大家莱布尼茨（1646—1716）为索纳《关于对不信上帝者的永罚并非上帝的义而是他的不义的神学哲学论证》所写的迄今从未发表的序文，鉴于此文作者的威望，也由于其神学论题的爆炸性，这一"发现"必然将引起关注。将这篇短文放进一个论题框架之内进行详细分析，自然需要一个更进一层的现实由头。莱辛找到了这个由头，这就是埃伯哈德的《苏格拉底的新申辩，还是考察异教徒的永福说》，这本书的第一卷在1772年春出版，对莱布尼茨持批评态度。由此可以建立一个参照点，这个参照点可以通过确定与埃伯哈德论战的界限阐释莱布尼茨为索纳写序的意图。莱辛为此写的文章在年底完稿。

莱布尼茨的一篇手稿受到莱辛的关注当然有诸多理由。姑且不说莱辛作为图书馆长感到自己是哲学家莱布尼茨的"继承人",而在图书馆历史的思考中——尤其在《论历史与文学》第一辑前言——很推崇他的作用,莱辛对莱布尼茨的研究可追溯到很久以前。他的弟弟卡尔在《莱辛生平》中(下编,Berlin,1795,页63以下)就此写道:

> 他研究莱布尼茨像研究斯宾诺莎一样,而且如果从他的遗稿中所发现的节录和笔记判断,他研究前者的著作更加勤奋。所以,他的整个事业和全部工作方式与莱布尼茨有更多相似之处。

卡尔在《莱布尼茨研究》的标题下列出的"笔记"透露出莱辛的意图,这就是梳理莱布尼茨的毕生著作,他认为对这位哲人的重要性在那个世纪做多么高的评价都不过分,虽然其著作在1765年和1768年①方才不完整地结集出版。莱辛为莱布尼茨列出一个生平和著作年谱,对其著作写出节录,翻译了 *Nouveaux Essais*([中译按]《新论》,即莱布尼茨的《人类理智新论》)的"Avant-Propos"(前言)的开头一段(卡尔误认为是莱辛继洛克之后以《人类理智新论》为题写的一篇文章的开头),并批注:莱布尼茨的神学比他的哲学更罕为人知。他的文章便是为了消除当时对莱布尼茨哲学和神学的无知和误解。

同时,他还可以接续自1754至1755年以来在与门德尔松的切磋中曾使他无法释怀的哲学思考。在他们共同撰写的《蒲伯,一个形而上学家!》一文中,莱布尼茨的"前定和谐"说处于中心地位,正如在由莱辛编写发表的门德尔松的《哲学讲话》(1755)里那样,

---

① 分别指 *Œuveres philosophiques latins et françaises de feu Mr. Leibnitz*…(《莱布尼茨先生拉丁文和法文哲学文集》),R. E. Raspe 编,Amsterdam 和 Leipzig;以及 *Opera amnia*(《全集》),Louis Dutens 编,Genf。

而且莱辛首先接受了门德尔松的命题：莱布尼茨"前定和谐"说的"精髓"借鉴了斯宾诺莎。布列斯劳年代的遗稿残篇《论除上帝之外的事物之现实性——莱布尼茨经由斯宾诺莎只是踏上前定和谐的踪迹》大概创作于1763年春，这个残篇证明，他再次提出了这些问题，只是这次是从斯宾诺莎的视角出发。即便莱辛在这里试图详细讨论这个当时被诬为无神论者的荷兰哲学家的学说的立场，他同时仍会坚持将莱布尼茨的和谐构想视为这个德国博学大家的原创。

显然，莱辛不愿将自己拴牢在形而上学问题上。哪怕十年以后，当他重新面对莱布尼茨这座广厦时，作为他的研究目标呈现于他眼前的也不是莱布尼茨的体系本身，而是像莱布尼茨这样一个思想家如何对待"地狱之罚的永恒性"这种神学上的具体论题并提出一个符合理智的解决方法的问题。在发表"Barengarius Turonensi"（《论图尔的贝朗瑞》）[①] 这篇给莱辛带来"正统信仰"名声的文章之后，他在这篇文章里同时展示了他独立于同时代人的神学阵线、独立于正统派和新派神学家的立场，并以此预告了他的神学论战文章的内容。

结构与内容

《莱布尼茨论永罚》遵循这类"辑录"通用的结构模式。一篇序言引入所选的论题，接着是在沃尔芬比特图书馆发现的出自莱布尼茨之手的未发表文稿，随后便是对所刊布的文本进行分析的评论。出发点是"在我们神学家们当中""重又活跃起来"的"关于地狱之罚永无尽头的争论"，为澄清这场争论，"极其必要的"是"首先研究这个引起争议的学说的历史全貌"。莱辛希望从神学权威莫斯海姆那里得到帮助，此人曾预告过这样一部"学说史"，并特别提到索纳的一本否认地狱之罚永恒性的著作，莱布

---

① ［中译按］贝朗瑞，1000—1089，法国神学家。

尼茨曾想——加上一篇序文——发表它。

莫斯海姆本人有意将莱辛从沃尔芬比特图书馆收到的这篇序文付印，但由于他的计划无法实现，莱辛便认为向更广泛的公众介绍莱布尼茨文本，可以对解决有争议的问题作出贡献——这是他自己的使命。当时柏林的布道师，也即后来成为哲学教授的埃伯哈德刚刚（1772年）出版了《苏格拉底的新申辩》一书，这使莱辛发表莱布尼茨的文章具有现实价值，他以此书为契机，对书中所描绘的莱布尼茨形象和与之相联系的地狱之罚构想进行一次广泛剖析。他写成十八条，并非以此使他的思想条理化，而是为之计数，这十八条构成了他的论文的重点。他以一个同时强调他视之为典型的"楷模"的呼吁结束全文：

啊，我的朋友们，我们为什么要让人觉得自己似乎比莱布尼茨更机敏，比苏格拉底更有人情味儿呢？

这篇文章是哲学与神学之间一次危险的山巅漫游。地狱之罚的永恒性这个神学问题，在"教派的"歧义连同这个问题对于正统派与新派神学家们之间的潜在争执所可能有的一切关联的背景之下似乎处于关注的中心。莱辛对地狱之罚永恒性的态度可以被理解为对正统派立场的认可。但卡尔·莱辛收到"第一辑"之后（1773年1月16日）就凭直感作出反应：

你关于永恒地狱之罚的意见是哲学，可在将基督教优美化的人和将之粗俗化的人看来都是异端之见；洞察力越强，就越该入地狱！……谁会为这种基督教的或含义微妙的花招感激你呢？理性还是基督教？

莱辛的回答同样果断坚定，并透露他的文章的意图（1773年4月8日致卡尔的信）：

如果埃伯哈德先生对我的理解比你对我表象上的理解更差劲儿,他就理解偏了。你认为我真的要以我关于永恒的地狱之罚的思想向正统派献殷勤吗?你认为我没有考虑到他们对此现在不可能,将来也不会感到满意的吗?正统派与我何干?我像你一样鄙视他们,只是我更加鄙视我们的新派牧师,这类人当神学家差得太多,当哲学家也远远不够。我深信,一旦人们让这类毫无情趣的傻瓜得势,他们行事逐渐地会比正统派更加霸道。

可见,莱辛并不是要确定一种神学立场,而是要把概念的方式和方法运用于神学与哲学,这涉及的是澄清概念的坦诚,而澄清概念乃是"探索真理"的要件。1773年7月14日的信"兼致埃伯哈德先生"中对弟弟的回答直截了当:

我绝不会让人将我拉离我的主题,这主题就是,埃伯哈德先生不愿有的永恒地狱根本不是永恒的,现实存在的才是永恒的。为什么不愿径直否认关于这个地狱的性质,即关于它永恒还是不永恒这类乏味的无聊概念,而是去反对始终还容许作出充分解释的地狱恒久存在说呢?

对此,尼柯莱告诫他说(1773年8月18日信):

我亲爱的朋友,为什么您在您公开发表的**文学论文**里不像在您给您弟弟的信里写得那么大胆,那么肆无忌惮呢?

莱辛在文章中以他特有的那种突出认识的渐进性品格的表述方式选择了另一条"真理之路"。他从莱布尼茨出发,从"这个伟人的文章"出发——"在我看来,他写下的每一行都不是多余的"——设法包围所划定的论题领域。"自由考察信仰问题"对于他是一个理所当然的前提,同样也是事实:莱布尼茨"所辩护的真理"也见诸他的其他著作。处于莱辛考察的焦点的是那些"在其辩护对其信念和理由"为人所误解和扭曲的"辩护者"。于是,神学问题便与为哲学家及其思想方法进行的"正名"相重叠,这种"正名"同时也近似莱辛的自我表达和自我解释。

在这里至少突出了两个问题组合,这两个组合最后都融入了关于考察地狱之罚永恒性的一个修正观点的问题。莱辛首先将重点放在为被怀疑持取消理智的"投合态度"的莱布尼茨哲学的思考和论证形式恢复名誉。莱辛以完全赞同的口吻强调指出,莱布尼茨的方法恰恰并不在于对诸"思想体系"进行相互排斥的比照,而在于使貌似异质的思考切入点达到整合(Synthese),其目的是从中找到有助于开辟共同遵循的"真理之路"的东西,并将之公之于众。莱辛将这称为"教育策略",并由此推导出作为"施教方式的差异"的"显白"与"隐秘"的区别。他对莱布尼茨方法的描写带有认信色彩:

> 莱布尼茨在考察真理时从不考虑假定的见解;但他深信,任何一种见解如果不是在某一个方面,不是在某一种意义上具有真实性,它便不可能被假定,怀着这个坚定信念,他往往喜欢反复考量和琢磨这种见解,直到他能够揭示这某一方面,理解这某一种含义。

从这方面看,莱辛认为,莱布尼茨是杰出的启蒙思想家,他并非教条式地考量和检验所发生和所思考的一切,并不将之强塞进一种堵死其他一切真理探索通道的"体系":"他乐于将自己的体系搁置在一边,设法引导每个人在自己所发现的道路上走向真理。"

与此相联系,当然同时跨向论题核心,莱辛与埃伯哈德进入一场讨论:应如何使莱布尼茨对地狱之罚永恒性的认可与他的"最好世界说"达到一致。莱辛"深信",莱布尼茨接受地狱之罚永恒说,不仅是对正统派表示让步,而且还"因为他认识到,此说比对立的学说更加符合他的隐秘哲学的一个伟大真理"。"在这个伟大隐秘真理的背景下,莱布尼茨认为有利于讨论永罚说",这个真理不是"别的什么",只是"一个有益的原则:世界上没有什么东西是孤立闭锁的,没有什么东西没有后果,一切都有永恒的后果"。"因此,既然没有什么罪不可能没有后果,而这后果就是对罪的惩罚,这种惩罚怎么可能不永远持续下去呢?这种后果怎么可能不再有后果呢?"这里的前提自然是(莱辛在这里接受莱布尼茨以几何模式直观表达的"世界完美性的假设"),应将建立在"最好世界说"之上作为整体的"世界完美性"与"个别本质"区别开来,后者"不仅可能停滞于完美进程之中,不仅可能倒退几步","而且我看不出,它为什么不可能永远陷于倒退,越来越远离它的完美性呢"。

惩罚的永恒性产生于——这是莱辛关注的所在——莱布尼茨的"体系"的逻辑,而并不是对正统教义模棱两可的迎合的结果。虽然他不可能看不到,这同时是"理智的某种补偿",但他对细微的概念区分的评价仍高于对埃伯哈德根据假定的神性正义原则修正地狱之罚永恒性的尝试的评价。这里引人注目的仍然是他作为纲领维护的哲学与神学之间的清晰分野。

在最后狭义神学上的地狱之罚的讨论中,莱辛提请人们思考,是否可以设想超越基督教地狱观念的"文字",根据"上帝的正义"找到另外的解决办法。他从他在美学语境中提出的关于"混杂情感"和由此而产生的"混杂品格"的学说出发断定,"最好的人也有许多恶,最坏的人也并非什么善都没有",所以,"恶的后果也可能随好人升天国,善的后果则会伴恶人入地狱"。既然上帝不可能"不分青红皂白地处罚和奖赏",因而必然——在保持为进行威吓不可或缺而又被夺去其时间维度的永恒概念的情况下——存在着符合人的天性和更高的正义的种种过渡。

莱辛认为在"这篇文章本身讨论地狱和天国诸阶段的段落"

中便能找到这些过渡,并指出"古代教会所相信和宣讲的中间状态",即"炼狱",是一种更易于忍受、对人更为友善而又更加正义的解决办法。他很清楚,他因此而陷于与"宗教改革家"和正统派的矛盾;他提示人们注意柏拉图《高尔吉亚》中的"劝勉悔改的苏格拉底式地狱",从而使基督教地狱之罚永恒性的褊狭观念与古希腊人的哲学智慧相比照,后者非常适于被基督教奉为楷模。"在我们的宗教中,究竟是什么妨碍我们承认这一差别呢?"

维索瓦蒂对三位一体说的异议
（1773）

我在本文所要讨论的，并非仅是标题预告的内容，更有我们的莱布尼茨的一篇文章。世人虽说知道它，其实与不知道也差不多。我指的是他的《基于新的逻辑发现为三位一体说辩护》（De-fensio Trinitatis per nova Reperta Logica）。

首先，我想用茹古（Louis de Jaucourt）先生的话①谈谈这篇文章产生的历史：

在这一年（1671），我们这位哲人以神学家的面目公开露面；这是一次纯偶然的机会促成的。波依内堡男爵（der Baron von Boineburg）刚刚改宗天主教，就给与他过从甚密的维索瓦蒂（Andreas Wissowatius）写了封长信，不仅为了向他解释自己改变宗教信仰的理由，还想影响维索瓦蒂步其后尘。男爵的信没有给维索瓦蒂留下什么深刻的印象。维索瓦蒂是位波兰贵族，在神体一位论者中颇有名气，他发表在所谓"波兰兄弟丛书"里的各种论文都冠以其姓名的首字母 A. W.，神学家们都知道。他还是浮士德·索兹尼（Faustus Socinus）②的孙

---

① 见其《莱布尼茨先生生平事迹》，此文通常刊于《神义论》法文版正文之前。这段话出自 1747 年阿姆斯特丹版，页 56。[中译按] 茹古（1704—1779），法国哲人，《百科全书》撰稿人。

② 浮士德·索兹尼（1539—1604）与莱尼乌·索兹尼（Laelius Socinus, 1525—1562）一起创索兹尼派，主张神体一位论（Unitarianisus），否认上帝三位一体说。

子，当时年事已高。维索瓦蒂毕生全力维护自己所属教派的原则，为此不得不过一种苦难的生活，而且英勇地忍受这种生活。后来，他逃往阿姆斯特丹，1678年客死此地。不难想象，这样一个人会始终坚持自己的信念。

维索瓦蒂回信给波依内堡先生说，他既不可能承认化体说（Transsubstantiation），也无法接受三位一体说。所以，维索瓦蒂在讨论化体说之前，首先只要求男爵确认三位一体说，或者哪怕只是以三段论法的形式回答他就此提出的反对理由。维索瓦蒂确信，这无论如何是办不到的。为了荣誉，波依内堡男爵不可能后退，必须接受挑战。由于事务过多、精力分散，男爵转而向莱布尼茨求助。他将维索瓦蒂的信交给莱布尼茨，恳请莱布尼茨就此作出回答。

莱布尼茨为此写了一篇拉丁语短文，题为"基于新的逻辑推理（raisonnemens）为神圣的三位一体说辩护"。我们这位学者在这里指出，这只是一个维索瓦蒂可以用来确保自己在争论中制胜的逻辑，它充满缺陷；相反，更精确的逻辑则更有利于正统派的信仰。此外，这位学者绝不认为，人们必须用哲学上的根据来证明三位一体，他仅仅将这个奥秘建立在圣经之上。他以自己的睿智相信，为此最好的办法是人们完全坚持启示之言，无需作进一步的诠解，因为，在自然中没有分毫不差地与神位性格的概念全然一致的例子。他甚至直截了当地说，进一步对身位（Person）这个词以及其他类似的词作出诠解，是十分不当的行为，这种做法很难奏效，因为，这类诠解有赖于解释。简而言之，这便是他就这个论题的想法得出的结论。

在若古的这段话里，并非所有说法都合理。所以，请容我在进一步讨论以前作几点说明。

（1）其中的年代顺序完全错误。虽然冯特奈尔①在若古之先将这里谈到的莱布尼茨的文章写作时间同样确定为1671年，虽然《学术通报》（Acta Eruditorum）在这方面又先于冯特奈尔，虽然鲁多维茨（Ludovici）和布鲁克（Brucker）两人后来沿用此说，却并不能证明它是正确的。② 因为，莱布尼茨曾对波依内堡说：从一个波兰人那里跑到您那里来的东西，如果您恩准，将随您一起回到波兰人那里。当时，波依内堡到波兰旅行，以便处理人所共知的威廉（Philipp Wilhelm）伯爵的事务，③时在1669年二三月间。④ 因此，莱布尼茨想必至早在这一年年初之时，而绝不可能在前一年，即在结识男爵的那年完成他的文章。

（2）"波依内堡男爵刚刚改宗天主教（venant d'embrasser la Rellgion Catholique）"——这种表述不确切，误导鲁多维茨产生一个更严重的年代错误。因为他说，"恰在此时（即1671年）发生了波依内堡男爵改宗罗马天主教会的事"，但这事早在将近二十年以前即1653年就发生了，正如康林（Hermann Conring）致布鲁门（Julius H. Blume）的信中所说。⑤

（3）波依内堡当时就已经与维索瓦蒂有通信关系，而且在通信中谈得如此详细，以至于他认为，有责任就自己改变宗教信仰向他作出解释。——此说极不可信，虽然《学术通报》接着也谈及此事。我

---

① ［中译按］Bernard Bovier de Fontenelle, 1657—1757，法国启蒙思想家。

② ［原注］"Eloge de Leibniz par Fontenelle"（《冯特奈尔对莱布尼茨的颂辞》），载 Acta Eruditorum（《学术通报》），1717年7月号，页326；鲁多维茨，《莱布尼茨哲学历史论纲》，T. I，页61。

③ 波依内堡1669年受威廉伯爵委派前往波兰推动伯爵竞选波兰国王事宜。

④ ［原注］见 Gruberi Anecd. Boineb. ［格鲁伯的《波依内堡轶事》］，第一编，页1227。［中译按］格鲁伯（J. D. Gruber, 1686—1748），德国史学家，编有 Commercii Eplltolici Leibnitiani（《莱布尼茨通讯集》）。

⑤ ［中译按］康林（1606—1681），德国法学家和作家；布鲁门（1622—1688），德国教会史家。

至少确知，维索瓦蒂向波依内堡寄送他提出异议的信发自曼海姆，时在 1665 年 10 月。我由此推断，波依内堡与维索瓦蒂建立联系大概不会早于 1663 年，在这一年，后者与他从波兰被逐出的兄弟在普法耳茨（Pfalz）被接纳，并在曼海姆过了几年幽居生活。我是从维索瓦蒂的生活中看出这种情况的，① 我甚至臆测，在施特鲁维（Gotthel B. Struve）的《普法耳茨教会史》里会有关于这方面的更多记载。

（4）此外，若古说波依内堡自己无法作出回答，因而恳求莱布尼茨代为捉刀，这无非是《通报》中拉丁文之法语修饰和委婉表达，文本本身自然也为这种错误的想象提供了机会。因为，波依内堡早在 1665 年就收到索兹尼派的异议，莱布尼茨却最早在 1668 年才写成他的答复，所以，前者本人肯定早已尽其可能作出答复，以便使后者也能试一下自己的能力。然而，莱布尼茨甚至如《通报》所说，② 以波依内堡的名义拟出了答复，这从表面上看也不可能成立，因为，这个答复的表达形式不是由他发出的一封信，而是写给他的一封信。

（5）当若古用法文提到莱布尼茨文章的标题时，还在一条注释中补充说，原文以《基于新的逻辑论证为高度神圣的三位一体说辩护》为标题印成十二开本刊行。但这次印行肯定是若古的虚构，我没有发现与此有关的任何一点蛛丝马迹，莱布尼茨本人也不可能办过此事，因为，他确实没有说过，他基于新的逻辑论证为三位一体说辩护。他的标题用的是"基于新的逻辑发现"；两者大有差别，犹如对一个论题的直接证明完全不同于为反对这一论题而提出的证明之单纯考察。至于若古说莱布尼茨曾宣称，面对争论点

---

① ［原注］*Sandii Bibl Anti–Trinit*（《反三位一体文丛》），页 257。［中译按］这里指德国神学家和教会史家撒德（Christoph Sand, 1644—1680）编的文集，1684 年阿姆斯特丹出版。

② ［原注］L. C. Leibnitius sub eius nomine epistolam exaravit, Cui titilis Sacrosancta Trinitas etc.［莱布尼茨以他的（即波依内堡的）名义拟就一封信，标题是：高度神圣的三位一体……等。］

最好的办法是 de s'en tenir simplement aux termes reveles（直接遵循启示之言），至少在这篇驳维索瓦蒂的文章里这并未出现；在这句话出现的地方，莱布尼茨倒是加上了一个定语 autant qu'il se pent（只要可能），他非常明白，并非处处用单纯的圣经之言都能奏效；消除或防止神学争执的一个罕有的方式，也许是充分地使每个人都使用同样的语言，他尽可以以此思考他想思考的问题。

（6）若古宣称，维索瓦蒂的文章被收入《波兰兄弟文丛》（*Bibliotheca Fratrum Polonorum*），此说也不见得正确。在这部文丛中，人们为了补充沃尔佐根①对《新约》的注疏而加进了维索瓦蒂对《使徒行传》《雅各书》《犹大书》的注疏。至于维索瓦蒂所刊印或者撰写的其他东西，并未见诸文丛，更不必说从中去寻找我准备在这里介绍的他的异议了。

因为，据我所知，这些异议从不曾付印，至少在它不应不在的地方阙如——我指的是莱布尼茨全集，其第一部分收有莱布尼茨对这些异议的回答。这篇回答十分令人费解，毫无用处，因为其作者没有复述自己对手的异议，只是纯然的文字讨论。杜藤斯先生说，他付印此文所根据的是 1718 年在维滕堡出版的莱塞（Polykarp Leyser）的《参考文献》（*Adparatus Literarius*）②，我手边没有此书，但完全可以肯定其中也一定没有维索瓦蒂的异议，因为杜藤斯先生不可能让他的出版物出这样的纰漏，并自愿地将他的作者的一篇文章变成一个谜团。

如上所说，只是为了重现这位哲人善意而机智的工作可能取得的一切成就，与不知出于怎样的疏忽或意图而受到妨碍未能取得的成就，我要在这里刊印某些以他自己的著作和成就之恢宏来看本可

---

① [中译按] Johann L. von Wolzogen,？—1661，索兹尼派信徒，新约注疏家。

② 莱辛在这里指 1717 年在维滕堡出版的《参考文献》，其中既载有莱布尼茨的《辩护》，也收入维索瓦蒂的《异议》，这部资料汇编的主编是德国学者莱塞（1690—1728）。

不必付印的东西。因为，虽然这东西包含着索兹尼派提出的最强有力的内容，且立即以其不可超越的形式出现，然而，一个本来熟悉这类争执的人很难从中发现丝毫新意。可是，莱布尼茨用以从对手的可怕推论中揭示其虚弱一面的逻辑推论，始终值得重新一提。至少，我并未发现布鲁克将它列入事实上理应属于其中的莱布尼茨的逻辑发现之内，也未发现沃尔夫（Christian Wolff）在其拉丁文《逻辑学》① 里使用它，其他人就更无需说了。

我们将立即看到这个逻辑发现的目的之所在。由于我从中录出维索瓦蒂的异议的图书馆所藏手稿也包含莱布尼茨的回答，我在比较手稿与印本时，发现后者遭到严重阉割和伪造，许多地方根本无从索解，所以，我相信，如果我在这里将手稿一起付印，将会得到人们感激，这样，人们毕竟能够在某个地方看到全貌，并相应地加以利用。我将在莱布尼茨文本之下详细指出最重要的遭到阉割和作伪的地方，使人们因此而更少怀疑我这种做法的好处和必要性。为了便于读者阅读，我觉得，最好不要将异议与回答各自独立连贯地编排，而是加以分解，按照两者个别部分的要求相互穿插对勘排印。

* * *

基于新的逻辑发现为三位一体说辩护
——驳一个并非不知名的阿利乌派致波依内堡男爵的信②

莱布尼茨

尊贵的先生，
如果您恩准，从一个波兰人那里跑到您那里的东西将随同您

---

① 沃尔夫（1674—1754），德国哲人，莱布尼茨哲学最著名的代表和传播者。莱辛在这里指他用拉丁文撰写的《逻辑学》（*Logica*）。
② ［中译按］全文为拉丁文，此处据德文本编者提供的德译迻译。

到波兰去。不提他的名字是得体的,因为这是一封私人信件。① 而且,这也使这个人虽说重要但却会——如我们所认为的——带来灾难性后果的学术见解显得有可取之处。我要反对的并不是他这个人,而是他的学说。

按照您在其他学术争辩的过程中对一切有科学兴趣者所持的宽容态度,您要求他将他十分可憎而又危险的看法以书面形式记载下来,虽然它违背无时无地不处于尊位的天主教的统一见解。对您首先作为依据的论证方式——而这又立足于所有基督徒一致的基础之上——他并未作出回应。当然,这对于那些习惯于让其决断从教会和国家获取基本效力的人们而言是一种不可靠的行事方法。与此相反,他(这个波兰人)在自我和自己人当中寻求庇护。他生拉活扯地用他们的文章——人们不禁要说——搅拌成这一锅粥,而令我颇感欣慰的是,这锅粥里也包含着针对三位一体说的诡辩论的全部精髓。在讨论这些困难问题时,他确实非常吹毛求疵,并由此而增加了困难。他如此勇猛地投身斗争,一刀又一刀砍将过去,所以,能经受住这些异议并有能力驳回的人,大概可以安然地不理会他从索兹尼武库里取出的其他炮弹。

尊贵的先生,蒙您俯允我得睹此信,您鼓励我借助您的威望草拟回答,这使我从我在弱冠之年便投身其中的深奥(隐微)哲学中得到教益和最大的快乐。如果对真理之爱还没有使我陷于迷惘的话,正是您在思考神圣的论题时、在世俗的事务里和在世事发展进程中,为我提供了论据,我由此感到,没有什么更能让我从容地度过自己的生活了。有些东西虽然当时看似奇怪而不见得有益,可是,在现在、在需要解析反三位一体派的错综交织的论

---

① [原注]看来,莱布尼茨此文的出版者们似乎恰恰在努力反其道而行之,岂不怪哉?他们不仅提到异端的名字,而且以大写字母印出——答维索瓦蒂的异议,但却将异议文本扣留未予付印。

证时，它们却令人看清楚一切，以至于我确信，凡真实的东西也必定有益。

维索瓦蒂致波依内堡男爵的信

我收到了（1665年10月发自曼海姆）您提出的异议，谨向您送达我对此做出的回答。如果我没有看错的话，我在其中指出如下几点：我们认为，耶稣基督并非至高上帝，但却最接近至高上帝并（直接）隶属于他；此外，我们认为，对耶稣基督的神性的敬仰并非至高的信仰，但却最接近至高的敬仰，并仅仅次于它——我们的这种观点并没有矛盾（a），虽然您指责我们有矛盾。对此，我谨寄上关涉这一论题并针对您所支持的观点的几点异议；可见我要作的补充比您所做的更多。

瞧，我们的箭是否更有穿透力。（b）

因此，如果您不屑于亲自考察这些异议，至少将它们交付某一个善于探索真理的人，请您让他进行考察。

莱布尼茨的回答

（a）由于未曾见到以前的异议和回答，我无法判断它们是否认可或者解决了反三位一体派观点中的矛盾。

（b）您引用了维吉尔的诗句"瞧……"等，①我也用他的诗句作答：

可现在撞上了上帝那火山般的甲胄，
尘世的剑像被击中而迸裂的冰那样
碎块四溅。

---

① 《埃涅阿斯纪》，第十二歌739、740行，德译者 Thassilo von Scheffero。

维索瓦蒂的第一条论证

唯一的至高上帝是万物由之而生的父；
上帝之子耶稣基督并非万物由之而生的父；
所以，上帝之子耶稣基督并非唯一的至高上帝。(c)

这个三段论法的大前提来自使徒之言（《林后》8：6），使徒想分析说明，我们基督徒必须将谁看成唯一的至高上帝。这位至高上帝与众神完全不同，使徒在同一段话的前面讲到这许多众神时说，有众神。相反，上帝——如使徒所说，是万物由之而生的父，他真正是第一身位（Person），一切从这一身位产生，犹如从一个源头，从一个初始理由和第一原则产生一样。使徒并没有像人们现在往往所认为的那样说，唯一的上帝是父、子和圣灵，退一步说，如果在某个地方说过，那就是在这里，这里也许是最早说出这个奥秘的所在。(d)

小前提之所以是正确的，原因之一是，在这里，耶稣基督在名称上与万物由之而生的父区别开来，尤其又通过另一规定性得到说明："万物由之而生的唯一的上帝。"(e) 所以，耶稣基督并非唯一作为万物由之而生的父的至高的主，而是上帝指定为主(f)和——正如使徒圣彼得所说——指定为基督或指定为其受膏者的人。他是他者（《徒》2：36），万物由之而生的至高上帝通过这个他者（alter），像通过一个派生的和中介性的原因那样造成万物。关于这个方面，另可参阅《弗》3：9；《来》1：2，13：21；《徒》2：22；《多》3：4-6；《林前》15：57；《林后》4：14，5：18；《罗》2：16。(g)

但恰恰是至高上帝通过耶稣基督造成这一切，这种情况可以作为特殊的证据用来说明：耶稣基督不是至高上帝本身。(h)

莱布尼茨的回答

(c) 对第一条论证，我要率先作个一劳永逸的说明，因为，在下文也应注意到，三段论法的前提里的系词（copula）并没有得到正确理解。靠自身（substantiell［实质上］）确立的前提与仅仅偶然地（akzidentiell）确立的前提必须区别开来。例如，我们完全有理由说，每个人都被赋予理性，却不可以错误地说，只要是人的每个人都是白人。柏林的劳埃（Johann Raue）① 在其对系词的专门思考中对此作了部分说明。此外，出于同一理由还应注意到，所有前提都由单称判断（propositiones singulares）构成，但从其中所蕴含着的特征之适用领域看，却是全称判断（universales）。关于这一点，《论推理》（Kombinatorik）一文作者也曾指出过。例如，大前提"使徒彼得是第一任罗马主教"，如果人们正确表达特征和系词，就会表述为"本身为使徒彼得的每一个人都是罗马主教"。

  因此，我们可将第一条论证表述为：凡是为唯一的至高上帝者，便是万物由之而生的父；上帝之子并非万物由之而生的父；所以，上帝之子耶稣基督并不是本身为唯一的至高上帝者。

可见，这个三段论法完全符合 AEE 式（Modus Camestres）②，我对此的回答是做出区别：或者将一切只理解为创造物，或者同时理解为儿子。如果只将之理解为其余的创造物，我就同意大前提：本身为唯一的至高上帝者乃万物由之而生的父，万物指所有创造物。因为，您自己承认，所有创造物是儿子所创造的。但是，如果将万物（omnium）这个词理解为儿子，那么，尽管承认小前提，据此，上帝之子并非万物由之而生的父，而恰恰是子。可是，人们

---

  ① ［中译按］1613—1677，德国语言学家和东方学家。
  ② 逻辑学术语，说明大前提是一般肯定性的判断，而小前提和结论都是一般否定性的判断。

却因此而否定了大前提,据此,本身为唯一的至高上帝者是万物由之而生的父,也包括子。在证明相反情况为更正确的判断以前,至少要坚持下述观点:子和圣灵是本身为唯一的至高上帝,尽管如此,它们并非万物由之而生的父,这万物之中恰恰也包括子和圣灵。

(d) 人们不可能规定那些 ἁγιοπνεύσοις(被圣灵充满)① 的作者们必须立即说出应说的话,哪怕讲话时机如此有利。

(e) 在所引用的地方,保罗可能将万物由之而生的父和万物借以产生的主理解为同一种本质,即至高上帝。因为,总的说来,按自然法本身为父的人,同时是儿女们的主。何况介词由(ex)和借助(per)的区别并不是太大,人们不可以说:万物由之而生的人亦即万物借以生存的人。即便保罗也曾在另一个地方同时将这两个介词与第三个介词在……之内 [in] 用在这同一个至高上帝身上,他说:万物来自他,通过他和在他之内。一些人有理由将这种用法作为三位一体的改写。不过,我对此无须证明,而是做出回答。

(f) 这并不是说,保罗(《林前》8:6)和彼得(《徒》2:36)将"主"这个词用于基督时看重的是同一个方面(eodem respectu)。保罗说基督是上帝(de Christo guatenus Deus est),彼得则说基督是人(homo est)。

(g) 在这里,解释引用所有段落并考察其内容会离题太远。应注意的倒是其中的难解之处。

(h) 您阐释不清晰的论证如不致产生误解,应作如下表述:

> 本身为唯一的至高上帝者借以造成万物的每一个本质不是至高上帝。上帝之子是本身为唯一的至高上帝者借以造成万物的本质。所以,上帝之子并不是至高上帝。

---

① [原注] 这个希腊语词未见于刊印本,但相当必要。因为,我不认为,莱布尼茨竟然会把这样一种自由归在所有和每个作者名下。

在这条论证中，大前提是可以推翻的。因为，至高上帝，即父，借助至高上帝，即子，造成万物，但却并非通过自己本身，虽然是通过他同样所是者。

我认为，这就是我们对第一条论证的回答。尽管如此，为了让人看到这已触及他的要害，让我们再演示一下，不过，是以另一种形式：

一个三线图形，抽象而直接地看，具有三线性。
一个三角形，抽象而直接地看，不具有三线性。
（毋宁说，它具有三角性；假若三角性直接地是像三线性那样的东西，那么，在人们去掉三以后，所剩下的角性和线性也就是同一种东西了。而且，只要没有达到不可能有两条没有角的线——如并行线——的程度，角性和线性便是同一种东西。）
所以，三角形不是三线图形，这是自相矛盾的。

我的反驳基于已经指出的理由，即人们必须将大前提表述如下：每一个由三条线构成的图形……等。所以，大前提是可推倒的。因为，三角形也是三线图形，尽管如此，抽象和直接地看，它却不具有三线性。如果运用这条原则，我们便可以不需要经院哲人关于假定的繁冗规定。例如：生命是一个类（genus）；彼得是生命；所以，彼得是一个类。我的回答是，大前提不是全称判断。这就是说，本身为一个生命者并不构成类。

维索瓦蒂的第二条论证

凡是不知审判之日者便不是至高上帝；
子不知审判之日；

所以，子不是至高上帝。(i)

大前提被证明是正确的，因为至高上帝之固有特点是无所不知。但是，谁不知审判之日，谁就不是至高上帝，这里却包含着一个矛盾。小前提出于基督自己的话，最先见于《马太福音》24∶36："但那日子、那时辰没有人知道……；惟独父知道。"后来在《马可福音》13∶32说得更明白："但那日子、那时辰，没有人知道，连天上的天使也不知道，子也不知道，惟有父知道。"

基督的这些话过去和现在给本质同一论者（Homousianos）造成了多少麻烦（k），他们自己又经常如何歪曲这些话，可读一下马尔多纳多（Johannes Maldonado）[①] 的书。

人们对此回答如下：所说"子不知道那个日子"可作如是注疏，即子并非实际上不知道那个日子。只是伴称他不知道；子不愿公开称道那个日子，要阻止我们知道那个日子，他当时还不知道那个日子。这便是教会宗师和教父们对基督这句话的解释，或者如驳斥其说的耶稣会士马尔多纳多承认的，是对这句话的荒唐曲解。子区分开事实上的不知、伴称的不知或者不愿道出。假若人们承认此说，便会由此得出结论：人们不妨认为，即便父上帝也不知道那日子，这岂不荒唐！甚至一贯非常睿智的马尔多纳多在狐疑不决地作出另一种回答时，也伤及其自身。

一个普遍流传的回答（l），尤其改革派的回答（因为其他人一般都避免作出回答）就是区分基督身上的诸部分（partium in Christo）：当他是人时，他就不知道那个日子；但他又是上帝，这时他就知道它。

然而，第一，这种区分不准确，因为，这种区分的意思是，上帝之子的个别本质同时是至高上帝和人，而至高上帝是人，此说是荒诞的，其中包含着矛盾（m∗）。因为，上帝与人是不同

[①] 马尔多纳多（1534—1583），葡萄牙耶稣会士，这里指他的《四福音书注疏》（*Commentarii in quatuor evangelie*）。

的，从根本上讲，人们用不同的东西既不可说明第三者，也不可相互说明。这是所有具有健康的理智和神志清醒的人所承认的。这就好像说铁即木、灵魂即身体那样荒唐无稽。假若上帝与人有同样的本质，由此同时便可推论说，至高上帝同时又不是至高上帝，这岂不矛盾！何况，人们也不可能从根本上且精确地说明总体结构的一个部分。

另外，在某种程度上按照某一部分，即按照较大和较强有力的部分归之于结构，并据此可以且必定毫无限制地指称后者（结构）的东西，绝对不可以否定它（结构）具有这些东西，虽然按照较小的部分，结构并不具有这些东西。(m**)所以，人的身体虽然本身并不思考而且也不知道什么，但是却与灵魂联合进行思考，并与它一起拥有知识；谁会简单地说人不能思考、没有知识呢？他们自己不是也承认，(n) 人们可以说，上帝之子没有创造世界，他并未分享父的本质，因为他们自己只是借助关于所谓传达本质特点的学说而与人性达到一致的吗？

第二，在谈到基督的这种 (o) 人性（Christi natura humana）时，人们认为，这种人性与作为神性身位的上帝在身位统一体中（in unitate personae）结合在一起，既然如此，既然人性与神性如此紧密地联系在一起，神性难道就没有向人性（nonne deitas humanitati）在其所能理解的范畴内传达对这一奥秘的知识（scientiam hujus secreti）？

第三，如果具有神性的子的身位 (p) 知道了那个日子，人们怎么可以郑重声称子不知道它？那个身位毕竟就是子呵！

第四，在这里断然认为 (q)，子不知审判之日。这种看法由此而延伸到整个子，不仅仅指子的低级的部分，即人们往往并非绝对地用以指称子的那一部分。

第五，上帝之子在这里——不论他在多大程度上是上帝之子 (r) ——显然是通过子为人所认识的，首先因为人们并不将他称为人之子，而是一般地看成子，即人们习惯上借以将之视为上帝之子的子；另外还因为，人们总是不假思索地将这个子与作为上帝的他的父相对照；所以，人们认识到，他是这个父之子。人们只是在谈到父时说他知道，即与子相对立，这就是说，人们认为，子不知，惟有父知。基于这一点，下面简洁概括的论证有道理：

谁当时一直知道审判之日，谁就是耶稣基督之父；

相反，子即便从其神性方面看也不是耶稣基督之父；

所以，子并不知道——即便从其神性的本质方面看——审判之日。(s)

大前提从基督的话得到证实，他说，只有他的父知道那个日子。因为如果只有基督的父知道它，那么每个知道它的人必然都是耶稣基督的父，而每个并非基督之父的人便不知道那个日子，或者他便被排除于这一知道之外。

人们无法否认小前提，因为没有任何人怀疑它。可见，终结命题无懈可击。人们可以根据下面的话提出一个类似的证明(t)：上帝之子像在这里否认自己拥有全知一样，在其他地方则否认自己拥有全权以及通过自己本身造成万物的能力（见《约》5：19，5：30，8：28）。然后还可根据下面的话提出类似的证明：子凭靠自己本身并不拥有一切，而是上帝父赋予他这一切(u)（见《太》11：27，28：18；《约》3：35，13：3，17：2，17：7）。

莱布尼茨的回答

（i）对第二条论证必须作如下表述，以便达到形式上的正确：

本身为不知审判之日者的人不是本身为至高上帝者；
上帝之子不知审判之日；
所以，子本身并不是那位至高的上帝。

这样一来，大前提便没法成立。因为，按照我们的假设，一个人可以不知道审判之日，即，是一个人，而同时本身又是那位至高的上帝。只要我们的这个假设，即同一个人同时可能是上帝和人，没有被驳倒，与之对立的论证的前提便是首先要证明的东西。不论哪一方面，在其对立面得到证明以前都可以作为前提成立。

（k）我们跟那些歪曲经文的注疏家们没任何关系。这些人只要合自己的胃口，便曲解经文，从多个可能的注疏中选用不大可能的东西。对此将另找机会说明。

（l）对这个广泛传布的回答，不论自称为天主教徒的，还是自称为福音派抑或改革派的，都未提出反驳。

（m*）我坚决反对这一说法，不同的东西既不可能相互说明，也不可能由第三者来说明。只需注意一下我们就系词所作的解释就够了。虽然所谓"铁即木，灵魂即身体"有些欠正确，但的确也可能出现下述情况：人们可以有理由说，某种是铁的东西（即在一方面），就是木（即在另一方面）。同一个本质按其不同部分既是至高的上帝而又不是，这并不矛盾；而且我也不明白，整体的一个部分从根本上看为什么不可以作为说明，如果人们只是考虑到或着眼于重复的话。因为，整体本来就无非是与其联系在一起说明整体的个别部分。例如，人是由灵魂和身体构成的，为什么不容许将联系分解为它的两个单一成分：人是灵魂，人是身体。所以，如果按照我们的假设——基督将上帝与人在自身之内合而为一，那就应以类似的方式允许人们说，基督是上帝和人，与此相应也可以说：基督是上帝，基督是人。

（m**）有人会反对说，人们在谈到基督时欠准确地断然认定，基督曾说自己不知道审判之日，这是因为他的低级部分不知道审判之日。我不明白，为什么这个说法欠准确。如果低级部分通常所具有的功能被收回了的话，这就尤其令人费解了。因为，必须知道，虽然一般而言，神性部分完成着与之联系在一起的人性部分的认知，这如果不是靠直接传授其本质特点，至少也是基于一种新出现的偶然情况所给予的推动。然而，就基督所身处的状态（in statu Christi）而言，在基督的人性部分被纳入基督的尊位（gloriam）之前，秩序中属于谦恭的东西就被挪走了。某些路德宗神学家们曾经常讨论这一点，他们也写过一些περὶ ταπεινώσεως［关于谦恭］的书。①

可以以狂喜（Ecstaseos）为可理解的例子（［原注］exemplo，这个词也未见于刊印本）解释这种挪开（subtractio）：在处于狂喜的过程中，灵魂似乎独立地在身体未参与的情况下完成着某种程度上②由身体进行的行动，即进行考虑和思想。

因此，只要狂喜状态在持续，便可以不无道理地说，这时人并没有思考，虽然只是人的低级部分，即只是身体暂时停止冷静思考。这些行动一般由灵魂通过身体来完成，或人通常在自己是灵魂和身体的统一体时来完成，现在，当人由灵魂与身体分别构成时，即不是作为人而只是由灵魂构成时，他就不再实施这些行动了。可见，以此类推，在谈到基督时也有理由说，他不知某件事，如果他不是像通常那样基于他的神性与他的人的本性的合一，因而不是作为上帝而是作为人，不是作为基督而实施知的行动的话。

（n）难道他们自己不是也会承认吗？当然我们会承认，上帝之子没有创造世界，等等。只是人们在意念里要补充：那是他作为人。

（o）第二，您问，神性部分为什么没有将末日审判日期的秘密吐露给与其如此密切联系在一起的人性部分。我的回答：因为，

---

① ［原注］在刊印本中仅有 qui et libros scripsere（他们也写过一些书），没有说写什么书。我们的手稿上有 περὶ ταπεινῶς γραφίας；但这个我看不懂，无疑肯定是我改过来的这样。

② ［原注］这里的 aliqui（某种程度）刊印本作 alioqui（不然，……此外），这就造成一个大错。

人性部分只要还没有进入尊位状态,便必须谦恭和容忍。

(p) 第三,您论证说:"子的神性身位知道审判之日;子的身位是子;所以,子知道审判之日。"这是正确的。子怎么又会不知道呢?他作为上帝知道,作为人不知道审判之日。

(q) 第四,您曾提过的异议再次出现:不可断然将低的部分应有的东西归于整体。这在上文(m**)已经讨论过了。

(r) 第五,您提出异议说,上帝之子只要是上帝之子便不知道审判之日,因为他在这种状态下陷于与父的对立。我的回答是:即便称人性部分为上帝之子也并非不正确,虽然它与上帝并非"同质";因为,你们虽然否认有某种与父"同质的东西",但仍如此谈论上帝之子。

(s) 在这条论证中,小前提可以推倒:上帝之子即便从其神性本质形式看也不是耶稣基督之父。相反,人们有理由将整个三位一体性(tota Trinitas)称为作为人的耶稣基督之父。因此我感到奇怪,有人怎么会持与此相反的看法,认为小前提是普遍认可的。

(t) 这条论证应如此表述:

> 一个并非从其自身造成万物的人不是全能的;上帝之子并非从其自身造成万物;所以……等等。

大前提不成立。同样,这正如我要提出的论证:父并非通过自己本身,而是如您所承认的也通过子造成万物;所以,他不是全能的。其实,他们是共同行动的动力因,尽管这一因按其本质比那一因更早。

(u) 甚至从一个他者(ab alio)领受了万物的也可能是至高的上帝,因为他者无疑没有能力拒绝为他做某些事。父之需要子,一如子之需要父。由于父从根本意义上讲是理智的原则(intellectivum),子是可理智的原则(intelligibile),圣灵是理智(intellectio),由于他们在永恒的和神性的在与能力(esse et posse)之中是同一种东西，所以，在上帝身上不会有不在现实中认识的认识性的东西。可是，没有可认识的东西便不可能有认识。另一方面，上帝身上的可认识的东西同时在被认识着，并有一个与之相当的认识者；所以，第二身位没有第一身位是不可能存在的。

维索瓦蒂的第三条论证

一个在数量上唯一的和个别的本质不可被众多本质所表述（因为这按照个别或者个体之定义是适用的，否则就没有个别而只有相对立的一般了）；

至高上帝自然是一个数量上唯一的和个别的本质；

所以，至高上帝不可为众多本质所表述。（x）

但是，三位一体论者不敢否认，单从数量看，他是一个至高的个别本质，不属于任何种属和类别，尽管如此，却说他有三个身位，其中的每一个因其特殊本质而被他们单独视为至高上帝。不过，正如三乘一是三，三乘一个就是三个。所以，凡唯一的上帝三次出现的地方，那里便有三个上帝。有人甚至说，从本质上看，上帝只是数量上的一个，可如果从其身位观察他，就不只有一个上帝了。因此，至高的上帝不应绝对地完全按照最严格的唯一性（y）是一个，而应以另一种方式。

莱布尼茨的回答

（x）我对第三条论证的回答是：大体上同意。至高的上帝是个别本质，他不可能为众多本质说明，但这并不危害三位一体性。因为，作为至高上帝（或者作为至高上帝的身位）并不因此而不可能为众多本质所说明，须知，作为至高上帝或者作为上帝的身位是一般的而非个别的。由此可见，虽然有三个［本质］，其中每个都是上帝之所是，却并没有因此而有三个上帝。并不是有三个唯一的上帝、一个与另外两个有区别的上帝,而是我们有三倍的一个上帝,其中每一个都是上帝之所是,或者我们有三个身位。因此,不可以说三个上帝,而只是说三个身位。这虽然是普遍公认的,但并不容易为人深刻理解。

(y) 不可以说,上帝的唯一性过于严格,以致从事实上看或者在灵开始行动之前,上帝没有不同的特征。这就是说,如果上帝是灵,那么,他身上就不可能没有认识者、可认识者和认识,与之相应的便是:能力、知、意愿。然而,倘若这些之间没有实际的区别,便是一个矛盾。这就是说,如果这些在形式上区别开来,其区别就会是一个思想着的理性的区别;而这样一种区别方法有一个实质上的基础;于是,在上帝身上便会有三个实质上不同的基础。但愿有人对这一论证作出响应。而且,这也不会将不完美性带进上帝之内,因为,众多性和复合性本身并非不完美,除非随之造成整体之可分离性和与之相应的破坏性;但在这种情况下并没有产生可分离性。

而且,上文(u)甚至已经证明,一个上帝身位不可能没有另一个身位而存在,否则便矛盾。上帝并未因此而增加。犹如一个身体之内事实上有身材、形态和运动之实质上的区别,但并未由此得出结论说,必然有三个身体:其一广延,其二塑形,其三运动。就像一块石头,可能长一码、圆形、有重量。同样,如果灵有判断力、理念和想象的实质区别,也不可由此推论说,必然有三个灵;因为,灵是一个统一体,它如果返归于自己本身,就是进行着认识的东西,就是被认识的东西,就是进行着认识和被认识的东西。我不知道还有什么比这个道理更容易理解。

维索瓦蒂的第四条论证

按照一条可靠的规则,即两个值在个体上跟第三个值相等……等等,从诸个体得出如下论证:

至高的、唯一的、一体的上帝是上帝之子、主耶稣基督的父；
至高的、唯一的、一体的上帝是上帝之子、主耶稣基督；
所以，上帝之子、主耶稣基督是上帝之子、主耶稣基督的父。(z)

这里存在着一个矛盾，而且显然是错的。因此，必然有一个前提是错的。所有基督徒都承认的大前提并不错，所以小前提错。

莱布尼茨的回答

(z) 我想根据上文的说明将三段论法作如下表述，以便使之达到形式上的正确：

每一个为至高、唯一、一体的上帝者便是上帝之子、主耶稣基督的父；
至高、唯一、一体的上帝是上帝之子、主耶稣基督；
所以，上帝之子、主耶稣基督是上帝之子、主耶稣基督的父。

我否定大前提。

维索瓦蒂的第五条论证

上帝之子要么来自其自身，要么来自一个他者，而且并不是绝对的第一原则，而是一个派生原则。(aa) 如果人们选择后者，由此必定得出的结论是，子并非至高上帝。因为来自一个他者，其存在理由以某种方式外在于其自身——这是与至高上帝相矛盾的。如果人们选择前者，结果必定是，上帝之子既然不是来自一个他者，也就不是子。否则，这里便存在一个矛盾：上帝之子只要是子，便肯定来自父。

但在这里，几位"机敏的"学者试图避开这把双刃剑的锋利，他们作出如下区别：他们说，上帝之子大概来自其自身，而并非源于一个他者，这是从其本质，即从他是上帝这方面看；但同时他又并非来自其自身，而是源于一个他者，这是就他的身位，即从他是子方面而言。但这种区别并未消除难点。因为，在这里指的是子，即他是上帝之子或者第二身位，而不是指他的神性本质，即父和子所共有的本质。这种本质不是子，因为正是这些人（学者们）否认上帝的本质是创造出来的。可见，问题仍然是，上帝之子只要是子或第二身位，他就不是至高的上帝。

莱布尼茨的回答

（aa）我否认来自一个他者的说法跟至高上帝尤其跟本身为至高上帝相矛盾。见上文（u）。

维索瓦蒂的第六条论证

一般都承认，从其先于永世的神性看，上帝之子是被造的，但这个说法有如下一些矛盾：

（1）从其神性来看是被造者却被当成至高上帝，这是荒唐的。（bb）一个永恒的本质不是创造的。因为，被造的意思就是必然为一个他者所产生，必然有某种先行的理由，至少就来源而言；被造就意味着产生和对一个从中获得其存在的他者的依附。所有这些都与至高、永恒的上帝相矛盾，因为没有谁能够以某种方式在时间上先于上帝。每一个生育的父都早于被生育的子，不论在人的领域还是在神性领域都是如此，概莫能外。出于普遍理解的理由，甚至大量本质相似论者也同我们一起承认这一点。

（2）有人声称，上帝创造上帝，后者便是来自上帝的上帝。（cc）按照这个说法，上帝要么创造一个与他自己所是的上帝在数量上同一的上帝，要么创造另一个上帝。上帝不可能创造一个同一的上帝，因为生育者和被生育者并不是同一个东西的对立物。然而，如果上帝创造另一个上帝，那么，由此便得出结论：在数量上不只有一个至高上帝。有人试图以下述方式避开这个难题：在这两个可能性之间应存在着一个中间的可能性，即被生育的只是身位。但由此并没有使难题得到化解。难道这个被生育的上帝身位不是上帝？

（3）如果上帝之子自永世以来便是从上帝父的本质中降生的，(dd) 那么，这种生育要么已经终结，要么尚未终结。在相互矛盾的对立之间没有中间性的东西。如果这种生育已经终结，那么，在时间的长河里便有一个终点。可见，它显然有其时间性的基础，因而不可能自永世以来便已完成。因为凡是从不曾开始者便不可能中止。可是，如果这个生育尚未终结，由此便会得出结论：上帝之子就其神性方面而言，至少仍在被生育着，而且必然永远继续被生育着。有些人承认这个结论，显然很荒唐。因为，凡尚在被生育的东西，就处在形成之中，还不完美。但这种处在永恒的形成中的说法与上帝的身位不兼容；谁直到目前还在被生育着，谁就尚不完美，就尚未被完全生育出来。

莱布尼茨的回答

（bb）如果说至高上帝或本身为至高上帝者被生育，并不荒唐。荒唐的是说，永恒的实质在时间中被生育着；上帝是在某一个曾有过的时间以前，即从永恒里降生的——这在事实上并不荒唐。某一个人从自然看——而非从时间看——也可能早于至高上帝或甚至早于本身是至高上帝者，这就是一个同样为至高上帝的他者。因为，我们讨论的并非这一个上帝和另一个上帝，而是一个本身为上帝的他者。

（cc）如果说上帝生于上帝，这是指他在生育本身为一个在数值上与他同一的上帝，尽管后者在数值上并非绝对与他同一。他生育的并非数值上同一的上帝，而是本身为一个与他在数值上同一的上帝，尽管后者也可能是另一个身位。

（dd）如果上帝之子自永世以来便从父的实质中降生，那么，这种生育要么已经终结，要么尚未终结。如果未终结，那么，上帝之子现在仍然被生育着。所以，他永不会生育出来，而是永远被生育着。可是，如果他的生育已经终结，那么，在时间里便有一个终点，因而也有一个时间上的开端，这样一来，也就不是永恒的了。我的回答是：这种生育虽然已经终结，但没有时间上的界限，因为其开端和终点都在任何一个时间以前。上帝之子的生育开始和终结于同一个时间。

维索瓦蒂的第七条论证

如果在谈到至高上帝时说，他已成为肉身，那么，变成肉身的要么是整个三位一体或至高上帝之所是的任何东西，要么不是整个三位一体。在前一种情况下，不仅上帝之子，而且父上帝和圣灵都成为肉身并为贞女玛丽亚所生，一些人的确也毫无顾忌地如此主张。因为父、子和圣灵构成唯一的不可分的上帝。不仅第二身位变成了肉身，而且无法与神性的身位分离开来的神性的本质也同样随之一起变成了肉身。可是，这种本质是包含在其中的三个身位所共有的。此外，上帝借以取得人的本性的行动，是一种对外的行动；这类行动，有人说，是由未分割的完整的三位一体完成的。

然而，如果变成肉身者并非整个三位一体，（ee）而只是子的身位，那么，其结果是，原本不可分割的上帝在这里以某种方式将自己分割开来，于是，如果不是至高上帝之所是的一切都变成了肉身，至高上帝就不再是完整的和单一的了。由此便可以从所有个别情况作如下推导（ff）：

在上帝父身上存在着的那种神性并非从天而降，也没有变成肉身；

在上帝子身上存在着的这种神性是从天而降的并变成了肉身；

所以，在上帝子身上存在的这种神性并非在上帝父身上存在的那种神性。

这里存在着的矛盾对立是：一体的至高上帝作为整体变成了肉身，但至高上帝却同时又并非作为整体变成肉身。所以，这种观点包含着一个矛盾并因此而不击自倒。可见，它不可能是真理。

关于这一点就谈这么多。（gg）如果有人能为我基本上解开这个纽结，我就会承认，这种观点并不荒唐。

莱布尼茨的回答

（ee）您问，究竟是整个三位一体还是并非整个三位一体变成了肉身。我的回答是，并非整个三位一体。因此您会说，三位一体自身分裂了；或者说，它包含着相互分裂的东西。然后呢？难道上帝因此而与自己分离？由此还得不出这种结论。应该说，所有上帝之所是的那些成分是不同的，是互相分离的。

（ff）我不同意小前提。并非上帝之子的神性，而是其身位变成了肉身，这就是说，上帝之子并非作为上帝，而是作为子变成了肉身。

（gg）我并不否认，您以你们的思潮的一个代表可能达到的深度使人注意到了难题。当我们首先找到论题的症结，即认识到三段论中前置命题的系词的性质的时候，我们认为我们完全克服了这些难题。毋庸置疑，如果您对此深入研究，您也会有同样的印象。所以，我相信，您会敬奉上帝，会服从真理，并承认：基督教世界在这么多个世纪里接受下来的一个观点并不荒唐。不过，如果您持有异议，你就设法使我们双方最终都能弄个明白，在我们这方面明白，您为什么回避，在您那方面明白，您为什么感觉不到有义务改变你们的意见。

* * *

我对莱布尼茨这篇文章涉及的争论本身可以略过不置一词。有关这一争论，有什么不是早就讨论过的呢？人们现在就此乐于听到的还会有什么呢？请容我在这里只就莱布尼茨当时以及他的一生在争论中所采取的方式补充几点看法。

1

莱布尼茨丝毫无意以他特有的新的哲学理由支持三位一体说。他只是要维护它，反驳指责它自相矛盾以及与不容否认的理性真理相矛盾的说法。莱布尼茨只是要指出，这样一个奥秘可以经受住一切诡辩的攻击，只要人们将问题局限于一个奥秘的范围之内。这种不可理解性使一条不容我们理解的超自然的启示真理佩上了最不易穿透的盾牌；人们在很长一段时间里无须掌握莱布尼茨辩证法的实力和灵巧，无须用这面盾牌抵挡对手射来的所有弓箭。因为在这样一场争论中，面临最大困难的是对手，而非为坚守阵地而不容擅离岗位的辩护者们。

在看到反三位一体论者的所谓不容辩驳的种种异议以前，莱布尼茨就预见到，这些异议并非不可辩驳。即便这些异议的三段论形式，也没有使他畏缩。莱布尼茨从孩提时代起便在这片水域学会了弄潮；人们知道，他一直珍视、推荐并在一切场合使用这种形式。在《神义论》中，莱布尼茨就表示反对不可化解的异议，按照培尔（Pierre Bayle）的说法，这些异议足以对抗宗教奥秘，至少以我们当今的认识来看；[①]尽管我们并非不可指望，随着时间的推移，将

[①] 培尔（1647—1706），法国哲人，百科全书派，以 *Dictionaire historique et critique*（《历史和批评辞典》，1697）一书闻名，被视为理性至上的启蒙的先驱，亦是莱布尼茨和莱辛批判启蒙思想时分析的要害。莱辛在这里提到的情形，参见《神义论》，§29。

会有人找到一个迄今不为人知的化解办法——针对这一点，莱布尼茨在《神义论》里说：

> 现在，我有一种或许令某些人感到怪异的看法，这就是，我相信，这一化解办法已经完全找到，它甚至算不上是十分困难的办法。一个中等智力的人，只要足够细心，并正确遵循寻常的逻辑学规则，而且，只要这种异议来自理性并被当作证明来对待，他便能够回答对真理提出的最令人感到迷惘的异议。
>
> 大量新派人物不论今天如何鄙薄亚里士多德的逻辑学，也必须承认，它为我们提供了一种在这种情况下对付谬误的正确无误的手段和途径；因为只要根据寻常的规则考察理性推论，人们在任何时候都会找到一种手段去揭示这种推论在形式上是否有缺陷，或者其前提是否得到了相应的证明。（《神义论》上编，§27）

2

可见，即便在当时，重要的也不过是做这样一种考察。奇怪的是，在一个哲人头脑里，这一切是怎样适逢其时地同时发生的。在此前几年，当莱布尼茨在他的《论组合方式》(*De Arte combinatoria*)里要详细界定范畴推论（Kategorischer Schluß）① 的不同方式时，曾就精确说明这些方式作了各种新的、部分属于独到的解释；现在他突然发现，用其中一种方式最容易对付自己的对手提出的异议。莱布尼茨自己在他的回答中说，这是与 naturam copulae propositionis in syllogismo（三段论中前提的性质）有关的解释；但从例证却可以看出，这毋宁说是另一种解释，即并非与前提的质而

---

① 三段论中的推演程式，必须显得没有任何矛盾。

是与其量有关的解释。用他自己的话来说，就是：Omnes propositiones singulares esse, virtute latentis signi, universales（所有前提都是由单称判断构成的，但从其中蕴含的特征的适用领域看，却又是全称判断）。

可是，莱布尼茨无疑会有自己的理由，说明他为什么如此而非以另一种方式解释——关于这种理由，我想留待那些比我更熟悉辩证法真谛的人们去发现。莱布尼茨只需通过唯一一种手法，即一般的表达推论前提中有肯定或否定的个别东西，便清楚地揭示出，他的对手几乎总是将自己要证明的东西当作前提：这是回答本来很难对付的三段论法最便捷有力的方式。

3

因而我确信，假如人们当时在没有读到维索瓦蒂的异议的情况下，能够理解以及使用莱布尼茨迄今发表的回答，坎茨（Israel Gottlieb Canz）肯定会用在他的名著《莱布尼茨和沃尔夫哲学在神学中的运用》（de Usu Philosoph. Leibnit. et Wolf. in theologia）里的。① 可是，他只用了莱布尼茨后来在1694年就当时在英国围绕这个论题发生的争执而写的一篇文章。②

虽然这篇文章还没有达到撰写这些回答时所有的精辟，却充分证明其作者作为成年人仍然坚持自己年轻时主张的正统见解。另外，还可以轻而易举地从莱布尼茨著作中找出大量证据，说明他从不曾放弃这种思想。与此相关的论说恰恰散见于那类他肯定无须弄伪作态的著作里，我指的是莱布尼茨写给他最亲密的朋友们的信。——现在让我们略谈一下那么一些人，他们根本不可能

---

① 坎茨（1690—1753），德国图宾根大学神学教授，致力于把哲学方法引入神学，这里提到的是他最重要的著作，共4卷（1728—1739）。

② 这篇文章题为《评一个英国反三位一体论者的书：对各种三位一体论解释的思考》。

了解像莱布尼茨这样一个哲人的严格正统信仰。

4

再清楚不过，莱布尼茨并不属于平庸哲人之列，这类哲人的头脑里可能兼有清醒和昏庸、思想与妄念，两者如此亲密无间、和睦相处，所以，他们时而表现出英国人的机智，时而流露出幼稚无知。莱布尼茨的理智光华四射，证据举不胜举；简而言之，在这一方面，他得到了完全公正的评价。只是在另一方面，人们对他却颇欠公允。有人加给他天晓得是怎样一个讨好所有人的计划；据说，他更关心自己的体系而非真理。因此，莱布尼茨对待公认的谬误细心有加，以便人们对他假定的命题更加细心。总之，人们把他看成最奴颜婢膝、最自私的煽动家，一味迎合真理国度里的群氓，以便随之作践他们。有人说，莱布尼茨甚至自己也禁不住要表示，理性往往在卑微的受压迫的大众一边，而非在统治的教会一边。可是，他却学舌教会，以便博得更多人的欢心。他的朋友和敌人补充说，现在好了，我们看透了他的用心！因为，他一生中不是有足够的事例充分说明，他自己并不相信他游说世人必须相信的一切吗？

5

相信！自己什么都不相信——且慢。莱布尼茨什么都不相信，难道因此就不允许他将关于基督的不同意见看成借以一致地解释谈及基督的圣经段落的不同假设吗？难道由于根本不相信任何意见，他就不能认真作出判断，优先选定其中某种意见吗？难道除了粗略估计在哪种意见里最少经文段落受到歪曲以外，还需要别的什么方法？

假设莱布尼茨在这方面非常容易出错，因为人们很少讨论并未真正参加的一场争执的个别和精微的东西，那么，在这里一切仅仅基于注疏？假定哲人对此必须悬而不决——即不决定两个部分中哪个部分优于其中的另一部分，难道事情就没有其他方面了——莱布尼茨正是借此对事情作出也许只有他才可能作出的正确判断？要让我们怀疑像莱布尼茨这样一个人的判断，有说服力何在呢？人们认为他的判断更公正，难道不正是因为他心底里不偏向任何一方，既不相信这一方也不相信那一方吗？

6

如果一个正统派——哪怕像谢洛克[1]这样一个人说道并写道，索兹尼派虽极力要求具有健康的理性，是使教会大伤脑筋的最愚蠢、最不理智的异端之一，但我仍然并不责怪任何不理会这种指控的人。而且，人们会充满自信地将它挡回，因为，还有什么比每个人认为自己的意见最富有理性更自然呢？可是，如果一个毫无成见的冷静的哲人说出这类话，[2] 无疑有其更深一层的含义；他不同意一种有违正统的见解（heterodoxen Meinung），而持此意见的却是他的公开或隐蔽的朋友，这些朋友为了反对他——我认为——必定有更充分的准备，而不应只考虑到反指控。

在致波依内堡的信中，维索瓦蒂曾自诩，在前一封信里，针对说他自相矛盾的指责，他已经充分地维护了自己关于基督的教义：基督虽然并非至高的上帝，但却最接近至高的上帝并（直接）隶属于他；此外，对基督的神性敬奉并非至高敬奉，但却最接近至高的敬奉，并（直接地）位列其后，对此莱布尼茨说，他无法就此作出回答，因为他没见过前一封信。这就是说，他不愿受人指责，说他对自己没有看见过的东西下判断。但从根本上看，他深信维索瓦蒂绝对不可能做过他自诩的事。我可以从莱布尼茨著作中援引二十段话，说明他完全确信无疑地指出，虽然经过种种

---

[1] ［中译按］Sherlock, 1678—1761，1748 年起任伦敦主教。

[2] 比较莱辛后来提出的"冷漠哲人"（kaltblütigen Philosophen）与路基阿诺斯精神的区分，见其遗作提纲《一个适时的论题》（［中译按］中译见本文集）。

巧妙装扮，索兹尼主义始终还是真正的偶像膜拜。

7

切不可设想，莱布尼茨坚持这种主张，只是为了装成一个正统派。非也。毋宁说，他所独有的整个哲学激烈反对这样一种瞎扯（Unsinn）：一个单纯的受造物竟然如此完美，居然配与造物者并称。我并不是要说，这意味着竟然可以与造物者分享尘世膜拜，而只是要说，无限不完美（unendlich unvollkommneren）的被造者们居然可以且能够自己把自己设想成这样，仿佛他们距离神性并非无限遥远。上帝，只有上帝，只有他自己创造了世界；上帝并未让任何造物去创造世界，一个受造物创造不出任何东西；即便最完美的受造物也必然是世界的一部分，跟上帝相比仍然是可怜的蛆虫，不可能是世界的重要部分——所有这些真理，或毋宁说这唯一的真理（因为，没有这一真理，任何真理都不可思议）乃莱布尼茨哲学的灵魂。

莱布尼茨拒绝一种直接与这条真理相对抗的宗教概念，有什么好奇怪呢？这真理是一切自然宗教的唯一基础，必然也是任何启示宗教的毋庸置疑的基础，而启示宗教并不想在额头贴上该隐标记。① 难道还能够怀疑，莱布尼茨拒绝这个遭唾弃的宗教概念是否出于整个心灵？他的这一平凡的学说（die gemeine Lehre）优先选择站在任何理性真理一边，难道还能够怀疑，这一学说出于他的整个心灵？这种学说不愿与理性真理相矛盾，它有理由自夸说，只要自己看起来与一种唯一的理性真理相矛盾，自己就没有得到人们的正确理解。

8

因此，至于索兹尼派中那些几乎并不将自己的兄弟尊为兄弟的

---

① 该隐是亚当的儿子，因嫉妒而将其弟亚伯杀死，上帝在他额头上打上此标记。见《创》5∶15。

人，莱布尼茨毫无顾忌地将这些人——我说的是索兹尼派——看成更好、更理性的索兹尼派，因为他们坦然承认，对他们自己并不视为上帝的东西，他们既不把它当作上帝来膜拜，也不以某种方式把它等同于上帝或者与上帝并列，抑或与上帝扯在一起敬奉。因为，倘若他们已经不是真正的索兹尼派，他们明显就是更好、更理性的神体一位论者。他们与索兹尼派有共同的错误；可是，他们毕竟更始终如一地按这些错误行动。至于他们因此而与回教徒的差别更多了还是更少了，又有何妨？

问题不在名称而在事实；谁有勇气传授或宣讲事实，必然会有足够的坦诚不避讳名称。他们究竟用什么言之有据的东西对付从他们的学说中必然会产生的后果呢？没有谁比阿巴第埃（Jacques Abbadie）① 更有力地用这些后果来反对他们了。他指出，既然基督并非真正的上帝，穆罕默德的宗教便是对基督宗教毋庸争辩的改良，而穆罕默德本人与基督相比，则是一个无比伟大和可敬的人；他比基督更真诚、更悉心和更热情地维护唯一上帝的荣誉，而基督虽然本身从不曾冒充上帝，但至少说过上百种模棱两可的话，以便让人出于天真而将他视为上帝。相反，穆罕默德并未被责怪说过任何此类模棱两可的事。

9

为了更确信这位哲人对索兹尼派所有教义的真正厌恶，只需回忆一下他对他们的另一种哲学多么不满，并因此更将他们算做回教徒。他在另一个地方说：

索兹尼派在教会教义方面比回教徒更狂妄；他们不满足

---

① 阿巴第埃（1654—1727），法国改革派神学家。他的《基督宗教的真理》（*La verite de la religion chretienne*，1684—1689 出版）一书，在当时是著名的护教文集，其中也分析了非基督的宗教，如伊斯兰教。

于反对三位一体奥秘，回避至关重要的经文段落，一直下滑到沦为自然神学论者，因为他们否认上帝可以预见偶然事物，否认人的灵魂不死。为了远离经院神学家，他们摈弃神学在伟大和崇高方面所证明的一切，甚至认为，上帝的权力是有限的。与此相反，人们都知道，有些回教学者对上帝的伟大满怀敬畏。（［中译按］原文为法文。）

这位哲人在一个地方还谈到洛克（John Locke）①，以稍稍不同于眼下寻常的目光观察②此人："他倾向于索兹尼派，后者关于上帝和（人的）精神的哲学始终很肤浅。"究竟是肤浅的哲人造就了索兹尼派，还是索兹尼派造就了肤浅的哲人，抑或精神的这种肤浅使人们很容易在神学和哲学上止步不前，半途而废？

10

让我们回到上面的话题——信仰。有人说，莱布尼茨反对索兹尼派固然心怀真诚，可是从根本上看，他距离正统见解肯定同样遥远，这就够啦。他既不信这（正统）也不信那（索兹尼派），简而言之，对整个事实全然不相信。——相信（glaubte）！谁知道人们用这个词要说些什么呢。

我不得不承认，在某些现代神学家的口中，这个词是个真正的谜。这些人近二三十年以来在宗教认识上取得了重大进展，所以，我要是打开一个老一代教义学家的书跟他们比照，会误认为自己置身于一个完全陌生的国度。这些人掌握着如此多而有力的

---

① 洛克（1632—1704），英国经院主义哲人，莱布尼茨的《人类理智新论》一书便是针对他的《人类理智论》（*Essay concerning human understanding*，1690）而写的（1704 年写成，但到 1765 年才出版）。［中译按］洛克也写过不少注疏新约的著作。

② 指当时通常对洛克的高度评价，尤其对他的政治学说的高度评价。

信仰理由，如此多而颠扑不破的说明基督宗教真理的证据，以至于我感到奇怪得很，旧时的人们目光何以如此短浅，竟将这种真理看成超自然的恩典效应。

我在老一代教义学家们那里发现，他们作为不确定的推测（wahrscheinliche Vermutungen）、预先决定（praeiudicia）和预先规定（praescriptiones）来援引的一切，为的是能够促使非基督徒不至于贸然拒绝基督宗教，使非基督徒对基督宗教作一番严肃认真的审思。所有这些，以往人们只是用来拒绝非宗教徒和偶像膜拜者的异议。简言之，从所有这些东西才会真正明白过来，不论从个别还是总体来看，令人心安理得的信念是不可能有的——可我们的许多新派神学家们（neuerern Gottesgelehrten）却从总体上把所有这一切相互连接起来，然后分别细加雕琢，推向极端，结果，只有存心视而不见、有意固执己见的人才会不承认自己被说服了。圣灵这时要或能做的，自然都在于圣灵：可千真万确的是，即便圣灵什么都不要做，事情也是如此。新派神学家们证明，如此尖锐地证明：没有哪个义人会对他们的证明的彻底性挑三拣四。

11

当然，他们——这些在最近日子里完全以其他方式学会强迫理性接受信仰的人们，必然会从莱布尼茨生活的那个时代为他开脱，如果我确定地指出，莱布尼茨的确从不曾有过信仰的话——他既不相信三位一体说，也不相信某种启示宗教的教义——如果信仰只意味着将自然的理由（natürlichen Gründen）当真的话。恰恰就在莱布尼茨在世时，一些改革宗人士就下面这些重要问题开始了一场争论：基督宗教是否可能建立在单纯自然的证明之上，是否可能单凭理性决定对宗教真理的信仰，如果可能是否有益等等。

可情况大概是，莱布尼茨要么对这场争论一无所知，要么他认为，其结果是寻常的意见取得胜利：这足以使他继续按自己青年时代所受的教诲来思考这方面的问题。这就是，为解释我们的宗教真理，向来有两个不同的理由——如我们的节录所说，人的和神的理由；这正是他后来针对一个无疑没有大量读过我们的神学节录的法国人所说的，可解释的和不可解释的理由；前者即可解释的或人的理由，无论如何始终处在信仰之下，这种信仰或信仰的补充唯有通过另一些理由即不可解释的和神性的理由才可能形成。

如上所说，他们必须谅解莱布尼茨的这些属于老一辈人的见解。因为，莱布尼茨怎么可能预见到，这种见解很快就会变成真理，而且会有一些人崭露头角，他们并没有在那个重要的争论问题上多作停留，而是立即开始工作，将所有可解释而在以前不充分的理由提高到一种莱布尼茨根本理解不到的确凿和有力的程度呢？遗憾的是，莱布尼茨出于自己青年时代的偏见不得不认为，仅仅根据一个或多个，抑或所有可解释的理由信仰基督宗教，意味着根本不信仰它；他认为，从根本意义上讲，为圣经真理所写和所能够写的唯一一本书，除了圣经本身外再没有别的。

12

可是，对于莱布尼茨这时出于人的或可解释的理由而不相信的东西，他是否因此而完完全全不曾相信过呢？他的理性不曾使自己相信的东西，甚至他从不曾要求自己的理性使他相信的东西，难道就没有其他什么东西能够使他相信吗？我们的这些神学家们凭想当然对此作出回答，甚至不知羞惭地认为，以不可解释的方式确信不可解释的真理。对这些人我还要问：从何知道莱布尼茨自己并不相信他很善于为之辩护的正统教义呢？莫非因为有人佯称，莱布尼茨不太顺从宗教的外在性的东西？——不妨看看杜吕克①和其他人对此作出的回答。我本人无可补充，只是作下面的简短说明。

---

① ［原注］*Fransois du Luc*, *Observations sur les Savans incredules*（《对若干不信教的文章的观察》），Geneve 1762，页341。［中译按］杜吕克（1698—1780），瑞士作家。

13

　　冯特奈尔最先给世人写到，就莱布尼茨的基督教来说，这说法不太离谱："人们指责莱布尼茨，说他不过是一个伟大而严格的自然法遵循者。他的心灵辅导者们徒劳地公开斥责他。"当然，莱布尼茨做事本可以投合他的牧师们的心意，也本可以听进他们的布道。可是，即便莱布尼茨如此行事，即便他做了这些牧师们可能要求他做的一切，那又怎样？难道人们就能完全肯定地将他当成一个好基督徒了？

　　对此我很怀疑。不妨听听冯特奈尔的遭遇，正是这个冯特奈尔认为，颇值得将可怜的助理布道师们对莱布尼茨的评判传诸后世！冯特奈尔本人循规蹈矩，在这方面他无可指责；他一丝不苟地履行一个天主教徒的一切外在义务。然而，他死后又怎么样呢？这时，有位虔诚的辑录者冷冷地说：他怀疑冯特奈尔履行自己作为基督徒的义务无异于在蔑视基督教。① 可怜的冯特奈尔！不过，冯特奈尔犯下的这一罪过不是与莱布尼茨有点关系吗？

----

① ［原注］*Questions sur l'Encyclopedie*（《百科全书诸问题》，1770—1772），第四部分，页262。［中译按］此书作者为伏尔泰，这是他最重要的圣经批评著作。

[德文版编者附记]

《维索瓦蒂对三位一体说的异议》编辑手记

波伦（Klaus Bohnen）

成文经过

发表此文的直接诱因是在沃尔芬比特图书馆发现的维索瓦蒂和莱布尼茨的手稿。此二位是演绎推理逻辑学训练有素的学者，他们的讨论可读性不高，但莱辛之所以觉得极富诱惑力，可能至少出于两个原因。一方面，莱辛在他的沃尔芬比特时代重又对莱布尼茨产生强烈兴趣，尤其对他以之为依据的莱布尼茨的神学论文感兴趣，因为他有时要用启蒙哲学奠基人莱布尼茨的论证来反对当时蔓延开来的"新时尚神学"，即形形色色的新派说法（Neologio）。在《莱布尼茨论永罚》中所说的一切，在本文里表述得更加坚定，因此这两篇文章应参照起来阅读。

另一方面，在这一讨论中所涉及的问题，即基督教三位一体说，对莱辛一定具有巨大的吸引力。在莱辛看来，"不懈的研究"这个问题是剖析基督教过程的一个核心。莱辛的这种研究激情由来已久：早在1751年，他就在发表于《柏林特许报》（*Berlinische Privilegierte Zeitung*）的一篇书评中介绍了霍普特（Thomas Haupt）的《解释与证明圣三位一体奥秘的理性理由》，虽然对此并没有详细讨论；1752年，莱辛在《理性基督教》这篇未完稿中，曾尝试对三位一体说进行理性推导（门德尔松在1774年2月1日就维索瓦蒂的文章写的一封信中向他提及此事）。

与此相应，莱辛反对严格以圣经文本为依据、不承认基督的神性和正统三位一体说的索兹尼主义①,以及在这个问题上与之一致的神体一位论(Unitarismus),他与主流神学一起攻击这一倾向,认为这是危险的"派别"。

1759 年,这种态度趋于明显,莱辛在其多次为之撰写《文学通信》的《北方观察家》上激烈批评克拉默(J. A. Cramer)的教育观念,便是这种态度的表现。在《现代文学通信》的第 48 封信中,莱辛批评克拉默教人将圣婴"耶稣只当成一个虔诚的、完全神圣的人,当成一个温存的儿童之友去爱",他说:

> 这就叫让人更易于理解永恒的解救者这个神秘概念吗?不,这意味着取消这个概念;这意味着让一个全然不同的概念取代它;总之,这意味着在正统派教义能够容纳圣婴之前,将他变成索兹尼派。②

这个问题在七十年代对莱辛的吸引力如此之大,令人吃惊,也许是因为他在"新一代神学家"身上看到正萌发着的一些倾向,试图通过理性解释"取消"三位一体"奥秘",他觉得,这些解释在思想上不真诚,而且有害于基督教的"内在真理"。在有关维索瓦蒂的文章的直接语境中,即在《亚当·诺伊泽的几条真实报导》一文,莱辛分析了索兹尼派产生前的时代背景,他同时要求人们宽容地对待这种(错误)信仰的成员。在后来的神学论战文章中,如在《公理》中,莱辛谈到索兹尼派时说,他们是——与宗教改革运动同时产生的——基督教教义的一种错误思潮;而在《论人类的教育》§73,莱辛又提出三位一体说作为与之对立的观念。

---

① [中译按] 索兹尼(L. Socinus, 1525—1562)所创立的否认上帝三位一体说的神体一位论。

② 亦参阅:Bohnen,《圣婴的上帝》(*Der Gott des Kindes*)。

从这一背景看,《维索瓦蒂对三位一体说的异议》是一场基督教教义学论辩中的重要环节。随着与维索瓦蒂相对立的莱布尼茨文章的发现,莱辛觉得,在后来与新派神学家发生冲突的一个神学核心问题上,他自己的看法得到了证实。

结构、内容与反响

与《莱布尼茨论永罚》一样,这篇论文关心的也是为"我们的莱布尼茨"恢复名誉。在沃尔芬比特图书馆发现维索瓦蒂与莱布尼茨之间就三位一体说争辩的手稿,促使莱辛从文本考订角度重视这场论辩的原貌,并在他所处的语境里发表此文。莱辛一方面对莱布尼茨文章的产生做了一些自那时以来经研究已被认为可靠的语言上的解释;另一方面,莱辛"就莱布尼茨当时,而且毕其一生所采用的方法作几点说明"。这篇短文的思想内核所针对的方法,想必也是发表此文的本来动因;因为,对于这场以演绎推理方式进行的关于三位一体信条的讨论的新价值和兴趣,莱辛并不抱幻想:

> 只是为了将我们哲学家的一篇怀有善意、分析精辟的文章所可能拥有的一切实用价值还给它……我才在这里发表某种按其自己的价值和实用性完全可以让其尘封湮没的东西。

在自己对之不愿表明态度的"争论"的"说明"中,莱辛提出一个引向他一系列神学论文中心的论题组合,这就是在评价宗教真理时,将哲学与神学分离开来。莱辛将莱布尼茨看成一个盟友:

> 莱布尼茨丝毫没有要用新的、他所独有的哲学理由支持三位一体说。……他只是想指出,只要人们使自己局限在一个奥秘的范围之内进行讨论,这样一个奥秘便可抵御任何诡辩术的纠缠。

在莱辛看来，莱布尼茨是"没有先入之见的冷静的哲学家"，他审查——同时借助演绎推理逻辑学分析——一切事态，从而达到可重新经受检验的"理性真理"。这也适用于关于"基督的各种见解"，这些看似"很不相同的假设"的见解可以经受考察，又并未因此而触动宗教的"奥秘"。细微区分、区别对待和反对"思想的肤浅"，这些特点正是吸引莱辛走近莱布尼茨的东西，尤其当他认信"正统信仰"的时候。如果说，莱布尼茨为反对索兹尼派维索瓦蒂而为正统教义辩护，那么，他之所以如此，并非"为了伪装成正统派"，而是由于认识到，传统教义"可能支持任何理性真理而绝无一害，因为传统教义不至于跟任何理性真理相矛盾，而且有理由自诩，如果它看似跟某一理性真理相矛盾，那说明它还没有被人正确理解"。

借助莱布尼茨所坚持的信仰真理与理性真理的区别，莱辛实现了他的文章的本来要求：对"新派神学家"发动一场猛烈攻击，有时还隐含讥讽，莱辛觉得，这类人的"信仰观是一个真正的谜"。这里指的是那些新神学家们，他们拆除莱布尼茨所确定的界限，提出"如此多颠扑不破的基督宗教真理的证明"，"使我惊叹不已的是，他们何以会如此目光短浅，竟将真理信仰看成一种超自然的恩宠作用"："他们证明，他们如此深刻地证明，因而任何公正的人都找不出可用来指摘他们证明的彻底性的东西。"莱辛怀着责任感反对信仰真理如此"迎合"理性；他认为，这种"迎合"是"使人们在神学以及在哲学中容易半途止步的思想浅薄"的表现。莱布尼茨想必——莱辛嘲讽地说——忽略了这种启蒙神学的最初征兆，所以他才保留了"自己的那种陈旧的见解"，即区分"人性的"和"神性的"、"可解释的"和"不可解释的""证明我们的宗教真理的理由"的主张。可见，在莱布尼茨思想方式的一个特点的"保护盾牌"之下，莱辛试图澄清神学与哲学的关系，在他看来，这比与正统派辩论更为急迫。

"我们如此多新派神学家"将信仰简化为"出于自然理性便

是真实的"这一公式，针对他们的这场攻击十分隐蔽，所以几乎没有引起反应，只是在书信来往的私人语境产生回响——人们说，莱辛在这里提出了一个爆炸性的主题。这回响来自启蒙神学的堡垒柏林并非偶然：尼柯莱猜度莱辛已经转入正统派阵营，对此他只能摇头了。他讥讽地说，"我只能书面地为哥廷根神学院开始热切地参与（据《学界广告报》称）您的辑刊而祝您幸运"，他向莱辛预言——正如与《贝朗瑞》一文有关的语境——"一定授予——恩尼斯蒂保证说——您应得到的神学博士头衔"。莱辛的弟弟卡尔的抗议声更激烈和愤怒，莱布尼茨在哲学与神学之间所设的"隔离墙"并未让他信服，他认为，"进行启蒙的新派神学家们现在扮演的角色虽然不是太好，但应博得更多喝彩"。卡尔要求审慎的批评和超越派别的公正：

> 你虽然没有完全站在正统派一边，也为你自己留有足够的回旋余地；但埃伯哈德（此人现在终于在夏洛滕堡成为布道师）在读完沃尔芬比特珍本图书第二辑之后有理由问：倘若你是布道师，你是否会明明白白地向所有的人说教？既然你不是布道师，那么，一旦发生争辩，你是否会坦诚直言？

争论并未发生；在随后的年代里对主流正统派教义的挑战才给莱辛机会，他终于可以说明，对这场争论他早有准备，他自称懂得怎样使用自己的神学的"格斗招式"。

一个适时的论题[*]

(1776)

我更想说"一个适时的论题",而不愿用"一个时代的论题",首先因为,后者的法国味太浓,其次因为,一个时代的论题不见得总是适时的论题。这意思是,一个在当前这个时代提出的论题,不见得总特别符合当今时代,不见得恰恰现在成熟到了作出决断的时候。可是,我乐于看到,人们看到我的标题时更多地想到后者而不是前者。

前些时候,《德意志信使》上刊出了一个论题,目前已经有人就此撰文讨论。我也不得不对此稍作思考。可惜,我如果手中不握着笔,便无法思考!多么可惜!我思考只是为了使我自己受到教益。如果我的想法最终令我感到满意,我就撕碎我写的东西。如果我对它不满意,我就将写成的文稿付印。只要我得到更好的教益,我宁愿忍受一点儿屈辱。

这论题是:

冷漠的哲人和路吉阿诺斯①式的人物反对他们称之为激情

---

* [题解] 论题载于维兰德(Christoph Martin Wieland, 1733—1813)主编的文学月刊《德意志信使》(*Deutscher Merkur*)1776 年 1 月号。这一年的 8、9、11 月号都刊载有对这一论题的讨论。莱辛的这篇文章大概成文于这年的 9 至 12 月,第一次收入 1795 年柏林出版的 *G. E. Lessings Leben, nebst seinem übrigen Nachlasse*, 8d. Ⅱ(《莱辛生平及遗文》,卷二)。

① 路吉阿诺斯(Lucianus,约 120—180),晚期希腊哲人,针砭时弊的讽刺作家。莱辛文中所指路吉阿诺斯式的人物,即指当时的讽刺作家。

(Enthusiasmus)和狂热(Schwärmerei)的东西,这种努力所造成的恶会多于善吗?反柏拉图派(die Antiplatoniker)必须固守在哪些界限内才有益呢?

一个奇怪的论题?当我一开始从一般的观点审视它时不免如此感慨。我多么想知道,引发这一论题的是什么,其本来目的何在!难道不该至少知道是谁提出的这一论题?是冷漠的哲人和路吉阿诺斯式的人物,还是富于激情的人和狂热者?

从行文来判断,大概是位富于激情的人和狂热者。因为,激情和狂热在这里似乎是受攻击的一方——人们也许误解了激情和狂热,对两者的攻击存在着过火的危险。

然而,诱发的缘由、目的以及提出论题的人与我有何相干?我在就论题作出决断时,并不愿偏向前者或者后者,顾忌这一方面或那一方面,我只想对此思考。

但我如果不事先通想(durchzudenken)一下这个论题,怎么能够思考(nachdenken)这个论题呢?如果对论题及其各个部分没有清楚、完整、准确的理解,我怎么能找到解决办法呢?这就是说,应逐步来,而且 $πρωτον\ από\ των\ πρωτων$(一步一步)。

冷漠的哲人?这难道不正是如钢制的剑那样的东西?当然也有木制的剑;不过,人们将木制的剑称为剑,本来只是为了糊弄孩子的。

并非所有冷漠的人都是哲人。但所有的哲人——我曾想——可能都是冷漠的。

热情的哲人——这是怎样一种人哟!一个热情的、具有哲学头脑的人,这可以理解。但具有哲学头脑还远远称不上是哲人。哲人有哲学头脑,正如士兵有勇气。可是,二者都不单单具有这种特点。一个士兵远远不只是有勇气,一个哲人远远不只是有天生的敏锐(Scharfsinn)。

咬文嚼字!——有人会说。然而,谁若不以咬文嚼字开始自己的思考，谁就会——说轻一点儿——永远结束不了自己的思考，只会没完没了地走下去。

冷漠的哲人和路吉阿诺斯式的人物——这大概不会是同样的人吧？路吉阿诺斯是个讽刺作家，而哲人却鄙夷一切讽刺。具有哲学头脑的人——这点我很清楚——曾经，而且现在仍然喜欢将讽刺当作真理的试金石。——但正因为如此，他们过去和现在都不是哲人，而只是有哲学头脑的人。

所以，冷漠的哲人和路吉阿诺斯式的人物是两种不同类属的人物，因而论题也是双重的。

一方面，冷漠的哲人反对他们称之为激情和狂热的东西，其努力所造成的恶会多于善吗？

另一方面，路吉阿诺斯式的人物反对他们称之为激情和狂热的东西，其努力所造成的恶会多于善吗？

对这双方面的问题只给予一个答案很可能是不够的。因为，不同的人必然有不同的方法。假如冷漠的哲人的努力造成的善多于恶，或造成的全是善，那么，路吉阿诺斯式的人物的努力则很可能造成的恶多于善，或者造成的全是恶。或者相反。

这一些人固守的界限怎么可能是那一些人固守的界限呢？

我很想飞快地先跑到左边路上和右边路上看看它们各自的走向。二者是否真的在同一个地方复又相交——即在对待激情和狂热的问题上？

激情！狂热！人们只是昨天才提出这两个东西？这两个东西只是从昨天开始才在世界上表露出其效用？它们的效用——带来幸福和造成不幸的效用——难道不是早就已经向沉静的观察者展露出其内在本质了吗？

唔，当然，谁都知道激情和狂热是什么；我深知，如果我想在这里为它们描绘出最清晰的轮廓、最细腻工整的画面，肯定只会使它们在每个人的思想中变得更模糊不清。

对众所周知的事物的解释犹如书中多余的铜版插图，不仅无助于读者驰骋自己的想象,还给想象加上镣铐,将它引入歧途。可是,我究竟要说明什么呢? 我要说,在论题中根本没有提及,什么才真正是激情和狂热。它只是谈到冷漠的哲人和路吉阿诺斯式的人物认为是激情和狂热的东西。

他们将什么视为激情和狂热呢? 他们所认为的东西真的是激情和狂热? 或者并非如是?

如果他们认为的东西真的是激情和狂热,我们便又回到常轨。可是,如果他们所认为的东西并非如是,如果他们觉得千百种并非其物的东西似乎是激情和狂热,那么,为了迎合提出论题的人的意旨,天晓得我必得选择这千百种东西中的哪一种了!这个论题缺少一种限定,没有这一限定,便可能得出无限多的解决办法。

例如,我不认识,也不愿认识的一些先生们将词语的热烈和富于感性,将对真理诚挚的爱,将对特殊见解的附和,将对所思考的以及思考方式的大胆直言,将对意气相投的人们暗自的友善支持等,将其中的一种、多种或者全部视为激情和狂热:哎,注意!这尤其糟糕。假若如此,这里还有一个问题:这些被误解的特点恰恰是有思考头脑的人借以确立其真正的哲学生活的东西,那些人致力反对这些特点,其造成的恶是否多于善呢?

他们怎么可能,至少那些冷漠的哲人怎么可能有如此谬误而乏味的思想? 唉,他们可是哲人呵!这种东西与路吉阿诺斯式的人物还有些接近,因为,路吉阿诺斯式的人物往往本身便是富有激情的人,在毫无想法的嬉戏中,他们将一时之念视为根据,将调侃当成反驳。

可是,前面说过,他们是哲人呀!哲人不更应该明白什么是激情和狂热? 难道哲人会冒险靠自己反对激情和狂热的努力而造成更多的恶? 哲人?

哲人针对激情和狂热做了些什么呢? 他们对表达(Darstellung)之激情不仅什么都没做,还悉心维护这种激情。哲人清楚地知道,激情是一切美的艺术和学科的 ἀκμή、顶点、盛开的花朵;

劝说诗人、画家、作曲家摈弃激情,无异于让他终生安于当平庸之辈。可是,思辨的激情呢?哲人针对思辨的激情,针对自己经常处其中的这种激情做了些什么呢?他只是努力防止不至于让这种激情将自己变成耽于激情的人。这犹如一个品味细腻的嗜酒者,他爱与朋友一起喝一杯,却又有节制,避免成为一个醉鬼。哲人本身为了自己的利益所做的,难道不可以施予他人吗?

哲人一旦冷静下来,便竭力澄清他在激情昂扬的情况下所产生的模糊的活泼感觉,使之成为清晰的理念。难道他不可以如此对待他人的这种模糊感觉?如果这不是哲人的行当,又会是什么?如果哲人,这位哲人最终遇到双重的激情——那控制着表达激情的思辨激情,他怎么办?将之区别开来,欣赏表达的激情而又检视思辨的激情。

这便是哲人针对激情所做的事!哲人针对狂热做些什么呢?二者在这里应该不是一回事吧?狂热不应只是激情之移译的诨名吧?

不,不!因为,激情昂扬的人并非都是狂热的人;有的狂热者绝对不是富有激情的人;他们几乎并不劳神去装出一副富有激情的样子。

Schwärmer(狂热者)、Schwärmerei(狂热)派生自 Schwarm(群)、schwärmen(打堆、蜂拥),特别用来指蜜蜂。因此,造成一群蜂拥般的欲望,便是狂热者的固有特征。

按出于什么目的喜欢结成蜂拥般的一群,以及为此而使用什么手段,狂热者分成不同的类别。一些狂热者以贯彻某些宗教概念为目的,声称他们拥有来自上帝的推动和启示(他们也许是骗子或者被骗者,也许自己欺骗自己或者被他人欺骗),这足以使他们达到上述目的,同时,这也许重又成为实现另一目的的手段;我说的是,只是由于这类狂热者——不幸是数量最大、最危险的狂热者,人们便称他们为 $\varkappa\alpha\tau'\varepsilon\xi o\varkappa\eta\nu$(具有模范作用的)狂热者。

这类狂热者中的某些人绝不愿称自己为狂热者,因为,他们并没有声称拥有自己的神性的本能冲动和启示。但这并不是事情的本质。狂热者无一不聪明过人，他们非常懂得自己在某一时代必须戴哪种面具。上面那种面具适于迷信和僭政当道的时候。哲学氛围较浓厚的时代要求较富于哲学意味的面具。可这些更换了的面具（umgekleidete Maske），我们还是把你们认出来了！你们仍然是狂热者，因为，你们要蜂拥成群。你们是最危险的一类狂热者，因为，你们想方设法要得到的是同样的东西——你们在另一种情况下靠声称自己拥有神性的冲动和启示（göttliche Triebe und Offenbarung）要得到的盲目追随。现在，你们不过靠另一种方式得到它：你们诅咒冷静的考察，说如此考察不可用于某些事物，甚至不想知道已经做出的冷静考察，似乎你们自己才想要并能够做出这种考察。

针对这最广泛的意义上的狂热，哲人做些什么呢？——哲人！我在这里并不考虑路吉阿诺斯式的人物。这类人物反对激情的努力因自己是富有激情的人而不可能有实际意义，同样，他们反对狂热的努力也由于自己是狂热者而不可能有真正有益的结果。因为，他们也要蜂拥成群。他们要将狂笑的人拉到自己一边，一群狂笑的人！—— 所有人中最可笑、最可鄙的一群。

不必理会这些丑陋嘴脸！——我的问题是：哲人针对狂热做些什么？由于哲人无意蜂拥成群，也不轻易追随蜂拥的一群；他同时认识到，狂热只可能用狂热遏制，所以，哲人对狂热——无所作为。除非人们将下述表现算作哲人为反对狂热而作出的努力：当狂热者以思辨的激情为其依据或者声称为其依据的时候，哲人努力澄清与之有关的概念，并使之达到最大限度的精确。

当然，这一定会使某些狂热烟云消散。但是，哲人并没有考虑到陷于狂热的个人，只顾走自己的路。哲人并不扑打团团飞舞于自己面前的虫豸，但他的单纯运动，甚至他的静坐也使不少虫豸丧命：要么被他踩死，要么被他吞食，要么被卷入他的衣服，要么在他的灯上烧死。如果哲人感觉到一只小虫在用刺触动自己一个敏感的地方——啪！如果哲人打中了它，它就死了；如果没有打中它，哲人仍旧继续走自己的路，世界是广阔的！

从根本上看，这正是哲人们对人事变故不想产生却实际上产生了的那种影响。因此，激情昂扬的人和狂热者竭尽全力抵制这一影响。当他们看到，所有一切最终是按哲人们的头脑而非按他们的头脑运行的时候，他们简直要疯啦。

只有在这样的情形下，哲人才对激情昂扬的人和狂热者采取了稍微宽容甚至偏袒的态度，假若完全没有激情昂扬的人和狂热者，他们即哲人们损失最大。其原因不仅由于，哲人随之将会失去作为自己的欢乐和观察之活的源泉的表达激情，也因为思辨激情对于哲人们是一个如此丰富的新理念宝库，一个如此快乐的眺望更广阔的远景的顶峰，哲人们乐于探察这宝库，乐于攀登这顶峰，尽管他们在这顶峰上面十次中没有一次遇上眺望所必要的好天气。在狂热者群中，哲人发现了一些具有侠肝义胆的人，这些人狂热地维护着人类的权利（die Rechte der Menschheit）；哲人——如果时代和环境要求的话——会乐于与这些人一起蜂拥成群，正如哲人乐于在自己的四堵墙内分析种种理念。

还有谁比莱布尼茨更称得上是冷漠的哲人呢？还有谁比莱布尼茨更不愿失去激情昂扬的人呢？还有谁比他更善于利用众多激情昂扬的人呢？莱布尼茨甚至认为，即便人们从一个德国的激情昂扬的人的著作中学不到什么东西，仅就语言方面讲，仍然必须阅读它。莱布尼茨是如此公允！——尽管如此，还有谁比这个莱布尼茨更被耽于激情的人所仇恨呵！只要一碰到莱布尼茨的名字，他们便立即神经过敏；由于沃尔夫①将莱布尼茨的某些理念——在某些方面稍有曲解——织进一个肯定并非莱布尼茨体系的体系，于是，先生因学生的缘故而不得不永远受到责罚。他们当中有的人明明知道，先生与学生相去甚远，却故作不知。因为，将学生

---

① 沃尔夫（Christian Wolff, 1679—1754），康德之前最有影响的德国启蒙运动哲人，他发展并普及了莱布尼茨哲学，使之成为学院派学说。

的片面和浅薄当作先生的犀利目光痛加诅咒，是颇为惬意的事，这位先生始终能够精确地指出一个耽于激情者的每一个不成熟的观念是否含有以及含有多少真理！

呵，这副摧毁一切、屠戮一切、给人带来不幸的目光哟！

一个耽于激情者说。

这个冷酷的人在这里作出一个小小的、毫无价值的区别，难道因为这一区别我就应放弃一切？现在，你们看到这区别的用处了！——它使人的全部神经陷于瓦解。我感觉不到我是怎样的人了。我已经将它、将那真理掌握在手里了；我完全占有了它。

谁敢否认我自己的这种感觉？——不，你们不必区分，也无须分析；你们不应以你们可能做的思考，而应按我的感觉来对待我对你们说的话；我要让你们确信，你们对此也会有所感觉的，如果我的感觉赐予你们恩宠，为你们祝福的话。

按我移译的意思，这应是：如果上帝赐予你们恩宠，为你们祝福，任你们曲解和践踏上帝赐予人的唯一确证无疑的祝福的话！

当雅典港的这位老实人[①]的美妙激情被一位老医生——我不知道他用的是泻药还是喷嚏剂——驱散的时候，除了骂一声"下毒的人！"，他还能说什么呢！

总之，哲人只应如此对待激情和狂热。他做的所有这一切难道不好？其中会有什么恶呢？如果有人问"在哲人所做的事情当中可能有些恶吧？"——其用意何在？

---

① ［中译按］指路吉阿诺斯。

[德文版编者附记]

《一个适时的论题》编辑手记

施尔松（Aruo Schilson）

成文经过

此文1795年第一次由莱辛胞弟收入《莱辛生平》第二卷页148－163；我们的文本依据的便是这个初印本（LM16，页293－391）。

这篇短文是为了回应维兰德（Christoph Martin Wieland，1733—1813）主编的颇有声望的文学杂志《德意志信使》1776年1月号第82页公开征求答案的一个问题；这个问题的精确表述是（与莱辛的转述稍有出入）：冷漠的哲人和路吉阿诺斯式的人物为反对他们称之为激情和狂热的东西所作的努力会造成更多的恶还是善？反柏拉图派和路吉阿诺斯的追随者应使自己局限在哪一种范围之内才有益？——这个问题随即引起热烈而又相互对立的反响。一个无名氏在8月和9月号率先片面地完全针对"冷漠的哲人和路吉阿诺斯式人物"作出回答，这促使谨慎的、力图求得平衡的主编魏兰德再次吁请，仔细研究问题的解决办法——哪怕从相反的思路。在11月号（页138－149）上，赫尔德以一篇笔名论文《哲学与空想：一对姐妹》参加讨论，试图通过补充正反两方进一步确定哲学和空想的价值。

文学杂志《德意志缪斯神殿》（*Deutsches Museum*）1776年9月号和1777年3月号及4月号也发表了两篇与维兰德和问题有关的文章。按照莱辛自己的说法，他在写这篇文章时曾读过这类文章，至少肯定读过赫尔德的文章，甚至读过1777年春发表的文章。由此看来，此文最早在1776年底，但很可能在1777年写成。

莱辛为什么最终没有发表已经写成并本该发表的文章，只能让人猜测了。也许碍于维兰德——他在1775年曾请求莱辛为《德意志信使》撰稿但遭拒绝（参见莱辛1775年2月8日信中的回绝），因为莱辛逐点批驳了他提出的问题，并指出其中设想的对立子虚乌有。

结构与内容

莱辛曾多次着力研究冷静的哲学与激情或狂热空想的关系。早在1759年，他就在《新文学通信》第49封信中讨论过这个问题；1776年，在为《卡尔·威廉·耶路撒冷哲学文集》写的序言中，他又对此作了论述。1780年，莱辛在《论人类的教育》§87－§99中虽然指责中世纪空想家们行事过急，但并未批评他们空想的实质内容——"第三个世代"。在本文中，莱辛也极力为出于扩大认知而怀有一种"思辨激情"的正当性和必然性辩护。

不过，莱辛同时指出，一个真正的哲人在利用这种激情的同时必须与之划清界限。在这里被清晰地区别开来的狂热空想既指宗教上非理性的狂热，也指一种追随者们的"狂热"态度或思潮，这种态度对于中世纪和宗教改革时代颇具典型意义；然而，即便对这种态度或思潮，莱辛也尽可能指出其积极的方面。而哲人们有意义的、对健康人生至关重要的使命在于，澄清激情和狂热空想，发现和净化其中包含着的真理因素。所以，哲人的这种努力只会促成善，绝不可能——像维兰德从错误的抉择中提出的怀疑那样——酿成任何一种恶。

从文体方面来看，这篇文章对于莱辛的方法、思考和写作颇具典型意义："它也许是莱辛遗留下来的最真实的工作记录，我们看到一个在正式吁请读者读这篇文章之前孤独工作的莱辛。"[①] 莱辛独

[①] Schröder，《论莱辛》，页14；在此文页13－15有一段从上述视角对这篇文章所作的涉及莱辛全部著作的深入诠释。

特的行文和思想方式在这里以罕有的清晰从相互并立和相互联系之中，"从杂文式的对话形式与论文结构、个体性与无人称、热情与冷静、生动活泼与条理有序、漫无目的与追求确定目的、怀疑与确定信念等等的两极紧张之中清晰地突显出来，莱辛为自己的思想形式创造了单边对话这个概念，而《一个适时的论题》典型地体现了这种形式，当然其侧重点在对文字的推敲"（Schröder，页25以下）。

论人类的教育
(1777—1780)

［德文版编者按］《论人类的教育》前53节（即1-53节）于1777年发表，收入《论历史与文学：沃尔芬比特尔奥古斯特公爵图书馆珍本书选辑第四辑》（参见十二卷本全集卷八，页333-346），这53节作为前半部分先行刊印，与人类的第一阶段——"孩提时代"相关，莱辛称为"供人先尝的"东西，因而，很可能全文100节当时已杀青。1780年复活节书展之际，莱辛将全文交付柏林佛斯父子（Christian Friedrich Voß）出版社出版。像前半部分发表时那样，全文刊印时仍未具真实姓名，莱辛佯称是他朋友的作品。

第一版有两种外观完全相同的印本，第一个印本被称为1780a本，这个印本比被称为1780b本的第二个印本校对更仔细。因此，第一个印本被用作这里的文本①的基础，虽然自1785年以来的重印本都以1780b本为依据。收入1791年版的《莱辛文集》第五部分（页60-105）的重印文本既参照了早期部分发表的文本，也参照了1785年的重印本。无论是这两种重印本，还是可能只加了一幅新封面的1786年"第二版"，对文本考订都没有什么意义，1780年在施滕达耳（Stendal）出版的重印本虽然加了论战性小标题，同样没有文本考订价值，这个重印本的标题是《莱辛的"论人类的教育"》笺注本（Christoph Heinrich Schobelt 编）。这个印本的笺注中，只有少数几个显著的地方用"1780b"的字样提到第二个印本，却未注明它与

---

① ［中译编者按］指《莱辛全集》12卷本中的文本，亦即中译本所依据的文本。

1777 年前 53 节文本的出入。总的看来，1780a 印本始终具有权威性。

Haec omnia inde esse in quibusdam vera, unde in quibusdam falsa sunt. ［出于某些理由，所有这些，在某些方面是真实的，出于同样的理由，它们在某些方面又是错的。］

—— 奥古斯丁[①]

编者前记

我曾把本文前半部分公诸拙编《论集》之中。[②]如今，我能够以余篇继之。

作者[③]在文中伫立于山巅，他相信由此而俯瞰（übersehen）

[①] 这段引文出自教父奥古斯丁（Aurelius Augustinus，354—430）的《独白》（*Soliloquie*）Ⅱ，10，原文为："所有这些，某些方面还算得上真实，其凭靠的理由与它们在某些方面可谓虚假所凭靠的理由是相同的。"奥古斯丁此处谈的是犹太教和基督教，以及启示和所谓灵魂转世的假设。莱辛没有完整引用原话，可能故意有减略，以便使奥古斯丁原本带有怀疑意味的问题可以有另一种解释。奥古斯丁的问题是：当遇到艺术半真半假的"美丽闪光"时，人们怎样才能达到真实本身呢？奥古斯丁的这句话——广而言之，他的整个《独白》似乎意在让人看到：任何形式的摹仿，尤其艺术特有的摹仿，是虚假的闪光和阴影。奥古斯丁由此推断，基督教的真理具有独尊地位。莱辛把奥古斯丁的这句话用作箴言，自有其确定目的：诱使读者听从他自己的"指点"，即便有可能被误导。相关文献参阅 Altenhofer，《历史哲学》（*Geschichtsphilosophie*）；Altenhaus，《非本真性》（*Das Uneigentliche*），页 131-184；Strohschneider-Kohrs，《作为真理的理性》（*Vernunft als Wahrheit*），页 218-246。

[②] 指发表在《历史与文献》（*Geschichte und Literatur*）第四辑（1777）上的《论人类的教育》§1-§53，作为《无名氏关于启示的文稿中的又一残篇》"编者的反对意见"的一部分。

[③] 莱辛有意隐讳作者身份，假托只不过在编订出版他人的作品。

的东西比为他的当今时日所划定的（vorgeschriebenen）道路更多。①

但作者并不呼唤匆忙赶路、一心想尽早达到宿泊地的漫游者离开自己的小径。②他并不要求那让自己着迷的景色也会让其他所有人的眼睛着迷。

所以我想，但愿人们能够让作者在自己所伫立和发出惊叹的地方伫立和惊叹吧！

对于他的目光，温柔的晚霞既没有遮挡，也没有暴露那无限遥远的远方，但愿他现在从那远方带来一个点拨，我曾多么向往这种点拨！③

我指的是这样一种点拨。——为什么我们不愿将所有实在的宗教（positive Religionen）仅仅看成任何地方的人的知性（der menschiche Verstand jedes Orts）能够借以得到发展并将进一步得到发展的路径呢？为什么我们不是嘲笑这类宗教中的一种，便是为之愤怒呢？在这最好的世界④中，没有什么东西可以让我们嘲笑，让我们动怒；难道只要是宗教就当受嘲笑、招惹愤怒？上帝插手一切，

——————

① 目光从山巅俯视更加广阔的原野，既看得见以往走过的路，也可眺望尚待行走的路——这是一种古老的说法，作者用来形象地描绘自己在下文中的立足点。这样的画面在莱辛著作中曾出现过一次，见1770年的《贝朗瑞（图尔的）：或此人的一部重要著作的预告》（Berengarius Turonensis: oder Ankundigung eines Wichtigen Werkes dessellben；载全集卷七，页114）："一个到达一处高地、一个山丘之上的漫游者的形象。"研究文献参见 Gobel，《形象与语言》（Bild und Sprache），页54。［中译按］贝朗瑞（图尔的）（1000—1088），法国神学家。

② ［中译编者按］注意后文中的"小车轮"。

③ 详见§46。

④ 暗示莱布尼茨（Gottfried Wilhelm Leibnis，1646—1716）在《神义论：关于上帝之慈善、人的自由与恶之来源》（Essais de theodicee sur la bonte de Dieu, la liberte de l' homme et l' origine du mal，1710；中译本见北京：生活·读书·新知三联书店，2007）中提出的论断：上帝从无限多的可能的世界中选择和创造了最好的世界（参Ⅲ，§416）。

难道唯独不插手我们的迷误?①

§1 在一个人那里是教育的东西，在整个人类那里便是启示。②

§2 教育是传授给个人的启示，启示是传授给人类的教育，过去如此，现在仍然如此。

§3 我不想在此考察，这种教育观在教学中是否有益。然而，在神学中，如果人们将启示理解为教育人类，肯定大有益处，并可能消除许多难题。

§4 教育给予人的，并非人凭自己不可能得到的东西；教育给予人的，仅仅是人凭自己可能得到的东西，只是更快、更容易而已。同样，启示给予人类的，并非人的理性（Vernunft）凭自己达不到的东西；毋宁说，启示仅仅更早将这些东西中最重要的给

---

① 莱辛对自己的剧作《智者纳坦》曾有如此说明：纳坦反对一切实在的宗教，我的见解与此无异。

② 教育思想在《论人类的教育》中占中心地位，这一思想综合了圣经、古希腊哲学和基督教教父学的思想材料。将基督描绘为"训导师"，将先知和教士描绘成教师，《圣经》中就有，比如《加》3：24，4：1－9；《来》1：1，8：4 以下；《约》14：26。Paideia（教育）是古希腊人的理想，基督教教父们接过这一理想，加以基督教化的改造（如亚历山大的克雷芒［Clemens von Alexandrien］、伊里奈乌［Irenaus］、德尔图良［Tertullian von Karthago］、奥利金［Origines］和奥古斯丁）。莱辛的教育思想也与莱布尼茨的发展思想有关联（参见 Thielicke 的研究，页 34）。

施特劳斯的观点最值得注意："按照中世纪理性主义的学说，启示具有一种易于为人所理解的'教育性'目的。它向哲人提供原理，其证明便是，理性因得知这些原理而大为感奋，进而独立有所成就。首先，理性决定探明启示学说究竟是什么，因为，只有理性才能够诠释启示。在任何情况下，唯有对大众，启示才是不可或缺的……"（Strauss，1935，50）"可见，谁相信启示，谁便在事实上如莱辛所说，只保留着名相而丢弃了实质。"（Strauss，1935，51）

予人类,过去如此,现在仍然如此。①

§5 教育不会漠视这样的问题:应该以何种顺序发展人的能力。教育不可能一举将所有东西都传授给人,同样,上帝在给予启示时,也必须遵循一定的顺序,必须恪守一定的尺度。②

§6 虽然那第一个人(der erste Mensch)立即被赋予一个关于唯一上帝的概念,③但这种被传授而非独立获取的概念④不可能长久保持其纯洁性。一旦人的理性开始不受约束地发挥这个概念,便会将这唯一不可测度的存在分解为许多比较可以测度的部分,并给予每个部分一个名号。

---

① 这是莱辛最重要的说法之一,但如何理解,极有争议。这一说法将启示事件贬低为单纯地促成人的某种自然禀性的行为,使之有较快的发展;另一方面,这一说法又给予人的理性以独立发现和传布真理的能力,而这种真理以往被认为完全来自神的启示。Klaus Bohnen 在《莱辛的〈论人类的教育〉》(§4)一文中提到,十八世纪的瑞士自然哲学家 Charles de Bonnet(1720—1793)的著作中有段话与这一节惊人地相似(参见《论人类的教育》编辑手记)。对此可参 Karl Eibl 的评论和引申。

② 诠释可参见 Ingrid Strohschneider - Korss,《适度原则》(Vom Prinzip des Maßes),尤其页 30 以下。

③ 这话的意思是:一神论乃是一个民族的宗教发展的最初阶段。与此不同,现今的神学把一神论视为宗教历史的最终阶段。

④ 经验主义认为,概念无不来源于经验,因而是"被获取的"。与此相反,莱辛附议理性主义观念论的思潮。按照这一思潮的观点,至少有些概念(尤其上帝概念)先于一切经验,由神默示给人的理性——即直接"被传授的",因而是人生而有之的。与此相应,原初的纯粹一神论衰败后,多神论取而代之,Edward Herbert Lord Cherbury(1582—1648)在其宗教哲学和宗教史著作中提出,此后的英国自然神论(Deismus)持有这一观点,当时广为流行。

后来,英国哲人休谟(David Humm,1711—1776)在 1757 年发表《宗教的自然史》(The Natural History of Religion)一书,提出了与此相对立的宗教史观,严厉批驳自然神论的观点。在休谟看来,一神论才有可能接续而且事实上也接续了在它之前的(自然的)多神论。细加观察便可看到,莱辛极其巧妙地吸纳了这一相反观点的成分。

§7 于是，自然便产生了多神信仰（Vielgötterei）和偶像崇拜。①谁知道人的理性还会在这条条歧路上徘徊几百万年呢——尽管时时处处都有个别人认识到这些歧路——如果不是上帝想到要通过新的推动②指出更好的方向的话。

§8 但是，由于上帝不可能也不愿意向任何个别人启示自己，他便拣选个别民族进行特殊教育，而且恰恰选择了最粗犷、最野蛮的民族，以便完全从头开始教育他们。

§9 这个民族就是以色列民族，人们甚至根本不知道他们在埃及曾有怎样一种敬神仪式。因为，如此备受歧视的奴隶不可以参加埃及人③的敬神仪式；而他们又完全不晓得自己祖先的神。

§10 也许，埃及人严禁以色列民族（拥有）的任何上帝、任何神祇。埃及人迫使他们相信，自己根本没有上帝，根本没有神祇；拥有上帝、拥有神祇只是更优秀的埃及人的特权：这乃是为了具有更大的正义假相（Anscheine von Billigkeit），以便对他们施行暴政。——即便现在，基督徒对待其奴隶们的手段难道有什么不同吗？

§11 在开始时，上帝只对这样一个粗粝的民族宣称自己是他们祖先的上帝，以便让他们首先知道和熟悉一个属于他们的上帝理念。

---

① 理性起初也有迷误，其标志不仅在于承认多神的存在（多神论），而且在于背弃上帝，将有限的东西当作诸神来敬奉（偶像崇拜）。

② 因此，传告一神概念，可被视为第一次启示或原初的启示。参见§19、74 的表述。

③ 应指雅各家族在公元前 1700 年前后随喜克索人（[中译按] Hyksos，由闪族和亚洲人混合而成的征服者，公元前 1650 年占领埃及，统治埃及一百余年）到达埃及以后的历史。事实上，公元前十七至十三世纪，以色列人在埃及的敬神仪式在形式上究竟是怎样的，不仅未见于旧约圣经各卷，其他文献也未见描述。今天学界了解得比较清楚的是，在自远古以来的以色列人关于上帝的观念的历史发展过程中，确实可以看到一个逐步臻于完美的过程。

§12 上帝将以色列民族领出埃及，安置在迦南，①通过这个神迹，上帝立即向以色列民族证明，他是比其他任何一个上帝②更强有力的上帝。

§13 上帝继续向以色列民族证明，他是一切神中最强有力的，而且最强有力的只有一个神——于是，上帝使以色列民族逐渐习惯唯一者（Einigen）概念。

§14 理性后来方才可靠地从无限者概念推断出超越的（transzendental）唯一者概念，可是，这真正超越的唯一者概念距离上文中的唯一者概念多么遥远呀！③

§15 但在很长一段时间里，这个民族还未能达成真正的唯一者概念，虽然其中的较优秀者④或多或少接近了这一概念。——他们往往背离自己唯一的上帝，自认为可以将另一民族的另外任何一个神看成唯一者，即最强有力者，唯一的、真正的原因便在于此。

§16 这个民族如此粗野，如此不善于接受抽象⑤思想，尚完全处于其孩提时代，⑥这样一个民族能够接受怎样一种道德教育呢？——只能是与其孩提时代相当的教育——通过直接、感性的

---

① 犹太人在公元前十三世纪下半叶徙入其内的"应许之地"。

② 今天，"证明自己为……"大都用主格。

③ 注意莱辛采用"超越的概念"（transzendentale Begriffe）这个词在康德以前，含义与康德的用法不尽相同，指超然于一切有限观念的概念（拉丁文 transcendens［超逾的、逾越的］），这里意为：超越童稚意识阶段的唯一者概念（参见§16）。神性本质的唯一性的有力证明就是其无限性，参见斯宾诺莎（Baruch de Spinoza，1632—1677）1677 年出版的《伦理学之几何学规则证明》（Ethica, ordine geometrico demonstrata）第一部分，1-14 条。莱辛在这里也许暗示"唯一者概念"这个哲学的概念（即"可靠地"揭示出来的概念）显然带有泛神论或万物内在神论（Panentheismus）色彩。

④ 指个别杰出人物。

⑤ 拉丁文 abstractus，即"抽象的"；另有说法是"模仿的、复制的"。

⑥ 启示与教育之间的类比（根据§1）贯穿本文始终，这里是进行类比的开端，指犹太教-基督教的启示与个别人一生的发展阶段这两个方面。

赏罚进行的教育。①

§17 在这里，教育和启示同样保持一致。上帝可能给予其选定的民族的，并非另一种宗教、另一种律法，只会是这样一种律法，这个民族遵守这律法便可望在尘世得到幸福，不遵守便担心遭受不幸。②因为，他们的目光还达不到超越此生更远的所在。他们不知灵魂不死，不向往来世的生活。如果现在就向他们启示这些他们的理性无力接受的东西，上帝便与愚蠢的教育家所犯的错误完全一样了，那些教育家只会揠苗助长、夸夸其谈，不会全面培育孩子。

§18 然而，人们会问，上帝教育一个如此粗野的民族，教育一个必须一切从头开始教育的民族，目的何在？我的回答是：为了在以后的时代能够更可靠地用这个民族的个别成员作为教育所有其他民族的教育者。上帝将他们教育成人类未来的教育者。于是，犹太人便成为这种人。只有犹太人、只有接受了这种教育的人，才可能成为人类未来的教育者。

§19 进一步，当孩子在责打和爱抚之下长大、达到具有理智的年龄时，父亲突然将他赶到异域；③ 孩子们在那里突然认识到自己在父亲家中享有的好处，但之前认识不到。

§20 在上帝引导自己拣选的民族经历儿童④教育诸阶段⑤之

---

① 通过直接、感性的赏罚进行教育，这种教育观念暗指基督教的报偿伦理（Lohnethik）；在《莱布尼茨论永罚》一文中，莱辛详细讨论过关于地狱之罚无休止的争论，他在这里看重的是直接的——即尘世生命有待承受的被强加给自己的惩罚。隐微的含义是：既然上帝是父，子民是他的儿女，那么，启示自己的子民便是在教育他们（§17）。

② 意即重视或不重视，这是一种较旧的表述方式。

③ 意即流亡到巴比伦，犹太人的巴比伦被房生活始于公元前597年的第一次抉择行动，当时，巴比伦王尼布甲尼撒二世（Nebukadnezar Ⅱ）攻占耶路撒冷，到公元前586年，强制性流亡生活才结束。公元前599年至公元前538年，古犹太人三次被房往巴比伦，史称"巴比伦囚房"。

④ 指与儿童相当的或像对待儿童般的教育，亦即适合儿童的教育。

⑤ 原文为Staffeln，意即Stufen（阶段）。

时，大地上的其他民族在理性之光①的照耀下继续走着自己的路。其中绝大多数远远落在这被拣选的民族后面；只有几个走在前面。在那些人们让其独立成长的儿童中，也会发生这种情况：许多人仍然完全停留在原生状态；少数几个却令人惊异地自我成长。

§21 不过，这比较幸运的少数并未对教育的有益和必要性提出反证。同样，对上帝的认识至今似乎仍然领先于被拣选的民族的少数异教民族，也不能证明启示不成立。接受教育的孩子起步缓慢，然而却稳健踏实；他们很晚才赶上某些生来得天独厚的自然之子；②不过，他们毕竟赶上了后者，而且此后不再可能被后者超越。

§22 同样，姑且不论《旧约》诸书中出现和未出现的关于上帝唯一性的教诲（die Lehre von der Einheit Gottes），我认为，至少关于灵魂不死和与之相关的来世赏罚这两个教诲，《旧约》诸书完全陌生，但这样说并不等于否定《旧约》诸书有神性来源。相反，旧约以及其中所包含的一切奇迹和预言都是真的。让我们假定，那些教诲不仅《旧约》中没有，甚至不是真的；让我们假定，对人而言，一切在此生确实已经了结。

可是，难道上帝的存在因此就缺乏证明了？难道上帝因此就更少自由了？难道上帝因此就不直接掌控转瞬即逝的人类中任何一个民族的尘世命运了？上帝为犹太人行的奇迹，上帝通过犹太人所记载的预言，不仅为了少数有死的犹太人，不仅为了那些生活于这些奇迹和预言发生和记载的时代的少数犹太人。上帝这么做，意图既针对整个犹太民族，也针对也许永远在大地上持续存

---

① 有别于 Iumen supranaturale（超自然之光，即超越自然认识力的启示之光），莱辛以此提示人们看到 Iumen naturale（自然之光，即理性独具的透彻的认识力量）的意义；通过廊下派，"自然之光"成了至关重要的观念，并支配了近代的欧洲思想。

② "教育"和"自然"在这里实际上指神关切人的不同方式，"教育"无异于不寻常的、超逾自然的"启示"，"自然"则是寻常的、引导着自然及其力量的"天命"。

在的整个人类,尽管每一个别犹太人、每一个别的人终归会有死的那一天。

§23 再说一遍,《旧约》诸书中缺少那些教诲,并不证明《旧约》缺少神性。摩西是上帝派遣来的,虽然他颁布的律法只限于在此生实施(Sanktion)。① 为什么呢?因为摩西只是被派给以色列民族,只是被派给当时的以色列民族;他的使命完全适应当时的以色列民族的知识、能力和志趣以及未来的以色列民族的命运。这就够了。

§24 沃伯顿②本应到此为止,不必继续再跨出一步。可是,这位学者将弓拉得太紧了。他不满足于那些教诲的阙如并无害于摩西

---

① 源于拉丁文 sanctio(圣裁、认可),意为"庄严的规定,惩罚规定"。
② 英国安立甘派神学家沃伯顿(Willian Worburton, 1698—1779)反对自然神论,在 1738—1741 年间,他分两卷(另说三卷)发表了 *The Divine Legation of Moses, demonstrated on the Principles of a religious Deist* 一书,认为摩西的真正神遣使命(以及作为神意启示的摩西宗教)的产生,恰恰是因为缺乏关于未来赏罚的学说(Lehre von künftigen Vergeltungen)。因此,犹太国的直接神主制(die unmittelbare Theokratie,〔中译编者按〕旧译"神权制",今与"民主制"一词对应译作"神主制")包含当下的现时赏罚,这一赏罚靠神的奇迹般干预来实现,这使得对一种未来的补偿的希望落空了。
1751—1755 年间,J. C. Schmidt 将此书翻译成德文《从自然神论者的原则看摩西的神遣》(Frankfurt u. Leipzig, 1751)。莱马鲁斯(〔中译按〕Hermann Samnel Reimarus, 1694—1768,博学的德国学者,莱辛整理、发表了他的许多著作残稿)在第五篇残稿中曾论析过这个德文译本,莱辛也为此译本写过评论,1751 年发表在《柏林特许报》(*Berlinische Privilegierte zeitung*)上:

> 沃伯顿先生是当今在世的英国神学家中对宗教之事非常持重的一位。他冷静地认识到,自由思想们指责摩西,痛斥他是一个奸诈的骗子,这种指责动摇了基督教最坚固的基石。《新约》的基础是什么?是先知书。先知书的基础呢?是摩西。可见,如果摩西不是由上帝派遣的,那么,那些与摩西有关者也就不是由上帝派遣的了。

比较§23:"摩西是上帝派遣来的……"

的神遣使命（göttliche Sendung），还要反过来用这种阙如证明摩西的神遣使命。假如沃伯顿设法从这样一种律法切合这样一个民族的适用性得出这一证明，倒也并无不可！但他偏偏求助于一种从摩西一直持续到基督的奇迹；按照这种奇迹，上帝使每一个别犹太人幸福或者不幸福，恰恰是这个犹太人因顺从或不顺从律法所应得的结果。据沃伯顿称，这种奇迹补偿了国家赖以存在的一些教诲的阙如；这种补偿恰恰证明了这种阙如初看起来似乎要否定的东西。

§25 沃伯顿将以色列神权政治（Theokratie）① 的基本内涵置于这种持续不断的奇迹之中，所幸的是，他没有能够加强，没有能够确定这种奇迹。要是他做到了这一点，他就真的使难题不可能解决了。至少在我看来如此。② 因为，无论谁要证实摩西使命之神性，都会使某些事情［即灵魂不死］显得可疑——上帝当时虽不愿彰显这些事情，但的确也不至于要为之设置理解上的困难。

§26 我现在用与启示相应的比喻（Gegenbilde）来解释。一本儿童基础教科书完全可以避而不谈其所表述的学科或技艺的这一或那一重要部分。因为老师认为这些部分尚不适合儿童读者的能力。但是，这教科书绝对不可包含任何完全关闭、堵死带儿童通往尚未谈及的重要部分的门径的内容。相反，必须悉心地为儿童敞开所有门径；哪怕只是将儿童带离种种路径中的一条，或者使他们迟迟不能踏上某条路径，这教科书都是不完整的，都有根本缺陷。

§27 可见，在《旧约》诸书中，在粗野的、未经思维训练的

---

① 按沃伯顿的说法，以色列之所以有一种直接的神主制，是因为上帝亲自运用自己不寻常的意旨（以奇迹般的方式）不断使得个别人接受当下的尘世赏罚；《旧约》中缺乏不朽的希望（Unsterblichkeitshoffnung），在自然神论者和莱马卢斯看来是缺点，在沃伯顿看来却有积极意义，因为，这种缺点不过是表面上的，事实上，缺乏不朽的希望表明，上帝的意旨为直接实施赏罚而不断进行奇迹般超自然的干预，因而可作为神主制的证明。

② 这个缓和语气的插入语已经在暗示，本文既有冷静论证，又带有很高的主观激情，两者之间构成的张力，在文本接近结束时格外引人注目。

以色列民族用的这些基础课本中,关于灵魂不死和来世报应的教诲也完全可以付之阙如;但是,《旧约》诸书绝对不会包含这样的内容:延误人民——《旧约》就是为他们而写成的——踏上通向这一伟大真理的道路。简而言之,会给这个民族造成延误的,不就是许诺那种发生在此世的奇迹般的报应么?何况,许诺这报应的人,恰恰绝不许诺他不信守的东西(der nichts verspricht, was er nicht hält)。

§28 此世财富的分配似乎不太考虑美德和恶行,从这种不平均分配中不可能最严谨地证明灵魂不死和能够解开上述纽结的来世;虽然如此,有一点大致可以肯定:如果没有这个纽结,人的理知也许在更长一段时间里仍然达不到,甚至永远达不到更有力、更严谨的证明。因为,什么东西会推动人的理知探求这更有力的证明呢?难道是单纯的好奇?

§29 这个或那个以色列人想必将针对整个国家的许诺和威胁自然地引申到国家的每一个别成员,而且坚信,谁虔诚,谁必然幸福,凡不幸或即将不幸的,将承受自己的恶行带来的惩罚——一旦弃绝恶行,惩罚将立即变成祝福。仿佛正是这样一个人写下了《约伯记》,① 因为,其结构完全基于这种精神。——

§30 可是,日常生活的经验不可能会增强这种信仰;否则,具有这种经验的民族就会永远失去认识和接受自己真理的能力,尽管他们还不熟悉那种真理。因为,既然虔诚者必然幸福,既然他的幸福必然包括这样的部分:任何可怕的关于死亡的思想都不会惊扰他的满足,他之死不过是因衰老和对生的厌倦②——既然如

---

① 《约伯记》描写的重点不在于要人放弃恶行,而在于人所遭受的报复,这种报复是进行惩罚的上帝施加的,因此也是令人看不透的。约伯只得相信,"谁虔诚,谁必然幸福"。

② 这是流行说法,尤见于父权制叙事(Patriarchen – Erzählungen);也有可能指亚伯拉罕寿终:"他日渐衰弱,在老年平静死去,因为他年老和对生感到厌倦,归到他列祖那里。"(《创》25:8;另参35:29)[中译按]德文本行文与和合本《圣经》差别颇大,这里据德文迻译。

此，他怎么还可能向往来世的生活？既然虔诚者不思考这个问题，谁会思考呢？恶人会思考？那感受到此世惩罚的恶人？那既已诅咒此生，因而甘愿放弃任何来世的恶人会去思考？

§31 因为律法与灵魂不死和来世报应无关，这个和那个以色列人便矢口否认灵魂不死和来世报应——这并不重要。个别人——哪怕他是所罗门①——的否认，阻止不了普通理性的进程。②这本身便足以证明，这个民族向真理迈出了一大步。因为，个别人所否认的，只是众多人所思考的；对此前完全不关心的问题进行思考——这已经走在通往认识之路的中途。

§32 让我们同时承认，英雄般的顺从（ein heroischer Gehorsam）在于服从上帝的律法仅仅因为其为上帝的律法，而非因为遵守律法可以指望在此世和来世获得奖赏；不仅如此，即便人们对未来的奖赏全然绝望，甚至对现时的奖赏也并不十分确信，但仍然遵守上帝的律法（方为英雄般的顺从）。

§33 这种以对上帝英雄般的顺从精神教育出来的民族，难道不应注定去实现——而且应比其他一切民族都更有能力去实现——上帝的具体意图？士兵本来就该盲目服从自己的统帅，现在要让他去确信统帅的聪明（Klugheit），并对士兵说，什么是不可与这位统帅一起去冒险干的事情？

§34 犹太民族崇拜自己的雅威，③乃因为他在众神中最强有力，而非因为他最智慧；对这忌妒的上帝，犹太民族更多心怀恐惧而非爱：这足以证明，犹太民族自己的至高无上的唯一上帝的

---

① 参见《旧约·传道书》，尤其 3：19－22："传道者所罗门"对灵魂不死说表示怀疑。

② 指"普遍的（传布开来的）"理性进步，亦即"素朴的、未受教养的"理性所获得的进步，说穿了，就是"启蒙"。

③ Jehova（［中译按］《旧约》中上帝的专名，旧译"耶和华"）是 Jahve（雅威）的错误拼写。

概念，并非我们对上帝必须有的正确概念（rechten Begriffe）。然而，现在到了应扩大、精炼、纠正犹太民族这些概念的时候了。为此，上帝采用了一种完全自然的手段，一种更好、更正确的尺度，犹太民族得到了按这一尺度评价上帝的机会。

§35 犹太民族不再像以往那样，只是比照邻近的较小野蛮族群供奉的可怜偶像来评价自己的上帝，他们一直在生活中与这些族群争斗。在沦为智慧的波斯人①的俘虏时，犹太民族开始比照一种训练有素的理性所认识和尊崇的一切存在之存在（das Wesen aller Wesen，the being of all the beings）来衡量（messen）自己的上帝。

§36 启示引导犹太民族的理性。现在，理性突然照亮了犹太民族所接受的启示。

§37 这是启示和理性彼此完成的第一次相互性的工作；在二者的创始者看来，这样一种相互影响并非不合宜；没有这种影响，二者中的一方便会成为多余。②

§38 被送往异域的孩子看见了其他一些知道得更多、生活得更规矩的孩子；于是，他便羞惭地自问：为什么我不知道这些事？为什么我不如此生活？难道在我父亲家中人们不应教我这些事？不应要求我这么做？这时，他重又翻出自己早已厌恶的基础课本，③试图将过错推给这些课本。可是，天哪！他发现自己原先不知道这些事，原先没有如此生活，只是由于自己的过错。

§39 由于在更为纯洁的波斯人学说的推动之下，犹太人现在

---

① 指自公元前559年开始亲政的波斯王居鲁士二世（公元前559—公元前529在位，公元前530年殁），他于公元前539年开始统治巴比伦。另说：波斯人即琐罗亚斯德（Zoroaster）追随者。

② 正因为如此，在莱辛看来，理性与启示相辅相成，而非相互对立，甚或相互排斥，而且理性有助于"启蒙"（等于"彰显"）启示。

③ 指在巴比伦囚房之前产生的《旧约》诸书。

认识到自己的雅威不仅是一切民族神中最伟大的,而且是上帝;①由于犹太人本来可能在自己重新翻腾出来的《圣经》中更早发现自己的上帝形象,并将上帝在《圣经》中的实际情况展示给其他人;由于犹太人对于一切感性的上帝观念表现出——或通过经书被指出——恰如波斯人一直怀有的那种强烈的厌恶,他们能够在居鲁士②眼前得到敬拜上帝的恩宠还有什么可奇怪的呢?③尽管居鲁士认为,这类敬拜仪式远在纯然的星辰崇拜之下,④却大大胜过曾控制犹太人离开的那片故土的野蛮的偶像崇拜。

§40 犹太人突然领悟(erleuchtet, enlightened)到自己不曾认识到的财宝,随后便返回家园。他们完全变成了另一个民族,他们首先关心的是恒久地保守这一领悟。⑤ 很快,堕落和偶像膜拜在犹太人中间变成了不可思议的事。因为,人们也许可能背叛一个民族神,⑥却永远不会背叛上帝——一旦他们认出上帝。

---

① 在流亡时期,犹太人的上帝观发生了变化,视雅威为上帝的犹太人成了更为严格的一神论者。

② 居鲁士征服新巴比伦帝国以后,于公元前537(或前538)年允许犹太人重建被毁的耶路撒冷圣殿,但这与其说是尊重犹太人的宗教,不如说是出于政治上的考虑。

③ 波斯人往往听任他们所征服的民族保持独自的宗教和文化生活;这里隐约提到从流亡中的返回,但这次返归其实有政治上的原因。

④ 星辰崇拜(Sabeismus)是南阿拉伯的萨巴人(Sabaer)在伊斯兰教兴起之前的时代所信奉的宗教,崇拜月亮、金星和太阳;这种对星辰敬拜如神的宗教在巴比伦极富特色;信奉该教的还有亚述人和古代波斯人(他们敬奉琐罗亚斯德为太阳使者),这种膜拜在巴比伦、亚述、叙利亚也很流行。萨巴人是在萨巴(意为:当今的高贵者)地区的一个阿拉伯部族。

⑤ Erleuchtung([中译按]erleuchten的动名词形式,原意为"照亮")原本具有严格的神学含义,以光的比喻描述更深刻、更清晰的认识和不断增长的"启蒙";莱辛用来指靠神意干预而产生的"超自然"领悟,以此表明"启蒙"的进步超越了犹太宗教的理性内涵。对勘《驳葛茨之四》([中译按]中译见《历史与启示:莱辛神学文选》,北京:华夏出版社,2007)。

⑥ 指雅威,因为雅威是《旧约》中犹太人的民族神。

§41 为解释犹太民族的这一幡然领悟,神学家们作了各种尝试;一位神学家①曾正确指出了所有这种种不同的解释尝试的不足之点,并最终想将"关于巴比伦囚虏和摆脱这一囚虏重返家园的预言显而易见的实现"看作领悟的真正原因。然而,这一原因要成为真正的原因,只有当它以关于上帝的精确概念(veredelten Begriffe von Gott)为前提时才有可能。犹太人必定首先认识到,只有上帝才可以预言奇迹和未来;而在以往,他们曾归之于虚假的偶像,因此,奇迹和预言在此以前才对犹太人产生如此微弱、转瞬即逝的影响。

§42 无疑,在迦尔底亚人②和波斯人当中,犹太人更熟悉了关于灵魂不死③的教诲。④ 在埃及的希腊哲学家的学园中,犹太人则对这种教诲有了进一步了解。⑤

---

① 这个神学家是谁以及这段引文来自何处,无从查考。
② 指新巴比伦人;在《旧约》中,巴比伦人被称为迦尔底亚人。
③ 这个概念未见于《旧约》,在哲学上第一次对此概念全面思考的是柏拉图。
④ 这一论断不能成立,没有任何证据可以证明这一点。
⑤ 莱辛在这里实际上是在归纳莱马鲁斯著作中的一段话(参见莱马鲁斯的《第四篇残稿》,全集卷八,页273):"在巴比伦囚虏之后,犹太人形成和表述这类关于灵魂未来状态的概念的时代方才到来,如像我们在《新约》中读到的那样……我们不可将所有这些变化归诸其他原因,只能说这是由于犹太人通过他们被囚虏和分散各地而与其他民族(尤其与整个亚洲、非洲和欧洲最富理性的民族)有了更多交往……巴比伦人和波斯人作为犹太人的主人以智慧著称,特别是古波斯人,他们拥有一种相当健康和纯粹的神学学养,如果说曾有过一个集执政者和伟大哲人于一身的人,那无疑就是居鲁士。自亚历山大大帝时代以来,犹太人就经常留居埃及——埃及本来就享受着广泛的自由,是个古老的哲学学园,现在又经希腊人得到了改进……既然犹太人在被囚虏和分散各地以前对灵魂不死说一无所知,他们就不可能从自己的文献中知道。相反,他们更有理由根据自己的文献相信相反的说教;可是,现在当他们进入相信不死说的民族之后,也开始相信此说了。显然,他们是从异族及其哲人那里学会这种见解的……"

§43 然而，这种关于灵魂不死的教诲与犹太人《圣经》的关系，远远比不上与另一种教诲的关系来得密切，那就是关于上帝的唯一性和特性的教诲——感性的民族严重忽略了灵魂不死的教诲。但想要寻找关于上帝的唯一性和特性的教诲，要寻找关于灵魂不死教诲，还需要做些预备练习，因为，关于这一教诲，我们手头上有一些暗示和指点：凡此都使得对灵魂不死说的信仰自然不可能成为全民族的信仰，而只是、始终只是这个民族的某一宗派（der Glaube einer gewissen Sekte）① 的信仰。

§44 对灵魂不死教义的预备练习，我称其为——举例来说——上帝的威吓，即：父辈的恶行将在自其儿女以至其第三代和第四代的身上得到惩罚。② 这使父辈习惯于在思想上与其最久远的后代生活在一起，并预先感受到他将带给那些无辜者的灾祸。

§45 我所说的暗示，是只会激起好奇和促使人提问的东西。作为经常出现的说法，"与父辈同在"（zu seinen Vätern versammlet werden）③ 的意思是死。

§46 我所称的指点，是已然包含着一粒萌芽的东西，从中可以发展出尚被遏抑着的真理。基督从亚伯拉罕、以撒和雅各的上

---

① 指法利赛人群体。在耶稣的时代，犹太教中发生过一场宗教运动，犹太教经师是这场运动的权威和领袖，他们特别要求严格恪守律法，而且主张灵魂不死说。也有说法认为指的是艾瑟派（［中译按］一至三世纪犹太教的一个派别，以严格持戒和禁欲著称）。当然，莱马卢斯（错误地？）称两个派别为不死说的追随者："法利赛人和艾瑟派主张灵魂的不死和未来的生活，虽然撒都该派（［中译按］与法利赛人对立的犹太教自由派别）否认此说。"

② "因为我，主，你的上帝是忌邪的上帝。恨我的我必追讨他的罪，自父及子，直到三四代。"（《出》20：5；［中译按］此处译文按和合本。）

③ 参见《创》25：8，35：29，49：29，49：33；《申》32：50。

帝称谓所得出的推断,① 便属此类。我觉得,这类指点似乎有可能演变成一种严谨的证明。

§47 一部基础课本积极的完美性便在于这种预先练习、暗示和指点。反之,其消极的完美性则在于上面提到的,它并不阻挡或者关闭通向尚被遏抑的真理的道路这一特点。

§48 此外,还有表述形式和风格。一、给不可忽略的抽象真理穿上外衣,赋予寓意,② 假以富有教育意义的个别情景,活灵活现地讲述出来。属于此类的有,将创世比做一天的形成(Bilde des werdenden Tages)、③ 以禁果故事寓意道德上的恶的根源、④ 以

---

① 参见《太》22∶31 以下。这是耶稣基督对所谓撒都该人问题的回答:"论到死人复活,你们没有念过摩西的书荆棘篇上所载的上帝对摩西说的话吗?他说:'我是亚伯拉罕的上帝,以撒的上帝,雅各的上帝。'"对此耶稣回答说:"上帝不是死人的上帝,乃是活人的上帝。你们是大错了。"(《可》12∶26-27)基督的这句话的意思是,亚伯拉罕、以撒和雅各活着,问题提得不对。

莱辛从莱马鲁斯那里接受了这种思想:"灵魂不死说完全是以这种牵强的方式取自《旧约》,耶稣与撒都该人就这个题目的谈话也告诉我们这一点。因为,耶稣所面对的人们除了真正的理智所揭示的东西之外,不承认其他任何东西,于是他无疑要以《旧约》中能够找到的一个地方为根据。但是,耶稣在经书中找不到明确论说这个主题的地方,只发现一段从中可作出推断的话,而且只有人们离开真正的理智,才可能作出此类推断。在这个地方上帝说:我是亚伯拉罕、以撒和雅各的上帝。耶稣由此推断说:但上帝并非死人的而是活人的上帝;他想以此将推断引入下述思想,即亚伯拉罕、以撒和雅各活着。既然他们从躯体上看并没有活着,结论就是,他们从灵魂上看还在上帝那里活着。这个地方的真正理智无疑就是:我是你们的父辈亚伯拉罕、以撒和雅各曾敬奉的上帝。"(参《出》3∶2-6;另参《太》22∶31-32)

② 寓意(Allegorien)来自希腊文:"形象化的言说、比喻",即使抽象真理更易于理解的比喻、象征。

③ 这话出自赫尔德的《人类最古老的文献》(第一部分,1774,哥达版,页 56-67;参见《创》1∶3-5),这部著作在当时对圣经的创世史和远古历史作了寓意性解释。

④ 参见关于原罪的圣经故事(《创》3)。

建筑巴别塔的故事隐喻多种语言的产生,等等。①

§49 二、风格——时而清楚、明白(plan und einfältig),时而富有诗情画意,时而充满同义反复②,但这种风格会训练敏锐——有时似乎在讲其他的事,实际上却讲的是同一件事;有时仿佛在讲同一件事,但在深层却指或者可能指另一件事——

§50 ——这些表述形式和风格全都具有初级读本的优点,这种读本不仅适用于儿童,同样适用于一个孩子一样的民族(kindisches Volk)。

§51 然而,任何初级读本都只适用于一定的年龄。让超过这个年龄段的孩子在比人们公认更长的时间内停留,则有害。因为若能够以一种较为有效的方式做到这一点,必须注入比其中包含着的东西更多的内容;必须加进比它可能容纳的更多的东西。于是,人们便不得不过多地寻找和使用暗示和指点,过分精确地抖出寓意,过分烦琐地诠释例证,过分牵强地索解词语。这会给孩子一种浅薄、乖张、乐于吹毛求疵的思考,使他充满神秘感,耽于迷信,使他极端鄙夷一切容易理解、浅显易懂的东西。

§52 拉比们③解读自己的《圣经》正是这种方式!他们以此赋予自己的民族精神的正是这种品格!

§53 必须有一个更好的教育者,他不得不夺去孩子手中的那本已被吸干榨尽的初级读本。——基督来了。④

---

① 参见《创》11:1-9,以及《创》1:3;3:11。
② 原文为 Tautologien,来自古希腊语,意为"对同样事物的双重称谓"。
③ 希伯来文 Rabbi 意为"吾师":犹太教经师和犹太人社群的宗教长老。
④ 教师的形象在《论人类的教育》中占据主导位置,需要注意的是,在早期基督教会中,基督被视为"教育者"(Paidagogos)。在《关于赫恩胡特人的思考》(1750,[中译编者按]中译见本文集)一文中,莱辛将基督看作一个"只受上帝启悟的教师":谁能使世界脱离黑暗?谁能帮助真理战胜迷信?不是凡人,而是 THEOS APO MECHANES(从机关里走出的神):于是基督来了。请容许我说,我在这里只把他看成一个受上帝启悟的教师。

§54 上帝要将人类的一个部分纳入一个教育计划（in Einen Erziehungsplan）中——但上帝只想将人类的这个部分纳入这一个计划，他们已经通过语言、行动、治理和其他自然的、政治的环境维系在一起；人类的这一部分已然成熟到迈向教育的伟大的第二步了。

§55 这就是：人类的这一部分在其理性的运用上已有了长足进步，他们的道德活动需要更高贵、更有尊严的动因远胜于此前引导他们的一时的赏罚（zeitliche Belohung und Strafen）。[1] 孩子成长为少年。甜食和玩具让位于正在萌发的要求，要像其兄长那样享有自由、尊重、幸福。

§56 在人类的这一部分中，优秀者早就习于听任这种更高贵动因的影子（Schatten solcher edlern Bewegungsgründe）支配。希腊人和罗马人曾殚精竭虑，以便在此生之后哪怕只是在自己同胞的记忆里继续活下去。

§57 是时候了，应该用另一种真实的、此生之后可望得到的生活影响他们的行为。

§58 于是，基督成为灵魂不死说[2]的第一个可信赖的、实践的教师。

§59 第一位可信赖的教师。——之所以可信赖，是由于在他自己身上似乎得到实现的预言；是由于他所行的奇迹；是由于他为确保其教诲而经历的一次死后复活。[3] 至于我们现在是否还能够证明这次复活、这些奇迹，我姑且置而不论，正如我对基督其人[4]是谁

---

[1] 动因——原文为 Bewegungsgründe，是 Beweggründe（动因）的旧式表达。

[2] 灵魂不死是十七、十八世纪只以理性为基础的"自然宗教"的基本主张之一，对此莱辛有时持怀疑态度（参见《启示宗教达到自知的最可靠手段》一文）。在莱辛编订刊印的《第四篇残稿》里，莱马鲁斯由《旧约》缺少灵魂不死信仰而推断说，"没有记载有关启示一种宗教的事"。

[3] 这种说法本是证明基督之（最终神性的）正当性的古典护教学论证，但莱辛对这类基于所谓"事实"的证明颇为怀疑（参见《论圣灵与力量的证明》）。

[4] 在莱辛看来，关于基督的（神人）身位的教义问题不如基督的教诲，尤其他的道德、伦理告诫重要。

也置而不论。接受基督的教诲时，所有这一切可能都是至关重要的；但现在，这一切对于认识这一教诲的真理已经不再那么重要了。①

§60 第一位实践的② 教师。——因为，作为一种哲学思辨，③ 推断、希望、信仰灵魂不死说的方式不同，据此确定其内在和外在行为的方式也随之而异。

§61 至少这一点是基督首先教给人的。在他之前，虽然某些民族也曾引入关于恶行在来世将受惩罚的信仰，但这只是指那些危害市民社会（die bürgerliche Gesellschaft）④ 的恶行，它们在市民社会中已经受到了应有的惩罚。劝诫人们以心灵的内在纯洁状态⑤迎接来世，只能留待基督来完成。

§62 基督的门徒们忠实地继承了他的这一教诲。即便他们没有其他功绩，只是使基督似乎专为犹太人规定的一条真理在许多民族当中得到广泛传布，他们为此也足以被归入人类的培育者和恩人之列了。

§63 不过，基督的门徒们将这一伟大教诲与其他一些其真理性质不太明显、用途不太大的教诲混杂在一起：⑥ 这怎么可能避免

---

① 这种说法是早期基督教关于基督复活的信仰和神迹信仰的论证方式，其意义在莱辛时代已不复存在。见《第二次答辩》。

② 在莱辛看来，行动和"行为"同样重要，并不亚于理论上的真理追求。这种思想已见于《关于赫恩胡特人的思考》，尤其后来的《约翰遗言》（［中译编者按］中译见《历史与启示：莱辛神学文选》，朱雁冰译，北京：华夏出版社，2006)、《智者纳坦》（中译见《莱辛剧作七种》，李健鸣译，北京：华夏出版社，2007)，甚至《恩斯特和法尔克》。

③ 指纯理论的思考，对实践几乎毫无决定性影响的单纯见解。

④ 对勘《恩斯特与法尔克》中的第二次谈话。

⑤ 对勘§80，描述了无私美德的高级阶段，这里所描述的道德动因与之形成对比：在基督教内，由于指望死后在新生中得到报偿，道德动因始终欠完美；处于最低阶段的道德态度的动机则来自对直接惩罚的恐惧。

⑥ 指的当是《新约》诸书中较少涉及耶稣的信息和指教，更多关于他自己及身位的那些记述；参见《基督的宗教》残稿（［中译编者按］中译见《历史与启示：莱辛神学文选》）。

呢？我们切不可因此而责怪他们，而是应认真考察，这些混杂进来的教诲会不会已经成为人的理智的新方向的推动力。

§64 不久后①，《新约》诸书保存了这些教诲，至少经验表明，《新约》诸书充当了而且仍在充当第二部较好的人类初级读本。

§65 自一千七百年以来，《新约》诸书比其他所有书籍更能促使人的理智进行思考，比其他任何书籍更能够使人的理智彻悟（erleuchtst），虽然这只是人的理智自己置于其中的光。

§66 其他任何一本书都不可能在如此众多的民族中如此广为人知。以完全不同的思考方式研读同一本书——这无可争议地较之每个民族独自专门拥有自己的初级读本更有助于推进人的理智。

§67 还有一点也极其必要：每个民族在一段时间里必须将这本书当成自己的种种认识之 Non plus ultra（不可超越者）。因为，少年也必须首先如此看待自己的初级读本。这样，急于求成的烦躁心态不至于将他们推向自己对之尚毫无基础的东西。

§68 现在仍然至关重要的是：当心呀，你这更有才智的个人（fähigeres Individuum），② 你在读到这初级读本最后一页时竟激奋得顿足，你要当心，万不可让比你才智较低下的学友（schwächere Mitschüler）觉察你嗅出或开始看清楚的东西。

§69 在这些才智较差的学友跟上你之前，你最好回过头来再读一下这部初级读本，考察一下，你原以为是固定公式、教学法（Didatik）③ 的权宜举措的东西，是不是更深一层的东西。

§70 你在人类的孩提时代曾从关于上帝唯一性的教诲看到，上帝也在直接启示单纯的理性真理，或者在一段时间里他允许和

---

① 对莱辛而言，《新约》诸书并非在基督教形成史的一开始就有，而只是早期口头传说的文字记载，对勘莱辛的《教会史的命题》一文。

② 很可能指作者本人，据《前记》所说，他有过一次清楚的认识飞跃，这一点同时有如共济会士之不可明言的知识（参见《恩斯特与法尔克》二）。

③ 原文为古希腊文，指传授的技艺。

着手将单纯的理性真理作为直接启示真理来讲授,以便使之得到更快的传播,具有更牢固的基础。

§71 你在人类的少年时代从关于灵魂不死的教诲体认到同样的情况。在较好的第二部初级读本中,灵魂不死的教诲是作为启示来宣讲的,而非作为人的推论结论来教授的。①

§72 关于上帝唯一性的教诲,我们可以不需要《旧约》;关于灵魂不死的教诲,我们也可以逐渐地开始不需要《新约》,既然如此,在《新约》中,岂不会预先反映(vorgespiegelt)② 出更多这样的真理吗?——在理性将这些真理从自己所认识到的其他真理中推导出来并与之联系起来以前,我们一直将这些真理作为启示来景仰。

§73 譬如关于三位一体的教诲。③ ——如果说,这条教诲使人的理智在无尽的左右摇摆的迷误之后最终走上正途,认识到

---

① 强调这个真理并非来自理性推导,而是源于其他"自外部"而来的告知。
② 这里相当于展示的、启示的。
③ 大约在公元四世纪形成的基督教教义,涉及三种神性身位的本质—体性或本质同一性(参见《太》28:19)。对于上帝的唯一性和诸神神性身位的差别的基督教教诲,在早年的《理性基督教》(约1752年)一文残稿里([中译编者按]中译见《历史与启示》),莱辛就曾试图像在这里那样,按理性的方式去理解(参见 Nisbet, The Rationalisation of the Holy Trinity《圣三位一体的理性化》)。雅可比对这段话有如下评论:"我很想知道,是否有人能够换一种方式,即不按斯宾诺莎的思想来把这段话解释清楚。"(见雅可比谈同时代人时谈到的斯宾诺莎的说法。)

在雅可比看来,§73 表明莱辛持有斯宾诺莎主义的观点,但雅可比的看法忽略了莱辛这里强调了上帝从永世中生育的儿子。所以,谢林后来以讥讽口吻说:"在《论人类的教育》中,讲述人雅可比认为,即便对三位一体的哲学解释(§73)也是斯宾诺莎主义的!如果三位一体这个基督教学说还没有被现代的诠释技巧变成一个非哲学的、单纯伦理学的概念的话,将这个基督教学说本身解释为斯宾诺莎主义的生育概念也许是最便当的做法了。"(《关于神性事物的纪念碑式的著作》[Denkmal der Schrift von den gottlichen Dingen],1812,页46)

谢林在另一个地方还说:"众所周知,在《论人类的教育》中,莱辛曾试图揭示三位一体学说的哲学意义,在他所写的东西中,他就此所说的话大概最富思

上帝不可能在理智中成为一，毋宁说，有限事物在理智中才成为一；认识到上帝的唯一性必然是并不排除众多性（Mehrheit）的先验的唯一性（eine transzendentale Einheit），① 这么说不对吗？——上帝一定没有关于自身最完整的观念吗？

这种观念意味着，万物都在上帝自身之中。但是，假如关于上帝的必然现实性（notwendige Wirklichkeit）以及其余一切固有特点只有一种观念，只有一种可能性，这观念中也会包含着在上帝自身之中存在着的一切吗？这种可能性透彻说明了上帝的其余所有特性的本质，但也透彻地说明了其必然现实性的本质吗？——我觉得不尽然。所以，要么上帝可能根本没有关于其自身的完整观念；要么这种完整观念正如上帝自身一样必然现实存在，等等。

诚然，我在镜中②的图像无非是我的一种虚空映象，因为，映象所反映的我，只是其光线落在镜面上的部分。但是，假若这幅映象包容着、无一例外地包容着我自己拥有的一切，它也仅仅是一种虚空的映象吗？这幅映象难道不也可能是我的自我之真正的分身（Verdopplung）？如果我认为我看到了上帝身上的一种类似的分身，那么，我也许并没有陷入词不达意的错误。③

辨性。但是，他的观点还缺乏三位一体学说与世界历史的关联，这种关联在于：永恒的上帝之子是从万物之父的本质中生出来的，从而是处于上帝的永恒视野之下的有限本身，这个有限者显现为受难的上帝形象，而且屈服于时间的厄运，从而，这个上帝将有限的世界包容在他的至高形象——基督身上，让这一形象向精神的无限或者精神的统治敞开。"（《学术研究方法讲稿》[Vorlesung über die Methode des akademischen Studiums]，1803，页294）

① "先验的"在这里是前康德的用法，意为：超越自己本身的。

② 这个形象的比喻大概来自柏拉图，莱辛用来揭示上帝身上的二位性，《理性的基督教》（[中译编者按]中译见《历史与启示：莱辛神学文选》）以及《论上帝之外的事物的现实性》里有相似的说法。

③ 莱辛的后期作品特别强调，某些真理不可言说；相关研究参见 Strohschneider‑Kohrs，《作为智慧的理性》，页187-246。

不过，有一点始终不容辩驳：那些想将这一理念宣之于众的人，除了将之称为上帝从永世生育的一个儿子（die Benenung eines Sohnes, den Gott von Ewigkeit zeugt）① 以外，很难找到更易于为人理解、更得体的表达方式了。

§74 关于原罪的教诲。② ——如果说，所有的一切最终都向我们证明，在人类（Menschheit）③ 最初和最低级的阶段，人绝对无力主宰自己的行为，还不可能遵循道德法则行事——这不对吗？

§75 关于圣子赎罪的教诲。④ ——如果说，所有的一切最终都迫使我们设想：上帝不理会人的那种原初的无能状态，仍然要为人确立道德法则，仍然要宽恕人的越轨行为，因为，他考虑到自己的儿子，考虑到他能独立达到自身完美的顶点——与此相比以及在这一范围内，任何个别人身上的不完美都将消失；上帝并未因人的无能而不愿为人确立道德法则，并未因此要将人从没有道

---

① 在莱辛看来，至少可用教育来取代基督教关于上帝之子与上帝一样的教诲（christliche Lehre vom gottgleichen Sohn Gottes）。

② 指亚当和夏娃的所有后代在罪案发生以后都染有原罪（参见《罗》5:12-14）。人第一次背逆上帝的行为就是"原罪"，这种认信虽然最早见于《旧约》，后来因基督教的强调而变得非常著名，但实际上早在远古时代就有了。不过，所谓"原罪"指的不仅是人第一次背逆上帝的行为，更重要的是这种"罪"由先辈遗传给后人，污染了后人的思想和行动，使得后人无从摆脱这一初始罪行。这一信仰与理性明显难以相容。在莱辛的时代，这一信仰"遗产"要么受到激烈批判，要么干脆被搁置一边，不予理会。参见莱马鲁斯的《第四篇残稿》和莱辛在《编者的反对意见》中提出的审慎而有保留的回应（中译见《历史与启示：莱辛神学文选》）。

③ 等同于十八世纪常用的 Menschsein 或 Menschentum。

④ 基督教救赎说中的一个观念，其含义是：人要得到上帝的宽恕，必须靠神人耶稣基督在十字架上没完没了的赎罪（认错、抵偿）。在莱辛的时代，这一观念受到启蒙神学的尖锐批判和拒绝。

德法则便不可思议的一切道德幸福感中排除出去——这不对吗？

§76 人们不应提出异议说，关于宗教奥秘①的类似理性思辨②都是被禁止的。——在基督教初始时代，奥秘这个词的含义完全不同于我们现在所理解的意思；③ 启示真理成为理性真理是绝对必要的，④ 如果以此对人类有助益的话。真理被启示之时，自然还不是理性真理（Vernunftswahrheiten）；但真理之被启示，就是为了成为理性真理。启示宛如算术教师预先告知学生们的结果，只是为了使他们在运算时能够有所遵循。假若学生们满足于预先告知

---

① 在英国的启蒙运动中，宗教奥秘问题成了一个热门论题，比如自然神论者托兰（John Toland）的《没有奥秘的基督教》（*Christianity not Mysterious*, 1696）一书（莱辛读过此书）。按托兰的说法，启示一旦被启示出来，就不再是奥秘。德国新教新义派学者 F. G. Ludke 在其《论宽容与良知自由》（*über Toleranz und Gewissensfreiheit*）一书中持与此相似的观点，莱辛在《编者的反对意见》（中译见《历史与启示：莱辛神学文选》）中对此提出批评："谁从他的宗教磨制出这类东西，他就根本没有宗教了。试问，无所启示的启示是什么呢？"（［中译按］德国新教新义派（Neologie）是1740—1786年间在德国新教神学中出现的一股思潮，为了使得神学教义与新的教育协调，进而将启蒙引入新教神学，这派神学家主张运用哲学思辨、历史的解经以及比较教义史来重新解释教会的学说和制度）。

② 回顾前面的论述；比较莱辛在《关于赫恩胡特人的思考》一文中的说法：人之被造是为了行动，而不是为了理性思想。

③ 这里对奥秘的解释是针对托兰的《没有奥秘的基督教》一书的观点，莱辛这样说是基于他自己对早期教会著作的坚实学识。那时所谓的"奥秘"（希腊文：mysterion，拉丁文：mysterium），指的绝非尚未被理性所破解的真理，而是指一个救赎史的事变或行动所具有的特殊品质，因为这种事变或行动始终与活的上帝有关。托兰力图让基督教彻底理性化，因此反对任何在他看来敌视理性的"奥秘"。莱辛不仅在这里，而且在《编者的反对意见》中作了细微而针锋相对的论证。

④ 莱辛提出的这个命题显得十分鲜明，与启示真理和理性真理之非历史对立的命题针锋相对，其含义是：在历史的进程中，理性为了获取启示真理而逐渐增强了自身的力量。

的结果,他们便永远学不会运算,也难以实现好心的教师在他们做作业时给予指点时所怀的意图。

§77 即便一种宗教的历史真实性可以说似乎并非无懈可击,[1]但我们为什么不可以让它引导我们达到对神性的本质,对自然,对我们与上帝的关系更切近、更准确的理解呢?这是人的理性本身永远达不到的呵。[2]

---

[1] 寻求历史上看似确定的"事实",对基督教来说弊大于利,甚至还可能带来危险。至迟在阅读了莱马鲁斯的《护教学》后,莱辛便坚信这一点。参阅莱辛关于残稿之争的文章([中译按]中译见《历史与启示:莱辛神学文选》)。

[2] 这一说法非常费解,因为与§4"启示给予人类的也并非人的理性凭其自身达不到的东西……"似乎相矛盾,参阅 H. Thielicke, *Offenbarung, Vernunft und Existenz*(《启示、理性与存在》,1957)。为了解决这一矛盾,已经有不少学者提出了自己的解释,下面列举数种。

1. §4 是原则性论述,§77 则同时包括具体的历史进程,在这一进程中,对启示真理与理性真理的基本关系的认识曾发生过断裂(参 Thielicke,《启示》,页 131-137)。

2. §77 具体指涉的是§73-75:假若人的理性不曾受到启示的引发,理性凭其自身几乎不大可能达到对这几节论题的认识(参见 *Walther von Loewenicu*,《路德与莱辛》,Tübingen, 1960,页 16,注 14,尤其 Karlmann Beyschlag 对§77 的注疏,载 WW, Kurt Woffel 编, Frankfurt a. M. 1967,卷 3,页 696)。

3. 莱辛仍然处于"亦此亦彼"的未决状态,他倾向于两种论断,不认为两者矛盾(参见 Waller,《莱辛的〈论人类的教育〉》,尤其页 17 以下;亦参 Bohnen,《精神与文字》,页 198,注 80)。

4. 在这里的背景是教育的比喻,在此背景下,莱辛力图从两个视角来看问题,或者说从不同的侧重点来看问题,两者绝非相互矛盾:一方面,教育者具有优先地位(启示),另一方面,受教育者具有与日俱增的自我控制力量(理性),换言之,自外而来的教育正向自我教育过渡(参见 Althaus,《非本己性》,页 176,注 185)。

5. "永不再"(nimmermehr)并非时限性的,而应理解为有力的否定。因此,若与过去时虚拟式连用就应读作:"……自己迄今肯定还不曾达到的呵。"这就解决了表面上的矛盾(参见 Eibl,《……会达到》,页 464)。

§78 如果认为关于这些事情的思辨①会酿成祸患，会贻害市民社会，纯属无稽之谈。——这一谴责不可以指向思辨，而是应指向妄说，指向力图控制思辨的僭越（Tyrannei）；② 指向不愿看到那些有自己思辨的人运用自己的思辨的僭政。

§79 这类思辨——尽管在个别人身上可能并没有发生——无可争议地是对人类理智最合宜的训练，只要人的心灵本身（überhaupt）能够最大限度地因美德之永恒的幸福后果而去爱它的话。③

§80 因为，人的心灵处于这种自私自利的状态时，仅仅要求从与我们的身体需求有关的方面训练理智——这只意味着磨损而非砥砺理智。如果理智要达到完全启蒙，创造一种使我们有能力因美德自身的缘故而去热爱美德的心灵纯净状态，④ 理智就必须在精神性的事物上经受训练。⑤

§81 莫非人类永远达不到启蒙和纯净状态的这个最高阶段？永远达不到？

§82 永远达不到？——至善的上帝，不要让我⑥去想这亵渎神明的事！——教育有其目的，不论对人类，还是对个别人。凡被教育者，都将被教育成某种东西。

§83 人们向少年展示的诱人前景，向他展示的荣誉、成功，

---

① 这里的思辨（spekulation）完全是中性的，意为探索、思想实验，或者思想游戏、思维练习。

② 大概是批评教会不容异说。

③ 这里重要的是"本身"和"只要"（so lange），指心灵本身可实施和纯然已有的热爱美德的能力。

④ 教育阶段的两个关键性的规定目的：理性之清晰而明确的认识和（由此而产生的）道德动机的纯洁，这种动机并非基于奖赏，而是立足于善本身。

⑤ 参阅斯宾诺莎的《伦理学》，尤其 V 42："幸福并非美德的酬劳，其本身便是美德。"

⑥ 从这一呼唤开始，行文风格起了变化，以前的行文大多是冷静论证；从这里开始，主观色彩和劝说姿态因语气激昂而明显得到增强。

无非是教育他成人的手段,使他成为一个这样的人——即便没有荣誉、成功一类的前景仍然能够履行其义务。

§84 人实施教育的目的既在于此,上帝实施的教育达不到此一目的吗?技艺对于个人所做到的,自然①对于整体会做不到吗?亵渎,亵渎呀!②

§85 不,那个完成的时代将会到来,一定会到来;③ 到那时,人的理智愈是怀着信念感觉到一个日益美好的未来,人便愈无须向未来乞求自己行为的动因;到那时,人行善只因其为善,④ 而非由于给行善规定了任何报偿,而在以往,只有这报偿才吸引和固定住人的疑惑不定的目光,使之认识到善的更高的内在报偿。

§86《新约》初级读本中向我们许诺的那个新的永恒福音的

---

① "自然"在这里显然带有鲜明的神学色彩,大致与"天命"的含义相同。Herbert von Cherbury (1583—1648) 在其 De verite (《论真理》) 一书的引言中写道:Natura heic est Providentia divina universalis (自然在这里指的是普遍的神性意旨)。不少研究者推断,莱辛在这里用的这个"自然"概念来自斯宾诺莎主义的自然概念,即带有鲜明泛神论色彩的所谓 natura naturans (自生的自然)。然而,斯宾诺莎主义的这一自然概念非常特别,莱辛的用法是否属于斯宾诺莎主义,大为可疑。

② 1780b 版的写法是:亵渎!亵渎?

③ 比较莱辛在《编者的反对意见》中引用过的莱马鲁斯的一段话:"那个时代必定会到来。到那时,世界的这种令人察觉不出的增长将变得光彩夺目,令人惊叹:一股幸福之风必定吹来,把四散的火苗变成一团吞没一切的熊熊烈火;最终,不可救药者的数量与得救者的数量的比例就与当今得救者的数量与不可救药者的数量的比例旗鼓相当。"

④ 善之可为乃因其为善本身,莱辛的这一观点与康德的义务"绝对律令"不可同日而语。在莱辛这里,个体享有较为广泛的自由,所谓"自由"指的是一种出于心灵的纯净状态的行为,一种使人能够因美德自身的缘故而去热爱美德的行为 (§80)。与按照康德的义务伦理学 (Pflichtethik) 而实施的行动相比,莱辛的善行更为自由。莱辛之所以不赞同基督教教会的报应伦理学 (Lohnethik) ——上帝对人的尘世作为的死后报偿,同样是由于他的自由概念。从这一背景来研究莱辛的自由概念迄今还乏善可陈。

时代（参阅《启》14：6）①，一定会到来。

§87 甚至十三和十四世纪的某些狂热者（Schwärmer）② 说不定也截取了这新的永恒福音的一束光芒。这些狂热者的错误只在来，他们宣布福音之勃发已经临近。

---

① "永恒福音"（ewiges Evangelium）一词出自《约翰启示录》："我看见一位天使在空中飞翔，他有一个永恒的福音要传达给住在地上的人，就是各国、各族、各方、各民。他在大声说：应敬畏上帝，将荣耀归给他；因他实施审判的日子已经到了！应敬拜那创造天、地、海和众水泉源的。"（《启》14：6－7，[中译按] 中译文据和合本）这是对"永恒福音"这一最终启示的盼望。当然，莱辛在这里也许指的是古代教会的神学家以及千禧年主义者和唯灵论者在后圣经时代持有的期待：期待超越新约的和字面上的福音，因为，新约的和字面上的福音只是在有限的时间内有效，从而被认为是不完美的和可超越的。参阅 Timm，《上帝和自由》（*Gott und die Freiheit*），页 95－105；von Lupke，《智慧之路》（*Wege der Weisheit*），页 134－142。

② 莱辛这里指的是谁，无法精确无讹地认定。Christian Gross（Hempel 版，1874 年，卷 15，页 280）认为，这是指加拉布里亚（[中译按] Calabria，意大利南部的一个地区）修道院院长约阿西姆（Fiore 或 Flora，约 1130—1202），学界一直普遍接受这个推断。约阿西姆主张，要期待的是以圣灵（Geist）为标志的"第三世代"，这个世代不仅将超越《新约》之书（文字），还会超越教会的外在体制。在十三和十四世纪，约阿西姆的观点主要在方济各会的灵修派当中得到传承，宗教改革运动以后，激进唯灵论思潮接过了这一观念，在十六、十七世纪的联盟神学（Föderalthedogie）中，约阿西姆的这一主张得到进一步发展（参阅 Schilson，《历史》，页 229－237）。

Friedrich Mahling 的论文《约翰教会、永恒的福音和第三帝国》（*Die johanneische Kirche, das ewige Evangelium und das dritte Reich*, 1915）以及 Liemann 的著作（1931）试图证明，莱辛所谓的"空想家"是路德的先驱们，因为，他们的报应伦理学观点具有抗议宗－路德宗性质（Bluhm，页 21）。H. Bluhm 的晚近研究却试图证明：莱辛的教育思想来自希腊和拉丁教父的著作（亚历山大的克雷芒、伊里奈乌、德尔图良、奥利金和奥古斯丁；Liebmann，页 128；Guhrauer 还提到塞浦路斯的 Epiphanius，亦参见 Johannes von Müller，页 39），因为，在约阿西姆的著作中，根本找不到任何关于 evangelium aeternum（永恒福音）的真正深入详细的论述（Bluhm，页 15）。Bluhm 没有考虑到，莱辛特意将教育思想与关于尘世生活是重复的这一观念联系起来，

§88 那些狂热者提出世界有三个世代①的说法，也许并非空洞的怪诞念头；当他们宣讲说，《旧约》已经陈旧了，《新约》必定也会陈旧（antiquieret），②这时他们肯定并未怀有恶意。在他们那

忽略了路德伦理学与莱辛《论人类的教育》中的伦理学之间的重大区别。

　　Bluhm 认为：抗议宗不仅走向了这种新的伦理学，而且在莱辛之前，路德早就已经抵达了这种伦理学。可是，Bluhm 自己也说，他的推论并没有推翻学界迄今继续持有的看法：莱辛将新福音纳入一种更高的道德模式，从思想史上看，这种做法颇有新意。晚近的约阿西姆研究似乎更证实了这种看法，例如，H. Grubdmann 指出，约阿西姆经常使用 libertas（自由）这个概念，其特色与路德的顺从观点和康德的义务伦理学并无共同之处；参见《自由：中世纪宗教的、政治的和个人的诉求》（Freiheitals religiöses, politisches und personliches Postulat im Mittelalter，见 Historische Zeitschrift 183，1957，页 45 以下）。

　　与莱辛相反，门德尔松认为，对人类而言，并不存在什么道德上的更高发展：

> 　　人继续向前走，人类却总是摇摆于种种规定的藩篱之间，时起时伏。从整体看来，在所有历史时期，人类大体上仍停留在同一道德阶段，保持着宗教与邪教、美德与恶行、幸福与不幸的同一尺度；维持着同样的结论，如果以同一尺度考量同类事物的话；从所有这些善善恶恶中，对个别人的经历的要求不会减少，以便他们在尘世受到教育，从而能够按赋予和分配给每一个别人的程度接近完美状态。（《门德尔松全集》，卷三，Leipzig 1843，页 318-319）

　　门德尔松的这种观点相当悲观，尽管如此，这种观点同样以自由为前提，而门德尔松对自由的认可比莱辛在《论人类的教育》中所认可的更少。

　　① 暗示约阿西姆关于世界历史的三世代学说，按此学说，上帝-圣父治下的旧约是第一世代，上帝-圣子治下的新约是第二世代。从犹太教到基督教的彻底变化是以圣灵为标志的人类发展的第三阶段，在约阿西姆看来，在这个阶段将不再有成文的福音。

　　② 来自拉丁文 Antiquare，意为 verwerfen, veralten（抛弃、陈旧）；这里的意思是（已然）克服、排除。这句话几乎一字不差地来自约阿西姆说的：quod novum testamentum est evacuandum, sive vetus est evacuatum（*Liepmann*，页 132；参见 Bluhm，页 12）。

里，也始终有着同一个上帝的同一个救恩计划（Ökonomie）；① 始终——让他们用我的语言表述——有着同一个人类的普遍教育计划（Plan der allgemeinen Erziehung des Menschengeschlechts）。

§89 那些狂热者只是操之过急，他们的同时代人尚未脱离孩提时代，狂热者自以为不予启蒙、不使他们有所准备便能一举使其成为与第三个时代相当的成人。

§90 正是这种做法使他们成为狂热者。狂热者往往颇为正确地看到未来，但他对这个未来迫不及待，希望加快这个未来的步伐，希望通过自己来加速这未来的实现。自然为此耗费数千年时间，他们却希望在自己的有生之年便使之（in dem Augenblicke seines Daseins）水到渠成。因为，如果狂热者认为善者的东西在自己在世时不能实现为善，他此生有何所得？狂热者会重回此世吗？他指望自己会重回此世吗？② ——即便在狂热者们当中，这类狂热也不再流行了，这岂非咄咄怪事！

§91 迈开你不可觉察的步伐吧，永恒的天命！③ 只是让我不要因为这种不可觉察而对你绝望。——让我不要对你绝望，即便你的步伐或许在我看来仿佛是在后退！—— 最短的线始终是直的，这说法并不正确。

§92 你在自己的永恒道路上带着的东西实在太多！必须如此频繁地离开正路！——如果说，这推动着人类接近其完美的巨轮缓慢运转，它由一些较快、各自为达到同一目的而提供着其个体

---

① 源于希腊文 oikonomia，意为"家政、财政，条理"；在神学中指世界史和救赎史上的合理而计划周详的神意安排。

② 莱辛有两篇未刊残稿详细思考过轮回转世的可能性，其中的《评 Campe 的哲学谈话》（见全集卷十，页 227 以下）一文接近这里的提法，另一篇残稿《人可能不只五种感官》（全集卷十，页 229-232）则在论述方式上有所不同。

③ 莱辛相信一个合理的且目标明确的历史进程，为说明这一点，莱辛在这里经常借助于"天命"概念。详细论析可参 Schilson 的《历史》，前揭。

力量的小轮所驱动,① 难道不对吗?

§93 同样! 正是通过这条道路,人类才得以达到其完美,每一个别的人(有的早些、有的迟些)首先必须通过这条道路。——"必须在此生通过吗?他在此生可否既是感性的犹太教徒又是精神性的基督徒②呢?他在此生能够超越二者吗?"

§94 肯定不能! ——可是,每一个别的人为什么不能不止一次地降临在这个世界上呢?

§95 难道这一假设③ 因其最为古老, 难道由于人的理知在被

---

① 这里强调的不仅是,个别人应义不容辞地、有责任感地参与人类历史的完成,莱辛显然还认为,更具才干的个体当为此作出特殊贡献。莱辛在这里沿用,甚至扩展了时间之轮这一古老象征的含义,在小轮这个象征里,莱辛想到的是个别人参与世界命运的可能性 (参见 Gobel,《形象与语言》,页 57)。Schroder 指出: "更快的小轮'必定推动'缓慢的大轮,由此而推动所有其他齿轮。反过来看,小齿轮自己的运动也同时受到大齿轮影响。不过,从任何齿轮装置上都可以看到,这种影响要靠中介来间接完成:每个齿轮的运动必须被转移为另一个齿轮独有的运动,如果它要推动后者的话。诸个别齿轮与大齿轮处于一种相互转移的关系。"(《莱辛》,页 38)

② 指犹太教和基督教各自的发展和意识状态:犹太教尚处于对启示真理相对直接的感性观察阶段,基督教则已处于精神的和凭靠理性的更高水平,成为理性真理。在莱辛看来,两者不可能同时出现在一个人的尘世生活中。

③ 莱辛的同时代人往往误解这种重复的尘世生活的思想,称为"灵魂转世说",其实,莱辛则称这种重复的尘世生活为灵魂穿行于不同的人的躯体的流动 (见《评 Campe 的哲学谈话》,前揭,第 228 以下),这种说法可能源于毕达戈拉斯以及柏拉图关于灵魂转世观念的特有说法。在为残稿《人可能有不只五个感官》写的后记中,莱辛的说法则是灵魂先在 (Seelenpraexistenz) 和灵魂转世 (Metempsychose)。

莱辛所谓的个体的重现,指的是同一个体性的重新肉体化(纯肉身化),而非穿行于动物躯体的流动。据称,莱辛只对他的弟弟提起过人的灵魂发展的开端:灵魂在开始之时可能也曾在动物的躯体内,后来从中走出,最终转入人的躯体……莱辛自称,他并不一定要把这种可能性理解为当今的灵魂转世形式(纯肉身化),而非穿行于动物躯体的流动。据称,莱辛只对他的弟弟提起过人的灵魂发展的开端:灵魂在开始之时可能也曾在动物的躯体内,后来从中走出,最终转入人的躯体……

歌德的姻兄 Johann Georg Schlosser（1739—1799）写过一篇《论灵魂转世》（Leipzig, 1781），其中的观点与莱辛的类似：灵魂从人到人的流动将灵魂引向灵魂的永恒命运；但歌德的姻兄并没有回答是否每次都是同一个体性的问题。赫尔德为此写了反驳文章《论灵魂转世的三次讲话》（*Deutscher Merkur*，春季号，1782，页12－54和97－123），他区分了三种灵魂流动："从下而上的流动，即较低等的生命胚胎上升为较高等的生命胚胎，例如植物的灵魂成为动物，动物的灵魂成为人等等。由上而下的倒退是婆罗门人（[中译按]这里原误植为Brammen，正确的写法应是Brahmane或Bramine，是印度社会最高的种姓，印度教的古老形式因多为婆罗门人担任祭司而被称为婆罗门教。婆罗门[Brahman]是印度哲学的永恒原则）的假设：为了奖励善人，让他变成牛、羊和白象，为了惩罚恶人，使之变成虎和猪。第三种方式是进入轮回——轮回方式。"（页13）赫尔德讲述的后一种灵魂流动方式，指的是他所反对的Schlosser的观点。赫尔德认为，第一种方式（由下而上的发展）无从证明，Theages和Charikles原本讨论的只是倒退为动物生存的"婆罗门人的假设"，因此，赫尔德的观点与莱辛的观点有着原则上的区别。Schlosser回应赫尔德的文章《论灵魂转世的第二个讲话》（Leipzig, 1782）也绕开了莱辛的思想。

莱辛在这里的说法承继的是毕达戈拉斯的灵魂转世说，与十八世纪关于灵魂转世说的热烈讨论相反，毕达戈拉斯派的灵魂转世说既没有基督教的彼世观念，也没有佛教关于永恒重现的思想。据雅可比称，莱辛在1780年7月曾"查阅"Charles Bonnet 的《哲学上的轮回，或者关于生命状态的思想》（*La palingenesie philosophique, on idees sur lètat des etres vivants*，两卷本，Genf, 1769），但此书只是推动莱辛思考重复临世的尘世生命的道德原则。《论人类的教育》§94 的新意在于：每一个别的人将重新临世，一再超越世代，从而推动着教育过程中出现的个别出类拔萃者，这类人物为有益于人类必须不断获取新知识、新能力，因此将经常重新变成肉身临世（§98；[中译编者按]比较儒家所谓五百年必有圣人出）。上帝本来是通过启示来教育人类，由于在这一教育过程中不断出现个别出类拔萃者，上帝对人类的教育就日益变成以理性手段对个别人的教育，这时，理性真理便不断通过新的启示真理而得到扩展，换言之，比没有启示真理更快、更容易为人所接受（§4）。

可见，不可过高评价莱辛在这里说到的重成肉身临世的思想，因为，这里的说法很大程度上是就赫尔德的说法而言的。赫尔德非常赞赏莱辛的《论人类的教育》，"虽然其中有一些过头的假设"（*Deutscher Merkur*，1781年冬季号，页27）。有人甚至主张完全删掉§87至§100节（Martin Maa，《莱辛的〈论人类的教育〉或从犹太教到基督教的宗教思想发展过程：对现代犹太教护教士提出的证明》G. E. Lessing's "E. d. M" oder der Entwicklungsgang der religiösen Idee vom Judenthume Zum Christenthume, den modernen Apologeten des Judenthums gegenüber nachgesiesen. Berlin 1862]）。

学院的智术（die Sophisterei der Schule）① 分散和削弱之前一度陷于这一假设，这一假设就如此可笑吗？

§96 [既然连] 纯然现世的（zeitlich）赏罚 [都] 能使人们迈向完善，为什么我②不能一次就此走完使我完善的所有步伐呢？

关于《论人类的教育》，在当时已经流传一些轶闻，Bottinger搜集过轶闻。至于轶闻产生于何时，不得而知。艾丽斯·莱马卢斯（Elise Reimarus）在1795年与Bottinger有过一次谈话，其中谈到她对重复临世的尘世生命的思想的看法，甚至对莱辛的信念提出质疑。Bottinger曾写道："我在一次谈话中偶然谈到，我早已从那场甜蜜而又令人迷惑的梦中醒了过来，从那场关于《论人类的教育》的梦中觉醒了过来。我曾梦到，对人类的教育在经历过世世代代以后逐渐臻于完美，在我们的尘世生活的这个时期已经达到更高的人道。——谁让我做的这个梦？这梦的眼睛炯炯有神，这梦真诚地向我保证，它多年来已不再可能相信这心怀善意的空想之诗。我听别人讲，在发表《论人类的教育》时，莱辛自己也不再相信他以前曾做过的这个梦，将《论人类的教育》（指的是梦？）发表只是为了牵制一下神学论争。莱辛这么做是当真的，证明这一点的还有他的《智者纳坦》中的一些应正确地加以理解的段落。"（Bottinger 的手写遗稿，载：*Guhrauer*，页131）

可以证明的是，自1754年以来，莱辛就在研究尘世生命重复降临的观念，因此他不可能恰恰在1780年前后突然改变自己的有关看法，当时他已全文发表了《论人类的教育》。尚未受到学界足够关注的Heinrich Konfink的著作《莱辛关于灵魂不死和灵魂转世的观点》（*Lessings Anschauungen die Unsterblichkeit und Seelenwanderung*，Straburg，1912）值得注意，Konfink 在书中提到，莱辛评论过 M. C.

---

① Sophisterei 源于古希腊文，意为：耍智术吹毛求疵、自作聪明。

② 这里的 Ich（我）大写，文本中仅见于此，其含义参见 Göbel 的札记：《大写与小写的"我"》。

Curtus 的一首教育诗（《死后灵魂的种种命运》，1754），此外，莱辛为他主持出版的《米柳先生文札》（*Vermischte Schriften des Herrn Christlob Mylius*，1754）写的前言也涉及尘世生命重复降临的观念。不过，即便 Konfink 也没有提到一个重要情况：1758 年，莱辛写过 Lodovico Riccoboni 的剧本《丑角的灵魂转世》（*La metempsicose d'Arlequin*，1718）的概要（见"戏剧论丛"第四篇），这部以灵魂转世为主题的喜剧的主要情节是毕达戈拉斯的学说。

叔本华在《作为意志与表象的世界》（1818）里以赞叹的口吻谈到《论人类的教育》，他说：人们不妨看看，莱辛对灵魂转世信仰多么当真——这个词成为他的《论人类的教育》最后七节的话题（《叔本华全集》卷二，München，1911，页 578）。

§97 对永恒奖赏的盼望如此强有力地推动我们去走的所有步骤，为什么不可以在下一次走完呢？

§98 为什么我不该经常回来，恰如我能够获取新的认识、新的能力？［难道］我一次带走的东西如此之多，以致不值得再为重回此世而付出努力？

§99 就因如此而不该回来？或者因为我忘记自己曾经活过？我忘记此事是我的福分。对我前世的记忆，也许只会容许我滥用当前的状况。对于暂时（auf Jetzt）必须忘掉的事情，难道我就永远忘掉了？

§100 或者，因为这样我会损失太多时间？——损失？——我究竟会耽误什么呢？整个永恒岂非都是我的？

恩斯特与法尔克
——写给共济会员的谈话
（1778—1780）

［德文版编者按］1771 年，莱辛在汉堡被接纳为共济会成员。此前，他对这个不受当局控制、追求真理、行慈善事业的团体非常神往，但入会之后，目睹这一成分复杂的组织笼罩在神秘气氛中，对其活动深感失望，基于这种感受，莱辛写下了这五篇谈话。1777 年，莱辛将抄件分寄友人，获得他们的赞许。前三篇谈话于 1778 年出版，未注明作者和出版社。有人认为是在哥廷根出版的，因为带有哥廷根的检查许可。1779 年，莱辛将四、五两篇谈话分寄给另外一些友人，请求不要转抄和发表。1780 年，在莱辛不知道的情况下，这两篇谈话在法兰克福出版，其中多有舛误。莱辛死后，哈曼（Hamann）在《哥尼斯堡学术与政治报》(*Konigsbergische Gelehrten und politische Zeitung*) 将谈话全部发表，并增补了初印本中有意省略的人名，成为第一个最可靠的版本。

［中译编者按］《恩斯特与法尔克》的德文版本很多，这里依据十二卷《全集》卷十中的文本，文中用方括号括起来的数字即这个全集本的页码，供需要查索原文的读者方便。

此外，我们根据 *Interpretation* 刊发的 Chaninah Maschler 的新英译本（Vol. 14 – 1，Jan 1986）校订了译文，增补了英译本的注释。

献给裴迪南公爵殿下①

[12] 最尊贵的公爵：

我也曾在真理之源汲取、啜饮。②我究竟汲得有多么深，只能由那个人——从他那里我期待着许可我从更深处汲取③——来判断，民众（das Volk）④ 切盼已久，因焦渴而形容枯槁。⑤

---

① 裴迪南公爵（Herzog Ferdinand von Braunschweig. Wolfenbuettel, 1721—1792）是执政的卡尔一世公爵的不在位的兄弟和腓特烈二世的姻亲兄弟，自1772年起便是"严律派"（以中世纪护法武士为榜样组建起来的共济会分会）的大师，在莱辛的《谈话》构思和发表之时是德国共济会员的领导。这段献辞有违当时的习惯做法，因为莱辛事先并未征得裴迪南公爵认可，也不是一般意义上表示敬意的献辞，而是隐含告诫之意。但表面看来，莱辛的献辞又似乎是在利用裴迪南公爵在共济会内的权威为自己的这部作品提供支持，从而有损这个地位很高的共济会员的声誉，莱辛为此受到委婉的责备。参Birus，《论莱辛的献辞》（Lessings Widmungen），页175–187。

② 1771年莱辛曾加入汉堡的一个共济会分会，希望由此追踪共济会员的"秘密"（当然是徒劳）。

③ 所谓"许可"可能只是表示谦恭和礼貌的套语，不会是指莱辛因发表残稿而被剥夺了检查豁免权，因为，这项权利本来就只适用于图书馆的馆藏文献；此外，"许可"也不会是指由裴迪南公爵吸纳莱辛进入"严律派"。公爵并不属于莱辛的共济会领导，莱辛无须请求公爵免去他的共济会员的保密义务。

④ 想必指共济会员群体，并非指广大人民。[中译编者按] 英译者似乎不同意这种观点。

[英译本注]《写给共济会员的谈话》题献对象是裴迪南公爵，似乎在提醒公爵在哪里、如何领导。尤其引人注意的是，莱辛提到民众（das Volk）对真理的焦渴，我们可以引莱辛《反葛茨》之五中非常重要的一段话来对参：

> 哪怕最卑微的庸众，只要受到他们的当局的良好指引，也会逐渐变得更有悟性、更有德操、更为善良。但是，有些布道士牢牢把握住道德、宗教的位置，他们的前人已经在此位置上占了数百年之久。这些布道士离不开俗众，但俗众终将挣脱他们而去。

谨向殿下致意。

最忠顺的臣仆[①]

*

公爵殿下，最仁慈的大人：[②]

我不揣冒昧地认为，在已知的谈话中的前三篇也许是以往曾就共济会所写的最严肃、最值得称许、最真实之作，我无法抵御将之付印的诱惑。我的用意是纠正那些往往为共济会员自己就他们的规定所发表的模棱两可、立论错误、自我贬低的意见，并使之臻于完美，为此，殿下是既不会误解也不至于不认可的。

但我同时却斗胆将殿下的名字放在正文之前，这本来使我在呈递印件时感到惶惑和迷惘。可是，除了以这种唐突做法，我怎么能更好地向世人证明我的心地之纯正呢？一个人既然敢于如此

---

⑤ Dolf Sternberger 首先指出，在莱辛的全部作品中，如此献辞仅见于此（见 *Kriterien*，1965，页 100）。

① ［英译本注］《写给共济会员的谈话》是莱辛唯一一部带献辞的著作。问"为什么带这样的献辞"，等于问"为什么写给共济会"，或者"为什么要费心加入共济会"。

有人说，莱辛想被"接纳"入共济会是为了学习"保密"，这种说法笔者不敢苟同。莱辛又不是别祖霍夫·皮埃尔（参托尔斯泰《战争与和平》卷五等）。莱辛的兄弟卡尔认为，莱辛想成为共济会员仅仅是为了获得一些信息，以便查明他对共济会历史的一些学术猜测。笔者认为不应该把下面这种没脑子的说法强加给莱辛：Shneider 认为，莱辛在沃尔芬比特的生活非常孤单；他加入共济会是出于交际需要，因为他发现布伦瑞克有头有脸的人都是共济会员。

但是，不仅仅在沃尔芬比特－布伦瑞克，甚至在整个德国，有头有脸（或希望自己有头有脸）的人都是共济会员。莱辛发现，自己在以前的著作中所"寻求"的那种读者中的领军人物都走在共济会的道路上。简言之，莱辛成为共济会成员能够更好地施教。

② 1778 年 7 月 28 日，共济会"严律"分会召开全体会员大会，在此期间，莱辛应裴迪南公爵的要求，将这五篇谈话的抄件"恭呈驾前"。在递交已印出的前三篇谈话时，莱辛附上了这封信。

出现在这般目光之前，肯定自知心无歹意。

不胜惶恐之至。

         殿下最恭顺的仆人 莱辛
    1778 年 10 月 19 日 沃尔芬比特

         *

[德文版编者按] 1778 年 10 月 21 日，裴南迪公爵对莱辛的信作了如下回复：

亲爱的莱辛宫廷顾问先生：

看到我的名字出现在出自莱辛手笔的文章之前，我不禁感到欣喜异常。因此，我理应对您，亲爱的宫廷顾问先生，以这种方式在现已印行的谈话中向我表明的你对共济会员们的关注深表感谢。

不过，倘若我希望您事先在公开付印前征得我的同意，您可不要将这解释为傲慢或者忧虑。

傲慢——一个名副其实的真正共济会员，哪怕他是最伟大的君主，也只是从名称上认识这个人性缺陷，他的灵魂必须摆脱它。

忧虑——我真诚地向您承认，我并没有完全摆脱忧虑；我将这个词交给您自己去深刻领会和解析吧：我将您看成共济会员，不论您是正常地抑或非正常地被吸收入会的，您都应明白，这样一个人自愿而庄严地承担了不公布任何基本团体情况的义务。

但您却公布了，而且您像我一样，十分了解公众，他们关注所有与我们有关的鸡毛蒜皮的事情，您对他们有过经验，知道他们如何或曲或直地评价不可能对所有人都无关紧要的事物。

但愿上面提到的谈话能够为世人和共济会接受和理解！真理之泉对俗人不会枯竭，它愈深便愈不可探究！

另外，我要重申，使我深感荣幸的始终是，您能向我通报你设想的谈话，便于我审查和继续传播，并能够让我了解你关于共济会的思考方式。

向亲爱的宫廷顾问先生致以崇高敬意。

乐于为您效劳的、倾慕您和忠于您的
布伦瑞克和吕内堡公爵　裴迪南手书

*

莱辛1778年10月26日复信：

公爵殿下，最仁慈的大人：

我永远都不敢让第一位和最尊贵的共济会员由于他独自能够透彻了解和有权作出决断的事而卷进一场争论。只是我对一种使我觉得在他心目中十分有失尊严的指责无法也不可保持沉默。我并未滥用信任：人们怀着信任告知我的一切仍深藏于我的胸中。我没有做任何可以以某种方式背逆我自愿承担责任的事。我所做的是这些责任的一种结果。只是由于我为这些责任所关涉的内容在绝大多数为共济会员自己所写的公开著作中如此奇怪地被曲解而感到痛心，于是，我认为我必须对其一个方面——并非揭露，而是使遮盖物更适合它。我并未亵渎任何秘密的知识，我只是设法让世人确信，真正伟大的秘密还藏在那儿，世人最终已经厌倦在那儿寻找。如果我为人所理解，我便表白了心迹。倘若我未被理解，那我就什么都没有写。

谨致最深切的敬意。

殿下最恭顺的仆人　莱辛

*

第三者的前言 ①

假若下面的谈话没有包含共济会思想真正的本体论（Ontolo-

---

① 大概是莱辛本人写的。

gie），① 我倒急切地想知道，在由这种本体论引发的不计其数的文章中，② 有哪一篇提出了关于其本质性（Wesenheit）的更确定的概念。

但是，即便共济会员——不论他们是哪类人③——都承认，唯有这里所揭示的观点才没有给混浊的眼睛指出一个单纯的幻影，而是让健康的眼睛得以观察真实的形象，这里仍会产生一个问题：为什么人们早先不如此说得清楚明白呢？

对这个问题也许可以作多种回答。不过，人们很难发现另一个比下述问题更与之相似的问题：④ 在基督教中，为什么系统的教诲手册出现得如此之晚？⑤ 为什么有这么多善良的基督徒不能也不

---

① 本体论（Ontologie）源于希腊语：关于事物的存在和本质的学说。这个具有纲领意味的概念一开始便道出《谈话》的中心论题和根本性意向。莱辛关心的并非"偶然的"、外在的建制形式和可见的形体，也不是共济会员千差万别的活动，而是共济会不可说出的根本性"秘密"，亦即其所谓"真正形式"（比较原拟的谈话标题"真正的共济会教团"）、"本质"或"本质性"（Wesenheit）。莱辛将共济会的内在本质和真实与其外在形式和历史形态（"外壳、形式"）区分开来的做法，源于法国共济会员拉姆塞（Andreas Michael Ramsay, 1686—1743），共济会的护法武士传说也出自此人（参阅 Voges,《启蒙与秘密》，页35）。

② 莱辛的朋友和同事波德（Joachim Christoph Bode, 1730—1793）拥有约八百册关于秘密社团的藏书。在汉堡时，莱辛得以利用这些藏书，他自己后来在沃尔芬比特图书馆也发现了不少有关书籍。

③ 指形形色色的共济会群体和组织（分会），如各具特点的高等共济会、约翰尼斯共济会、德国大邦分会等等。

④ 这里谈到的与基督教的历史和结构的相似性，以及与基督教以概念和反思来表达的真理的相似性，可与莱辛在残稿之争中的文章对勘。在这些文章中，莱辛认为，基督宗教的内在真理"无须外在认证"，亦即不仰赖外在的建制性的预先规定和神学认证（圣经、教会、神职），因为，这种真理具有这样的品格：其自我证明在理性上可承担责任。莱辛后来将共济会比作"不可见的教会"，也可以解释这里所包含的意味。

⑤ 大概指经院哲学时期（十一至十三世纪）和这个时期系统表述基督教教义的"大全"一类的书。

愿用易于让人理解的方式说明自己的信仰？

也许，这种基督教手册还是出现得太早了，[13] 信仰本身也许很少从这些手册中受益，假若不是基督徒想到要用完全悖理的方式表述信仰的话。①

人们不妨自己来运用一番。②

第一次谈话

[14] 恩斯特　朋友，在想什么？

法尔克　什么都没有想。

恩斯特　可你如此沉静。

法尔克　正因为如此。谁在享受时思索呢？我正在享受令人心旷神怡的清晨。③

恩斯特　此言有理；不过，你本来可以就我的问题反诘我的。

法尔克　要是我在想什么，我会说出来的。有什么能赶过与一位朋友想到哪儿聊到哪儿呢（das laut denken）。④

恩斯特　是的。

法尔克　你已经充分享受了这美丽的清晨；你想到什么，你

---

① 对勘《论人类的教育》§72 - 79：基督教信仰的真理看似非理性和悖理，却可能以佯谬方式证明自己具有创造性。

② 这仿佛是解读提示，说明应如何阅读和凭独立思考破解下面的谈话。

③ 谈话在清晨开始，晚上结束，这一间距设定具有象征意义。[中译编者按] 对比柏拉图的《斐多》。

④ 这种描述和解释性说法对于全面理解这次谈话的布局、品质和独特的形式结构显然非常重要（参阅 Barner 的论文《与一个朋友一起想到哪儿聊到哪儿》）。[中译按] 亦可译为"与一个朋友自言自语"。

就说吧。我一时什么都没有想到。

恩斯特　好吧！我突然想到，我早就想问你一件事。

法尔克　那么就问吧。

恩斯特　真的吗，朋友，你是个共济会员？

法尔克　并非会员的人才问这样的问题。①

恩斯特　当然！但仍请你径直回答我。你是共济会员吗？

[15] 法尔克　我认为是。②

恩斯特　一个恰恰对其事业没有把握的人才这样回答。

法尔克　噢，不！我对我的事业的确相当有把握。

恩斯特　那你一定知道，你是否被接纳，以及何时、何地、被何人接纳。

法尔克　当然知道，可是，这说明不了多少问题。

恩斯特　说明不了？

法尔克　是呀，谁不接纳，谁又不被接纳呀！③

恩斯特　给我解释一下。

法尔克　我认为我是共济会员，并非由于老会员将我接纳进一个合法分会（eine gesetzliche Loge）；④毋宁说，我看清和认识到⑤共济会是什么，为什么存在，存在于何时、何地，怎样和以什

---

①　意思是：这不符合共济会礼仪中规定的形式。用以确证一个共济会员有特定的提问和回答程式。

②　可能暗示在接纳礼仪中和其他方面规定的共济会员的谦辞："我的兄弟们……认出了我是这类人。"按共济会作家们的说法，这是暗示他的回答符合共济会信仰问答的规定。

③　暗指当时众多的共济会体制相互竞争、招徕和接纳会员，也可能暗示莱辛自己未按规定程序入会一事。按"严律"的高级职位体制，每个拥有高级职位的人都可以接纳有兴趣者加入共济会。

④　合法的分会指符合传统章程的分会，或者说，得到一个传统的分会体制认可的分会是"合法的"分会。

⑤　一个人是否算是共济会的真正成员，靠的不是外在的资格证明（比如在组织上从属于一个分会），而是内在的理解和独立的理性认识。

么手段得到推进或受到阻碍。

恩斯特　尽管如此,你还如此满带疑惑地表达?——"我认为我是共济会员!"

法尔克　我习惯于这种表达。这并不意味着,我似乎缺乏自己的信念,而是因为,我不愿意为此恰恰妨碍别人。

恩斯特　你对我的回答好像对一个外人似的。①

法尔克　外人或者朋友!

恩斯特　你被接纳了,你知道一切——?

[16] 法尔克　其他人也被接纳了,也自认为知道一切。

恩斯特　你难道可以不知道你所知道的而被接纳?

法尔克　很不幸,可以!

恩斯特　何以如此?

法尔克　因为许多接纳人的人自己并不知情;少数知情者却又不能够把它② 说出来。③

恩斯特　你是否可以知道你所知道的而又不被接纳?

法尔克　为什么不可以?——共济会绝非任意的东西(nichts willkürliches),绝非可有可无的东西(nichts entbehrliches),而是

---

① "外人"在这里有双重含义:首先指并非共济会员的恩斯特,由此,两个谈话者之间显示出一条清晰的分界线;同时,"外人"也暗含因这种不同身份而引起的对友谊的威胁,显然,谈话得以进行靠的是友谊,然而,这场朋友间的谈话在一开始就隐含着友谊的危机。

② [英译本注] 这里的"它"是故意含混。参莱辛 1778 年 10 月 26 日写给公爵的这段话:

> 我并未亵渎任何秘密的知识,我只是设法让世人确信,真正伟大的秘密还藏在那儿,世人最终已经厌倦在那儿寻找。如果我为人所理解,我便表白了心迹。倘若我未被理解,那我就什么都没有写。

③ 第一次挑明共济会固有的秘密不可形诸语言和概念。

某种必然的东西（etwas notwendiges），它植根于人和市民社会的本质（Wesen des Menschen und der bürgerliche Gesellschaft）。① 所以，通过自己的思索，人们一定会突然一下子想起它来，要么经指点被引领到它那儿。②

恩斯特 共济会绝非任意的东西？——它有的不就是些语词、标志和习规吗，所有这些完全可以是另一个样，因而不就是任意的？

法尔克 共济会有这些东西。但这些个语词、这些个标志、这些个习规却并非就是共济会。③

恩斯特 共济会绝非可有可无的，而是某种必然的东西？——那么，还没有共济会的时候，这号人（die Menschen）又在干什么呢

法尔克 共济会一直就有。④

恩斯特 那这个必然的、不可或缺的共济会究竟是什么呢？

[17]**法尔克** 我已经让你好好去理解：就是那个，那东西本身，咱们知道，但不能够说出来。

恩斯特 也就是说，一个不存在的东西（ein Unding）？

法尔克 别急着下断语嘛。

---

① 在十八世纪，"市民社会"尚通用的是其古老的意义，即人们在一个文明社会中由国家来治理的共同生活。

② 对勘《论人类的教育》§4。共济会主张理性认识，但这种认识所企达的理性真理类似于基督教所谓的包含在启示中并经启示传达出来的理性真理。

③ 意为必须区分共济会的外在形式与内在本质。

④ 尽管与安德森的说法有所不同，莱辛在这里的说法仍然是指人们在自然状态下创立的原始共同体，这种共同体既是共济会的原型，也是一个乌托邦的目标。

恩斯特　凡我把握到的东西，我便可以用语词表述出来。①

法尔克　不见得；这样说出来的话往往表达的不完全是我原来的意思。

恩斯特　就算不完全，也差不多吧。

法尔克　在这种情况下，"差不多的意思"也许没有什么用，甚至可能很危险。说的比想的少，就没用；说的比想的哪怕只多一丁点儿，就危险了。

恩斯特　奇怪！既然连了解其团体秘密②的共济会员都不能用话说出这秘密，他们究竟如何发展自己的团体呢？

法尔克　通过行动。他们让值得与之亲密交往的善良的成人和年轻人推断、猜测和观察——如果可以观察到的话——他们的行动；这些共济会员的新朋友们对此兴致盎然，便去做相似的事。

恩斯特　行动？共济会的行动？除了那些大都印制得比想得和

---

① 这是《谈话》的核心段落之一，在这里，以及在其晚期作品中，莱辛强调了语言表达的局限（《论人类的教育》§73 谈到"语言受制于我的概念"）。《谈话》非常独到地反思了语言表达和概念所受到的限制，由此可以看到莱辛在认识上十分冷静，懂得完全的"他者"不可把握，对这个"他者"唯有敬重而已。莱辛也看到，人的语言，尤其概念性语言不堪其用，总"处于劣势"（参见 Strohschneider Kohrs，《作为智慧的理性》，页 192）。

不过，在 1759 年的《文学通信》第四十九封里，莱辛则表示了一种全然不同的看法："语言可以表达我们清楚地思考的一切。"

② "秘密"这个语词对于共济会和莱辛的这篇《谈话》都至关重要，这里第一次出现。这个语词应与谈话四中谈到的"可言说的秘密（Heimlichkeiten）"明确区别开来，施塔克（Starck）在其《申辩》一书（页 212）明确指出过这一区别，亦参见芬克（Fink）的《道德的认信》（页 23 – 31）、尼斯贝特（Nisbet）的《秘密的作用》、佛格斯（Voges）的《启蒙与秘密》。

说得更精美的演说辞和歌曲以外,我不知他们还有其他什么行动。①

法尔克 这是他们不少的演说辞和歌曲所共有的。

[18] **恩斯特** 难道让我将他们在这些演说辞和歌曲中自我标榜的东西当成他们的行动?

法尔克 如果他们不仅仅是在自我标榜呢?

恩斯特 他们究竟自我标榜些什么呢?——全是人们期待于每个善良人、每个正直的市民的东西。如此友善,如此乐善好施,如此顺从,如此满怀对祖国的爱!

法尔克 莫非这毫无价值?

恩斯特 毫无价值!——单凭这些东西无法区分共济会员与其他人。② 谁不应该如此?

法尔克 都应该!

恩斯特 谁没有足够的动力和机会成为这种人?哪怕在共济会之外?

法尔克 但在共济会之内和通过共济会,又多了一个动力。

恩斯特 不要对我说什么众多的动力。宁可给唯一一种动力以尽可能强大的力量!③ 众多这类动力犹如一台机器的众多齿轮,

---

① 共济会员在集会时往往有成员作报告和一起唱歌,参见 Olga Antoni, Der Wortschatz der deutschen Freimaurerlyrik des 18. Jahrhunderts in seiner geistesgeschichtlichen Bedeutung(《十八世纪共济会诗歌词语的思想史意义》),博士论文,Saarbrücken,1967。

② 按共济会的信念,参加共济会后人可以变得更好。普里斯顿(Willian Preston)的 Illustrations of Masonry(《共济会解说》)称:"确凿无疑的事实是,严格遵守教团规矩,共济会员会变得远比他们在会外时好得多。"(页117)

③ 关于这里说到的"动力",比较莱辛在《文学通信》第四十九封中的说法:

> 在我们的行动中,难道重要的仅仅是动因之多,而非动因的坚实有力(强度、力量)?我长时间地认真思考唯一一个动因,跟我思考二十

齿轮愈多，愈易变。①

　　法尔克　我无法反驳你的这种看法。

　　恩斯特　而且，多了一个怎样的动力哟！这个动力缩小了其他所有的动力，使之可疑！而将自己装扮成最强、最好的动力！

　　法尔克　朋友，说话要公道！——那些浅薄的言辞和歌曲的 Hyperbel（夸张）、Quidproquo（混乱），全系演练之作！弟子习作！

　　恩斯特　这话的意思是：演说家兄弟（Bruder Redner）②是个饶舌者。

　　[19] 法尔克　这话的意思只是：凡演说家兄弟对共济会员的赞颂，自然并非他们的行动。因为，演说家兄弟至少并非扯闲淡的人；行动自己会讲话。③

　　恩斯特　是的，现在我察觉到了你的目的所在。我怎么会没有立即想到这些会说话的——我真想称之为会大喊大叫的——行动呢！共济会员们不仅相互支持，④而且强有力地相互支持，但这还不够；因为，相互支持是任何一个团体必不可少的特点。既然身为一邦之民，都会为大家谋福祉。

个动因（每个动因只给予二十分之一的思考），这两者引起的结果不是同样的吗？

　　①　意为更易出差错、更有害。《汉堡剧评》第八十二篇也有如此说法："一部机器愈简单，弹簧和齿轮愈少，重量愈轻，便愈完美。"

　　②　共济会员之间通称"兄弟"，"演说家兄弟"指共济会中位居第三的一种职务，仅次于主座师傅及其副手、主司仪，负责就会务以及道德论题做报告，在共济会分会中算重要职务。

　　③　[英译本注] 莱辛这里用的词是"plaudern"，其共济会意味颇似莫扎特《魔笛》中帕帕基诺在第二幕临近结尾时说的："我闲聊，这可不好（Ich plauderte und das war schlecht）。"

　　④　支持众兄弟对共济会员来说是伦理道德的义务，但间或也被忽略。事实上，在团体之内相互间的帮助至为密切。

法尔克　例如？——让我听听你走的路子对不对。

恩斯特　例如，斯德哥尔摩的共济会员！他们不是建了一所庞大的孤儿院？①

法尔克　虽然斯德哥尔摩的共济会员在其他场合也有行动表现。

恩斯特　其他什么场合？

法尔克　我指的是在另外一些场合。

恩斯特　还有德累斯顿的共济会员！② 他们让贫穷的少女有事可做，让她们编织花边、毛衣，这样，孤儿院的规模就可以缩小啦。

法尔克　恩斯特！需要我提醒你你的名字吗？严肃点儿！③

---

① 1753年，为纪念阿尔伯廷尼（Sophie Albertine）公主，斯德哥尔摩的共济会建了一所孤儿院（至今仍然存在），还为此铸造了一枚纪念章。莱辛在这里可能指施塔克在《申辩》里的相关说法。

② 德累斯顿的共济会员在1771—1772年的大饥荒时期为救济厄茨山中的贫苦人家在腓德烈城（德累斯顿）建了一家孤儿院，收容寡妇和孤儿，1773年扩建为教养院，作为德累斯顿共济会机构（所谓德累斯顿共济会学院）一直到二十世纪还存在，非常著名。

③ 共济会员们在教团中的名字通常是寓意性的，以此表明该会员的品格和地位，这里显然指的就是这种寓意性的名字。但在莱辛的《谈话》中出现两个谈话对手的名字的寓意，显然是莱辛的文心，这段话无异于提醒读者注意名字的寓意：Ernst（恩斯特）即年轻人、"探索者"，据说从他身上可以看到门德尔松（Moses Mendelssohn）的影子；Falk（法尔克）即年长者、"知情者"、"有见识者"。在其他西文译本中，这两个名字也被译为 Modeste et Faucon、Severoy Falco。

由于没法从语源学上找到解释，目前只可能附议施特恩伯格（D. Sternberger，《标准读本》[Kriterien. Ein Lesebuch], Frankfurt am Main 1965，页109）的推断："恩斯特（Ernst [严肃]）是个探索者，法尔克（Falk [鹰]）是个知情者，让人联想到塔顶上的鹰和那双冷峻的目光。"米切尔森（Michelsen，《真正的行为》，页294以下）和孔迪亚德（Contiades，莱辛，《恩斯特与法尔克》，页96）认为，"恩斯特"意指"严肃的探索者，不懈的真理探索者"，也是一个年轻人的名字，"法尔克"则可能指（敏锐）"观察者"和"知情者"，也可能指年长者。

恩斯特　好,不再带一点讥讽。——还有布伦瑞克的共济会员!他们教一些有才能的贫家子弟学习绘画。①

[20]　法尔克　有何不可?

恩斯特　还有柏林的共济会员!他们资助巴塞多仁爱教师培训中心(Basedowsche Philanthropin)。②

法尔克　什么?——共济会员资助巴塞多仁爱教师培训中心?谁向你散布的这些?

恩斯特　报纸为此大吹大擂。③

法尔克　报纸?——我一定得看看巴塞多亲手开的收据。④我

---

① 1770—1771年,宫廷和内阁顾问、St. Charles de lindissoluble fraternite(圣查理兄弟会)分会"主座师傅"里伯赫尔(F. K, Liebeherr)以St. Charles de la concorde(圣查理协和会)的名义建了一所学校,教授数学、历史和绘画,最初有四名学生,几年后增加到十二名。裴迪南公爵一直支持这个项目,还设了一个银质奖章来奖励品学兼优的学生。后来,这个学校扩大为利奥波德公爵基金会男童幼儿园。

② 1774年,德国教育家巴塞多(Johann Bernhard Basedow, 1724—1790)在德骚创建"仁爱教师培训中心",践行他的启蒙观念:通过教育发展人的全面人性。学院虽然只存在到1793年,却成为后来的类似实践的楷模。[英译本注]巴塞多学神学时受莱马鲁斯影响很深。他的教育理念亦受夸美纽斯(Comenius)和卢梭《爱弥尔》影响。莱辛在《文学书简》(*Literaturbriefe*)中表达了对巴塞多的强烈异议。

③ 《施瓦本学界纪事杂志》(*Das Schwabische Magazin von gelehrten Sachen*)在1777年第四卷第五期报道了柏林一个共济会员要求支持巴塞多仁爱学院的事。事情的背景是,诗人麦耶(J. H. Ch. Meyer, 1741—1783)翻译普里斯顿(Willian Preston)的《共济会解说》时在前言中要求分会的兄弟们从财力上支持巴塞多学院,说它是个"完美的共济会构想"。这则记述的前三页载有一条消息:"普尔茨选帝侯授予宫廷顾问莱辛先生以金质奖章,普法尔茨的所有选帝侯都随之效法。"莱辛留意到这家斯图加特杂志上的上述记述,可能就是因为这则消息。

④ 各共济会分会为仁爱学院赠款的凭证,巴塞多和卡培编辑出版的《教育商谈》1777年第一卷的许多期上都见到这个词。

想确定，这收据不是给柏林的共济会员，而是给所有共济会员的。①

恩斯特　怎么啦？难道你不赞成巴塞多学校？

法尔克　不赞成？还有谁会比我更赞成？

恩斯特　如此说来，你不愿意给它这笔资助啦？

法尔克　不愿意？还有谁会比我更愿意为它行善举？

恩斯特　唉，你把我搞糊涂喽！

法尔克　我相信。对此我欠公允，因为，任何共济会员（die Freimaurer）都可能做些他们并非作为会员才做的事。

恩斯特　这也指他们的所有其他善行吗？

法尔克　也许吧！你向我历数的所有那些善行——为简洁起见，让我用一个经院哲学家的术语②来说——也许仅仅是他们 ad

---

① 巴塞多并非共济会员，1774 年，他曾致函"尊敬的、兄弟般的世界公民市政厅的建设者们"：

> 我谨向你们——所罗门和苏格拉底的弟子们——致以敬意，所罗门和苏格拉底的名字使你们欣喜若狂，因为他们的美德是你们兄弟会的基本政制！我懂这政制！当然呵！虽然我并非知情者！这政制的果实是好的！既然护养方法只有园丁的师傅知道，树怎么会是恶的呢？

1777 年 1 月 14 日，巴塞多的继任者卡培（Campe）也向德国各地的共济会员和分会发过一封类似的信，三个月后，卡培加入了莱比锡岑内多夫派系的分会，十月间转入严律派汉堡分会。巴塞多学院陆续收到一些捐款，主要来自新波兰登堡分会及其师傅罗佩特（von Ropert），其余的来自四个汉堡分会（500 金币）、一个莱比锡分会（100 金币）、戈廷根分会（25 金币）等。捐赠太少，卡培不得不放弃主持这所学校。共济会方面的资助不足让卡培感到失望，1780 年退出共济会，此前布斯（Boos）已经因阅读了《恩斯特与法尔克》而退会。

② 源于拉丁文 Scholasticus，意为"学园的、研究性的"；这里指神学的学园特点，尤其十二、十三世纪的经院哲学（"学园"神学）。

extra（对外的）行动。①

［21］**恩斯特**　此话怎讲？

法尔克　只是他们的让民众看得见的行动；只是他们完全为了引起民众的注意而做的事情。

恩斯特　为了得到尊重和宽容？②

法尔克　可能吧。

恩斯特　可是，他们的真正行动呢？——你不说话了？

法尔克　我不是已经回答过你了？——他们的真正行动是他们的秘密。

恩斯特　哈！哈！这也是不能用言语来解释的了？

法尔克　不，不！——我只能，也只允许对你说：共济会的真正行动如此伟大、如此高瞻远瞩（weit aussehend），③几个世纪过去之后，人们才可能说：这是他们所做的呀！而且，他们成就了世界上所有的善——记住：在世界上（in der Welt）！④他们还在继续为世界上将形成的一切善干活⑤——记住：在世界上。

恩斯特　噢，去你的吧！你逗我。

法尔克　真的，不是逗你。——瞧，那里飞来一只蝴蝶，我

---

①　指直接"对外"有影响的可见行动（无论公私），比如（社会的）慈善活动。共济会员可能期待这类活动得到广泛支持，但这类"对外"行动不同于他们的目标"对内"的行动，"对内"行动指道德伦理信念日臻完美，首先是人人平等和全面的人道主义。

②　社会慈善活动的目标在于，使共济会得到社会更大程度的接受，因为，由于共济会的秘密性质，共济会员受到许多人的怀疑，施塔克在《申辩》中就曾说到瑞典共济会员受怀疑的情况。

③　不是指"有预见、大有前途"，而是指小心翼翼、谨小慎微，对事情考虑详尽，想得很远，因而值得赞赏、认可。

④　"在这世上"强调的是：共济会员乃真正的世界主义者，超越了民族分野，从而是世界公民。

⑤　"干活"（arbeiten）大概暗示共济会的说法：比如，礼仪性的集会就被说成"干活"，这也许是从当时还有的砖石匠会接受过来的说法。

一定要捉住它。这是大戟毛虫①变成的黑脉金斑蝶。——我要走了，要立即告诉你的只是：共济会员真正行为②的目的在于，使人们一般习惯上称为善行的一切行为，绝大部分成为多余之举。

恩斯特　这也是善行？

[22] 法尔克　不可能有更崇高的善行了。——你动会儿脑筋。我过一会儿就回来。

恩斯特　莫非善行的目的就是使善行成为多余？这倒是个谜。③ 我才不对这谜动脑筋哩。——我宁可躺在树下看蚂蚁搬窝。

第二次谈话

恩斯特　怎么样？去哪里了？没有捉住蝴蝶？

---

① "大戟"（Wolfsmilch，直译：狼奶）是众多不同植物的俗称，这种植物断裂时分泌出一种（往往有腐蚀性的）乳白汁液，可治疗皮肤病。这类蝴蝶指色彩斑斓、属于蛾科的大戟天蛾。在共济会中，蝴蝶象征永不消失者，这里大概象征"共济会的真正使命和不可言说的秘密"（施洛德，《论莱辛》，页97）。这里所用的自然主题和象征应是下一篇谈话开始时观察昆虫活动的伏笔。

② 有别于可见的社会慈善性"善行"，指共济会员要从根本上消除所有社会裂痕的行为，这类行为是第二篇谈话的主题。

③ 参第三篇谈话，恩斯特在认识上取得进步，对谜有所破解。

[英译本注] 笔者尚未参透此谜。据笔者猜测，莱辛的法尔克说"善行的目的在于使善行成为多余"，暗指：第一，人的慈善行为；第二，圣餐；第三，最高、最神圣的善行——基督的牺牲。笔者在德文"Tat"中读出了"opus"（作品）一词，这是笔者上述猜测的依据之一。在路德与罗马教廷的争辩中，opus 是关键词；罗马称圣餐（the Sacraments）为"Opera"（opus 的复数）；Non opinionem sed opus esse cogitent（[至于这里涉及的那桩事业，我

法尔克　蝴蝶从这片小树丛飞向那片小树丛，一直把我引诱到小溪边。它一下子飞到小溪那边去了。

恩斯特　对，对，世上有这样的诱惑者！

法尔克　你动脑筋了吗？

恩斯特　动什么脑筋？你的谜？我也没有捉住它，这美丽的蝴蝶！所以，我不愿再为它费神。一旦同你讨论了共济会，就再也不愿谈它了。因为我看得很清楚，你跟其他共济会员没啥区别。

法尔克　像其他共济会员？他们跟我说的可不一样。

恩斯特　他们不这么说？那么，共济会员当中也有异端了？你或许就是一个。——可是，所有异端总与正统信仰有某些共同之处。我曾说过这一点。

法尔克　你曾说过什么？

[23]恩斯特　不论正统的还是异端的共济会员，他们全都做文字游戏，让人问问题，他们回答而又没有回答。

法尔克　你这么看？那好，就让我们谈点别的。正是你将我从我沉默欣赏的安适状态（ϑαίμα）中拖出来的——

恩斯特　没有什么比让你重新回到这种状态更容易了。你只需在我身边坐下来，瞧瞧！

法尔克　瞧什么？

恩斯特　这蚂蚁窝上上下下里里外外的活动，熙熙攘攘而又井然有序！它们全都在衔着、拖着、推着，却又互不妨碍。瞧，它

希望它将]不会被视为只是某种意见的表达，而是被视为一件正当的工作)，这句话出自培根的《伟大复兴》(*Instauratio Magna*)，康德将其引为《纯粹理性批判》第二版的献辞。莱辛本人也在"第二次谈话"中用了"opus"，他说共济会的任务是 Opus supererogatum（分外之工）：在传统宗教语境中，这个词指的是基督及圣徒们所行的额外功劳，其他信徒亦可凭靠。笔者推测，哲人或高级共济会员取代了基督和圣徒，而且他们本身也终将成为多余。

们甚至还相互帮忙呢。①

法尔克 蚂蚁生活在社会中（die Ameisen leben in Gesellschaft），像蜜蜂一样。

恩斯特 蚂蚁社会（Gesellschaft）比蜜蜂社会更令人惊叹。因为，它们当中没有谁维持群居、施行治理。

---

① 《所罗门箴言》（[中译按]参见《旧约·箴言》）6：6－8："懒人，你到蚂蚁那儿去；看看它们的智者，学学它们！虽然它们既无君主，也没有头目和主人，尚且它们却在夏天储备粮食，在收获时积存食物。"蚂蚁的昆虫国近于无政府状态，没有蚁王（不像蜜蜂群那样）统领，但活得自如（从生物学来看，这种说法当然不对）。蚂蚁国或蜜蜂国模式在乌托邦文学中具有普遍的重要性——莱辛笔下的人物在这里的说法近似于《论人类的教育》§80－86 所描绘、所盼望的未来——理性指导下的自治，无须国家治理（[中译编者按]比较熊十力心仪的"群龙无首"社会）。这个模式其实正是十八世纪秘密结社的标志，并被当作终极观念来教育秘密会社的成员（参阅 M. Agethen，《秘密结社和乌托邦：光明派教派、共济会员和德国晚期启蒙运动》[*Geheimbund und Utopie: Illuminaten, Frermaurer und deutsche Spätanfklärung*]，München，1984，页 111－116，页 220－224）。

值得注意的是，在纳粹时期，蚂蚁王国被说成有个"女王"（蚁穴的女族长），她是唯一得到全面发展、没有退化的动物，所以整个蚁穴由她来维系。参见 W. Goetsch, Ameisenstaaten（《蚂蚁国》，1937）；1934 年，K. Escherich 在慕尼黑大学发表校长就职演说，题为 Termitenwahn（《蚂蚁妄想狂》），颇具煽动力。

莱辛在这里对蚂蚁国的描绘是否以及在多大程度上有特殊用意，很难断言。有可能莱辛不过是用蜜蜂的勤奋来反衬恩斯特的懒惰，他在树下打盹儿、不愿做深入思考——但也的确有可能是莱辛在借用这种传统的寓意说法。值得提到的是，莱辛很熟悉的蒲伯（Alexande Pope，1688—1744）在 *Essay on man*（《论人》），Ⅲ，183－187 中说到有序的无政府状态，莱辛并非不清楚这一点（参莱辛《蒲伯，一个形而上学家》一文，1755）。甚至在普里斯顿的《共济会解说》里，莱辛也看到了相关提示；在普里斯顿看来，蜜蜂和蚂蚁的昆虫国表现了创世的社会结构，共济会则是这种社会结构的最高形式。

法尔克 没有政府治理（Regierung）① 也可能存在秩序？

恩斯特 如果每一个人都懂得自己治理自己，为什么不可能？②

法尔克 人是否有朝一日也会达到这一步？

恩斯特 想必很难。

法尔克 可惜！

[24] 恩斯特 的确可惜！

法尔克 起来，我们走吧：不然，他们会爬满你一身——我指的是这些蚂蚁。而且，我刚刚想到一件事，我一定要趁此机会问你。——我一点也不知道你对此有何想法。

恩斯特 对什么？

法尔克 对人的市民社会③的一般想法（über die bürgerliche Gesellschaft des Menschen überhaupt）。你如何看它？

恩斯特 我认为它是很好的东西。

法尔克 这无可争议——不过，你把它看成目的，还是手段？

恩斯特 我不明白你的意思。

法尔克 你认为人是为了国家而被创造出来的呢？抑或国家是为了人而存在的？

---

① 莱辛是否真的认为"没有政府治理"在政治上可行，不可下断语。雅可比有一段回忆与此相关（参阅 Daunicht Nr. 855），但仅此一家之言，而且令人生疑。

② ［英译本注］对参《王制》卷二 367，Adeimantus 说："……那我们就不用提防彼此的不义，因为每个人都会看好自己……"

③ 不可与后来和当今的"市民社会、资产者社会"混为一谈，宁可看作传统的亚里士多德 societas civilis 概念的德语译法，意为共同体（Gemeinwesen）、国家（Staat）。参见 Conze‐Kosellek‐Schieder 编，*Lexikon politisch‐sozialer Begriffe der Neuzeit*（《近代政治社会概念辞典》，卷二，Stuttgart, 1968）中的"市民社会"词条。

恩斯特　有些人似乎主张前者，但后者也许更真实。

法尔克　我也这么想。国家将人联合起来，通过这些人，通过这种联合使每个个别的人能够更好、更可靠地享受到属于他的那份幸福。所有成员的个别幸福的总体，便是国家的幸福。除了这种幸福，就根本没有幸福。国家的任何其他幸福，哪怕很少使个别的人受苦和不得不使个别人受苦，也只是僭政（Tyrannei）的伪装而已。肯定如此！

恩斯特　我不想把话说得如此肯定。

法尔克　为什么不想？

[25] 恩斯特　每个人可按其个人处境来判断的一种真理，很容易被人滥用。

法尔克　你是否知道，朋友，你已经是半个共济会员了？

恩斯特　我？

法尔克　你。因为你已经认识到了人们最好三缄其口的真理。

恩斯特　但却不妨说出来。

法尔克　智者不可以说他最好三缄其口的事。①

恩斯特　那就由着你好了。我们再也不要提共济会员。虽然关于他们，我并不知道更多的事情。

法尔克　请原谅！你至少看得出，我很乐于告诉你更多关于他们的事。

恩斯特　你在拿我打趣儿。——很好！人的市民生活、一切

---

① 比较《论人类的教育》§68类似的保持克制和缄默的建议：

　　当心呀，你这更有才智的个人，你在读到这初级读本最后一页时竟激奋得顿足，你要当心，万不可让比你才智低下的学友觉察到你嗅出或开始看清楚的东西。

国家宪法（Staatsverfassungen）① 无非是达到人的福祉② 的手段。还有什么？

法尔克　只是手段，人发明的手段！③ 尽管我不想否认，大自

---

① ［中译编者按］Verfassung 一词，如今通常译作"宪法"，但这个语词的含义有其历史渊源，这就是古希腊的 πολιτεία，意思是维系一个生活共同体的"政制"（生活方式）。如果我们把比如说色诺芬的《斯巴达 πολιτεία》译作"斯巴达宪法"，就会让人误解为早在斯巴达那里就有了今天意义上的宪法——所谓"宪法"实际上是现代才有的东西（参见施米特，《宪法学说》，刘锋译，上海人民出版社，2006）。然而，莱辛所处的时代恰是现代民主宪政形成的初期，因此当注意这个语词的多重含义。

② "福祉"（Glückseligkeit）是十八世纪启蒙思想家们的国家哲学的关键概念（参阅 Ulrich Engelhardt，《论十八世纪财政学的国家学说的幸福概念》，Zum Begriff der Glückseligkeit in der kameralistischen Staatslehre des 18. Jahrhunderts；载：Zeitschrift fur historische Forschung, 8 ［1981］，页 37 - 39）。但这也是西方哲学的一个传统术语，多被理解为整个国家的目的，因此意指普遍的、公共的"福利"，注意不要等同于私人的、个体的"幸福"。

私人的、个体的"幸福"既包括尘世的福利领域，也指个体道德上的完美作为死后天国幸福的前阶或者条件。幸福概念因其语境不同而含义有别，要么侧重物质的福利，要么侧重非物质的道德 - 宗教上的完美。无论如何，它比"福利"概念更强调个体。"福利"概括了建立在执政者实际立场之上的诸多现实的国家使命，而"幸福"是个体的希望和使命，从在物质上克服环境开始，经道德上的自我完美，一直达到绝对的宗教上的完美。（Manfred Stolleis，《十八世纪晚期哲学文本中的国家理由、法和道德》［Staatsraison, Recht und Moral in philosophischen Texten des 18. Jahrhunderts］，Meisenheim am Glan, 1972, 页 53。）

英国法学家和哲学家边沁（Jeremy Bentham, 1748—1832）提出了"最大可能的多数的最大可能的幸福"的著名口号，成为功利主义伦理学的基础而被广为传播；莱辛则坚持，"每一现实个体生命的幸福"才是国家的终极目的。

③　莱辛的同时代人正在热烈讨论自然状态和与国家有关的社会契约问题，莱辛用这个说法（以及随后的一些主张）表明了自己对这一问题的看法。

然如此安排一切，以便使人迟早能发明政治组织。①

恩斯特 这也促使一些人将市民社会看成大自然的目的。因为，所有的一切，我们的激情和欲求，所有的一切都通向这里，所以，市民社会、国家便是大自然所达到的终极目的。于是，他们推断，自然似乎绝对不是按目的要求来制造手段；自然的目的似乎更多 [26] 是一种诸如国家、祖国等抽象②概念的幸福，而不是每个现实存在着的个体生命的幸福！

法尔克 说得好！你沿着正道向我迎面走来。现在请告诉我，既然国家宪法是手段，是人发明的手段，那么，国家宪法是否会独自超脱于人为手段兴衰成败的命运之外呢？③

莱辛笔下的人物在这里否定了传统的政治见解：自然已经规定人天生是政治生物的学说，也否认以此学说来看待国家。人天生是政治动物的学说滥觞于柏拉图和亚里士多德，经廊下派和托马斯·阿奎那（约1225—1274）而形成传统。莱辛笔下的人物附和卢梭，抛弃了古代的政治学说，追随霍布斯（1588—1679）在1642年发表的 *De cive*（《论公民》）中的见解，以及斯宾诺莎（1632—1677）在1670年发表的 *Tractaus Theologico - Politicus*（《神学政治论》）中深受霍布斯影响的国家学说。

像这两位现代思想家一样，莱辛笔下的人物将社会看成人的自由发明，社会之不完美便基于此，由此产生出的社会不平等阉割了个体的幸福，而不是推进，更非保证了这种幸福。通过谈话，莱辛似乎对当时流行的启蒙思想家们的国家理论表示怀疑，不信任任何对国家的过高评价和绝对化。由此可以理解，国家（与"市民社会"含义相同）如果是"人发明的手段"，成了"被抽引出的概念"或抽象的值和"一般"，就必然与具体的"现实的个体生命"及其不容混淆的个体"幸福"严重对立。

① ［英译本注］对参《政治学》卷一 1253a30。
② 这里还可看得出"抽象"的德文译法，指与具体个体对立的、抽象而又不可捉摸地运作的国家。
③ ［英译本注］这里为什么一再强调政治组织是工具、手段？对参《反异教大全》II. 75，阿尔法拉比《政治体制》和《论获得幸福》（Political Regime 和 On the Attainment of Happiness, 见 Lerner and Mahdi, *Medieval Political Philosophy*, Cornell University Press, 1963），与霍布斯《利维坦》开

恩斯特 你所说的人为手段兴衰成败的命运指什么？

法尔克 指与人为的手段不可分割地联系在一起的东西，与神性的、永无谬误的手段（von göttlichen unfehlbaren Mitteln）不同的东西。

恩斯特 什么意思？

法尔克 意思是，人为手段并非永无谬误。它不仅经常达不到自己的目的，而且有时恰恰造成与之相反的情况。

恩斯特 比如说！如果你一时想到例子的话。

法尔克 例如，航海和船是到达遥远陆地的手段，可它们会成为许多人永远达不到那些地方的原因。①

恩斯特 指那些因船毁而遇难和溺水的人？我自认为明白你的意思。不过，人们都晓得，为什么如此众多的个人都没有通过宪法得到幸福。国家宪法各种各样；可以说，这个比那个好，而有的又缺陷很大，显然与其本意不符；最好的宪法也许尚待发明。

[27] **法尔克** 这姑且不谈！假设已经发明了可能设想的最好的宪法，假设全世界所有的人都接受这部最好的宪法：难道你不认为，即便如此，从这部最好的宪法中必然还会产生某些对人类的幸福极端不利的、人处于自然状态（in dem Stande der

---

篇。亚里士多德要求该起点（ὁρμή）有两方面：既为了"该共同体能够自然而然地存在下去"，又"有人缔造共同体，带来最大福祉"。此人缔造的是何种共同体呢？依照阿尔法拉比之见，此人缔造的是一种摹仿无尽宇宙（cosmos）之井然秩序的共同体。但是，如果出现一种将天上人间普遍同质化的自然学，这种"自然秩序观"怎么办呢？这种出自人手的社会、政治秩序将摇摇欲坠。政治是建筑的技艺，这一古老说法差不多等于说，政治是生产的技艺。笔者认为，在柏拉图和亚里士多德那里，ἀρξιτεκτῶν指的是"工作监管人、指挥者"。

① [英译本注] 对参《王制》及其他无数关于城邦之船、水手的统治技艺的说法。笔者认为，法尔克（Falk, Falcon, 远视者）和恩斯特（Ernst, Earnest, 严肃者）正在思考的问题是：即便航船驶过赫拉克勒斯之柱——就像培根《新工具》扉页上画的那样——从美洲带回城邦技艺的新科学，即便这科学比以前的好很多，但是，这科学的有效性到底有没有限度呢？

Natur)① 时绝对闻所未闻的东西？

恩斯特 我认为，假如从最好的宪法中产生这类东西，就不是最好的宪法了。

法尔克 毕竟还可能是一部比较好的吧？现在，假设这部较好的宪法是最好的，我仍然提出上述同样的问题。

恩斯特 我觉得，你在推理时，好像一开始便是从假设的概念出发，即每一种为人所发明的工具——你将宪法也完全解释为这类工具——不可能没有缺陷。

法尔克 不仅如此。

恩斯特 你很难从那些不利的事物中举个例子——

法尔克 也包括那些从最好的宪法中必然产生的事物？——噢，一事可举十例。

恩斯特 那么先举一例。

法尔克 我们假定最好的宪法已经发明，假定世界上所有的人都生活在这部宪法之下，难道世界上所有的人因此就只会组成一个国家了？

[28] **恩斯特** 大概很难。一个如此庞大的国无法治理。它必须被划分为许多按同样的法律来治理的小国。

法尔克 这就是说，即便到那时，人仍然有德国人和法国人、荷兰人和西班牙人、俄国和瑞典人，或者其他什么人，等等。

恩斯特 完全正确！

法尔克 这样我们就有一个例证了。每一个这样的小国都有自己的利益，是吗？而这些小国的每个成员都有自己的国家利益，是吗？

恩斯特 难道不是？

法尔克 这种种不同的利益往往会发生冲突，正如现在的情况；两个不同国家的成员很难毫无偏执地相互对待，正如现在一个德国人对一个法国人，一个法国人对一个英国人那样。

---

① 当时的流行语词，指人受历史制约并在地点和时间上的有差别的生存。

恩斯特　非常可能！

法尔克　就是说，如果现在一个德国人遇见一个法国人，一个法国人遇见一个英国人，或者相反，这就不仅仅是一个人遇见另一个人，即天性相同而相互吸引的人；而是一个这样的人遇见一个那样的人，一个德国人遇见一个法国人，一个法国人遇见一个英国人。他们意识到国籍差异，这使他们作为个别的人还在相互发生最微不足道的关系和共同分担最微不足道的事务之前，就冷淡、拘谨、相互起疑心。

恩斯特　可惜这是真的。

[29]　**法尔克**　难道这不正说明，为了使人联合起来，为了通过联合确保幸福而发明的手段，反而使人隔绝？

恩斯特　如果你如此理解的话。

法尔克　让我们再向前跨一步。许多这样的小国家有着完全不同的气候，① 因而有完全不同的需求和满足，因而有完全不同的习惯和道德，因而有完全不同的道德信条，因而有完全不同的种种宗教。② 你不这样认为？

恩斯特　你跨出的是巨大的一步！

法尔克　到那时，人们还会是基督徒和犹太教徒以及土耳其人③之类的人。

---

① 文化差别，尤其宗教差别来自不同气候的差别——十八世纪启蒙哲人广为传布此说，如孟德斯鸠（1689—1755）的《法意》（1748，德译本1753）、卢梭（1712—1778）的《社会契约论》（1762）和《论人类不平等的起源和基础》（1754），以及狄德罗（1713—1784）、达朗贝（1717—1783）主编的《百科全书或科学、艺术和行业基础辞典》（*Encyclopedie ou Dictionnaire raisonne des science, des arts et des metiers*，共35卷，1751—1780）的有关条目对当时流行的见解作了一个综述。

② 孟德斯鸠和狄德罗的影响显而易见。

③ 在这里以及在莱辛其他著作里，"土耳其人"指的并非一个民族或种族的特殊群体，而是伊斯兰教的代表，通常称穆斯林或穆罕默德信徒。

恩斯特 我不敢说不是如此。

法尔克 既然如此，他们——不论他们称自己是什么人——相互之间的关系也只能像我们的基督教与犹太教徒和土耳其人相互之间历来的关系一样，并非一个单纯的人和另一个单纯的人，而是作为这样的人对那样的人，他们相互争夺某种精神上的[①]优先地位，并在此基础上建立自然人永远不可能想到的权利。[②]

恩斯特 很可悲，但是你说的可能是真的。

法尔克 仅仅"可能是真的"？

恩斯特 因为，至少我的想法如你所假设的那样，世上所有的国家都有一样的宪法，他们可能也都有一样的宗教。我搞不懂的是，[30] 没有一样的宗教，怎么可能有一样的宪法。

法尔克 我也搞不懂。——而且我也只是假设一种最好的政治宪法，以防你逃避话题。[③] 政治的统一和宗教的统一，在这世上都不可能。有一个国家，便会有许多国家。有许多国家，便会有

---

① "精神的"（geistig）在十八世纪指"宗教的"，与"世俗－此世的"相对，近似"教会的、教堂的"（geistlich）或译"属灵的"。

② [英译本注]"Rechte, die dem natürlichen Menschen nimmermehr einfallen könnten"（自然人永远不可能想到的权利）中的"Nimmermehr"（永远不可能）意思比较含混。法尔克口中的自然人到底属于过去、未来还是都不属于呢？莱辛曾为卢梭《论人类不平等的起源和基础》写过一篇简短而微不足道的评论，他的朋友门德尔松翻译了《论人类不平等的起源和基础》。

③ [英译本注] 话题即完美宪法到底是否可能存在，对参莱布尼茨论我们的世界是可能存在的世界中最好的一个。莱布尼茨的意思不是说这个世界已经完美无缺——伏尔泰正是这样僵化地理解。莱布尼茨的意思是，完美世界这一概念本身就自相矛盾，我们的世界是所有可能的世界中最好的。莱辛、门德尔松的《蒲伯：一个形而上学家》（Pope as Metaphysician）值得一读，里面讨论了莱布尼茨的神义论。比如，文中研究蒲伯的"无论是什么，都是对的"以及莱布尼茨的宣言之间的差别，还探讨"有'进步'就有'退步'的可能性"。

许多宪法。有许多宪法，便会有许多宗教。①

  恩斯特 是啊，是啊，看来是这样。

  法尔克 的确如此！——现在来看看市民社会完全违背其意图而引发的第二大灾难。不将人分离开来，市民社会便不可能将人联合起来；不加深人们之间的沟壑，不在他们之间筑起樊篱，市民社会便不可能将人们分离开来。

  恩斯特 这沟壑实在可怕！这樊篱往往不可逾越！

  法尔克 我还得加上第三大灾难。——市民社会并不满足于将人划分和分割为不同的民族和宗教。这种分割形成几个大部分，其中每个大部分都独自为一个整体，这种情况毕竟较之根本没有整体要好一些。②——市民社会并不满足于这种情况；市民社会将其分割活动在每一部分中继续下去，无穷无尽。

  恩斯特 何以如此？

  法尔克 莫非你认为可以设想一个没有等级差别（Verschiedenheit von Ständen）的国家？不论一个国家或好或坏，或多或少地接近完美，其所有成员相互之间却不可能具备同样的条件③。——即便所有的人全都参与立法，他们却不可能平等地参与，至少不会平等地直接参与。因为，[31] 这些成员有高贵和低贱之分（vornehmere und geringere Glieder）呀。虽然国家的一切财产在开始时平均地分配给他们，但这种平均分配很难持续存在两代。这人会比那人更善于利用自己的财产。这人像那人一样将自己管理不善的财产分配给自己的一些后代。于是，便产生富有的和贫穷的成员。

  恩斯特 显然如此。

  法尔克 你想一下，世界上有多少恶（Übel），其原因不是在

---

  ① 参阅孟德斯鸠，《法意》第二十四篇。

  ② ［英译本注］施特劳斯对"整体"（whole）的用法恐怕受到莱辛的影响。

  ③ ［英译本注］政治、社会、经济条件。

这种等级差别？

恩斯特　我要是能反驳你就好了！可是，我有什么理由反驳你呢？的确，人只有通过分裂才可以联合起来！只有通过不停的分裂才可以保持联合！这是既成的事实，不可改变。

法尔克　这正是我要说的！

恩斯特　可是，你的意图何在？想以此让我厌恶市民生活？想以此让我惋惜：人把联合理解成诸多国家？

法尔克　竟如此误解我？——哪怕市民社会只有一种善，即，使人的理性能够在这里得到培育这唯一一种善，我也会容忍市民社会的种种非常严重的恶而为它祈福。①

恩斯特　民谚曰：谁要享用火，谁就得容忍烟。②

法尔克　当然！可是，因为生火不可避免要冒烟，因此就不可发明烟囱了吗？[32]发明烟囱的人就成了火的敌人了？——瞧，这就是我要将话题引向的地方。

恩斯特　引向哪里？我不懂你的意思。

法尔克　这譬喻很恰当呵。③既然人除了通过分裂便不可能联合起来，分裂因此就成为善举了吗？

恩斯特　倒不至于。

法尔克　这种分裂因素就变得神圣了吗？

恩斯特　你说"神圣"是什么意思？

法尔克　我的意思是，神圣得以至于禁止接触？

恩斯特　出于什么意图接触？

---

① 在《圣灵和大能的证明》，尤其《论人类的教育》里，莱辛已经为基督教作过类似辩解，见《论人类的教育》的题词警句、"前记"和§63-65、77-79。

② 许多西方语言中都有的一句谚语，见弗朗克（S. Franck）编《谚语集》（*Sprichwortersammlung*），莱辛在他的《德语词典草稿》中多次使用此书。

③ ［英译本注］此处可对参《王制》卷七，当然，火喻和日喻在共济会以及Hermetic、Rosicrucian作品中十分常见。可回想《魔笛》及康帕内拉

法尔克 意图是：使分裂程度不至于超过必要的程度，尽可能减少分裂带来的恶果。

恩斯特 为什么要禁止？

法尔克 但也没法提供；① 通过市民法律（bürgerliche Gesetze）是无法提供的！因为，市民法律永远不会超越其国家的范围。这种事情恰恰在所有和每个国家的范围之外。——因此，使分裂程度不至于超过必要的要求只可能是一种 Opus supererogatum（分外之工），② 只能期待每个国家的最智慧（weisesten）和最优秀的人自愿承担这种分外之工。

恩斯特 岂止期待，恐怕要迫切期待。

［33］**法尔克** 我本来也这么想！迫切期待每个国家都有一些人能超越民族偏见（die Vorurteile der Völkerschaft），真正明白爱国主义（Patriotismus）在市民社会不应成其为美德。

恩斯特 的确迫切渴望！

法尔克 愿每个国家都有一些人能够不受其与生俱来的宗教偏见的影响，不相信，凡是这种宗教认为好的和真实的，便必定是好的、真实的。

恩斯特 的确非常令人渴望！

法尔克 愿每个国家都有一些人不羡慕位列其上者，不厌恶位居其下者；与这样的人在一起，高人乐于屈尊俯就，卑微的人敢于提高自己。③

---

① ［中译编者按］原文是 geboten，莱辛这里用了一个文字游戏 verboten 和 geboten。

② Opus supererogatum，即"分外之工"，本义指一个人为获取额外利益而作出的超过平均要求的优良劳绩，后来成为经院哲学的一个术语，指超出了一个人在道德上应做的事情的工作，这类功绩会从上帝那里获得额外的报偿。

③ ［中译编者按］尤其对参《道德经》第七十七章（老子和法尔克都看到"人道"不合"天道"，但他们提出的解决方法不太一样）：

恩斯特　的确非常令人渴望！

法尔克　假如这期待一旦实现呢？

恩斯特　实现？——当然，某个地方、某个时代，会有这么一个人出现的。

法尔克　不仅某个地方、某个时代。

恩斯特　在某些时代，在某些国家有许多这样的人出现。

法尔克　假如现在处处都有这种人呢？而且，在所有时代都会有这种人呢？

恩斯特　愿上帝保佑！

[34] 法尔克　假如我告诉你，这些人不是生活在一种不发挥作用的分散状态①呢？假如不是始终在一个不可见的教会②里呢？

恩斯特　多美的梦呵！

法尔克　长话短说。——假如这些人或许就是共济会员呢？

恩斯特　你说什么？

　　天之道其犹张弓与。高者抑之，下者举之。有馀者损之，不足者补之。天之道，损有馀而补不足。人之道，则不然，损不足以奉有馀。孰能有馀以奉天下，唯有道者。是以圣人为而不恃，功成而不处。其不欲见贤邪！

亦参中国思想史上各个时期各家各派（尤其《论语》、《左传》、《庄子》、《孟子》、《中庸》、董仲舒、程朱、陆王）在"天道""人道"问题上丰富多彩的观点及其意图。

①　分散状态（Zerstreuung）相当于自十九世纪以来通用的 Diaspora 的德语词，指从中心教徒群体或中心圣地分散开来（"分散地"）生活着的宗教人群的特殊生存形式。

②　茨温利（Huldrych Zwingli, 1484—1531）最早使用这个语词，尽管奥古斯丁的著作中就有 ecclesia visibilis（可见的教会）与 ecclesia invisibilis（不可见的、隐匿的教会）的区分。"可见的教会"相当于一种社会形式，"不可见的教会"仅仅部分地与之同一，真正的信徒才是不可见的教会共同体成员。共济会员自视为精英，将共济会视为不可见的教会。与此相反，莱辛在这里却强调共济会具有社会性的可见形式，尤其个别的共济分会。

法尔克　种种分裂使人相互孤立、冷漠，假如共济会员顺带做弥合分裂、① 让人们尽可能紧密地一起生活的事，你认为如何？

　　恩斯特　共济会员？

　　法尔克　我说的是：顺带成为他们的事业。

　　恩斯特　共济会员？

　　法尔克　请原谅！我又忘了，你说过，你再不愿听到有关共济会员的事。——那边有人招呼我们去用早点了。走吧！

　　恩斯特　不，不，再等一会！你说，共济会员……

　　法尔克　话题又不由自主地将我带回到他们身上。真抱歉！——到那边去，在人更多的地方（in der grßern Gesellschaft），② 我们很快会找到有益的谈资。走吧！

第三次谈话

　　[35]　**恩斯特**　你整整一天在摩肩接踵的人群中躲我。可我一直追到了你的卧室。

　　法尔克　有什么重要的事要对我说？今天我对单纯的闲聊倦了。

　　恩斯特　你讽刺我的好奇。

　　法尔克　你的好奇？

　　恩斯特　你今天早晨以如此高超的手段激发（piqued）我的好奇。

---

　　①　这是众多共济会文献（比如安德森以及普里斯顿的"古训"）有时明确指出的目的和追求，卢梭的思考也曾长期受此支配。最终，克服这三重分离是《论人类的教育》中提到的"第三世代"（§88 以下）的使命，因而仍然属于乌托邦的构想。

　　②　[中译编者按] 直译：在更大的社会中。

法尔克　今天早晨我们谈了些什么来着？

恩斯特　谈到共济会员。

法尔克　喔？在彼尔蒙特矿泉水①的作用下，我没有向你泄露什么秘密吧？

恩斯特　如你所说，这秘密根本不可能泄露。

法尔克　当然，这我就放心了。

恩斯特　不过，你的确对我说了有关共济会员的某些出乎我意料的事情，这让我留意起来，让我在想。

法尔克　什么事情？

恩斯特　噢，别折磨我了！你一定记得这些事的。

法尔克　对，你说着说着，我就慢慢想起来了。——难道就是这些事使你一整天躲开朋友不露面？

[36] 恩斯特　是啊！除非你至少回答我一个问题，否则我根本睡不着。

法尔克　与此有关的问题吧。

恩斯特　你从哪一方面可向我证明，至少向我大致说清楚，共济会员果真怀有那些伟大而可敬的意图？

法尔克　我曾对你谈到过他们的意图？我可不知道。——既然你根本无法理解共济会员的真正行为，我只想提醒你注意一点：哪些地方还可能有许多事情等着人去做，而我们那些聪明的政治理论家们连做梦都不会想到这些事情——共济会员们也许正在那里忙哩。也许！正在那里奔忙！这只是为了消除你的下述偏见：

---

①　彼尔蒙特矿泉水（Pyrmonter）指产自十八世纪最负盛名的休养地威泽山区的彼尔蒙特（Pyrmont，今在德国下萨克森州）矿泉浴场含碳酸的矿泉水，莱辛在这里的用法显然带有寓意，因为，当时的人们认为，含碳酸的泉水有启人心智和令人陶醉的作用。恩斯特与法尔克的谈话是否真的在这里进行，很难说，毕竟，这场谈话是莱辛的虚构，尽管1766年夏天莱辛的确在彼尔蒙特与政治家和政论家莫塞（Justus Moser, 1720—1794）就共济会交换过意见。

一切待兴土木的场地似乎已经全都被选定和占据，所有必要的建筑工作似乎已经分配到必要的人手中。①

  恩斯特 现在随你怎么说吧。从你的讲话中，我想象得出来，共济会员自愿以对抗不可避免的国家之恶为己任。

  法尔克 这样理解至少还不至于有辱共济会员。姑且保持这种理解吧！不过，要正确把握，别把其他东西掺和进来。我们讨论的是任何国家的不可避免的恶——而非具体这个或者那个拥有特定宪法的国家的恶！共济会员从不过问这类恶；至少不会以共济会员的身份过问。他们将减轻和医治这类恶的事交由市民，市民尽可以按自己的认识、勇气自担风险行事。[37] 共济会员致力的对象是另一种更高的恶。

  恩斯特 我完全明白这一点。共济会员针对的并不是那些使得市民遭受不幸的恶，而是指这样一些恶，没有这些恶，甚至就不会有最幸福的市民（übel, ohne welche auch der glücklichste Bürger nicht sein kann）。

  法尔克 没错！抵制这后一种恶——是这个意思吗？——致力于抵制这种不可避免的恶？

  恩斯特 没错！

---

① [英译本注] 关于"建筑"比喻，可对勘 Carl Hanser 版莱辛全集本（Munich, 1979）VIII. 39 以下、117、125。莱辛频繁在重要处使用建筑比喻，比如"奠定地基""清除荒木""打好基石""城市规划""建筑师的设计"等。值得注意的是，莱辛将这些比喻与现代性的始作俑者并提。请注意，在哥白尼、伽利略、牛顿及 Anderson 的 1723 年宪章那里，上帝都是"建筑师"。试回忆，康德《纯粹理性批判》中某章标题即"纯粹理性的建筑术"。现代认识论与 Bradley 所说的"'稳固地基'这一毁灭性的、不恰当的隐喻"密切相关，而这一比喻（亦见于笛卡尔和皮尔士！）看起来多么自然而然，多么不可抗拒啊——尤其在辅以与此同源的建筑比喻时。因为，这一比喻一旦展开，就能满足所有全面革命的方方面面——道德、政治、宗教、科学——的要求。

法尔克 "致力于抵制",这个说法用在这里有点重了。难道"完全消除"这些恶?没那回事。因为,毁灭这些恶等于连国家一道儿摧毁掉。千万不能让那些对这类恶根本没有感觉的人觉察到一丁点儿。最多只能远远地在人们身上促成对恶的感觉,创造条件让这感觉萌芽,移植它、修剪它,让它枝繁叶茂——这可以叫做致力于抵制这些恶。——你现在应该明白我为什么说,尽管共济会员现在如此辛苦劳作,但几个世纪之后,大概也不可以说,这是他们劳作的成果。

恩斯特 我也明白了谜的第二个特点——使善行成为多余的那些善行。

法尔克 很好!——现在你来研究一下那种恶,一一熟悉它们,掂量它们相互间的影响;可以保证,这种研究将使你发现,在情绪消沉的日子里,针对天意和美德①最致命、最坚不可摧的反驳(die niederschlagendsten, unauflöslichsten Einwürfe wider Vorsehung und Tugend)是什么。这种发现、这一醒悟(Erleuchtung)②将使你心地安宁,将使你幸福,哪怕你并不叫做③共济会员。

恩斯特 你如此强调这个"叫做"。

[38] **法尔克** 因为,人可以是某种人而又并不叫做某种人。

恩斯特 妙哉斯言!我明白了。不过,让我们再次回到我们的问题,我不得不稍作改动来表述。既然我现在已经了解作为共济会员作战对象的恶……

法尔克 你已经了解这些恶?

---

① 深刻理解共济会员的基本活动不仅有助于增强对上帝在历史中的智慧的驾驭之手("天意")的信仰,还有助于增强对人的具有高度道德品质的行为("美德")的信赖。
② 既有理性理解上的"启蒙"含义,又有宗教信仰上的被启示(照亮,Illuminatio)的含义。
③ 比较《智者纳坦》第四幕第七场,在那里,"基督徒"和"犹太教徒"的名称可交换,由此丧失了其各自的重要性。

恩斯特 你自己不是已经列举过了吗？

法尔克 我曾作为例证向你提到过几个，这只是连目光最短浅的人也会看出的恶中的几个，只是最无争议、最具包容性的恶中的几个。可是，其余的恶何其多！虽然它们并不如此明显，并不如此无可争议，并不如此具有包容性，却同样肯定、同样带有必然性喔！

恩斯特 请将我的问题只局限在你自己向我指出的那些恶。仅仅从这些恶怎样证明共济会员的意图果真在此？——你不说话了？你在思索？

法尔克 我不是在想如何回答你的问题。——但是，你为什么想知道呢？

恩斯特 如果我告诉你原因，你愿意回答我的问题吗？

法尔克 保证回答。

恩斯特 我问，你说共济会员所作的那些有何证据，是因为我了解而且害怕你的敏锐（Scharfsinn，ingenuity）。

法尔克 我的敏锐？

[39] 恩斯特 我担心你会让我把你的思辨当事实来接受。

法尔克 多谢。

恩斯特 这有辱你吗？

法尔克 相反，我得感谢你，你将本可以称作别的名称的东西叫做敏锐。

恩斯特 并非如此。我知道敏锐的人多么容易自欺；他们实在很容易强加和塞给别人一些这些人想也没有想过的计划和意图！

法尔克 可是，应该从何推断别人的计划和意图呢？不就是从他们的个别行动吗？

恩斯特 否则又从哪里推断呢？——现在，重又回到了我的问题。——从共济会员的哪些个别的无可争议的行为中可以推断出，他们的目的仅仅是，在共济会内部——并且通过共济会——顺带弥合你所说的那种分裂？弥合那种国家内部和国家之间不可避免的分裂?

法尔克 而且又无害于这个国家以及这些国家。

恩斯特 那就更好了!这也不一定是一些可得出上述推断的行为。导致那些推断或者从那些推断中产生的只是某些独有表征或者特有现象。这些大概也就是你进行思辨的好的出发点,如果你的体系只是假定的话。

法尔克 你明显还在怀疑我。不过,我希望一旦我让你忆及共济会员的一条基本法则(Grundgesetz),①你的疑虑就会消除。

恩斯特 什么法则?

[40]**法尔克** 他们从不曾视为秘密的法则。他们在全部世人眼前依之活动的法则。

恩斯特 就是?

法尔克 就是不问其祖国差别、宗教差别、市民等级差别,将每个具有应有资质的合格的人都吸收进自己的教团。②

恩斯特 果然如此!

法尔克 自然,这条基本法则的前提似乎是:已经存在着超越民族、宗教、社会区别的人,因而用意并非在于培养这种人。但是,硝在作为硝石附丽在墙壁上之前,必须滞留在空气里。

恩斯特 噢,可不是!

法尔克 难道共济会员不能使用一个寻常的狡计(List)吗?就是说,完全公开自己的部分秘密意图,以便迷惑那些心怀猜疑的人。他们表面上在做的事情与他们迫切要做的事情完全不一样。

恩斯特 有可能

法尔克 一个会制作白银的手艺人,为什么不可以买卖旧的

---

① 在十八世纪,下文就此所谈到的内容只是共济会的一个理想,并非现实。事实上,德国的共济会员仍遵循基督教的法则行事,所以,犹太教徒或自由思想家几乎没有参加的可能,甚至阶层的差别也绝没有完全消除。

② 共济会员当中的流行称谓,大概源于中世纪的骑士教团。

碎银，① 以便让人更少怀疑他会打造白银呢？

　　恩斯特　有何不可呢？

　　法尔克　恩斯特，你在听我讲吗？——我觉得②你是在梦中回答我的话。

　　[41] 恩斯特　不，朋友，我感到够了，今晚已足够了。明天一清早还要回城里。

　　法尔克　要走了？怎么这么快？

　　恩斯特　你了解我，还用问？你的矿泉治疗还要持续多久？

　　法尔克　我前天才开始呀。

　　恩斯特　那么，你治疗结束之前我再来看你。——再见！晚安！

　　法尔克　晚安！再见！

补　记

　　火花已经点燃。恩斯特走了，成了共济会员。在此期间，他首先发现的东西是第四次和第五次谈话的材料，这两篇谈话标志着他的生活道路的转折。

---

　　① 用加工过的银或旧银器的碎块熔炼成的银，用于再加工。
　　② 手稿中本来接着写道："恩斯特，去吧，你困了。我也困了。"后来被（显然是排字工人用的）红笔涂掉。

恩斯特与法尔克(续)
——写给共济会员的谈话

第三者的前言①

[44] 前三篇谈话的作者——如人们所知——在接到高层请求②不要公开刊布这些续篇的暗示时,已经将手稿备好待印。③

但在这之前,他将这第四和第五篇谈话分送给了几个朋友,④

---

① 这篇前言可能并非出自莱辛手笔,Heinrich Schneider 认为可能出自"批发商"(即法兰克福的书商 J. C. Bronner)之笔,他是严律派共济会员(《论莱辛》,1951,页194)。[中译编者按] 英译者完全不同意这种说法。
[英译本注] 想想莱辛关于前三篇谈话写给裴迪南公爵的信:

> 我不揣冒昧地认为,在已知的谈话中的前三篇也许是以往曾就共济会所写的最严肃、最值得称许、最真实之作,我无法抵御将之付印的诱惑。(1778年10月19日)

毫无疑问,谈话四、五既是莱辛写的又是莱辛出版的。这两篇谈话于莱辛生前出版(Frankfurt am Main,1780)。

② 指前面所引的公爵的复信。

③ 裴迪南公爵1778年10月21日的信表明,公爵对前三篇谈话的态度颇有保留。莱辛在1779年11月6日致卡培的信里谈到对公爵的承诺:"未经他事先知道决不"将后续部分付印,哪怕只是转抄。但莱辛与公爵的交往更多是口头的,书信很少,因此,莱辛的承诺更多是口头上的,或者只是礼貌,甚至也许是明智的体谅。

④ 指卡培(Campe)、李希腾伯格(Lichtenberg)、雅可比(Jacobi)、艾丽瑟(Elise)、阿尔伯特(Johann Albert)、莱玛鲁斯(Heinrich Reimarus),以及赫尔德、哈曼、裴迪南公爵、洛佩特(von Ropert)、特洛棱哈根(Trollenhagen)等,也许还有布伦瑞克的阿尔诺伊德(Konrad Arnold)和维也纳的波尔恩(Ignaz von Born)。

这些朋友大概在未经他允许的情况下转抄传阅。这些抄本中的一件非常偶然地落入本编者手中。编者为如此多的崇高真理被压制而深感惋惜，于是决定，在未得到暗示的情况下将手稿付印。

如果希望看到如此重要的论题得到更广泛的传播的急切欲求还不足以解释这种自由行事的做法，进一步的辩护便只可能是：本出版者并非共济会员。

此外，人们还会发现，本出版者出于谨慎和对该团体某一分支[①]组织的尊重，在编订出版时，没有提及本已完全写出的几个姓名。

第四次谈话

[45] 法尔克　恩斯特，欢迎！你终于来了！我早就结束矿泉治疗了。

恩斯特　感觉好吗？我真高兴。

法尔克　怎么了？哪里有人如此气忿地说"我真高兴"。

恩斯特　我就如此，差一点儿我就要对你动气了。

法尔克　对我？

恩斯特　你误导我迈出荒唐的一步——看这边！把手伸给我！[②]——你还有什么可说的？——耸肩？真让我受不了。

法尔克　误导你？

恩斯特　这可能并非你的本意。

---

① 指"严律派"，其大师是裴迪南公爵，这个分支来源于中世纪的护法武士教团。
② 一种特定的握手形式，共济会员们相互识别的暗示。
③ 暗示《旧约·出埃及记》叙述的以色列人，他们在摩西率领下逃出埃及，走进希望的"应许之地"，这次逃亡由于持续数十年之久，曾引起人民的不断反抗。在某些共济会的史书中，摩西被描绘为这个兄弟会的早期领袖，以色列人出埃及进入应许之地，则被视为世俗化了的共济会乌托邦的象征。

法尔克　那你还怪我？

恩斯特　那个神－人（der Mann Gottes）向民众讲述了一个流淌着牛奶和蜂蜜的国度，难道民众会不向往？如果这位神－人不引导民众进入这片乐土，而是引导他们走上干燥的沙漠，他们不应对这人表示不满？①

[46] 法尔克　没必要激动嘛！害处不至于如此大吧。而且，我注意到，你已经在我们祖先的墓旁工作过了。

恩斯特　可是，笼罩着那些墓的不是火焰，而是烟霭。②

法尔克　你应等待，等到烟霭弥散，火焰吐舌，送出温暖。

恩斯特　还没有等到火焰照亮和温暖我，烟霭就已经将我窒息；我很清楚，其他更能够忍受烟霭的人将享受这光亮和温暖。

法尔克　你说的该不是那些乐于让别人丰盛厨房③的烟熏燎的人吧？

恩斯特　这么说，你了解这类人？

[英译本注] 见《出埃及记》13：5；15：22以下。

①　莱辛大概想到了自己在共济会分会的经历：被吸纳进汉堡"三玫瑰"分会以后，莱辛深感失望，显然，他曾对共济会有过很多期望。主座师傅罗森伯格曾问莱辛："怎么样呵？您瞧，我说的该是真话吧？您并没有发现什么反宗教或反国家的事哦！"莱辛不悦地回答说："哈，我倒想发现有这种事哩；我更喜欢这种事！"

②　高级共济会内的符号，只有达到师傅级别，共济会员才会得知此类符号（Symbolum）的含义，莱辛一参加共济会时就享有这个级别的待遇，恩斯特也已经达到了这个级别。

③　大概暗示在礼仪聚会后举行的丰盛的分会聚餐。在十八世纪，共济会分会的宴会和聚餐很有名气，在安德森1723年写的共济会的《古训》中所说的话并非偶然：

你们可以开怀畅饮，相互尽力劝勉进酒进食。但你们必须避免任何放纵行为，不可强迫哪位兄弟过量饮酒、进餐，或者阻止他离席，如果他有事须离去的话。……此外，你们必须注意自己的健康，聚会时间不可太晚，也不可在聚会时间完了很久以后仍滞留不归，也要避免过分的口腹之欲和酗酒……

法尔克　我曾有所闻。

恩斯特　这就更不该了，究竟是什么促使你把我推上这片冰原，向我展示那些你明知道是毫无根基的事物？

法尔克　你的愠怒没有道理。——与你讨论共济会时，难道我没有想方设法让你明白，让各个诚实人都成为共济会员是多么无益？岂止无益，简直是有害呵！

恩斯特　大概说过。

法尔克　难道我不曾说过，人们可以履行共济会的至高义务而又无须被叫做（heißen）共济会员？①

[47] 恩斯特　你说过，这我记得。但你知道，一旦我的幻想展开双翼飞翔起来——我能收得住吗？我要指责你的只是，你为我的幻想之鸟指点了这道诱惑它的食物。

法尔克　可是你很快就感到厌倦，不想伸手去抓它了。你为什么只字不提你的打算（Vorsatze）？

恩斯特　难道你会拦我？

法尔克　当然！——谁愿意喋喋不休地说服一个走路火急、随时会跌跤的孩子重新使用习步车？② 我无须恭维你，你走得已经太远了，无法再从头起步。人们同样不可将你当成例外情况。所有的人都必须走路。

恩斯特　假如从剩下的路程那里能够得到更多期许，我也不会为走上这条路而悔恨。可是，我得到的只是空头许诺（Verträstungen，vain promisses），空头许诺，除了空头许诺，什么也没有！

---

① 博物和民俗学者福斯特（Georg Forster，1754—1794）在 1783 年脱离共济会时也如此解释。

② 共济会汉堡严律派分会主座师傅波德（Bode）在 1767 年夏以类似的话拒绝了莱辛的入会申请："我希望成为我的弟兄的人，除了您没别人。不过，我又不得不断然奉劝您不要申请入会，因为，在我们的体制中，对于您的年龄和您这样热烈的性格来说，进步是太慢了。"

法尔克　啊，这么说，他们已经给你许诺啦！用什么许诺？
　　恩斯特　你很清楚，用苏格兰共济会，① 用苏格兰骑士。
　　法尔克　对，一点儿不错。可是，苏格兰骑士要许诺干什么？
　　恩斯特　天晓得！
　　法尔克　你的同志们，团体的另一些新人，② 难道也一无所知？
　　[48] 恩斯特　噢，这些人！他们知道得太多！他们的期待太高！有的想炼金，有的想招魂唤鬼③，有的想恢复某某某。④ 你在笑，你只会笑？
　　法尔克　我又能怎样？
　　恩斯特　你应对这些蠢蛋表示反感！
　　法尔克　假如我不是在有一点上与他们达成了和解的话，倒也会。

---

　　①　"苏格兰共济会"（schottische Mäurerei）1740 年前后在法国出现，很快在德国扩展，其组织形式仿中世纪的基督教骑士僧侣团，等级分明，除了原有的学徒－伙计－师傅三个级别外，还有"苏格兰等级"（Schottengrad），即最高的"苏格兰师傅级"，这种级别的多是主座师傅，他们与在苏格兰就获得了师傅资格的人有特别关系。[英译本注] 笔者猜测，这里的"许诺"可能指的是严律分会设定的比"三级师父"更高的位置。
　　②　新被接纳的会员，有时被写作 Novizen（新手、见习修士），暗示基督教教团。
　　③　暗示主要在十八世纪的高级共济会中广为流行的炼金和招魂唤鬼以及秘术等倾向。招魂术（spirirismus）在十八世纪的共济会会员当中十分普遍，在德国，莱比锡的施莱普夫 Johann Georg Schrepfer（1739—1774）便是有名的招魂术士。
　　④　这里应补充"护法武士"（[中译按] Tempelherr，亦可译为圣殿骑士），在哈曼（Hamann）1781 年编订的版本中，此处为 Tempelherren（护法武士）。护法武士团早在 1312 年就解散了，裴迪南公爵主持的严律派高级派系自认为是其合法继承者，刻意仿效古老的护法武士规矩。Nicoles de Bonneville 在 1788 年出版的 Les Jesuites Chasses de la Masonneri et leur poigmard brise pat les masons（《共济会的耶稣会框架和他们断裂了的共济会的伤人暗器》）第二部分《苏格兰共济会》中声称：

恩斯特　哪一点？

法尔克　从所有这些梦呓中，我看到他们在追求现实，从所有这条条歧路中可以理出正道的走向。①

恩斯特　从炼金术②中也可以看到？

法尔克　可以。到底真的能不能炼金，在我看来无关紧要。但我十分确信，只有在考虑到共济会时，理性的人才会产生能够炼金的愿望。任何占有智者之石③的人都会在同一瞬间成为共济会员。而且，令人称奇的是，世界上关于真正的或者臆想的炼金术士的记载，都证实了这一点。

恩斯特　那么，那些招魂唤鬼的（die Geister－Beschwörer）呢？

法尔克　上面说的大体也适用于这些人。除了共济会员，鬼魂不可能听从其他人的声音。

恩斯特　你把这类事情说得多认真④哟！

［49］法尔克　一切圣者明鉴！没有什么比这类事更认真的了。

莱辛在《智者纳坦》里以大师手笔刻画了一个护法武士的性格；他在其中暗示了共济会的标志和神秘的指环。人们从这部悲剧的激昂慷慨的气氛中肯定可以看出，他认为自己是一个真正的护法武士，却并不明白这枚耶稣会士的指环的真正含义。

德译本译者 J. J. Ch. Bode 在一条注释里（Leipzig 1788，页 133 以下）对此提出异议：

可是，据译者所知，莱辛按普通的等级顺序一直升到第三等（岑内多夫派系共有七等），但没有再继续走下去；因为虽然这全是他自己的过错，但他从不曾自视为护法武士，甚至不曾自视为有符号的护法武士，更不必说真正的武士了。

① 《论人类的教育》的"前记"以及§91以下都谈到追求真理的努力中的谬误和歧路。

② 莱辛在"读书札记"中对炼金术有所评说。在十八世纪，高级共济会中的许多分会都在实验室里做这类实验。

恩斯特　但愿如此！最后，还有那些新的某某某①呢？

法尔克　算啦，别提这些人！

恩斯特　你看你看！对这些人你就无话可说啦。因为他们毕竟确实存在，而炼金术士和招魂唤鬼的也许根本就不曾有过。当然，可以说得更明白点儿，共济会员对这类幻想物的态度，与对现实物的态度没有两样。

法尔克　我在这里确实只能以两难困境（Dilemma）表达我的意思：非此即彼——

恩斯特　也好！只要人们至少明白两个命题中有一个真实无谬，就够好了！

---

③　一种神奇之石，炼金术士希望用它从低贱金属炼出黄金；参阅莱辛的《读书札记》。

［英译本注］对观笛卡尔《谈谈方法》第一章临近结尾处；亦参培根《新工具》卷二，格言四、五。

　　　　作为力学的哲学出现于十七世纪，人们普遍认为它敲响了炼金术的丧钟……然而，仅举博尔哈夫（Boerhave，1664—1734）一例便足以推翻上述看法。人们通常认为，博尔哈夫是第一位伟大的理性化学家，深受牛顿哲学影响，坚持实验的方法，是位谨慎的经验主义者。其实，上述说法都对，但他仍然对炼金术深信不疑。（Betty Jo Teeter Dobbs，*The Foundations of Newton's Alchemy*［《牛顿炼金术的基础》］，Cambridge University Press，1975，页44。）

Dobbs的精彩研究从多方面证实莱辛的判断：不论偶尔还是经常遇到圈套，我们都不能放弃追问真正的问题："共济会"到底是什么？显然，法尔克口中的共济会颇似初见雏形的自然科学。笔者搞不懂，为什么莱辛从没提到拉瓦锡（［中译编者按］拉瓦锡，1743—1794，法国科学家，近代化学奠基人之一，推翻"燃素说"，证明质量守恒定律——当时被称作"物质不灭定律"；推翻古希腊四元素说，列出第一张化学元素表。在法国大革命中掉了脑袋）。据笔者所知，康德也没提过拉瓦锡。

④　［中译按］原文为ernsthaft，注意与"恩斯特"之名的关联。

①　指新的护法武士，即严律派成员。

要么是这些某某某 would be[1]——

法尔克　恩斯特[2]！不要讲风凉话！凭良心说！这些人，恰恰是这些人，要么肯定恰恰走的是正道，要么恰恰远离正道，没有任何希望回到正道上来。

恩斯特　我得听听你讲这类事。其实，我还要请求你进一步解释呢——

法尔克　有何不可？人们早就把种种"谜"（Heimlichkeiten）搞成了"密"（das Geheimnis）。

恩斯特　你对此如何理解？

法尔克　我曾对你说过，共济会的"密"是会员不可讲出口的东西，哪怕他可能愿意讲出来。[50] 但种种"谜"本来是可以说的东西，只是在某些时候、在某些国家，人们要么为了避免嫉妒而隐瞒，要么出于恐惧而不吐露，要么出于审慎而三缄其口。

恩斯特　例如？

法尔克　例如！例如某某某与共济会员中的这种亲缘关系。不让人对此有所察觉，在当时可能必要且有益。可是现在，现在如果

---

[1] 哈曼编辑的本子写成 Templars – Would – be，即那些一心想成为新的护法武士的人。在莱辛 1759 年附于他编订出版的《罗高格言诗集》（Friedrich von Logau，1604—1655，德国诗人）的"词语汇编"里，gerne（乐意、喜爱）条目有下述记载：

> 罗高通过移植这个副词构成一个复合名词，这种名词表达的正是英国人通过后置的 Would – be 所表达的那种空泛、徒劳的努力，例如 a Merchand – Would – be（乐于经商的人），a Politik – Would – be（喜欢从政的人）。他以这种方式不仅构成通常用的 gernegroß（自命不凡的）……，而且还说 gerneklug（自以为聪明的）……这里指的是愚蠢的自吹自擂，将外来词混进德语……

莱辛《读书札记》中的记载有"护法武士"条目，可见他曾研究过护法武士的历史。

[2] ［中译按］也可译作"严肃点"。

有人仍继续将这种亲缘关系当成"密",则恰恰相反,会极其有害。人们应公开承认这种亲缘关系,并且确定一点,从这一点看,① 某某某是那个时代的共济会员。②

恩斯特 我可否知道这一点?

法尔克 请细心读读某某某的历史!③ 你必定会猜出这一点。你肯定会猜出来。这就是你为什么不一定必须当共济会员的原因。④

---

① 可能指,在护法武士教团中,个别民族间的"分裂"得到了克服,这是护法武士特别赋予共济会的一项使命。

② [英译本注]笔者希望有人能讲讲,在莱辛心目中,护法武士和共济会员之间究竟有何种相似之处。笔者想到两点:首先,护法武士多为国际金融家、银行家;其次,有传言说,护法武士是异端,与洁净派(Cathars)过从甚密,因此与这种教诲有关,即人人最终都能获救,就算没有承负圣灵的人也能获得灵魂转世。莱辛《智者纳坦》中出现护法武士([中译按]在剧中被译为"圣殿骑士"),可对参《论人类的教育》中对灵魂转世的态度,由此大致可以看出,莱辛将护法武士看作对三一基督宗教的早期批评。

③ 可能指《读书札记》中所记的"护法武士"条,亦参莱辛的《智者纳坦》草稿。

④ 很值得在此引用一下赫尔德对莱辛的说法的评价:

> 可是,会怎样呢?……假若他们(指护法武士)把勇敢和实际智慧美妙地混合在一起,假若他们因此超逾了自己所处时代的可憎偏见,在他们的心灵中融合了东西方最高贵和最真实的东西,并真正成为国中之国,成为摆脱了民族偏见的高尚 Masonei(团体),如莱辛希望将他们和他们的后继者共济会员提升为这样的团体那样,会怎样呢?在这里,我们看到莱辛的谈话的亮点——一幅美丽的海市蜃楼般的幻景;这篇著作是为两个社会而写,因此应成为既是现存社会的理想之书又是现存社会的法律书,倘若这篇著作能够成为这样的书,倘若这篇著作在这个社会已经消亡之后还能够享有荣誉,那它便是尽善尽美的著作了。让我们等着瞧!

1782年,赫尔德就 F. Nicolati 的《试论对护法武士团的指控及该团的秘密:附共济会形成史》一书写了几封书信,对其提出历史考察上的怀疑,这是第四封信的结语最早的手稿中的话。

恩斯特　可我眼下并没有坐在我的书堆里！——如果我猜准了，你是否愿意向我承认，我确实猜准了？

法尔克　你同时会发现，你根本不需要这种承认。让我们再回到我的两难困境！决断正取决于此。所有胸怀某某某的共济会员都看得见、感觉得到真正的相似之处（diesen rechten Punkt）。这是他们的造化呵！这是世界之福！让我们为他们所做的一切祝福！为他们舍弃不做的一切祝福！如果他们认识和感觉不到它，即那一点（jenen Punkt）；如果一种单纯的和谐诱惑了他们；如果只是在某某①工作②的共济会员使他们成了某某某；如果他们只是迷恋于［51］……③之上的……；如果他们只是希望自己和自己的朋友们能够分得俸禄丰厚的肥缺④——那么，但求上天赐予我们丰富的怜悯之心，使我们不至于发出笑声。

恩斯特　瞧！你还是会生气而又严厉起来。

法尔克　很遗憾！多谢恭维，我又会变得冷若冰雪。

恩斯特　在你看来，这些先生们属于两种情况中的哪一种？

法尔克　恐怕是后一种——也许我在自欺吧！因为，假如是第

---

① 在圣殿里，共济会集会地经常被如此称谓。

② 共济会员在分会的"圣殿"中庄严的礼仪性聚会被称为"工作"。

③ 可以补充"迷恋于白外套上的红十字"；严律派共济会派系的"修会"（Ordenschaft）的标志是白色羊毛制的短衫和标有护法武士红十字的白外套。另外还有一种华丽的"制服"，身为共济会员的歌德把它说成"白红装"（Weiß-rote Maskenrade）。《智者纳坦》第一幕第五场中有这样一句台词："护法武士：……主教？他不是更知道白外套上的红十字吗？"

④ 指骑士团领地，或者甚至挂名圣职在骑士教团拥有的地区性分支，以及交由这些分支机构管理和利用的辖区。在哈曼编订的1781年版本中为："参与建造那座圣殿的自由砖石匠成了圣殿护法武士；如果他们只是迷恋于白外套上的红十字；如果他们只喜欢俸禄丰厚的肥缺……"这里的"圣殿"指秘密社团接受的关于所罗门神殿的象征和神话。在法国，自由砖石匠把耶路撒冷的神殿建造作为自己的来源；在英法，方舟和巴别塔建造取代了圣殿建造作为自己的来源符号。

一种情况，他们怎么可能有如此罕有的打算？竟要重建某某某！那个使某某某得以成为共济会员的伟大之点并没有发生。至少在欧洲，早已被超越，其中不再需要特殊的推动。他们想要怎样？也想成为有朝一日会让伟大的人物们挤干的饱满的海绵？①

可是，向谁提出这问题？针对谁提出这问题？你是否曾对我说过——你当时是否能够对我说，除了团体中的新入会者，其他人会有这类关于炼金术士和招魂唤鬼者的怪诞念头？除了小孩，除了滥用小孩的人，其他人会无所顾忌？——然而，小孩将成为成人，由他们去吧！如前所说，从玩具中，我已经老早看到有朝一日由成人以稳健的手操纵的武器。

恩斯特 朋友！从根本上讲，使我感到不快的并非这类儿戏。我没有估计到在这类儿戏背后可能隐藏着某些认真的东西，于是，我忽略了它们。我想，这是投给幼鲸的浮桶！② 但让我的心难受的

---

① 1312年，在教宗克雷芒五世（Clemens V.）支持下，法国国王美男子菲力浦（Philipp der Schoene）取缔了护法武士教团，其巨量财产落入法国、英国和西班牙王室，即文中所指的伟大的大人物们。伏尔泰在其《十字军东征史》（莱辛将此书译为德文）中曾强调，金钱在十字军东征史上起了巨大作用。

② 为戏弄鲸鱼、转移其对航船的攻击而投出的浮桶（状如球），有时也当作捕鲸时的诱饵。莱辛在《汉堡剧评》中也用过这个譬喻（第100至104篇）：

一只为我们的批评性鲸鱼准备的浮桶！我预先为它们玩得快活感到高兴。浮桶是专为鲸鱼们投放出去的，尤其是为在哈勒咸水里的幼鲸！

看来，莱辛是在化用斯威夫特（Jonathan Swift, 1667—1754）著名的《浮桶童话》（*Tal of a Tub*）。据斯威夫特描绘：海员们惯于向鲸鱼投空浮桶供它们玩耍，以便转移它们的注意力，不再袭击航船。在该书序中，斯威夫特将受到威胁的船视为国家（[中译编者按] 这种比喻来自古希腊诗人忒奥格尼斯，经柏拉图发扬光大），将鲸鱼称为霍布斯所说的利维坦。"人们认为，我们时代最可怕的强大人物的武器便取之于利维坦。"转引自 Satyrische u. ernsthafte Schriften von Dr. Jonathan Swift（《斯威夫特博士讽刺和严肃文集》），卷三，第二版，Hamburg/Leipzig 1759，页46。

却是，我到处看到、听到的只有这类儿戏，[52] 没有人愿意知道你曾为此在我心中唤起期待的东西。我虽然随时对任何人都可以开始这个话题，但并没有人附和，时时处处遇见的都是讳莫如深的三缄其口。

法尔克　你指的是——

恩斯特　你曾向我指出的那条教团的基本法则——平等；那种平等使我整个心灵充满意想不到的希望：终于有一天会在这样的人组成的社会中呼吸到那种平等，这些人善于超越一切市民社会的变异（alle bürgerlichen Modifications）① 进行思考，又不会因自己结成一个社会而背负加害第三者的罪过——

法尔克　怎样呢？

恩斯特　那种平等还存在吗？它存在过吗？让一个诚实的、受到启蒙的犹太教徒来试试看，让他来要求加入！"犹太教徒？那可不行。显然，候选人必须是基督徒。不论他是怎样一个基督徒。所谓无宗教差别，是指三个在神圣罗马帝国境内被公开容许的宗教，不问其间的差别。"② 你也持这种看法？

---

① 指人类社会分裂为不同等级、各种宗教和各个民族。
② 自1648年威斯特法伦和解以来，德意志帝国内得到承认的宗教便是天主教、路德宗和改革宗诸教派。根据1723年的"古训"，"思辨的"自由砖石匠不再像"行动的"砖石匠行会那样仅限于基督徒：

> 砖石匠因其职业而有义务听命于道德法则。既然砖石匠正确地理解自己的技艺，他就既不会是个愚蠢的无神论者，也不可能成为不笃信宗教的自由派。但是，古时候的各国砖石匠必然信奉各自国家和民族中通行的那种宗教，所以，我们今天最好要他们对所有人都认同的宗教承担义务，并使每个人都保持自己特有的信仰。换言之：砖石匠们应善良诚实，应忠厚正直，不论他们的信仰共同体和见解多么不同。砖石匠会所由此而成为共同达成一致的场所，成为通过诚实的友谊使长期相互格格不入的人结合起来的手段。

法尔克　我想我不这么看。

恩斯特　一个诚实的鞋匠在做鞋时有足够的闲暇酝酿某些好思想（说不定是伯麦［Jacob Boehme］和萨克斯①之类的人呢），让他们来要求加入！"鞋匠？那可不行，显然，鞋匠……"——你让一个诚实、富有经验、可靠的仆人来并自报家门。"那种人，连选择自己外套颜色的自由都没有，可不能加入。②我们在一起就是很好的社会。"

法尔克　他们究竟成了怎样的好社会（gute Gesellschaft）呢？

［53］恩斯特　好了！这地方我实在无可挑剔，只是，这好社会在世界上会让人感到厌倦——亲王、伯爵、贵族大人、军官、形形色色的顾问、商人、艺术家——在会内，所有这些人相互间自然毫无等级差别，他们喧喧嚷嚷进进出出。但事实上，所有这些人只属于一个等级，令人遗憾的是，这个等级……③

法尔克　在我那个时代，还不是这种情况。不过！我并不知道，只是猜而已。我游离于分会④——不论哪个分会——组织联系的时间太长了。在此前，一段时间里不可能（sein mögen）⑤获准

这条"人道的"世界共济会的原则在德国并未得到遵守，1766年，柏林"伟大的三地球全国总会"首次正式规定排除犹太教徒的"基督教"原则。汉堡分会创建者罗森伯格曾接受莱辛为会员，他在1769年简洁地说明："共济会员必须是基督徒，必须献身于四大教派之一，并始终如一，即罗马天主教、希腊正教、抗议宗和改革派教会。"到十九世纪，"人道的"世界共济会原则才逐渐在德国立足。

① 最重要的抗议宗神秘主义者之一伯麦（Jacob Boehme, 1575—1624）对后来的思想家有巨大影响，本人是熟练的鞋匠；诗人 Hans Sachs（1494—1576）年轻时是鞋匠。

② 仆人穿的衣服往往有确定颜色，由雇主提供，这意味着仆人必须穿着一种号衣。

③ 哈曼编的1781年版接着写道："是一个由百无聊赖和活动欲求构成的等级。"

④ 既指共济会集会地，也指会员们具体的聚会；这个概念来自英文 lodge（既指小茅屋，也可指建筑工棚）。

⑤ 按1780a版，1786年改作"必定是"（sein müssen）。

进入分会，与被共济会排除在外，毕竟是完全不同的两回事。

恩斯特　为什么？

法尔克　因为，分会与共济会的关系，犹如教会与信仰①的关系。从教会外表上的富裕②推断不出，根本推断不出任何有益于其成员信仰的东西。相反，教会的某种外表上的富裕假若能够与真正的信仰共存，倒可称得上一种奇迹。两者从来不曾兼容过，一个总是置另一个于死地——像历史告诫我们的那样。所以，我担心，我担心——

恩斯特　担什么心？

法尔克　长话短说！分会事务——我听说——现在推行的一套，③我根本无法理解：设账房、筹资本，投放这些资本，设法充分利用每个芬尼，为自己采购，让国王和侯爵授予自己特权，④利用他们的威望和权力压制遵守别的戒律（Observanz）的弟兄们——[54]人们习惯上总把这些人当作异端。如果长此以往，将不堪设想！——我可不愿我的预言不幸而言中！

恩斯特　那当然！究竟会怎样呢？现在，这国家没有再如此行事。再说，在那些制定或者实施国家法律的人物当中，共济会

---

① 即可见教会与不可见教会的关系。

② 这里还意味着：良好状态、安好。

③ 指"严律派"自1755年开始的所谓经济运行计划，这项计划规定，按照真正教团的方式通过长远投资形成共同的财产，并对全体成员提供相应的资助。虽然声称用于社会目的，但事实上却计划用来支付教团较高级别者的终生年金。若每年支付每个骑士最高金额为500帝国银币的终生养老金，经估算就需一百二十万银币的资产。为达到这个目的，1757年停止了接纳见习会员和骑士。合并起来的分会应投资办工厂（集股办制烟厂和其他大企业），不仅为了"使大量分会的俸禄生利"，而且使生活在修会庄园中的穷人过上体面生活。由于内部因此出现诸多争执，加之"严律派"境况日下，1772年这项计划被正式放弃。

④ 1774年，岑内多夫在德国从普鲁士腓特烈二世那里为其德国大邦共济会分会第一次争到特权，而严律派于1771年就可能已经在布伦瑞克取得邦一级地位。

员已经不少——①

  法尔克　说得好！所以，即便在国家方面他们没有什么可担心的，但这样一种情况②，你想，会对他们自身产生什么影响？由此他们岂不明显又将陷于自己曾想摆脱的境地吗？岂不就将不再是他们曾想是的人了吗？我不晓得你是否完全懂得我的话的意思。——

  恩斯特　只管讲下去！

  法尔克　那好！的确，没有什么东西是永恒的。也许这恰恰是天意所选定的途径，以结束迄今为止的整个共济会格式③——

  恩斯特　"共济会格式？"你称什么？格式？

  法尔克　是呀，格式、外壳、外衣。

  恩斯特　我还是不明白——

  法尔克　你不至于认为共济会始终扮演共济会的角色吧？

  恩斯特　这又是指什么？共济会并非始终扮演共济会的角色？

  法尔克　换句话说吧！莫非你认为，共济会所是的，始终都叫做共济会？你看，中午都已经过了，晚餐的客人们已经到了。你留下来吗？

  [55]**恩斯特**　我没想过要留下来，可是，我大概不得不留下来了。因为，我渴望得到双重的满足。

  法尔克　只吃饭，别说话，这是我的请求。

第五次谈话

  恩斯特　他们终于走了！呵，这些饶舌者！难道你没有看出，或者你不愿注意到，那个下颏长着肉瘤的人——他叫什么名字无

---

  ①　［英译本注］例如，普鲁士王腓特烈就被发展为 Brunswick 分会。牛顿的死党 John Theophilus Desaguliers（1683—1744）操办了他的入会仪式。

  ②　［中译按］Verfassung，亦可译为"政制"。

  ③　［中译编者按］Schema der Freimäurerei，亦可译作"共济会的密谋"。

关紧要！——是个共济会员？他不断这样叩手指头。①

法尔克 我注意听他讲话。我甚至从他的话中听出了没有引起你足够注意的东西。他属于那些在欧洲为美国人辩护的人——②

恩斯特 在他身上，这也许还不算最坏的事。

法尔克 他想入非非，认为美国国会是一个共济会分会；③ 共

---

① 特别的叩击节奏是共济会员相互识别的暗号。

［英译本注］这种叩击使笔者想起，在二战中，我们用摩尔斯码"…－"验明正身（三短一长，很像贝多芬第五交响曲《命运》）。亦参 Jacques Chailey,《〈魔笛〉，一部共济会歌剧》（*The Magic Flute, Masonic Opera*, Knopf, New York, 1971）。

② 指欧洲的许多共济会分会支持美国独立战争（1775—1783），美国革命虽说没有得到欧洲所有共济会分会的支持，但也得到不少欧洲共济会分会的支持。当时居领导地位的美国政治家和费城共济会分会主座师傅富兰克林（Benjamin Franklin, 1706—1790）为取得支持起了关键作用，作为原巴黎启蒙共济分会的主座师傅，他鼓动亲美宣传。布伦瑞克则与英国一起派出自己的支援部队奔赴美国。

［英译本注］Charles 公爵给予布伦瑞克大量财政支持。Charles 公爵和王储 Frederick 公爵都是共济会员。但是，英格兰国王乔治三世和华盛顿将军一样，也是共济会员。

③ 美国独立运动的许多领袖人物和 1776 年《独立宣言》的签字人都是共济会员，所以，在欧洲有许多人认为，美国革命堪称共济会的伟业。

［英译本注］美国国徽（The Great Seal of the United States）设计于十八世纪，采用于 1782 年 7 月 20 日，其中印有共济会标志。经罗斯福总统提议，一美元纸币背面亦印有此标志；罗斯福总统曾犹豫要不要将此共济会标志印到美元上，因为他担心这种明目张胆的做法会惹恼美国的罗马天主教会（见《华盛顿邮报》，1982 年 11 月 9 日，D7 版）。美国首府华盛顿的奠基仪式就是由马里兰州共济会大分会赞助支持的。Stanley Massey Arthurs 有幅名画，画的是华盛顿将军全副共济会装束，正在安放基石。这幅画以前挂在华盛顿的 Acadia Mutual Life Insurance Company。

从巴尔的摩的一块牌匾和巴尔的摩的俄亥俄铁路博物馆来看，没有一场相应的共济会典礼仪式，美利坚合众国的任何一项重要的公共工程都不可能开工。在巴尔的摩-俄亥俄铁路破土动工仪式上，查尔斯·卡罗尔（［中译按］

济会员最终将在那里以武装的双手建立自己的国家。

  恩斯特 竟有这样的梦想家？①

  法尔克 这是必然的嘛。

  恩斯特 你从哪里看出他有这种怪念头？

  法尔克 从他的一种表情，将来你也一定会更清楚地认识到这种表情。

  恩斯特 天哪！我怎么就不知道，竟如此错看了这些共济会员！

  [56] 法尔克 不必担心，共济会员沉静地等待着日出，同时让火烛尽其所愿和所能地闪亮发光。②掐灭火烛，或者在其熄灭时突然意识到应该插上新的蜡烛、提供新的光明，并非共济会员的行为方式。

当时已年近九十，是独立宣言签署者中唯一在世的。他既是铁路的发起人，也是大股东）象征性地挖下第一锹土，马里兰共济会大分会安放第一块预先量好大小的石料，来自马里兰、特拉华、宾夕法尼亚州的三位共济会大师傅在典礼上宣布石料完全符合要求："我宣布，这块石头合适、真实、可信。"接下来，石料才得以安放，洒上土、酒和谷物。然后共济会师傅们再说些祝福的话。

  按照 Bernard Faÿ（这位教授在法国索邦大学做美国研究，在"二战"期间害死数以千计的法国共济会成员，因在战争末期勾结德国人而受审判罪）的说法，受华盛顿将军信任的官员，以及军队中的将领，无一不是共济会员。见氏著 *Revolution and Freemasonry*：*1689 - 1800*（《革命和共济会：1689—1800》），Little Brown，1935；亦参 Philip A. Roth，*Masonry in the Formation of Our Government*，1771 - 1799（《共济会之于我们政府的形成》）；以及 Margaret C. Jacob 的著作。

  ① [英译本注]"第四次谈话"讲的是科学梦，"第五次谈话"讲的是政治梦。至少从心理学上讲，这两种梦想都与建造现代世界的人有关。笔者前面讨论过，我们可以从 Frances Yates 的著作中窥得一二——不仅从他关于布鲁诺的书中，还从他的 *The Rosicrucian Enlightenment*（《玫瑰十字启蒙》，Routledge & Kegan Paul，1972）中可以看到。迎接现代性意味着什么？要搞清楚这一点，不妨先研究抵挡现代性的是什么。出于这一目的，我们可参看 *The Spanish Inquisition*（《西班牙宗教法庭》，Signet，1965）。

  ② 对革命狂热所持的这种拒绝态度与《论人类的教育》§87 - 91 以下的那种对类似的急躁情绪的拒绝态度完全一致。

恩斯特　我也这么想。凡以流血为代价的事情，肯定不值得为之流血（Was Blut kostet, ist gewiss kein Blut wert）。①

法尔克　精辟之至！你就随意提问题吧！我一定回答你。②

恩斯特　这样我的提问就没完没了了。

法尔克　只是你并不知道从哪里开始。

---

① 据德国探险家福尔斯特（Georg Forster，1754—1794）的说法，此语出自富兰克林，不过未得证实。在1779年1月与福尔斯特的一次谈话中，莱辛可能听到这句话，随后加进已写成的"续篇"手稿。当然，也可能是福尔斯特记错了。参阅 Werner，《理性的悖论》（*Paradoxie der Vernunft*），页587－592。

[中译编者按]富兰克林这话出自一段讲辞，是否真的出自富兰克林，不得而知。据福尔斯特撰述，原话全文为：

你们是欧洲的孩子！敬重上帝在你们身上点燃的理性吧，通过运用理性完善你们自己！只有在少不更事的人看来，自由才伸手可及；只有通过理性，德行才有可能。狂怒和仇恨只会让血流成河；仅仅用鲜血，你们买不来自由，买不来，只会买来耻辱、懊悔、痛苦，杀死你们的欢乐和你们的和平；所以，凡以流血为代价的事情，肯定不值得为之流血。

② [英译本注]显然，恩斯特宣称自己反对暴力革命，所以法尔克才作此热烈回应。那么，莱辛的政治立场是什么呢？要搞清楚莱辛的政治观，就要遍读其作品，如《汉堡剧评》（所谓"美学"作品）、《关于悲剧的通信》、《寓言》、剧作，当然还有所谓"神学"著作。

如果恰当地读，我们就会发现，莱辛的主要剧作都有政治主题：《爱米丽亚》是李维（III. 44－58）笔下维吉尼亚主题的"布尔乔亚"版，背景是意大利，却适用于德国的任何一个 three-hundred-odd courts。《智者纳坦》（笔者即将出版一篇"论纳坦的智慧"）不仅关乎宗教宽容，更关乎"现代性"。Samuel Henzi 不幸仅存残篇，这部悲剧将处理如下问题：瑞士伯尔尼城革命的失败。我们要注意，按照莱辛描述的情节，革命失败的原因在于，城市中的外来人想在革命中报私仇。关于伯尔尼事件的历史过程，可参看 Beaujour, Offler, Potter, *A Short History of Switzerland*，201 以下。《明娜》忍不住"处理"了"七年战争"。

恩斯特　上次我们谈话中断时,我有没有听懂你的话?你有没有自相矛盾?——因为,当你说"共济会始终存在"时,我当然将此理解为,不仅其本质而且其现存组织都源于久远的时代。

　　法尔克　要是这两者都是一样的情况就好了!就其本质而言,共济会跟市民社会一样古老。二者只可能相伴而生,如果事实上市民社会不仅仅是共济会的苗裔的话——因为,焦点中的火焰仍然是太阳的溢出物。①

　　恩斯特　我也觉得是这样——

　　法尔克　但这是母女或姊妹之间的关系,双方的命运总相互影响。市民社会所处的情况,[57] 在所有方面也是共济会所处的情况;反之亦然。让共济会在自己身边发展、繁荣,这始终是一个健康、富有活力的国家最可靠的标志;同样,现在一个虚弱、胆怯的国家最明确的标志则是,不愿公开容忍在私下不得不——不管是否愿意——容忍的东西。

　　恩斯特　就是指共济会!

　　法尔克　没错!——从根本上讲,共济会并非植根于那些很容易蜕变为市民规定(bürgerliche Anordnungen)的外在约束(äußerlichen Verbindungen);毋宁说,② 共济会以富于同情心的人们的共同情感为基础。

　　恩斯特　谁敢为此立法呢!

---

　　①　[英译本注] 尽管莱辛全集中鲜有直接提到柏拉图对话,但是,如果我们不知道柏拉图的著名比喻,就没法读懂莱辛的这段戏剧。洞穴中的光源自太阳,城邦之火源自宇宙之火。甚至在哈维的《论血液循环》中,我们都可以看到该比喻。

　　②　1780a 版为:auf das Gefühl gemeinschaftlich sympathisierender Geister(以相互同情的人们的情感[为基础])。这种说法集中表达了在莱辛看来是共济会的固有本质同时又是其具体形式的东西,跟维兰德的世界主义思想惊人接近。

法尔克　当然，这并不否认共济会必须时时处处投合市民社会，因为，后者始终更强大。市民社会有多少形式，共济会便不可能不接受多少形式，自然，每一种形式都有其新名称。你怎么可能认为，共济会这个名字会比占支配地位的种种政治思考方式（Denkungsart der Staaten）更古老？① 人们正是按这种思考方式来权衡种种国家的呀。

恩斯特　这种支配性的思考方式是什么呢？

法尔克　这问题留给你自己去研究。我只需告诉你，共济会员之名表示我们的秘密兄弟会（geheime Verbrüderung）的一员，在本世纪开始之前，这名字从不曾听到过，肯定也不曾出现于任何刊印的图书中。我倒愿意看到有谁向我指出，哪怕只在一本古老的记载中有这个名称。

［58］恩斯特　你的意思是德文名称？

法尔克　不，不！也包括最初的英文 Free - Mason（自由砖石匠），② 以及所有由此衍生的译名，无论哪种语言的译名。

---

① ［英译本注］共济会与市民社会之间的母女或姐妹关系，也代表哲学 - 科学与政治之间的关系。"Herrschende Denkungsart der Staaten"（占支配地位的种种政治思考方式），在笔者看来，是施特劳斯"regime"一词的本义。

② Free - Mason（自由砖石匠）这个词与 Rough - Masons（不熟练砖石匠）相对，用来称谓中世纪行会中特别熟练的建筑工匠，他们不受严格行规的约束，可以"自由"地将其技能用到一切有需求的地方。这个语词最早见于 1375 年，这就是后来所谓的"作业性的砖石匠"（operative Maurerei）。莱辛在这里用来"指称我们秘密兄弟会的一个会员"的 freemason 则是"思辨的自由砖石匠"（spekulative Freimaurerei）。思辨性秘密社团的共济会在 1717 年以后才出现，在这一年，伦敦各共济会分会合并为伦敦大分会。"作业性的"自由砖石匠会逐渐过渡为"思辨性的"自由砖石匠会出现在十七世纪。

总之，莱辛关于共济会历史的说法具有史实根据。在整个十七世纪，英国的建筑工人和砖石匠行会渐渐吸收非砖石匠为 accepted masons（公认的共济会会员）。根据爱丁堡 Mary's chapel（马丽教堂）分会记事簿记载，1600 年吸收了非砖石匠 Boawell。玫瑰十字分会（［中译按］十七世纪德国神秘主义秘密结社）会士 Elias Ashmole 于 1646 年在日记中写道："10 月 16 日下午 4 时 30 分，我在兰开夏的沃灵顿与来自柴郡卡蒂奇恩的 Mainwaring 上校一起成为共济会会员。"

恩斯特 不致如此吧！你仔细想想，在本世纪开始之前刊印的书中，真的没有？任何书中都没有？

法尔克 肯定没有。

恩斯特 可是我自己却发现——

法尔克 是吗？你也让人们至今还在不停地向四处抛撒的尘埃①迷住了眼睛？

恩斯特 可是，有一段话——

法尔克 《伦敦城志》(Londinopolis)的一段话？② 不是吗？——伪说！

---

① 指共济会和十八世纪其他秘密社团自称的久远历史——所谓的世纪"尘埃"，共济会试图借此给人以特别值得尊敬的样子。

② 莱辛在《读书札记》中的"共济会员"条中写道：

> 我曾认为，在本世纪（十八世纪）二十年代以前的任何书中都没有共济会的记载。然而，Bode 先生向我指出 1657 年在伦敦印制的伦敦编年史中的一段话。这部编年史的标题是：Londinopolis: An historical Discourse or Perlustration of the City of London（《伦敦城志：伦敦城历史探讨或研究》），作者是 James Howel，那段话应在页 44，其中称："No. 18 砖石匠会，又称自由工会，多年来一直是个友爱兄弟会；直到亨利四世以前，始终未成为一个社团。他们的黑色纹章：在三个白色城堡之间有一个字形标志，第一个城堡上有一对圆规。"
>
> 据我所知，Howel 是个极拙劣的作家，我不知道他曾写过题为《伦敦城志》的作品。所以，重要的是，证实其中的这段引文本身。亨利四世 1399 年登上王位。Sable 是纹章学上说明黑色的词。

Bode 的提示是正确的，但那段话与莱辛的命题并不矛盾，因为莱辛只是讨论思辨的共济会。莱辛这里援引的 1657 年首次发表的文章提到，自由砖石匠产生于亨利四世执政时期（1399—1413），但这指的当然是"行动的"自由砖石匠会。在 1781 年哈曼的编印本中，这里有（a）到（k）的提示，这些提示指的显然应该是未再作详细说明的"注疏"。

恩斯特　那么，亨利六世的国会法案①呢？

法尔克　伪说！

恩斯特　瑞典国王卡尔十一世（Karl XI）赋予哥德堡分会的伟大特权②呢？

法尔克　伪说！

恩斯特　还有洛克呢？③

法尔克　哪个洛克？

恩斯特　哲学家洛克呵——他致佩布洛克伯爵（den Grafen von Pembrock）的信，其中关于亨利六世亲笔手书的一次审讯的说明，④你认为如何？

---

① 1425 年，英国国王亨利六世（Henry VI, 1422—1471）当政时，令国会颁布一项法令，禁止 Masons（建筑工匠）一年一度的聚会，不过，这涉及的是建筑工匠。这个文件的印本收入安德森著作的 1767 年版以及普里斯顿书的所有版本。

② 第一个瑞典共济会分会 1735 年成立，但并非在哥特堡，而是在斯德哥尔摩。1660 年开始执政的国王卡尔十一世（1655—1697）授予的所谓特权，是十八世纪共济会虚构的。莱辛这里所指的大概是施塔克的《共济会教团的申辩》中的说法。

③ 英国经验主义的主要代表洛克（John Locke, 1632—1704）是个维护宗教宽容的卫士，被共济会员们视为思想上的先驱。

④ 在 1696 年致佩布鲁克伯爵（Thomas Herbert Graf von Pombroke, 1656—1733）的一封信中，洛克转抄了 1425 年根据禁止自由砖石匠集会法审讯一个（自由）砖石匠时的手抄记录，据称这份记录是亨利六世（1422—1471 年在位）在 1436 年前后所录。洛克在信中转抄这份记录时作了评注。安德森的著作并未提到洛克致佩布鲁克的这封信，因此，莱辛很可能是从普里斯顿在 1722 年出版的《共济会解说》（*Illustrations of Mansonry*）一书中得知相关信息的，该书收有这封有争议的信，1776 年，此书由诗人和军官麦耶（J. H. Ch. Meyer）译成德文出版，卡培将德译文寄给了莱辛。

不过，莱辛很清楚，无论是亨利六世的记录还是洛克的信，全系伪造，因为，针对亨利六世时代的自由砖石匠所说的一切，都仅仅指的是"砖石匠"，即建筑工匠。事实上，在博德莱恩图书馆，既没有这份记录的原件，也没有莱兰的抄件，洛克的附言和注释当然也是伪造的。

[59] 法尔克　这想必是个全新的发现；①对此我不了解。不过，又是这个亨利六世？

——伪说，全然伪说！

1778 年 9 月底，卡培（Campe）写信给莱辛说："他们所称的新伪说——所谓洛克的信，看来您只是先验地加以驳斥了事。"信中还说："无论如何，Peter Gower 关于被歪曲的毕达戈拉斯的说法似乎透露出了一个像洛克这样的人。这或许只能说，人们也曾蒙骗过洛克。"莱辛回复说：

我已读过普里斯顿的书，某种程度上，我从他身上看到了骗子或受骗者的影子。他让我感到厌恶，这种恶感甚至比整个事件本身所应产生的恶感更甚。我可以证明，在英国亨利四世时代可能发生的一切都关涉到真正的共济会会员。

因此，据称亨利亲笔写下的所谓审讯记录只是个谎头，不值得莱兰转抄，洛克也不会屑于去评论。因为，虽然将威尼斯人视为腓尼基人，将 Peter Gower 当成毕达戈拉斯的说法不见得完全不可能出自洛克之口，但在洛克的那些注释中，确实也出现了许多其他观念，这些观念透露出的思想比洛克更肤浅。难道洛克会声称，毕达戈拉斯将每一几何定理都变成了一种奥秘？洛克难道会声称，他将自己的知识只传授给那些忍受五年沉默的人？五年沉默在洛克是条件，而非毕达戈拉斯教授自己的学生的时间？难道洛克会写道："所有时代的学者非常希望有一种共同的语言？"

我倒要看看，谁能向我指出，在基尔歇（[中译按] A. Kircher, 1602—1680，德国学者、耶稣会士）、沃利斯（[中译按] J. Wallis, 1616—1703，英国数学家）、贝歇尔（[中译按] J. J. Becher, 1635—1685，德国医学家、国民经济学家）、莱布尼茨等人以前，哪个更古老的学者曾表示过这类愿望的蛛丝马迹！这种愿望的产生绝不可能早于某些民族开始竞相为科学作出贡献的困难时刻：在这样的时刻，人们开始察觉到，打开一把锁需要太多的钥匙。——这无非是对一个哑剧演员极为夸大其词的赞美，想让这个哑剧演员充当野蛮民族的译员。难道洛克因此而认为哑剧可以传达清楚的普遍理念？总之，将这些注释强加给洛克的人并不是洛克！

① 此说不对，因为，据称由古文史学者和手迹收藏家雷兰德（John Leland, 约 1506—1552）大概在 1536 年发现并抄录的亨利六世的手稿，早在 1753 年的 *Gentleman's Magazine*（《绅士杂志》）九月号上就首次发表，自 1756 年以来，安德森的《共济会解说》的历次新版中都收有这份抄件。

恩斯特　再没有啦!

法尔克　你是否知道一个说明曲解词义、伪造文献①的较为温和的名称?

恩斯特　可以长期在众目睽睽之下不受责难地干这种事?

法尔克　为什么不可以呢?聪明人少得很哦,他们不能把所有花招都扼杀于襁褓之中。只要那些聪明人能够抵制住这些花招,就足够了。当然,假如根本不在公众面前玩儿任何花样,会更好。因为人们不会费力去反对最为人所不齿的东西,正由于它是最为人所不齿的东西;于是,随着时间的推移,最为人所不齿的东西便可能争得一种至为严肃、至为神圣的事业应享有的威望。过了千百年之后,②有人会说:"假若这不是事实,人们会写下来传布于世吗?当时并没有人表示反对这些可信赖的人物,现在你们却要对他们提出异议?"

恩斯特　啊,历史!啊,历史呀!③你是什么哟?

法尔克　安德森(James Anderson)④将建筑技艺史称为共济会

---

①　"曲解词义"指把"作业性"自由砖石匠行会的历史的文献用作后来的"思辨性"共济会形式的佐证;"伪造文献"指前面提到的两件事:卡尔十一世的所谓特权,以及传说洛克重新发现审讯自由砖石匠的文献以及相关信件和说明。

②　对勘《智者纳坦》第三幕第七场指环喻中的"千千万万年以后"这类相似的时限。

③　至迟在残稿之争中,莱辛就严厉抨击史学证明,说这种证明缺乏力量,同时指出,要证明某些真理,另有一些更符合理性要求的方法(参阅《论圣灵和大能的证明》)。

④　此人系英格兰长老会牧师、共济会员(1680/84—1739),他的《共济会章程汇编》(The Constitutions of the Free-Masons)很有名,除了关于宗教宽容和仁爱的必守教矩以外,还有对共济会历史的概述,虽然当时极有影响,但对共济会历史的描述不可靠,将共济会史与建筑工匠行业史混为一谈。此书1723年首版,1738年再版,受1717年成立的共济会英国大分会委托编写而成,因此其中还有1717年成立的第一个共济会伦敦分会的"古训"。1756年经语言学家、史学家恩提克(John Entick,?—1773)整理修订出了新版(1767年再版),书名改为:The Constitntions of the Aneient and Honourable Fraternity of Free and Accepted Masons: Containing their History, Charges, Regulations. etc.(《古老的、受尊敬的

教团史的空泛的幻想之作①还说得过去。作为一时之作，在当时也许合宜，可其中的诳骗之言非常明显。②但是，现在人们还要继续使用这种颓败的地基；③人们总是要以书面形式坚持人们口头上都羞于对一个认真的人提出的东西；[60] 人们为继续开一个早就应该放弃的玩笑而擅自作伪，即便只涉及微不足道的市民利益，这种行为也得受谴责——

恩斯特 假如这里真的有不仅仅是文字游戏的东西呢？假如教团的秘密自古以来就真的是以同名的手工行业的名义得以妥善保存下来的呢？——

自由的和经认可的砖石匠兄弟会章程汇编：含其历史、律令、规定等》）；古特克（Guthke）在其《莱辛的第六篇共济会员谈话》（Lessings Sechstes Freimaurergesprache）一文中（页588 以下）根据有关文献证明，莱辛看到过1767 年版。

① 莱辛称《共济会章程汇编》为"幻想之作"（Rhapsodie，源于希腊文/拉丁文），不仅因为该书前面有一篇冗长的充满幻想的前言，更重要的是，莱辛认为此书是拼凑之作。莱辛用的版本（1738 年第二版的1754 年重印本）的扉页印有如下文字：

> 奉总会之命编辑和摘录自古老记录、可信传统和分会图书，适用于各分会，由 J. Anderson 细心修订、编写和增补，载有多种附录，John Entrick, M. A. London 出版，1754（共济会世俗纪年5756）。

② 对比《恩斯特和法尔克》第一稿：

> 我并不认为，有人曾真想说服世人相信，真正的砖石匠（Maurerei），或者建筑技艺就是这个社团的现实活动。共济会员至少现在无一例外地承认，他们借用了石匠技艺的某些习俗和说法，以便利用其外衣，只让那些掌握其秘诀的人明白个中道理。共济会《章程汇编》的编者安德森将建筑的历史当成他们教团的历史塞给我们，自然将玩笑开得有些过头，以至于人们可能不再怀疑在安德森看来是可能的事，即人们会把要做的这一切当成福音来对待。但是，安德森给自己的作品留下的虚构痕迹太多、太明显，终有一天，不再会有人上当受骗，除非存心愿意受人愚弄。

③ 指大胆而不充分的历史论证，同样的比喻亦见《第二次答辩》（[中译按] 中译见《历史与启示》）："在这烂泥滩上……"

法尔克　真的是这样？

恩斯特　难道这一定不是真的吗？不然，教团怎么会想到借用这个手工行业的象征？① 而且恰恰是这个行业的象征？为什么不是其他行业呢？

法尔克　这问题的确很有意思。

恩斯特　这种情况必定有个原因，对吗？

法尔克　有其原因。

恩斯特　什么原因？不同于上面的所谓原因的另一种原因？

法尔克　完全是另一种原因。

恩斯特　你让我猜，还是我可以问？

法尔克　要是你先问我另一个我期待已久的问题，你就不难猜到答案。

恩斯特　另一个你早就期待我问的问题？

法尔克　因为，如果我告诉你共济会之所是的并不总叫共济会，那么，最自然、最为得体的是——

[61]恩斯特　共济会还有什么名字？——是的！现在我就这么问。

法尔克　你问的是，共济会在叫做自由砖石匠行会之前曾被称为什么吗？——Massoney——

恩斯特　当然，英文即 Masonry——② 还说得过去。作为一时

---

① 指许多共济会象征源于砖石匠行业，如曲尺、圆规、水平仪、泥镘等等。"思辨性"共济会之所以采用这些象征，主要因为"思辨性"共济会的形成源于"作业性"砖石匠会。

② 在中古高地德语中，massenie 或 messenie 意为"仆役、随从、宫廷侍从、骑士集会或聚会"。这个词来源于古法文 masnie 或 maisnie，意指"同屋居住的人、仆役、随从"，后来也指亚瑟王宫廷的骑士聚会（[中译按]亚瑟 Actus Arthur 今多写成 Artus，传说中的不列颠国王，聚集在他周围的骑士称为圆桌骑士会，即 messenei，也就是 masoney）。在十二世纪，这个词作为借词融入中古高地德语。（[中译按] Massoney 为 Masonry 之误），后者意为砖石匠行业；衍生意义为共济会、共济会纲领。

之作，在当时也许合宜，而且其中的诳骗之言非常明显。

法尔克 在英文中不是 Masonry，而是 Masony。① 不是派生自 Mason（砖石匠），而来自 Mase（桌子、餐桌）。②

恩斯特 Mase，桌子？哪种语言？

法尔克 盎格鲁-撒克逊人的语言；然而不单单在这种语言里，它也是哥特人和法兰克人的语言的说法，因此，这原本是个德语词，③ 由此派生的某些词现在仍在通用，或者不久前曾通用，如 Maskopie、Masleidig、Masgenosse，④ 甚至在路德时代，Masoney

---

① 在英文里实际上是 masonry（砖石匠）；莱辛建议另一种称谓，大概出于他个人对语源学的兴趣和对共济会来源的推断。比较《恩斯特与法尔克》第一稿中的写法：

> 在英语里称为 Free Massonry 者应叫做 Massony，我们曾译为 Maurerei 者，本来必须译为德语和英语里都有的一个古词 Massonei。因为，很长时间以来，Massoney 都是世上曾有过的最古老、最著名的教团的名称。这个主干的一个分支便是共济会，不过，容我直言，这是一个嫁接上去的分支。他们的教团原本是个更加自由的 Massonei，只不过人们后来忘记了 Massonei 这个词的真正含义，将 Massonry 跟 Massony 相互混淆，于是，Maureri 便悄然进入教团。换言之，兄弟们利用了普遍的误解，由于人们将共济会的 Massony 看成一种 Massonry，共济会员便被说服借用砖石匠这个躯壳，所以，砖石匠后来往往被看做共济会分会本身。这是从狭义上讲的，纯属我个人的看法。我愿详加讨论。

② 盎格鲁-撒克逊语和古英语的 mese、mysa，来自拉丁文 mensa（桌子）。（［中译按］mase 在盎格鲁-撒克逊语言中意为餐桌、菜、餐。拉丁文中为 mensa，至今学生食堂仍沿用这个词。）

③ 事实上哥特语 mat 以及古弗兰克语 mete 和中古高地德语 maz 的意思都是"食物、饭菜"，这对于后来的派生、引申具有决定性意义。

④ ［英译本注］据 Kruger 的注释，Maskopie 意为"贸易行会"或者更宽泛意义上的"伙伴关系"（koinonia）；Masleidig 意为"没胃口"；Masgenosse 是 Tischgenosse 的另一种说法，意为餐桌上的一员。这些词都源自拉丁文 mensa。但是，我们尤其要注意到，这个词也与 mass（弥撒）有关，弥撒是主耶稣基督和他的伙伴最后的晚餐。

这个词还经常使用；只是它稍微丧失了其好的含义。中古德语的 massenie 或 messenie（用人、仆人、随从）与 mase 没有关系，其来源为古法语的 masnie、maisnie（仆从、随从）。maskopie 意为商社，masleidig 意为厌食，masgenosse 意为同席者，这些词都源于哥特语的词根 mati（菜）。

恩斯特　我既不知道其好的含义，也不知道其变坏了的含义。

法尔克　不过，按我们祖先的习俗，就餐时同时会考虑最重要的事情，这你知道的吧？——mase 即餐桌，Masoney 即小范围的、亲密的聚餐。小范围的、亲密的聚餐如何变成大嚼豪饮，你很容易推断，阿格里考拉①正是从后一种意义上使用 Masoney 这个词的。②

恩斯特　发生在 Loge 这个名称③上的事情跟这差不多，是吧？

---

①　抗议宗神学家和宗教改革家阿格里考拉（Johann Agricola，1492/1495—1566）在1534年发表了《新编和修订德文谚语750则》，这是1529年分别出版的《谚语300则》和《谚语450则》两个集子的汇集；其中的668条为："情况犹如在亚瑟王的宫廷。"注释称："骑士的聚会叫做围桌而坐进餐的人群或者 messenei。"

②　莱辛推断共济会与骑士聚餐会有关，根据在于共济会（尤其严律派）模仿骑士。对莱辛认为 Massonei（小范围的聚餐会）这个名称派生自 Mase（桌子）的说法，赫尔德有如下评论："看来，莱辛这么写，像有些人一样，多半是开玩笑，因为他知道，聚饮分会里什么最重要。"但赫尔德又补充说："不过，莱辛的说法并非全是开玩笑，他的语源学研究仍有价值。"

③　共济会各分会最初还没有自己的会所，主要在餐馆集会，在那里举行分会聚餐（一种无拘无束的兄弟饮宴），且经常觥筹交错，因而遭人非议，说分会是能够狂饮的男人们的聚会——有时不无道理。（［中译按］Loge 源自古德语 Louba［厅、堂］；经法语衍生出剧院包厢的含义；经英语的 lodge［建筑工地的"工房"，即监工的所在］衍生为共济会的集会场所、共济会分会等含义。）

[62] 法尔克 但从前，Masoneyen 在产生部分蜕变，因而在公众的称许（gute Meinung des Publikum）声下降以前，他们曾获得至高的赞誉。在德国，没有哪个宫廷，不论大小，没有它的 Masoney（骑士团）。古老的歌集和历史书证明①了这一点。这些人自己的建筑物②与当政君主的宫殿相连或者相邻，因君主而得名，人们到现在对他们建筑物的名称还有某些没有充分依据的解释。——关于他们的显赫名声，我只需对你说，圆桌骑士会（die Gesellschaft der runden Tafel）是第一个和最古老的 Masoney，所有共济会组织都由此衍生而来；我还需要讲别的什么吗？

恩斯特 圆桌骑士会？这要一直追溯到富有传奇色彩的古代——

法尔克 亚瑟王的故事非常富有传奇性，圆桌骑士会却并非如此。

恩斯特 据称亚瑟王是这个会的创始人呀。

法尔克 纯属无稽之谈！即便根据传说，也不是如此。亚瑟或者他的父亲从盎格鲁 - 撒克逊人那里接受了它，Masoney 这个名称足以让人作出这种推测。盎格鲁 - 撒克逊人将他们没有留在故土的习俗带到了英国，不是理所当然的事吗？人们从当时德意志民族的一些部落身上，也看得到这种独特倾向——他们喜欢在大的市民社会中建立自己亲密的小团体。

恩斯特 你这些话的意思是——？

法尔克 我现在向你讲的一切，也许尚欠应有的精确，愿下次在城里我的书斋里［63］以白纸黑字向你提供证明。你现在听

---

① 大概指在遗稿中引自赫尔曼（Hermanns von Sachsenheim）的叙事诗《莫林》（Die Mörin，页 71）中的诗句。正如 1781 年对一条注释的提示"见＊＊"所表明的，这里显然还附有其他引文。

② 也许暗示，由于分会与"工棚"是一个词，"作业性"共济会和"思辨性"共济会更混杂难分。

我讲述，只当是听关于某一伟大事变的第一波传言（das erste Gerücht irgend einer großen Begebenheit），它更多激起的是人们的好奇心，而非满足感。

恩斯特　你说到哪里了？

法尔克　可见，Masoney 是撒克逊人移植到英国去的德意志民族的习俗。学者们的分歧在于，他们当中谁是 Mase - Thanes（圆桌主人）。① 从所有迹象看，Masoney 中的上层人士在这片新土地上深深扎下了根，所以，在随后发生的一切国家变动中，他们的稳定地位未受影响，而且逐渐达到其鼎盛时期。特别应提到的是，某某某的 Masoneyen 在十二和十三世纪极负盛名，一直到十七世纪末，正是这样一个某某某② Masoneyen③ 仍在伦敦城中心保留下来，④ 尽管教团已经被取消了。从此开始了一个缺乏书面历史记载

---

①　Mase - Thanes 英文为 thane（官员），亦见于盎格鲁 - 撒克逊语（比较德语的 Degen［英雄］），在莎士比亚剧作（如《麦克白》）中指苏格兰的贵族称号。

②　指伦敦的"圣殿"，但莱辛的假设不成立。尼柯莱，Versuch über die Beschuldigungen, Welche dem Tempelherrenorden gemacht Worden, und über dessen Geheimnis; nebst einem Anhang über das Entstehen der Freymaurergesellschaft（《试论对护法武士团的指控和该团的秘密；附录：共济会的产生》，1782，Ⅰ，页153）的一条注释说：

他很可能以此指出护法武士团的秘密等级。不过，绝不可以说，秘密等级在当时已广为人知。相反，直到护法武士遭贬谪，秘密等级仍然不为人知。而且，同样绝不可能的是，在没有明显的目的的情况下，护法武士团的后继者的秘密集会以同样方式持续几近四百年之久。即便十七世纪的伦敦有这类东西，那也更可能是按更古老的结社或 Massoney 的榜样建立起来的，而不会是从十四世纪初一直延续至今。

③　在哈曼的版本中，"某某某"为 Tempel - Masoney［护法武士团］。

④　大概指伦敦西部的一组建筑——"圣殿"，在中世纪属于护法武士，并以他们来命名。在这里，莱辛再次接近共济会源于护法武士的说法。

描述的时代；然而，精心保存下来的、具有许多内在真理特征的传统，弥补了这一缺陷。①

恩斯特 究竟是什么妨碍了这一传统最终通过文字记载上升为历史？

法尔克 妨碍？没有什么妨碍！关于这些还有很多话可说。至少我感到，我感到我有理由，甚至有义务不再向你和所有与你处于同样情况中的人隐瞒这一真相。

恩斯特 那好！我在急切期待。

法尔克 上世纪末，某某某 Masonry② 仍然悄悄地在伦敦存在，当时新建的圣保罗大教堂附近还有自己的会所。这个全世界第二大教堂③的建筑师是……④

---

① ［英译本注］英国光荣革命兵不血刃地除掉詹姆斯二世的大权，代之以奥兰治的威廉（对参"Franklin's saying"，页 47）。这次革命"受助于"洛克及皇家学会的交往圈子。关于 1689 年革命的环境、氛围，可看 G. M. Trevelyan，*A Shortened History of England*（Penguin），页 348 以下。亦参 Christopher Hill 的三本书：*The Century of Revolution*（《革命的世纪》，New York，Norton，1966），*The World Upside Down*（《天翻地覆的世界》，Penguin，1978），*Intellectual Origins of the English Revolution*（《英国革命的知识起源》，Oxford，Clarendon Press，1965）。

关于英国光荣革命之后的事情，参 Margaret C. Jacobs，*The Radical Enlightenment*：*Pantheists*，*Freemasons*，*and Republicans*（《极端启蒙：泛神论者、共济会员及共和党人》，London，George Allen & Unwin，1981）。依笔者所读到的共济会历史，"极端主义"恰恰是共济会的创建者竭力反对的东西。见笔者《为什么要读〈恩斯特和法尔克〉》（［中译按］中译本见《古典诗文绎读西学卷·现代编》，华夏出版社，2009）。

② 在哈曼的版本中为 Jene Tempel – Masoney［那个护法武士团］。

③ 指仅次于罗马的彼得大教堂的伦敦圣保罗大教堂。

④ 从"德国名称"到此，可能就是第六篇对话的内容。

[64] 恩斯特　雷恩。①

① Christopher Wren（1632—1723），英国天文学家、物理学家和建筑师，保罗教堂的建造者（1675—1711），曾主持 1666 年伦敦城火灾后的重建。在这里以及在下文中，莱辛把雷恩看成据说尚秘密存在的"圣殿聚餐会"与 1717 年成立的英国第一个共济会分会的历史连接点，但这种说法站不住脚。据后世学者考证，雷恩建的保罗大教堂与共济会没有任何关系，因此，莱辛在这里说到的共济会形成史也欠准确。[中译编者按]莱辛并没有做历史考证，这里的说法是莱辛笔下人物的说法。倘若如此，说雷恩建保罗大教堂与共济会有关系，就当以寓意来理解。
[英译本注]世界第一大教堂当然是罗马的圣彼得大教堂，落成于 1626 年。雷恩确实是新圣保罗大教堂的设计者。他不仅在 1691 年加入共济会，同时还是位激烈的保皇党人。据说，在重建伦敦圣保罗大教堂时，雷恩原来的计划是仿照哈德良万神殿（Hadrian Pantheon，[中译编者按] Pantheon 在希腊语中意为"所有神"的意思，后来"泛神论"一词亦源于此。万神殿初建于屋大维时期，后于哈德良时期重建，公元七世纪被献给教皇，用来供奉受难圣母。十六世纪中叶，万神殿一部分被教皇下令拆毁，用来修建圣彼得大教堂）。万神殿也是沃尔芬比特图书馆的建筑原型——据说这一"图书馆神殿"的构想来自莱布尼茨。这座图书馆藏有大量图书、手稿，莱布尼茨和莱辛都曾担任此馆馆长。参看"Das Gebäude der Herzog‐August‐Bibliothek..."，见 W. Totok and C. Haase, *Leibniz: sein Leben, sein Wirken, und seine Zeit*（《莱布尼茨：其人、其著作、其时代》，Hanover，1966）。
汉诺威王朝（House of Hanover，[中译编者按]于 1692—1866 年间统治德国汉诺威地区，在 1714—1901 年间统治英国）曾君临英格兰，他们正是 Brunswick（[中译按] Brunswick 为德文 Braunschweig 的英文拼法，汉译作不伦瑞克或布伦瑞克，现在是汉诺威州首府）王朝的后代！笔者认为，正是出于这一原因，吉本（Giben）才会对 Brunswick 王朝感兴趣，并为之写史作传。请允许笔者在此提及另一个奇特的花絮：英国第一个非教会、非皇家操办的文法学校就座落在圣保罗大教堂旁边，并因此得名。该文法学校由伦敦绸布商行会赞助，校长是 John Colet（[中译编者按]著名教育家、神学家、古典学者，一方面重视希腊文，一方面不顾教会禁令将新约圣经译为英文，并对其进行人文角度的解释，为路德思想在英国的传播负有责任），他是圣保罗教区教长，还是伊拉斯谟的良师益友。据 Frederic Seebohm 的 *The Oxford Refoumer: John Colet, Erasmus and Thomas More*（《牛津改革家：约翰·柯莱、

法尔克　你说出了今天整个共济会的创始人的名字——

恩斯特　他？

法尔克　长话短说！雷恩，这位圣保罗大教堂的建筑师——教堂附近便是古老的 Masoney 自久远的时代以来的集会会所——是这个 Masoney 的成员，在承建教堂的三十年中，他经常出席集会。①

伊拉斯谟和托马斯·莫尔》，London，Longmans，Green，1913）称，柯莱将自己的一生和全部财产都献给了他重建的文法学校，他的教育使命肇始于在意大利与皮科·德拉·米朗多拉（Pico della Mirandola，1463—1494，意大利文艺复兴时期的著名思想家，他的《关于人的尊严的演说》被称为"人文主义宣言"）的会面。关于皮科的影响，笔者在关于 Eva Brann "现代性之根"（"Roots of Modernity"，St. John's Review）的书评文章中有简短说明。

在笔者看来，这段重新教育人类的历史格外复杂，除非是在建筑学方面拥有丰富知识的研究者才能把它讲明白。在美国、英国、欧洲大陆，新古典建筑学的重要性已经不言而喻，这与如下事实恐怕有一定关系：马基雅维里号召复兴基督教之前的罗马，他的教诲已经为许多人接纳。

尽管莱辛很喜欢用建筑比喻，尽管莱辛在这里提到雷恩这位建筑师，说他是共济会的创建者，但是，在笔者看来，莱辛不可能认为"建筑物本身"承担重新教育人类的使命；不能"死板地"理解自文艺复兴以来人们对建筑术的激情，应该抓住其寓意。笔者这样说并非毫无根据。例如，Henry Wotton 爵士做过苏格兰詹姆斯六世的外交官，也做过英格兰詹姆斯一世的外交官，还想让新教在威尼斯获胜，这位爵士就写过一本颇受欢迎的建筑学小册子（［中译编者按］即《建筑学原理》，1624）。此外，培根在其《随笔集》中，接连写了两篇"论建筑"和"论园林"（［中译编者按］即《培根随笔集》中译本第四十五、四十六章）。

建筑比喻在圣经和古典作品中也不少见。《旧约》：撒母耳记下 22，诗篇 78：67 以下、102：25 以下、104，约伯记 38，以赛亚书 51，以西结书。《新约》：马太福音 7：15 以下、16：15 以下，路加福音 6：46 以下，哥林多前书 3：11 以下，以弗所书 2：19，希伯来书 11：10。亦见柏拉图《政治家》和亚里士多德《政治学》。

①　这传说来源于安德森的《章程汇编》：1666 年雷恩受委派为大师，1685 年以及 1698—1702 年是共济会教团的大师。J. Abdrey 的《维尔特郡自然史》原稿第 72 页背面的一则笔记（藏于牛津博德莱恩图书馆）推翻了这些说法："这一天（1691 年 5 月 18 日）在正式砖石匠兄弟会的圣保罗大教堂举行大会，雷恩爵士在会上被接纳为兄弟。"

恩斯特　我开始察觉出一种误解。

法尔克　绝对如此！Masoney 这个词的真正含义已经被英格兰民族遗忘了。Masony 就坐落在如此重要的建筑物附近，而这重要建筑物的那位建筑师经常在其中露面，这样一个 Masony 除了是一个 Masonry、一个懂建筑的人的社团——雷恩经常拿建筑过程中遇到的困难跟他们一起商讨——还可能是别的什么呢？

恩斯特　这倒再自然不过了！

法尔克　继续如此建造这样一座大教堂的事，引起整个伦敦城的关注。为了占有与此有关的第一手消息，每一个自以为有一些建筑艺术知识的人都在争取获准进入他认为的 Masonry，可全都是徒劳。最后，你了解雷恩，不仅知道他的名字，你还知道他是一个多么富有发明创造、多么干练的人。在此以前，他曾参与拟订筹建科学协会①的计划，[65] 这个协会要使思辨性真理更适于建立共同福祉，更有益于市民的生活。突然，一个对立的形象（Gegenbild），②一个从市民生活实践上升为思辨社团的对立形象浮

---

① 自 1660 年以来，雷恩推动创建的"皇家学会"（Royal Society）成为促进经验性实验的自然科学研究的最早团体之一，雷恩在 1681—1682 年担任学会主席，为批准学会的皇室证书拟出文稿，说明学会的宗旨和目的。学会面向社会的方针和开放性（不问民族、宗教和等级差别）很快拖累了其成员的学术质量，于是，雷恩在 1676 年便着手成立一个秘密的内向的小团体。

[英译本注] 莱辛在这里提到"皇家学会"。笔者不明白，莱辛为什么没有提到培根在皇家学会计划中所扮演的角色。莱辛的朋友尼柯莱非常清楚，培根的角色就像新摩西：在尼柯莱细致的历史考证中（"Über das Entstehen der Freymaurergesellschaft"，Appendix to his Versuch über die Beschuldigungen welche dem templerorden gemacht woeden, 1782, 见于 Cincinnati 大学），他预见了 Frances Yates 在其关于玫瑰十字"启蒙"的书中所发现的东西。既然莱辛研究过狄德罗的剧作，那么笔者就不可能相信，莱辛不知道培根如何评论《百科全书》。然而，尽管尼柯莱可能比笔者更理解莱辛，然而他对莱辛的理解过分"历史"地僵化，包括在 Masony 和 Masonry 这一点上。

② 参波内（K. Bohnen）的《智者纳坦：论莱辛的"社会的对立形象"》。[中译按] 中译见莱辛《智者纳坦》（研究版），刘小枫编，朱雁冰译，北京：华夏出版社，2009。

现于他的脑际。他想:"从前,思辨社团研究的是,真实的东西中什么是有用的;现在,则是要考察,有用的东西中什么是真实的。要是我将 Masoney 的某些原则外传(exoterisch machte)呢?要是我将不可外传的原则隐藏在建筑技艺的那些难解的符号中,即人们现在认为在 Masony 这个词里所发现的东西之内呢?要是我将 Masony 扩展为一个许多人都可参加的 Free‑Masonry 呢?要是我这么做,会怎么样?"——雷恩这么想,于是便产生了 Freimaeurerei。① —— 恩斯特!你怎么啦?

　　恩斯特　我有点头晕目眩。
　　法尔克　眼前是否出现了一些光亮?②
　　恩斯特　一些?光亮一下子太多了。
　　法尔克　现在是否搞懂了——
　　恩斯特　朋友,我求你,打住。你不是马上要去城里办些事吗?
　　法尔克　你希望在城里见到我?
　　恩斯特　我希望?——你曾向我许诺过——
　　法尔克　我在那里有太多的事要办。——再说一遍!某些问题,我凭记忆可能表述得太不确切,太不能令人满意了。你该在我藏书里看看、翻翻。太阳落了,你得进城了。再会!——
　　恩斯特　另一个太阳又在我眼前升起来啦。③ 再会!

---

　　①　[中译按] Free‑Masonry 是英文,意为自由砖石匠行会,Freimaeurerei 为其德译名称,后来通译为共济会。
　　②　盲人重见光明是共济会接纳仪式的象征手法之一。
　　③　"第五次谈话"结束之时,恩斯特终于认识到法尔克所指的真正的共济会形式,莱辛则通过揭示共济会的起源同样接近了这种形式,这就是朋友之间的谈话。

后 记

[66] 两位朋友之间的第六次谈话① 没有追记下来。不过，其基本内容是眼下人们还不愿说出的，关于第五次谈话的评论。

---

① 没有保存下来，曾有学者做过考证，但没有取得肯定结果。

补　遗

[德文版编者按] 莱辛准备撰写《恩斯特与法尔克——写给共济会员的谈话》之前作有札记，即这里的《补遗》。1854 年，古劳尔（Gottschalk E. Guhrauer）在接着写但泽尔（Theodor W. Danzel）未写完的传记作品《莱辛生平与著作》时，首次收入这篇札记，放在第二卷第二部分的附件中（页 33 - 36），并加按语："属于页 233，《恩斯特与法尔克》的第一稿，原件为抄件，有尼柯莱（F. Nicolai, 1733—1811）手批的边注和增补，此件属帕尔泰（Parthey）博士先生所有。"古劳尔还复制了一份尼柯莱据莱辛手稿誊写的抄件，这个手稿如今已经找不到了，幸而后来柏林王室图书馆收藏了这份抄件①，下面的文本以此文本为依据。LM 编者对尼柯莱抄件作了如此描述：

> 这是一个共有五张 20 克纸订成的本子（共十页），封面是重新写的字体优美的标题："莱辛《恩斯特与法尔克》"。所有十页都是誊抄人用非常清晰的大字体书写的；文中个别地方可能因莱辛原稿模糊难辨而留下了缺漏，但可以见到另一种笔迹对这些缺漏的填补，不过，有些缺漏一仍其旧。
> 尼柯莱将他间或改正的拼写错误以及对论题的笺注，用黑笔或者红笔要么写在狭窄的页边，要么填进字里行间——写在他用笔在其旁或其下画过的词的上方。在第一页的上方尼柯莱写着："莱辛的《恩斯特与法尔克》第一稿的誊抄件（据 Fulleborn 教授先生 1795 年 10 月借给我的原件誊抄）。"

---

① 标注为 B. = 柏林手稿；后收入 LM 15，页 484 - 490。

本《补遗》未收尼柯莱的增补和注释，也放弃了现已失落的所谓汉堡抄本，即麦茨多夫（J. F. L. Th. Merzdorf）1855 年在编订莱辛的《恩斯特与法尔克》时用来与但泽尔、古劳尔文本对勘的抄件①。凡援引在柏林查到的尼柯莱抄件的复制文本，都在注释中说明。

成文经过

这篇《补遗》被尼柯莱称为"莱辛的《恩斯特与法尔克》第一稿"，前几段大概是莱辛在加入汉堡共济会分会之前（即 1771 年 10 月之前）就已成稿。从而，莱辛拟就共济会的秘密写篇文章的计划，可追溯到他的汉堡时代，大致在 1767—1768 年期间。说不定这篇就是分会创建人和教团大师岑内多夫②在 1771 年 10 月 19 日的信中提到的莱辛草稿，因此也许可以将大概的成文时间定在 1771 年 9 月。

更精确地认定这个第一篇遗作撰写日期的其他根据，乃是遗作一开始提到的安德森的书（1723 年初版），至少为撰写《恩斯特与法尔克》的其中一段（比如 71，25 - 72，4），莱辛使用过安德森的书 1756 年第二版，甚至还用过 1767 年的第三版；但从莱辛对 1768 年出版的英语著作 Masonry the way to hell……（《共济会：通向地狱之路》）的暗示中，亦可推知成文时间，"莱辛显然无须手中持有此书原版，因为，1769 年施塔克的《申辩》第一版的献词中提到这本书，这对莱辛已足够用了"。

这篇《补遗》的前五部分自始至终统一编码，相互紧密交错，由此可确定其成文时间约在 1770—1771 年间，也许稍早一些。最后的零散笔记大概产生于着手撰写《谈话》的前期工作阶段，可

---

① 页 69 - 75，以"《恩斯特与法尔克》的第一稿"为题。
② J. W. K. von Zinendorf，原姓 Ellenberger，1731—1783。

能在 1770—1771 与 1777 年之间，但不至更晚。认为撰写时间较晚的说法，根据施塔克的《申辩》估计"不会早于 1778"，经不起检验。

结构与内容

这篇残稿表明了莱辛计划撰写关于共济会的书的原初意图——但随后却放弃了。残稿始终集中讨论语源学的和历史的具体问题，后来的《恩斯特与法尔克》仅在"第五篇谈话"中较详细地讨论了这些问题。在论证过程中，莱辛关注的完全是 Freimaurer 名称及其历史沿革，以及与如此命名的秘密社团的关联（秘密社团与狭义上"实际作业的" Maurerei 很少干系）。除了后来在"第五篇谈话"中叙述的知识和关于源于 Massonei（聚餐会）的推断以外，这个草稿几乎了无新意和进一步阐发。《补遗》几乎说不上是后来其结构完全不同的《谈话》原初的"构想草稿"。颇有争议的是：残稿最后几则笔记在多大程度上可被看作"第五篇谈话"结尾所预告的"注疏"的基础（参见古特克和佛格斯的有关论文）。

《恩斯特与法尔克》第一稿

一

这场讨论的用意并不多么重要，但却是认真的。我一开始就得提醒人们注意这一点，以便读者不至于误解我，而我自己也避开了招引读者之嫌，免得他们最后因期待落空而抱怨不止。

我对他们真正的或者宣称的秘密一无所知；我不去触动这些秘密，不敢对此妄下判断，我也不可能泄露它。我只是相信：这秘密既非通向地狱之门，也非通向天堂之路。

我准备做的一切仅仅在于澄清一种历史情况，共济会员们自己也承认，这种情况可能会为一个不知情者所猜中。倘若除此之外还有一种他们自己说不清楚其开端或者来由的情况，那么，我的想法本身也许可能得到他们的赞赏，不论这赞赏是当真的，还是仅仅故作姿态。因为共济会的行止不可能有别于一切教派①和社团，这类组织的早期为浓重阴霾所笼罩，由于看不透真相，人们至少想设法通过看似可能的推断驱散阴霾。

这种情况所关涉的是共济会员（Freimaurer［自由砖石匠］）的来由，这里说的并非构成一个自诩占有这样或那样的秘密的社团的共济会员；——再说一遍，我跟他们的秘密毫无关系——而是有着自由砖石匠这个名称的共济会员。

二

我并不认为，有人曾真想说服世人相信，真正的砖石匠

---

① 来自拉丁文 secta，意为"（宗教的）派别，（哲学的）学派"。指持守某一确定的学说或者规定而分离出来的共同体。

(Maurerei),或者建筑技艺是社团的现实活动。共济会员至少现在无一例外地承认,他们借用了砖石匠技艺的某些习俗和说法,以便利用其外衣,只让那些掌握其秘诀的人明白个中道理:共济会《章程汇编》的编者安德森将建筑的历史当成这个社团的历史塞给我们,自然将玩笑开得有些过头,以致人们可能不再怀疑在安德森看来是可能的事,即人们会把所要做的这一切当成福音来对待。但是,安德森给自己的作品留下的虚构痕迹太多、太明显,终有一天,不再会有人上当受骗,除非自己存心愿意受人愚弄。

于是,认为社团产生自建成某一伟大建筑物的所有子虚乌有的说法随即消失:既非挪亚方舟,也不是所罗门神殿,更不是在……① 时候将在耶路撒冷新建的神殿……

可是,这里产生一个问题:既然这个社团与真正的砖石匠没有关系,既然它只是从这门行当借用其语言和习俗,那么,共济会为什么钟情于一门行当,而恰恰又是钟情于这一门而不是另一门行当呢?砖石匠是如此卑微,为达到最崇高的思想值得从它那里为社团借用寓言和暗示吗?人们怎样才能……(原件无法识读)使自己隐蔽在一种机械性技艺的未得消解的谜团背后呢?

三

Freimaurer 无非是 Free Masson 的逐字迻译。可见,在考察这个称谓时不应以德语词,而必须以英语词为基础。人们自称为 Freimaurer,因为他们在他们长期定居的英国被叫做 Free Massons;可是,他们为什么在那里被叫做德国人所理解的 Free Massons,即 Freimanrer 呢?

人们在某个地方曾想作出解释:Free Masson 本来必须译为 Steinmetz(砖石匠)。② 可是自由砖石匠的工具中的泥镘(Kelle)

---

① 这里是一两个不可识读的词;似可以补充为"十字军东征"。
② 参莱辛的《读书札记》中的"共济会员"条;这个词条的成文时间明显先于这篇草稿。

就足以推翻这种解释了。

不过，即便这其中有正确的地方，我在这一考察中仍然难以走下去。于是我想，Free Masson 这个词不论在翻译中还是在英语本身都曾发生过另一种完全不规范的情况。

不就是，英语中所谓的 Free Masonry（自由砖石匠）应叫做 Massony，而我们译作 Maurerei 的词，本应译成德语和英语共有的①那个古老的词 Massonei？

Massonei 在非常久远的年代就是世上曾有过的最古老和最著名的社团的名称。这个主干的一个分支便是 Freimaurer，不过恕我直言，这是一个嫁接上去的分支。这些 Freimaurer 的社团原本是一个 Massonei，不过是更自由的 Massonei；只是由于人们在后来的岁月中忘记了 Massonei 这个词的真正含义，以致将 Masonry 与 Massony 混淆，于是 Maurerei 悄悄进入教团。兄弟们利用了这个普遍的误解，既然人们将他们的 Massony 看成 Masonry，他们便被说服借用了砖石匠的整个外壳，这外壳后来被用来指共济会分会本身。

这是我对我的见解的概括叙述。现在，我要一一加以讨论。

四

如果我说 Massonei 是世界上最古老和最著名的教团的名字，如果我指出 Freimaurer 与这个教团的亲缘关系，那么，我希望教团的兄弟们不要鄙视我，就像一个诚实的人看一个谱系学家那样，因为后者向他指出了他原本来自怎样一个著名的家庭。谱系学家自己无须是这个家庭的后代，这个家庭也不必向他展示他们的家谱：尽管如此，他对他们的谱系很可能比与这个家庭有血缘关系的人更加熟

---

① 不论德语还是英语，这个语词都是从古法语借来的；莱辛将 Massonei 理解为一个封闭的行会。

悉。倘若一个高贵的世家只是因为作者与他们没有亲缘关系，只是因为他们［……］（有几个词无法辨读）不愿接受作者从普遍的历史文献中获取的信息，便要否认自己的谱系，这岂不是很糟糕吗？

可是，这著名的教团，这个在非常久远的时代以前曾有 Massonei（B. 写作 Massony）这个名字的教团是怎样一个教团呢？我很怀疑我的读者能够对此问题作出回答。

一言以蔽之，这就是圆桌教团，① 世界上第一个真正的骑士教团。即便这个教团的创建人是克特族国王亚瑟（Arthur），即便这样一个国王兴许一度在世界上存在过，至少他的行为如此充满奇异寓言性质，以致在真正的历史书里几乎争不到方寸之地，可是，圆桌教团或者同桌宴饮者却始终是不容置疑的。

五

Massonei 就其来源讲，意思大致是同桌宴饮的人，这个词派生自古老的克特语，在盎格鲁－撒克逊语中是 Mase，在哥特语中叫 Masa，意思是桌子。这个词在古代德语方言里并不生僻，这表明，除了 Massonei 这个词本身以外，还有其他一些不同的词，这些词部分在不久前还曾流行，部分至今仍在应用。所以，Masgenosse ［……］（此处缺漏）这个词大致等于 Tischgenosse（同桌就餐者）；对现在仍然流行的、虽然几乎仅作贬义的［……］（此处缺漏，也许可加进 Maskopei），人们从其派生上看并不视之为社交争斗。因为我们的祖先在就餐时最具有社会性，这时他们相互思考，筹划共同的阴谋。

---

① 指亚瑟王（Artus 或 Arthur）的同桌进餐骑士。关于亚瑟王的最早记载，见诸内尼乌斯（Nennius，约公元 800 前后）的《不列颠史》（*Historia Britonum*）。圆桌可避免骑士们之间的座次之争，这种聚餐会最早见于威斯（Wace，约 1110—1175，盎格鲁－罗曼语诗人）的《布鲁特传奇》（*Roman de Brut*，1115）。骑士有自己所属团体的道德准则（如守纪律、勇敢、忠诚等），对十三世纪的文学有特殊意义。

*

[中译编者按] 以下仅为残段

共济会自久远的年代起就在欧洲，尤其在欧洲北部得到蓬勃发展，只是在它产生之初用另一种名称罢了。到了本世纪，几个共济会的活跃成员在英国决定走向前台，根据世人达到的领会程度向他们告知共济会济世恤民的秘密。

………

Massonei（聚餐会）

1. 在赫尔曼（Hermann von Sachsenhaym）的《莫林》（*Morin*）中(a) 页 XXIX，国王对书记官说：

> 去把三骑士给我叫来，
> 他们是聚餐会中好样的，
> 我们应听听他们的主意。

(b) 页 XLI，骑士说，虽说是——

> 整个聚餐会为我祈祷
> 可我还是担心，布林希特应负责任。

安德森兄弟受命并经共济会大分会同意，于 1738 年编订出版了章程书。1722 年已成文。[①]

大分会将它作为唯一一本书推荐给诸分会使用。

恩提克（John Entick）兄弟随后审阅了全书，这个版本也是为大分会所认可的。

[①] 安德森的共济会《章程汇编》1723 年第一版出版许可发出时间在 1722 年，新版于 1738 年问世。

圣保罗教堂于1673年由雷恩开始修建，1711年①落成。

潘内②大师研究了古哥特语章程。③

斯通（Nic Stone）的古老文献1721年1月被烧毁。④当时分会还没印刷过任何东西。

切记：关于共济会其他较古老的分会。⑤

《申辩》⑥

瑞典国王卡尔十一世⑦赋予哥特堡分会的特权。

不接纳犹太教徒和异教徒。

---

① 正确时间是1710年。

② 潘内和下文提到的斯通都是安德森的《章程汇编》提到的英国共济会人物。事实上，在安德森的书中，斯通的手稿只是众多手稿之一。

③ 指所谓英国共济会来源于哥特人所创建的哥特式建筑形式及其共济分会一说，这种建筑形式和分会据安德森称由盎格鲁－撒克逊人带到英国，并一直延续到十七世纪初叶。

④ 正确时间是1720年。

⑤ 指ancient Masons（古老的共济会），这些分会并未在1717年参加伦敦大分会，而是秉承更加古老的传统。

⑥ 指《共济会教团的申辩》（*Apologie des Ordens der Freymaurer*）一书，作者是神学家和哲学教授施塔克（August von Starck，1741—1816），他早年是热心的启蒙思想家，很早便成为共济会员，1767年创立秘密教团"教士会"（Klerikat），这是复苏的护法武士教团的一个更高教士等级。1772年，施塔克成功地将他的教团并入"严律派"，但他本人在晚年却变成了激进的反对派，不仅反对同时代人的各共济会分会，也反对启蒙运动。施塔克将隐微写作（esoterische Schriftstellerei，[中译编者按] 亦可译作"晦涩写作""对圈内人的写作"）与宗教史联系起来。1770年——按某些佐证的说法也许在1769年——他匿名发表《申辩》，就是证明之一。在书中，正如其他关于共济会的出版物那样，施塔克试图在古希腊罗马的奥秘、早期基督教和共济会之间作类比。《申辩》远远不是单纯的辩护，而是想唤醒对共济会秘密的好奇心理。1778年《申辩》新版问世，这里所提到的有关段落与1770年版一样。

⑦ Carl XI.（1655—1697），1660年开始为瑞典国王。

附录一

关于一个不可见的可见社会的谈话

赫尔德

［德文版编者按］赫尔德（Johann Gottfried Herder，1744—1803）1766年6月加入共济会里加（Riga）分会"成剑"（Zum Schwert），不久便担任分会秘书和计算师等职。1769年夏，也就是大概由共济会资助去法国旅行之后，赫尔德脱离了分会生活。赫尔德给莱辛写信，索求《恩斯特与法尔克》手稿："要是成为共济会员乃是阅读此稿的条件，那么，很抱歉，我也是。"赫尔德在读了莱辛的共济会员对话后写了这个续篇，最初发表在《关于推进人道的通信》第二辑（Riga，1793，Nr. 26），但早在1782年，赫尔德就曾说过：

自从收到莱辛寄来的精彩对话《恩斯特与法尔克》的手稿，我就免不了再次思考这个我还曾是槛外人时便让我无法释怀的课题。虽然我无法苟同他就共济会的产生提出的体系，但这个人太富有智慧和学养，他的对话使我更注意到某些东西，因为，这类内容其实我相当熟悉……

［中译编者按］本文原题Gespräch über eine unsichtbar – sichtbare Gesellschaft，也可译作：关于一个不透明的透明社会的谈话。

前不久，有人谈到一个他认为存在颇多怪异情况的社会。他说：

他们的真诚行为实在伟大，实在富有远见，也许，要过上整整几个世纪以后，人们才可以说：这是他们的壮举！虽然他们做了这世上（请听仔细，他说的是：这世上！）可能有的一切善事，而且还在继续做这世上（请听仔细，他说的是：这世上！）可能有的一切善事。可是（他补充说），这个社会的真诚行为要达到的目标是，使人们一般称为善行的所有行为的绝大部分成为多余。

有谁比我对这个谜更好奇呢？这里是我们就此进行的一次谈话。

　　他　你怎样看人的市民社会（die bürgerliche Gesellschaft der Menschen）？①

　　我　蛮好的东西嘛。

　　他　这还用说。但是，你把它看成目的还是手段？你认为，人是为国家（die Staaten）而被造的呢，抑或国家是为人而被造的？

　　我　有些人似乎持前一说法。不过，后一说法大概更真实。

　　他　我也这么想。国家将人联合为一体，以便每一个人能够通过这个联合体，并在这个联合体中更方便、更可靠地享受自己的那份幸福。所有成员的个别幸福的总和，便是国家的幸福。除此之外，再没有别的幸福。任何其他的国家幸福（Glückseligkeit des Staats），哪怕这种幸福只使得极少数个别成员因此而受苦，都是暴政（Tyrannei）的外衣。仅此而已。

　　我　说得好！人的市民生活，所有的国家宪法（Staatsverfassungen）无非是达到人的幸福的手段。还会是什么呢？

　　他　仅仅是手段，仅仅是人发明的手段；虽然我不想否认，造化的安排必然让人很快想到这项发明。不过，请告诉我，既然

―――――――

① 谈话的第一部分是概括重述莱辛的《恩斯特与法尔克》对话二的内容。

国家规章是手段，是人发明的手段，那么，只有它才会被排除于人为手段的命运之外了？

我　你所谓的人为手段的命运，是什么意思？

他　就是所有与人为手段不可分割地绑在一起的东西，手段并非不出错（unfehlbar）。手段不仅不①与其目的（Absicht）相符，而且恰恰与之相反。

我　我想我听懂了你的意思。不过，人们都很清楚，为什么如此众多的个人并没有因国家宪法获得自己的幸福。国家宪法很多；这一个比那一个更好；有些错误百出，显然有违其目的；最好的宪法大概尚有待发明。

他　这且不说！假定可以设想的最好的宪法已经发明，假定全世界所有的人都接受了这部最好的宪法，难道你不认为，即便如此，从这部最好的宪法中也必然会产生对人的幸福极为有害的东西，只不过人在自然的状态中（in dem Stande der Natur）根本不知道这些而已？

我　你恐怕很难从那些有害的东西中举出一个来吧。

他　你指甚至从最好的国家宪法中也必然肯定会产生的东西吗？哦，可举出十例。

我　不妨举一个看看。

他　好，我们假定，最好的国家宪法已经发明，假定世上所有人都生活在这部最好的国家宪法之下；那么，世上所有的人会因此而搞出仅仅一个国家吗？

我　想必很难。一个如此巨大的国家可能无法治理。它必须划分成多个小国，都按同样的法律来治理。

他　这些小国家每一个是否都有自身的利益？这个国家的每个成员是否都有自己国家的利益？

我　怎么会没有呢？

---

① 在莱辛本文中是"经常不"。

他　这些不同的利益往往会相互①冲突,就像现在这样;来自不同国家的两个成员不可能以不怀偏见的心态相互对待,就像现在一个德国人对一个法国人,一个法国人对一个英国人那样。

我　很可能。

他　这就是说:如今,当一个德国人遇见一个法国人,一个法国人遇见一个英国人的时候,不再是一个纯然的人与一个纯然的人相遇,而是一个这样的人与一个这样的人相遇,他们各自意识到自己不同的倾向,还没等到相互发生最微不足道的关系和共同分担最微不足道的事务之前,他们就冷淡、拘谨且相互不信任了。

我　这倒是真的。

他　同样真实的是,通过联合人们的幸福才有保障,但将人们联合为一体的手段同时又将人们分离开来。再进一步说,小国家很多,气候岂不会完全不同,因而会有完全不同的需求和满足,完全不同的习惯和风尚,完全不同的道德信条,完全不同的宗教?

我　这倒是有力的一步。

他　倘若如此,那么,他们相互之间——不论他们称自己是什么人——也就会完全像我们基督徒与犹太人和土耳其人相互对待的那样。并非纯然的人与纯然的人相交,而是这样的人相互②争夺某种精神上的优势(Vorzug),在此基础上建立自然的人(natürlichen Menschen)想都想不到的权利(Rechte)。

我　可是,无论如何我在想,正如你假定的那样,所有国家既然都有一样的宪法,他们恐怕也能有一样的宗教。我搞不懂的是,没有一样的宗教,怎么可能有一样的宪法?

他　我也搞不懂。我也只是假设那种情况,以便切断你③的退路。不论这一还是那一情况,都是既可信却又不可能的。一个

---

① "相互"是赫尔德添加的。
② "相互"是赫尔德加的。
③ 赫尔德在这里加进一个第三格的"你"。

国家：便会有许多国家。许多国家：便会有许多宪法。许多宪法：便会有许多宗教。现在来看看市民社会完全违背其目的而引起的第二个灾难。这个社会不将人们分离开来便没法把他们结合起来；要将他们分离开来，就得加深他们之间的沟壑，在他们之间筑起隔离墙。容我再加上第三个灾难。市民社会并不会满足于将人划分和割裂为不同的民族和宗教。这种分割形成几个大的部分，每个部分都自然地是一个整体（Ganz），这总比根本没有整体要好些吧。——不然，市民社会将在每一部分继续分隔下去，永无尽头。

  我 何以如此？

  他 莫非你认为，可以设想一个没有等级（Ständen）的国家？不论一个国家是好是坏，或多或少地接近完美，其所有成员绝没可能处于同样的状态（das nämliche Verhältnis）。——即便他们所有的人都参与立法，他们也不可能平等地参与（gleichen Anteil），至少不会平等地直接参与。因为，毕竟有高贵和低贱之分呵。就算在开始时，国家的一切财产是平均分配给他们的，这种平均分配也很难持续两代人，很快便会有较富的和较穷的。

  我 这是自然的。

  他 那么想想看，这世上有多少恶的原因不是这种等级的差别①呢？

  我 我可无法反驳你的说法，不过，你究竟要说什么呢？想让我厌恶市民生活？想让我产生一种愿望，但愿人永远不会有靠国家联合起来的想法？

  他 你把我想到哪里去了？哪怕市民社会只有一种善（das Gute）——这就是使人的理性在这里得以培育起来，我也会不顾无比巨大的恶（Übel）而为它祈福。

  我 要享用火，就得忍受烟。

  他 那倒是。可是，由于生火不可避免地要冒烟，因此就不

---

① 与莱辛的表述略有差异。

可以发明烟囱了吗？发明烟囱的人因此就变成了火的敌人？瞧，这就是我要指的意思。

我　指什么？我不懂你的意思。

他　这譬喻非常贴切呵。既然人们只有通过分隔才能联合起来，分隔（Trennunggen）不就成为好东西了吗？

我　恐怕不会罢。

他　分隔不就因此而变得神圣了吗？

我　多么神圣？

他　神圣得不可触犯。

我　为的是——

他　为的是，分隔不至于撕裂得更大，不至于超过必要性（Notwendigkeit）所要求的。为的是，尽可能使分裂的后果不至于带来损害。

我　怎么能禁止得住呢？

他　的确还不能禁止；靠市民法律（bürgerliche Gesetze）不能禁止。因为，市民法律绝不会伸展到其国家的界线之外。可这种事情恰恰就在所有国家、每个国家的界限之外。——结果，只可能是一种 Opus supererogatum（分外之工），只能希望每个国家的最智慧和最优秀的人自愿承担这种分外之工。

我　太应该希望啦。

他　希望每个国家都有些这样的男人（Männer），他们能超越民族（Völkerschaft）偏见，清楚地意识到，爱国主义到了哪个地步就不再是美德。

我　太应该希望啦！

他　希望每个国家都有些这样的男人，他们能够不为自己与生俱来的宗教的偏见所累，而且不认为，凡他们认识到是好的和真实的东西，必定是好的和真实的。

我　希望啦（Recht sehr zu wünschen）！

他　太应该希望每个国家都有些这样的人，他们不炫耀市民的崇高（bürgerliche Hoheit），也不厌恶市民的鄙屑（Geringfügigkeit）；

在他们的社会中，高的乐于俯就低的，鄙屑的敢于抬高自己。

　　我　太应该希望啦！

　　他　要是这个希望实现了呢？不仅在这儿或那儿，不仅在某个时代。要是如今处处都有这种男人（Männer）呢？是不是所有时代都得有这种男人？

　　我　上帝保佑！

　　他　要是这些男人不是生活在一种不发挥作用的分散状态（Zerstreuung）之中呢？不是总生活在一个不可见的教会里呢？

　　我　多美的梦想呵！

　　他　让我长话短说。——要是这些人或许就是……① 呢？

　　——在这里，他对我提到这个社会的名称，但毫无邀我加入的意思。他，这个最正直的人自己承认，上面所说的目的只是附带地属于这个社会的事业（Geschäft）：

　　　　这事业可不是随随便便、可有可无的，而是必不可少的，不论是靠自己的反复思考，还是受他人引导，谁都可能投身这项事业；这个社会所采纳的所有语词、标志和规矩并非必不可少的、本质性的东西。

通过这些指点，我走上了可靠的路。我们之间开始了第二次谈话，内容大致如下：

　　我　倘若除了你的社会以外，还有一个更自由的社会，它不把对我们曾谈论过的伟大事业当作次要的事情，而是作为主要目的；[这个更自由的社会] 不是幽闭式的，而是对全世界敞开；不凭靠规矩和标志，而是以清晰的语词和行动；不是在两三个国家，而是在世上所有启蒙了的（aufgeklärten）民族当中，那么，你会

---

　　①　莱辛在这里径直写为：共济会员。

吸收我参加你的小社会吗？

他　由衷地乐意。碱在结晶为一间阴暗斗室墙壁上的硝以前，必然是在空气中的。

我　任何时代都会有这样一个社会，而且永远会有，要是我在这样的社会中已经生活过好久，在这个社会里简直就像在自己的祖国里，从中我已经找到过自己由衷的（innigste）快乐呢？

他　那就更好。

我　在你的社会里，我总得为一些事情操心，但在我的社会里，就根本无需为这些事情操心；在你的社会里，即便没有冒充真理的欺骗，至少也有教育的引导、因袭的迂腐吧？①

他　完全是我的意思；那么对我说出你的社会的名字。

我　在世界各地的所有思想着的人（aller denkenden Menschen）的社会。

他　够大的了；可惜是个分散的、不可见的教会。

我　这社会是集中的，可见的。浮士德或古滕伯格②——我该怎么说呢？——是这个社会的主座师傅，或毋宁说是第一个侍奉弟兄。在这里，凡我遇到的，无不使我超越市民社会的任何分隔，不仅引导我，而且培育我，使我不仅与这些和这样的人结交，而且与人本身结交。

他　我大概明白了你的意思。自从印刷术将这个社会的语词和标志传向全世界以来，就不应该再有——你认为——秘密的语词和标志了。可是，印刷术建立的也毕竟只是一个观念（idealische，［中

---

① 在1786年1月9日致海纳（Heyne）的一封信中，赫尔德表达得更为有力："我恨死了一切秘密社会，在其最里层和从中有了经验后，我便咒它；因为，在这个社会的掩饰背后潜行的是最伪善的统治、行骗和密谋（Kabalengeist）。"1871年，赫尔德对米勒（Johann Georg Müller）说："这个教团（Orden）要是自己不公开承认他们的秘密毫无价值，他们很快便会使自己陷入为人所耻笑的境地。"（《赫尔德之家》［Herder'sche Hause］，1881，页108）

② ［中译按］Gutenberg，约1397—1468，欧洲印刷术首创者。

译按]"理想")的社会呵。

我 这些事情肯定是如此。只有精神（Geist）才可能对精神把基本原理讲清楚；身体的相聚（Zusammenkunft）实在可有可无，倘若这种相聚往往非常分散和具有诱惑性（verführrerisch）的话。与浮士德外套上的精神交往，我的灵魂保持着自由，可以审查每个语词、每个形象。

他 精神使你超越了国家、宗教、等级的所有偏见？

我 完全超越。与我的社交伙伴（Gesellschaftern）荷马、柏拉图、色诺芬、塔西陀、安东尼、①巴科、②费纳隆③在一起时，根本不会想到，他们属于哪个国家或等级，属于哪个民族、哪个宗教；他们倒是让我记起，受到这方面的干扰要少得多，而在你的可见社会里，这类干扰肯定不会少。

他 肯定。

我 因此可以指望的是，在这个社会里，世上所有高贵的精神（alle edlen Geister）都基于这些基本原理和学说在我身上结为一体。

他 你就可以亲自与他们交谈，通过这种方式，使他们感觉到你，听到你。

我 要是我能像你那样多好呵！还没见到你本人，就与你的精神攀谈；我认识你，不用通过一个秘密社会——不用凭语词、握手、叩击④。你和其他人的行动早就更加切实地影响着我了，规矩和暗号带给我的影响却只会非常不确定而且来得缓慢；因为，这些行动已经使我超越了国家宪法，超越了与生俱来的宗教、地位和等级的所有偏见。

---

① ［中译按］Marcus Antonin，约前82—约前30，罗马军事家和政治领袖。
② ［中译按］Baco，1412—1461，西班牙宫廷画家。
③ ［中译按］F. Fenelon，1651—1715，法国作家，代表作《亡灵对话录》（中译本见周国强译，西安出版社，1998）。
④ ［中译按］共济会员相互识别的暗号。

他　什么行为（Taten）？

我　诗、哲学和历史，在我看来，这是三盏明灯,① 从这儿照亮民族、教派（Sekten）和世代（Geschlechter）。一个神圣的三角！诗通过愉悦感性地直接呈现事物，使人（den Menschen）超越所有分隔和片面；哲学给人与此有关的牢固而恒定的基本原理；如有必要，历史将使得更切近的准则在人身上不至于落空。

他　可是，这些原则、这些准则和直观是否也影响到行为？莫非这个社会不再具有推动力（Antriebe）？

我　我不妨用出自你自己口中的话："别对我说什么众多推动力。宁可给予所有可能的强大力量以一种唯一的推动力！众多这类推动力无异于一部机器中的众多齿轮。齿轮愈多愈不稳定。"

他　那么，你的唯一推动力是什么？

我　人道（Humanität）。倘若让这个概念发挥自己的全部力量，倘若充分展示其全部作用，将它视为自己与他人灵犀相通（sich und andern ans Herz）的义务（Pflicht），不可推卸的、普遍的、首要的义务，那么，国家利益、与生俱来的宗教的所有偏见，以及所有偏见中最愚蠢的地位和等级的偏见将会——

他　消失？那你就大错特错喽。

我　并非消失；而是给蒸发掉，给限制住，不再产生危害；只要你所称的这个也许鞠躬尽瘁的社会愿意这么发挥作用，就能够这样发挥作用。你不是比我更清楚，所有这类对偏见的战胜必定是由内而外而非由外而内取得的吗？早就是人的思想方式（Denkart）在先，而非

---

① 按共济会的礼仪，共济会的三盏"大灯"是角尺、圆规和圣经，三盏"小灯"是燃在分会"三根支柱"上的蜡烛，象征太阳、月亮和分会大师（或星星）。赫尔德曾在里加以共济会的三根支柱——"智慧、实力、美"为题发表了自己的第一次分会演讲。后来，他在 Fama fraternitatis（兄弟情谊的传说）的开场白中又谈到过"勇气和实力"，在这个讲话的另一处又称"智慧和实力"是共济会的两大支柱。

社会；凡有思想方式的地方，社会便自动形成并保持一致。要是让两个具有同样原则的人在一起，无须握手和给暗号，他们相互就懂啦，进而在无言的行动中去建设伟大、高贵的人道大厦。每个人都是实践性的（parktisch），在他能够进入这种状态以后，他也为别人双手的工作感到欣喜，因为他确信，这幢无限的、望不到其边际的大厦只有靠所有的双手才可能完成；他确信，这要求所有时代、所有方面的努力，所以，不可以，也不应该每个人都认识每一个人（ein Jeder einen Jeden），更不消说靠盟誓、法律和象征符号来约束他了。

他 你已经走上了正道；在这条路上，有自由的工作。只要是真的光，就遮不住，即便有人想遮；最纯的光恰恰不用到墓穴中去寻找。①

---

① 在对话作品《格劳孔与尼齐亚》（*Glaukon und Nicias*）中，赫尔德写道：

哦，我多么高兴呵，看到的不再是人们像埃涅阿斯在阴间那样，迷失于其中所有秘术（aller geheimen Wissenschaften）的蒙骗人的萤光，而是正值中天的太阳——普遍、公开、毫无虚饰的真理的灿烂光芒！在这真理面前，每个人都带着自己的见解登场，无论好的还是坏的，颠扑不破的还是蒙骗的，都将受到考虑、检验、证实或被摈弃。所有这一切的实现，虽然还不是出自健康、自由、合理的理性和批判本身，但毕竟是在理性和批判的威望、光照和名义下实现的……可见，一个秘密社会如果爱真理的话，就不至于隐匿其秘术、其灵知的福音（gnostischen Evangelien），会让古老的僧侣文献（die alte Mönchsschrift）大白于天下……也就是说，不论哪种秘密社会，只要善待真理和宗教，便立即不再是秘密的了。

赫尔德接着还写道：

亲爱的格劳孔，被关在室内的空气会变得危险；人会陷于昏厥、眩晕甚至死亡，要是他们——哪怕手持火把——参加秘密社会，进入墓穴、枯井、地下洞窟的话；原因不是别的，只是因为人们长时间拒绝给这些地方通通净化的空气和令人心旷神怡的阳光。让智慧之鹰离开自己在密涅瓦（Mineva，[中译按] 希腊神话中的智慧女神）的秘契怀抱中的巢穴，大胆飞向阳光。

我　所有这样一些标志也许曾是好的和必要的；不过，我想，它们已不适合我们的时代。对于我们的时代，这些标志的方法（Methode）的反面才是必要的：纯粹、清晰、公开的真理（reine, helle offenbare Wahrheit）。

他　祝你好运。可是，你不认为，人道这个词也会被搞脏吗？

我　那可是很不人道的（sehr inhuman），我们只不过是人而已；愿你是我们这个社会的第一个成员。

附录二

恩斯特与法尔克
——关于共济会的第三次谈话的片断

施勒格尔

［德文版编者按］与莱辛和赫尔德不同，施勒格尔（Friedrich von Schlegel，1772—1829）很可能从未加入过共济会，尽管有人认为他加入过。①

这篇作品原题 *Bruchstück eines dritten Gespräches über Freimaurerei*，1804 年发表在施勒格尔以《莱辛著作中的思想与见解——施勒格尔编辑并疏解》（莱比锡版，1810 年第二版，书名略有改动）为题出版的莱辛选集的第三部分。施勒格尔的片断紧接着莱辛的谈话的"第一部分"（即第一次谈话至第三次谈话）和"第二部分"（即第四次谈话和第五次谈话，未收前言和后记）之后。所以，他称自己写的这个谈话为"第三次谈话"。有关施勒格尔这篇谈话的研究文献十分贫乏，可参见 Elsbeth Bonnenmann 的博士论文 *Lessingkritik und Lessingbild der Romantik*，Köln 1932，页 84 以下。

法尔克　我要再次表示衷心欢迎。
恩斯特　久别之后我们终于又重逢啦！自那以来，变化多大

---

① 参见 Lennhoff / Posner 编，*Internationales Freimaurerlexikon*（《国际共济会词典》），1932，Sp. 1395，仅孤证一条，而且 Lennhoff / Posner 往往喜欢把当时的名人说成某个分会的成员，其实是乱说，而且不给出证据。

呵，发生的事那么多，我自己经历了好多事呵！

法尔克 事情倒是发生了一些，起码人们觉得的确如此。不过，变化呢？

恩斯特 莫非你把所有革命中最轰轰烈烈的① 不当回事？把最可怕的战争的可怕恶行不当回事？说穿了，莫非祖国和所有古老的状态的凌迟不算回事？

法尔克 发展，必然的发展嘛，洞若观火的眼睛早就看得一清二楚，只可惜看得太清楚啦。最古老的不幸（das älteste Unglück）的新表达。如此而已！

恩斯特 至少对这场革命负面的重要性你不至于想否认吧。好多以往我们觉得重要的东西一下子消失了，全没啦！譬如，我们以往经常研究和介绍的对象——共济会，它现在呢？

法尔克 唔？

恩斯特 共济会没啦——这样一些东西怎么还会有哩；一旦所有社会的本质本身遭到破坏，人们怎么还会想到人的普遍联系（allgemeinen Verbindung）中多余的东西，还会想到奢侈，想到美好的东西？

法尔克 倘若是本质，就不可能被破坏，不可能被完全、永远地摧毁。至于共济会，你指的是它本身，还是它的终极模式（letztes Schema）？

恩斯特 我该怎样理解它本身或者它的模式？——当然是两者，它们都是一回事。

法尔克 那我就不能同意你的意见了。起码共济会的现行模式，真的，这东西被消灭了，永远被消灭了。

恩斯特 唔，共济会呢？

法尔克 它会存在下去的。怎么，莫非你忘记了我们在这方面发现和确认的东西？

恩斯特 当然没忘，可我得向你承认，在徜徉于你指出的道路

---

① 指1789年法国大革命。

上时，我竟然产生了［对其］历史的怀疑（historische Zweifel）：这个组织原初是否曾有过如此伟大、如此全面的始终如一的目的——你加在它身上的那种目的；兴许它更具有一种手工业行会的局限。

　　法尔克 老弟，我们谈论过的是共济会的永恒理念呐，难道谈论的是一个纯然的历史事实？① ——倘若这是确定的，那么就会

---

　　① 施勒格尔编的《莱辛选集》中收有一篇题为《抗议派的性质》的文章，与《恩斯特与法尔克》放在一起，在笺注这篇文章时，施勒格尔写道，在"启蒙运动或者消除一切偏见的运动"中，莱辛远远走在那个时代的前面：

　　　　就这类更细微、更隐匿的偏见（即"民族、等级、市民生活、圈子［Kreis］的偏见，甚至有教养的社会［der gebildeten Gesellschaft］的偏见，乃至时代本身的偏见"）方面看，莱辛多大程度上超越了他那个时代，《恩斯特与法尔克》说得明明白白。……

　　　　莱辛是否想要以此摆出这些偏见的基本原则，恐怕只有懂这个社会的人才能作出判断。但可以肯定的是，他所展示出来的共济会是某种必然的东西（etwas Notwendiges），根本不会拘泥于这个或那个形式；只要思想者和讲授者（Denkenden und Unterrichten）在传达（Mitteilung）、相聚（Gemeinschaft），属于共济会的本质性的东西本身必定会冒出来，而且会被公开推行，因为，真正的秘密始终是秘密。甚至像莱辛从事的写作本身，也是这样一种的公开的共济会活动（einen solche öffentliche Freimaurerei），即完全自由地发挥作用，无需什么外在的东西（Äußerlichkeiten）；莱辛自己便是这个联盟（Bund）的第一位，这个联盟会日益扩大，而且会永远存在，因为这联盟立足于永恒。

　　　　不过，要是人们更愿意将莱辛这篇关于共济会的文章与人道概念联系起来……那么，这个概念便无可争议地同样只可在其最纯洁的真正含义上来用。因为，从这层意义上看，人道并非对他人不幸的同情和怜悯，而是对他人的自由和理智发自内心的愉悦和由衷的认同，是激励和发展我们身上这如此之多的精神自由（Geistesfreiheit）的愿望，是始终乐于参与其事的精神和对所有致力于此的手段的密切关注。

是这样：一切艺术和科学不都直接与至高的东西联系在一起吗？即便机械技能（die mechanische Kunst）不也有为人所无法完全探明其究竟的秘密吗？而且，知道这秘密的人不也不可讲出来，哪怕吐露一点儿吗？

恩斯特　没错！可是，所有这些现在对我们又怎样呢？人们首先应操心的是必要的东西（das Notwendige），然后才是更高的多余的东西（das höhere Überflüssige）。眼下不应急于去弥补即便最好的国家也难以避免的缺口，唯一的当务之急是，使所有国家和一切人性的东西（Menschlichkeit）不至沦亡，古老的正义（Recht）和古老的道德、荣誉、自由以及君主尊严（Fürstenwürde）得到某种程度上的维护和重新恢复。

法尔克　说得好。但这很难做到，如果不来一场巨大变革（Umschwung），重建和更新精神的内在联合和共体性（Gemeinschaft）的话。

恩斯特　你指哲学及其他所经历的变化。

法尔克　一点儿没错。不过，我的意思可不只是哲学家们的哲学。

恩斯特　这么说，你指的是人民（Volk）的信念、信仰，一言以蔽之，宗教，它恐怕也无法独自避开普遍的动荡（Erschütterung）。

法尔克　当然。不过，就算我们有着同样的思想，可道路何等不同，我们各走各的路，每个人都只听自己的！你哀叹国家和宪法的沦亡，我却恐惧所有宗教的瓦解，要是宗教本身听任这种恐惧扩展下去的话。你是这场革命的目击者和细心的观察者；我却觉得，对于思辨的孤独（Einsamkeit der Spekulation）来说，革命似乎并不那么重要，至少远远不如另一场革命重要——这另一场革命发生在人的精神本身最内在的地方，势头更大、更迅速、更全面。

恩斯特　这场革命是？

法尔克　理想主义的想象（die Erfindung des Idealismus）。

恩斯特　我也略有耳闻，而且引起我好奇，想搞清楚。这是个新的哲学派别？

法尔克 本来不是个新派别，至少并非体系，只不过是，人自己发现了自我（der Mensch sich selbst entdeckt hat），由此自然也就发现了所有公开的和秘密的社会的一条新法则。不过，在这里我不作任何回答，而是推荐一篇文章，等你读过后，我们再作讨论。这篇文章与我以前的尝试有所不同，至少能从另一个方面指出，共济会绝不会就此止步，并提请你注意，在以前的模式遭到破坏之后，共济会将以何种模式出现。

——在这里我们中断了谈话线索，以便传达提到的文章，它讨论的是：

关于哲学的形式

在一个道德颓败、法律败坏的时代，在一个所有概念、等级和关系已经混乱和扭曲的时代——说到底，宗教本身对神性渊源的回忆已然是一种珍稀之物，在这样一种状态下，只有靠哲学才能重建和维持人的福祉（Wohlfahrt）。通过哲学，就是通过对至高本质和所有神性事物确定的和深入的认识；因为，古老、神圣的传承（Überlieferung）已经被遗忘和歪曲，首要的当务之急便是必须消灭和清除败坏、曲解传承的谬误和偏见，而人只有通过艺术和科学才能回归原初创造伊始便具有的尊严（Hoheit），所有更高的，即与神性事物有关的艺术和科学的大厦，都基于对更高的东西的承认，基于与此联系在一起的更低的假象的必然解体，或者说，基于哲学。

除去为数不多的过渡时期——此时，思维方式和宪法中占主导的是较好的原则，纵观历史，欧洲国家一直处于上述可悲的状态。如今，这种状态无以复加，超过以往任何时代：所有低下的东西和恶（Niedrigen und Bösen）似乎比以往更为内在地联系在一起，几乎，要践踏所有更好和更高的东西，为此甚至还要庄重地根除人们心胸中对伟大和美好的东西的回忆。

这巨量的邪恶（dieser ungeheuren Masse von Schlechtigkeit）简直就像藤蔓，四处蔓延、纠结、无孔不入，以其杂生枝叶遮挡某些高贵的东西，迄今为止，与此邪恶对立的，只有哲学那悄然的火，恰恰在如今这最为紧急的关头（am meisten Not），哲学奇迹般地吐出比以往更为耀眼的烈焰。可能发生这种情况的唯有一个国家（dem einzigen Lande，［德文版编者按］指德国），在这个国家，至少还有美德、荣誉和严肃的概念，至少还残留着古老的思维方式和自由的零散踪迹，在这里，哪怕在浓厚的学术氛围中，严格的艺术感仍然能够重新苏醒，眼睛还会张望至高认识的曙光（die Morgenräte der höchsten Erkenntnis），还会看清被新时代的愚钝和荒唐埋葬和遗忘了的古老启示的隐匿义涵。①

这个令人惊叹的新派唯心主义（或译：理想主义）学说向我们指明了，人凭借自己本身，凭靠自由思考的力量和艺术，凭靠坚强的勇气和意志，并始终遵循已知原则，就可能达到这极致的极致（das Äußerste）。有些人也许会认为，从这个例子中，从这个例子的局限中，再次找到了一个证明：靠人自己的力量和目的，能取得和几近于强夺来的只是真理的一部分，另一部分似乎是被恩赐和启示给人的，几乎谈不上人的精神的参与。对此我的回应是：先做你能做和应该做的吧，其余的东西会自动地掉进你怀里。事情的本质把这种新的、纯属人的（bloßmenschliche）唯心主义——就

---

① 在施勒格尔的《理念》（1800）中可以看到类似的思想：

只有在德国人那里，还有这样一种民族特点（Nationaleigenheit）：仅仅为了艺术和科学而把艺术和科学当神来敬拜……德国人的民族之神并非赫尔曼（Hermann）和沃丹（Wodan，［中译按］二者都是古日耳曼人崇拜的神），而是艺术和科学……美德并不单单用于风化；美德也惠及有着自己的权利和义务的艺术和科学。这种精神、这种美德的力量恰恰使德国人在对待艺术和科学时截然不同。

是说由人的精神和人的艺术想象和形成的唯心主义——提升得愈高，自身的完成便愈具有艺术性；提炼得愈纯净，这新的唯心主义便必然愈全面地回归那个古老的、神性的唯心主义；这古老的唯心主义的本原含糊不清，与原初启示（die ersten Offenbarungen）一样古老，人们不可能想象，也无须想象它，只需去寻找和重新找到。无论在最早和最无知的时代，还是在最败坏和野性复萌最盛的时代，古老的启示都会逐渐地随时随地显露出来——通过新的神性（Göttlichkeiten）来解释和证实古老的启示。这种古老的神性唯心主义充盈着的天国的彻悟（himmlischer Erleuchtung），恰恰在过去时代的一种德意志精神（in Einem deutschen Geiste）中得到了灿烂的展示。

完成的科学必然回归这神性真理最古老的秘密。因此，我们可以怀着沉静的希望等待着一切进一步的发展。

只有一点令人担忧。哲学是一种上天之光（ein himmlisches Licht）、神性之火；可是，就像完全自由地、无拘无束地活动着的神圣元素（das heilige Element）会暂时熄灭或遭破坏——这个时候，神圣元素被限制在某种尺度的较高的图形中（in den höheren Bildungen auf ein gewissen Maß），并与一种确定的形态——这形态呈现为吉祥地带来柔和的生命温暖——维系在一起，同样，这个哲学精神也会消失，而且消失速度之快，一如它罕见地呈现时那样，简直没留下什么重大痕迹，唯有一种恰当的艺术形式（eine kunstgerechte Form）和形态才牢牢抓住了那稍纵即逝的本质，使之存留下来。并非哲学本身，而是哲学的持久（Dauer）和价值才具有这种形式。人的福祉和所有更高的科学的艺术，都基于哲学，但哲学的恒定存在则基于其形式。可见，哲学的形式何其重要，何其有意义，价值何其巨大！

所以，人们有充分理由，首先从真实和最佳的形式上确立和完成唯心主义。只是他们在探求这种形式时大都采取了颠倒的方式，而且完全找错了地方。有人妄自认为，哲学的完美形式在于体系上的统一（systematische Einheit，[德文版编者按]指康德）；其实这毫无道理，因为，哲学并非外在表述作品（ein äußerliches Werk der Darstellung），哲学只是精神和思想而已。还有所谓真正的创造性方法（die wahre produktive Methode），有人（[德文版编者按]大概指费希特）甚至要靠它来寻求一切，自认为找到了谜底；其实，作为一种想象法则（Gesetz der Erfindung），这方法当然也是自我思考（Selbstdenken）的形式，但毕竟不是传达（Mitteilung）的形式，因此也不是整个哲学的形式。没有富有生命力的精神共聚和相互交流，一个彻底孤独的思考者的哲学会是什么东西呢？

——哲学这个概念、这个名称本身及其整个历史告诉我们，哲学是永恒的寻找和不可能找到（ein ewiges Suchen und Nichtfindenkönnen）；所有的艺术家和智者（Weise）一致认为，最高的东西是没法说出来的（unaussprechlich），换言之，所有的哲学必然是神秘的（mystisch）。这倒很自然；因为，哲学的对象除了所有秘密之秘密外，还有、还可能有别的对象么？可是，秘密只能够，也只允许以非常秘密的方式（eine geheimnisvolle Art）来传达。于是，才有了哲学的所有次要形式（Nebenformen）——仅仅为了某些处境（Zustände），仅仅在某些条件下，哲学才惯于具有这些形式。于是，才有了怀疑——尚未修炼到家、尚在成长中的哲人的怀疑，因为，起支配作用的毕竟是对那唯一至高者的感觉（das Gefühl von dem Einen Höchsten），而那唯一至高者不仅不可比拟，也没法说出来，甚至不可思议。于是，才有了道德家们（Moralisten）的争吵，因为，无限的善总把自己说成对所有并非绝对的善的否定和拒绝——其原因在于，无限的善本身恰恰没法被搞得清清楚楚。于是，最终才有了已完成的实证哲学表达中的哲学（im Ausdruck der vollendeten positiven Philosophie）的隐喻，才有了这种哲学的学说与认识、生活与宗教的同一（Identität），才有了这种哲学的见识向着更高的诗（Poesie）的过渡。

不过，由此也产生了这样一种哲学的形式：它在一切条件下和所有处境中都保持不变，而且成了哲学本己的根本性的东西——辩证的形式（die dialektische）。这种形式并不仅仅限于摹仿一场谈话

（die Nachbildung eines Gesprächs），毋宁说，只要思想在持续的连接中有一种浮动的交替（ein schwebender Wechsel），就会出现这种形式，也就是说，只要有哲学，便会出现这种形式。因为，哲学的本质毕竟恰恰就在这种浮动的交替中，就在这种永恒的寻找和绝对不可能完全找到（nie ganz Findenkönnen）之中；我们的求知欲总会被给予某些东西，但显得总是大大滞后。

在任何一场好的哲学谈话中，至少肯定有一个人怀着求知欲努力要去揭示至高问道的秘密（die Geheimnisse der höchsten Forschung），也肯定有另一个人拥有这些秘密，而且乐于传告并一点一点地透露这些秘密。不过，正当人们以为，他将会完全做到和完全说出其实他既不能也不可做到和说出来的东西时，他却戛然而止，仅仅用含含糊糊地眺望无限的东西来重新激起我们的向往。——

所以，在对一些人来说显得只是悖论的东西里，我们发现了对于某种东西的把握和澄清，而这种东西历来被富有洞见的人视为真正的哲学形式——自柏拉图以来，能指出这一点的人实在稀罕得很。① 一部有着最完整的统一性的体系性著作，仅仅作为活生生的思想传达之无限多样性的简便程式（erleichternde Formel）和稳定的中心，也许可能有一种哲学的用途和目的，但倘若目的在于全面地表述整个哲学本身，那么，体系性著作大概只能证明，如此表述只会是错误的倾向，根本谈不上对哲学的任何有价值的把握。——

所以，哲学是一个美好的秘密（ein schönes Geheimnis）；哲学本身就是神秘（Mystik），或者具有神性秘密的学问和艺术。古人

---

① 莱辛就属于这种稀罕的人，他在《恩斯特与法尔克》中指明了哲学的这种对话形式；施勒格尔在其学院论文《论莱辛》（1797）里称《恩斯特与法尔克》是篇"最有学养、最完美的作品"，因为施勒格尔从中"最明确、最令人信服地"发现了条条超验的"曲线，它们以明显的一贯性和规律性延伸开来，但由于其唯一的中心在无限，又始终只可能断断续续地显现"。

的种种神秘（die Mysterien）在形式上至为玄妙：至少是真正哲学的开端；基督宗教本身长期以来只是作为一个秘密联盟（geheimen Bundes）的神秘在传布，其中的败坏有多少不是由要把自己公开化或者世俗化的初始时代书写出来的？——

可见，即便哲学被公开，在著作中表述出来，这些著作的形式和表达方式也必须是非常秘密的（geheimnisvoll），以便显得与之相符。即便辩证作品（dialektischer Werke）的具体部分至为明确清晰，至少整体的联结也必须引向某种没法破解的东西，因为我们应该承认，辩证作品不过是摹仿哲思活动（Nachbildung des Philosophieren）或摹仿无尽头的思考。毕竟，只有那意味着自己本身的东西（das, was sich selbst bedeutet），才有形式，这时，形式象征地反映着材料（wo die Form den Stoff symbolisch reflektiert）。——

不过，哲学的绝妙本质和作为并不在于表述（Darstellung），而在于生活本身，在于富有生命力的传达和富有生机的效力（Wirksamkeit）。哲学允许被传达而且应该被传达，只不过，传达的俗世形式（eine profane Form）绝不可一开始便背逆并进而破坏其本质。哲学并不在市场和店铺传布，并不在类似这些场合的讲堂传布，而是以一种更庄严、更神圣的方式传布，以一种哲学的，即神秘的方式传布——就像庄严地对待庄严事物的古人们那样，就像在秘密中联系在一起的第一批真实的宗教信徒们那样！我们根本就不想向俗众（Pöbel）泄露哪怕一点儿真正的哲学目的，遑论用公开演讲和著作告诉他们整个内容！

最初是宗教改革运动，继之是这场革命更多地使我们再清楚不过地看到，彻底的公开（Öffentlichkeit）意味着什么，造成了怎样的后果，哪怕仅仅公开那种也许本来用心良苦、想得非常正确的东西。当然，所有头等的神秘可以毫无危险地传达给任何人。[①] 可以

[①] 这里不妨引用施勒格尔在《理念》（*Ideen*）中的一句妙语："神秘是女性的；它乐于隐而不露，却愿意让人看到和为人破解。"

并允许大声地说,新哲学的目的在于:完全彻底地消灭时代的主导思维方式,奠定和建造一种全新的文学,和一个更高的艺术和科学的崭新大厦。可以并允许说,新哲学的确定目的在于重建基督宗教,最终大声承认长久以来被践踏了的真理。可以并允许说,新哲学的具体目的在于恢复古德意志宪法,即恢复荣誉、自由和诚信的道德的王国(Reich),建立起信念,使得真正自由的君主制得以基于这一信念:这信念必将使改过向善的人回归这一原初的、道德而神圣的民族生活形式。

——所有这一切都可以大声、清楚地说出来;可是,其他尚被搁置的同样必要、同样肯定的东西不是更多吗?这些东西一旦说出来,马上就会遭亵渎——我在这里不得不放弃详细说明的不是更多吗?

可见,哲学并没有被尘封在著述、文字和体系里;无限的精神绝不容受到如此严厉的禁锢和束缚。无限的精神想要传布和传达自己,想要活生生地起作用,领受反作用,想要与每个同类(mit jedem Gleichartigen)建立联系。我们在真正的学术著作中可称之为哲学形式的东西,只不过是哲学的原初形式或生活本身的哲学摹写;哲学的这种原初形式就是神秘(die Mysterien),就是神圣的、充满秘密的联盟,一个秘密地深谙至高认识的人们(der in die höchste Erkenntnis Eingeweihten)的联盟,就是以此联盟为尺度的幡然转变(ein Wandel)。——

因此,只要是真正的哲人,不论他们各自对自己目的的设定和表达多么千差万别,以及因这种差别显得陷入多么激烈的争执,他们从来都是一个不可见而又至为紧密的联盟中的友人,就像古老的毕达戈拉斯派的伟大联盟那样①——在后来的各个如此截然

---

① 毕达戈拉斯(Pythagoras,前580—前500),相传曾在意大利的Kroton地区创建带道德宗教目的和科学追求的兄弟会(Bruderschaft),具有古老的神秘形式。

不同的时代里，正是这个毕达戈拉斯派经常成了某些联系的原型和象征，而这些联系其实根本就没可能禀有如此之高、如此富于神性的精神。

当然，从前一直就有联系在一起的精神和力量（ein Geist und eine Kraft der Verbindungen），在战争与和平中，在商业与艺术活动中，这种联系在一起的精神和力量都产生过最光辉的表现；但在以往时代的德意志民族身上，这种精神和力量比在任何民族那里都要表现得更为生机勃勃、更为伟大。

如今，所有的外在关系一塌糊涂，瓦解成了僭主式革命的平等的乌合之众（eine chaotische Masse tyrannisch revolutionärer Gleichheit），这种精神和这种力量似乎已消失殆尽——然而，只要是必然的东西，就是恒在的，肯定迟早会回来。

——两个朋友获得了新的经验：一个获得了新的革命经验，一个获得了新的哲学经验。随后，他们相互进一步就共济会表达了各自的见解，因为他们对共济会有了完全不同的看法；这些看法也许近期有机会在别处完整地向读者传达。

附录三

莱辛的秘传写作
——《恩斯特与法尔克》及其历史命运

孔泰德（Ion Contaide）

这三篇谈话讨论、表达和解说其中所提出的论题的方式，即便人们不知道沃尔芬比特尔枢密顾问莱辛先生是其作者，也会受到关注。至于作者先生在这里就共济会的终极目的及其本质提出的见解是否正确，另当别论，只有少数人才可能对此作出裁定，大多数人仍然只限于猜测。不论其见解目前来看正确与否，这些谈话都包含着某些涉及国家法与国际法的非凡思想。
——1778 年 9 月 30 日《哥达学术报》

一

莱辛的《恩斯特与法尔克》给人的印象是，这是篇秘传文章——副题不是叫"写给共济会员的谈话"吗？因而，它完全不同于施勒格尔的《关于共济会的第三次谈话的片断》的残篇。还有，放在正文前的那篇给共济会员裴迪南公爵的献辞晦涩难解，对门外人而言，不就显得像秘密？对话形式不就让人想起秘密的、原本口头传授的共济会员的行内仪式、信仰问答和识别问话？最终，戏剧家莱辛以其辩证的、往往嬉戏般的启发性问答方法保持着其高度的判断力，因为，秘密接纳对话（Initiationsgespräch）采用的是——用施特恩伯格（Dolf Sternberger）① 的说法——"有进有退、逃遁、

---

① Dolf Sternberger, *G. E. Lessing*（《莱辛》），载：Kiterien. Ein Lesebuch（《标准读本》），Frankfurt, 1965, 页 109。

重复、出人意料的走向、回旋跳跃的方式，使人认为必须将它记下来，像速记一种舞蹈的变化"，或者，像记住共济会传授行内仪式的转变。

即便对副标题所指的共济会员，谈话的秘传性质也确定无疑。从一开始，他们便自视为对话的当然对象，在致共济会员克劳迪乌（Mathia Claudius）的一封信中，莱辛本人称此对话为自己"对共济会的认信"。早在 1771 年，"国家大师"和"瑞典"派系在德国的创立人岑内多夫（Zinnendorf）就曾阻止发表此文的第一稿。前三篇谈话于 1778 出版时，"严律派"的"大师"、布伦瑞克的裴迪南公爵对"会内基本知识"已出现世俗化感到"忧虑"，"带着请求示意"莱辛考虑，不要发表后续部分。这当然未能阻止马格德堡的共济会员为祝贺公爵的生日推出了法文版，① 他们的分会在 1779 年正式以其名字命名："为裴迪南祈福"。

到了十九世纪，人们重新强调《恩斯特与法尔克》的纯共济会性质，标志着共济会"接受了莱辛"。在"人道的"共济会与"基督教的"共济会的论辩中，出现了共济会的所谓"莱辛传说"。莱辛成为人道的共济会的英雄，同样，也成为自由主义的英雄和腓特烈三世时代精神（Friderizianismus）的英雄。② 莱辛被看成"共济会哲学和社会伦理思想的宣传者""共济会人道学说的真正创始人"，"即便他没有参与共济会的分会生活，也能够活生生地证明，共济会思想的绝对性是存在的，是起作用的"。③ 从这

---

① 公爵生日在 1 月 12 日，由于 1778 年不可能出版，出版年最早可假设为 1779 年，法文版封面标出的是德文第一版的出版年（1778）。

② 梅林（Franz Mehring）的 *Die Lessing – Legende*（《莱辛传说》，第一版 1893，第九版 1926，《全集》见卷九，［前东］Berlin, 1963）没有指出共济会的莱辛形象。

③ Eugen Lennhoff/Oskar Poaner, *Internationales Freimaurerlexikon*（《国际共济会辞典》），1932 年版重印本，Munchen – Zürich. Wien 1965，栏 919、921。

个角度看,《恩斯特与法尔克》当然成为共济会宣扬人道和宽容的福音。①

由这篇对话的德文单行本和外文译本可以看到,共济会对莱辛这几篇谈话的影响史何等关切。这些单行本的编者、外文译本的译者和出版者,大多数是共济会员;而且,这些版本大部分似乎首先是为了满足共济会员所需。共济会关于莱辛的文献特别丰富,② 这表明,尤其自十九世纪中叶以来,共济会员非常喜欢引用他们的"莱辛兄弟"的著作。

人道的共济会如此求助于莱辛——这也见于大量共济会分会的名称③——必然招来内外的反对者。例如,斯堪的那维亚-德意志教派的共济会是"基督教的",它排斥非基督徒(具体说是犹太教徒)的共济会,因此将"人道派(共济会)精神之父"莱辛看成"基督教派共济会的坚决反对者",警告人们不要过高估价《恩斯特与法尔克》:

> 诗人说,共济会犹如盲人描色……王室艺术从未成为他的经历,从未直接抚慰过他的心灵……每个在基督教中经历过最高形式的宗教秘密的共济会员,都会拒绝再做共济会员。④

共济会的意识形态对手要么把共济会的莱辛观作为一个思想

---

① 如新近 Wolfgang Stammberger 如是说,见《明镜周刊》Nr. 12/1964,页 112 以下。

② 参见 August Wolfstieg, *Bibliographie der freimauererischen Lit.* (《共济会文献书目》),Ⅰ,1911,No. 1373,16997。

③ Lennhoff/Posner, 前揭,栏 921, 1598。

④ Ferdinand Runkel, *Geschichte der Freimaurerei in Deutschland* (《德国共济会的历史》),卷Ⅱ,Berlin,1932,页 164 以下。

史事实来接受，将莱辛拉入自己的反共济会论战，① 要么企图幻想出一个所谓的共济会来谋杀莱辛，说他提出了一种反神话。② 因此，《恩斯特与法尔克》极大程度上沦为低俗的训世性共济会分会演讲的论题，或者成了原初的反自由派论战和围剿文章的靶子。

不过，共济会以外的莱辛研究者对《恩斯特与法尔克》的理解一般也很难深入，大都局限于简单地讲解内容，经常可以见到这类讲解对共济会术语的误解和不当的解释。有人尝试以莱辛的《恩斯特与法尔克》来架构出莱辛的政治哲学，将对话看作对具体时代问题的回答，但缺乏对莱辛文章的政治内涵和历史定位的正确判断。作为这种徒劳的解释努力的例子之一，施塔尔（Adolf Stahr）的命题值得一提：莱辛是个"共和党人"，一方面他代表了后来的佛格特（Karl Vogt）和蒲鲁东（Proudhon）所主张的无政府主义理论，另一方面，他在《恩斯特与法尔克》里成功地、"不容争辩地批驳了共产主义"。③ 狄尔泰（Wilhelm Dilthey）认为，莱辛的《恩斯特与法尔克》"基于孟德斯鸠的观念"，但超越了孟德斯鸠，推进到"内在教育问题"和人道的"生活理想"。④ 其实，这些说法都未得问题的要领。

---

① 如 Adolf Bartels, *Lessing und die Juden*（《莱辛与犹太人》），第二版，Leipzig, 1934, 页 225："对我而言，莱辛始终是——直截了当地说——共济会员。"

② 尤其参阅 Mathikle Ludendorff, *Lessings Geisteikampf und Lebensschicksal*（《莱辛的思想斗争和人生命运》），Mündien, 1937, 页 169 以下："莱辛揭开了共济会的秘密，而这秘密则猎获了他。"

③ A. Stahr, *G. E. Lessing: Sein Leben und seine Werke*（《莱辛的生平与著作》），卷Ⅱ，第八版，Berlin, 1877, 页 310、312。

④ W. Dilthey, *Die Erlebnis und die Dichtung*（《体验与诗》），Leipzig 1906, 页 102 以下。

二

莱辛的《恩斯特与法尔克》是具有高度政治哲学品位的政治性文本。为了能够说明这一点，必须看到这种解释所依据的具体的历史和政治语境，但十九世纪做不到这一点，原因我们随后会来讨论。我们的时代经历了新极权主义的僭政和不断呈现的世界性危机，正是这种经历才使人们对独立王权主义和启蒙运动的政治气候极为敏感。第二次世界大战结束以后的几年里，莱辛的《恩斯特与法尔克》大量且反复重版，原因之一大概在此。

作为政治文章的《恩斯特与法尔克》之得以"正名"，当归功于科塞勒克（Reinhart Koselleck），他在其富有创见的著作《批判与危机：论市民世界的发病机理》①中，考察了启蒙运动的政治意义，以及制约启蒙运动的独立王权主义国家的框架，进而指出，共济会分会的秘密具有重要的政治作用——这在莱辛的《恩斯特与法尔克》里表现得最为清楚。科塞勒克的这本书侧重从历史社会学角度来研究思想史，书中对《恩斯特与法尔克》的政治内涵的揭示，迄今既未引起日耳曼学界重视，也没有受到共济会史研究者关注。

米勒（Paul Müller）是研究这个题目的日耳曼学者，他最近的著作《莱辛、赫尔德和费希特的共济会问题研究》从各方面看都颇好，②但根本没有提到科塞勒克的书，更不消说一般都可看到的共济会文献了。研究国家理论的学者们，大都原则上不承认科

---

① R. Koselleck, Kritik und Krise: Ein Beiträg zur Pathogenese der bürgerlichen Welt, Freiburg/München, 1959.

② 载 Sprache uund Dichtung（《语言与文学创作》文丛）系列，卷2，Bern，1965。

塞勒克的论述具有现实的或可设想的基本意义。但在我们这里，让人感兴趣的这些论题则并未遭到拒绝，甚至持批判态度的人自己有时也接受这些论题，[1] 只不过并未获得应有的反响。

通过概略综述莱辛的《恩斯特与法尔克》的影响史，我们了解到，这部作品的政治方面一般而言被忽略了。接下来，让我们暂时撇开对话的神学和世界观的内涵，根据科塞勒克的论述，将莱辛对共济会的结构和政治作用的分析与晚期独立王权主义国家制度联系起来，可以更好地理解《恩斯特与法尔克》具体政治内容的创作前提。

为说明法国大革命以前共济会在欧洲大陆的政治作用，必须首先简略考察一下市民阶级在独立王权主义国家体制内的政治处境。

独立王权主义的政治结构受到十六和十七世纪宗教改革运动后的信仰争斗的决定性影响。可怕的教派内战使保证和平成为时代的要求，独立的王权国家是对这个划时代问题的历史性回答。为了确立国家的安全、秩序和统一，君主必须超越于相互争斗的各个宗教派别之上。君主专有的独立主权之所以成为至高的和完整的统治权力，目的就在于让任何反对立场在法律上失去立足之地。

换言之，君主专有的独立主权打破了信仰分裂之后成为内战根源的宗教特权，如此国家才能缔造和平，从而，国家取得了单纯政治上的正当性。首先，具体地说，君主专有的独立主权把神学家们的宗教道德从政治中排除出去。君主承担唯一的政治责

---

[1] 参阅 Jürgen Habermas 在 *Merkur*（《信使》）杂志第十四卷（1960），页 468–477 的批评；另一方面，参阅这位作者的 *Strukturwandel der Offenlichkeit*（《公众领域的结构变化》），第二版，Neuwied–Berlin，页 38 以下，页 102 以下。

任，其指针是国家理由（Staatsreason）的思想。个人走出了带中世纪特点的封建等级制的复杂的身份结构，置身于在君主全权面前政治上平等的臣民社会；个人必须承认君主的独断地位，哪怕这有违自己的宗教良知，因为君主专有的独立主权才能缔造和平。个人面临的抉择是，"要么陷入混乱的信仰，要么置身糟糕的俗务"（杜比尼①语）；谁要在这种臣民社会中生活，就得顺从王权，自己的良知则逃进 Cachettes du Coeur（心灵密室）。

个体与国家在独立王权主义统治制度中的这种关系，是由教派内战的历史环境决定的，对此，霍布斯的国家理论有经典的表述。霍布斯这个"恐惧的孪生儿"，这个英国内战的双重逃亡者，唯一能指望的是靠全权的利维坦（Leviathan）——即国家这个"会死的上帝"——以其独立决断来克服混乱状态。统治者不受一切法律约束，在道德上只对作为理性戒条的自然法（Naturgesetz）承担义务。个体只应顺从提供保护的君主——无论在世俗的还是宗教的事务方面。

然而，人们依然相信，培养个体的道德信条是教会的事情，个体良知不受任何政治因素的影响。这样一来，个体便分裂成"人"和"国家公民"。作为国家公民，个体必须根据"公民理性"（即根据君主的决断）来确定自己外在的认信和行为；作为［私］人，他可以按自己的"私人理性"（即根据自己的良知）来决定自己的内在信仰和思想，前提是：这种裁定（Judicium）始终隐藏"在他内心"。于是，霍布斯笔下的人分裂为两半：一半属私人，一半属公共——行动和作为完全服从国家法律，信念则是自由的，所谓 in secret free（秘密地自由，参见《利维坦》Ⅱ，第 31 章）。

这样一来，个体便可以逃到信仰中去，而又无须对此负

---

① 杜比尼（Agrippe d'Aubigne, 1552—1630），法国作家，胡格诺派代言人。

责。一旦参与政治生活，个人良知就变成了顺从的监督机关。君主的律令免除了臣民的一切责任。……相反，如果个体僭越国家专有的权限，就必须隐藏行事，以免被追究责任。人被分裂为私人的和国家的部分，这对产生秘密具有决定性的意义。后来，启蒙运动逐渐扩大了信仰的内在空间，但鉴于国家的任何要求总得被迫披上秘密的外衣。秘密与启蒙、揭露与守秘的辩证关系，正是从独立王权主义国家这个根子上接续下来的。这是宗教信仰之争的后果，它以自觉接受下来的二元性进入了独立王权主义的国家原则。（科塞勒克，前揭，页29）

霍布斯著作中应用的这种内与外、私人与公共（privit／public）、信仰与认信（fides／confessio；faith／confession）的区别，被施米特（Carl Schmitt）[①] 看成现代个人主义的思想自由和良知自由的起点，由此发展出自由主义的自由权利以及世界观上中立的法制和宪法国家。因为，"在承认内外区别（Innen und Außen）的同时，内在优于外在以及私人优于公共，根本上已成定局"（施米特，前揭，页94）。作为"这种内在条件发展的载体"，施米特提到神秘主义者、虔诚派、分裂教派、"国内的沉静者"、犹太人门德尔松（Moses Mehndelssohn），尤其"秘密结社和秘密教团、玫瑰十字架派（Rosenkreuger）、[②] 共济会员、先觉派"。

所有这些团体都有各自的传统，在语言和态度上展示自己的

[①] C. Schmitt, *Der Leviathan in der Staatslehre des Thomas Hobbes: Sinn u. Fehlschag eines politischen Symbols*（《霍布斯国家学说中的利维坦：一个政治象征的含义与失误》），Hamburg，1938，页84以下。对霍布斯"逻辑起点"的批判，见 P. C. Mayer－Tasch, *Autonomie und Autorität. Rousseau in den Spuren von Hobbes?*（《自治与权威：卢梭步霍布斯的后尘？》），Luchterhand，1968，页63。

[②] 十六世纪崇拜玫瑰与十字架的秘密团体，前者象征耶稣复活，后者象征他的救助。

风格，遵循自己的策略。它们共有的立场是直接反对独立王权主义，为此，它们自动结盟而又"没有计划和组织"（施米特，前揭，页96）。作为对独立王权体制的特殊回答，它们之间虽然有着种种差别，但结构上却相近，正如科塞勒克比较共济会分会和文人共和国（republipue des lettres）时指出的那样。

共济会分会品格的形成，关键在于坚持从英国工厂分会传承下来的秘密。起初，在中世纪的建筑兄弟分会里，分会秘密必须履行的职能是，靠砖石匠和圬工的合作，确保垄断某些手工技艺知识和工艺。随着向"思辨的"共济会过渡，至迟从1717年由四个伦敦分会建成英国大分会开始，分会秘密发生了根本变化。

自此之后，分会秘密具有整合职能，要求"以头颅、心灵和五内"的可怕盟誓来严守。共济会分会的秘密放射出一只光轮，这不仅在分会兄弟们眼中，而且在"凡俗的"非会员心目中，使共济会明显与其他协会、学会、同业公会、聚餐会、教团、教派、俱乐部、沙龙区分开来。按莱辛的说法，人们"在很长一段时间里当成秘密"的"神秘"，在不同流派、体系里大有区别，而且程度上也有所不同：从牛津自然神论（Deismus）派[①]到十八世纪下半叶的德国高级共济会（莱辛在第四篇谈话中有所暗示）所表现出的玫瑰十字架派、犹太教神秘主义教义、护法骑士团、炼金术士和秘术的倾向。[②]

不过，重要的既非共济会秘密的具体内容规定，也不是行内仪式的保密——这些行内的秘密仪式早已外泄，谁都知道：在英

[①] 费伊（Bernard Fay）曾试图把这强加于1723年的英国法律；参见 B. Fay, *La Franc-Masonnerie et la Revoiution intellectuelle du XVIIIe siecle*（《共济会与十八世纪的知识分子革命》），Paris, 1935; A. Mellor, Nos freres separes les francs-masons（《我们分裂的兄弟：法国共济会》），Paris, 1961, 页77以下。

[②] 参阅 H. Schleider, *Quest of Mysteries. The Masonic Background for Literature in Eighteeth Century Germany*（《探求秘密：十八世纪德国文学的共济会背景》），Ithaca N. r. 1947。

国，这种外泄是由于普里查德（Samuel Prichard）的"叛变文章"《被肢解的共济会》（*Masonry dissected*，1730）；在法国，外泄则是由于警察总督埃劳尔（Herault），1737/1738 年，歌剧女演员 Carton 帮了大忙！——重要的是，共同的秘密经历以及人人关切秘密的感情。"兄弟们"集会与共同的"圣殿工作"，都是"纯然的人"，"没有祖国差别、没有宗教差别、没有市民等级差别"（莱辛语）。人道的兄弟情谊的道德激情消弭了一切民族的、教派的和社会的差别，创造了一种为共济会分会经历所强化的共同性。共济会的分会秘密将共济会员与"世俗"的外部世界隔绝开来，在会员心中唤起自己作为知情者所有的那种因接受秘传而产生的精英般的傲慢，随同产生的是对不知情的 Cowans（混入者、偷听者）充满疑虑的高度警觉。

共济会秘密除了有整合作用外，还有至关重要的保护作用。在独立王权主义国家，自由只可能在一个秘密的道德内在空间得到实现。因此，共济会的自由、平等和兄弟情谊只有在外在于国家、外在于政治、由秘密帷幔围起来的共济分会内才可能得到实现。分会中的社会平等是一种外在于国家的平等，一种摆脱了独立王权国家的空间里的平等。私人经此秘密联合而成为公众，"公众很大程度上是在排除公众的情况下被预先推定的"（哈贝马斯语）。市民的解放则要逐步来完成：起初是最隐秘的心灵内在空间，然后是秘密的分会内部，最后才发展到市民社会和市民公众。"从其本质看，共济会与市民社会同样古老。两者必然一起产生，如果不说市民社会只是共济会的苗裔的话。"（莱辛语）在由秘密来界定的分会里，市民自由率先得以实现——"秘密的自由变成了自由的秘密"（科塞勒克语）。

在共济会分会秘密的保护下，共济会自十八世纪三十年代以来在整个欧洲大陆发展开来，一直到俄国和奥斯曼帝国——以世界主义的亲英和亲法的共济会员为主体。1738 年，天主教会通过克雷芒十二世（Clemens XII）的"启明诏书"（Bulle "In eminenti")"谴责和禁止"共济会;1744年,葡萄牙宗教裁判所严刑拷问英国共济会员科斯托斯(Coustos),罪名就是他宣扬"可怕的、伤风败俗的、可耻的"良知自由这种所谓的共济会异端行为。① 与此同时,在国家方面,按照独立王权主义的教条,"甚至国君也不可禁止共济会,正如他不能禁止哲学、代数、化学之类的东西"。② 从当时共济会的一篇关于"共济会与国家的政治关系"的文章中,我们可以看到霍布斯、托马修斯(Christian Thomasius)和德国启蒙运动自然法学说的思想财富:

> 这些尘世众神(当权者)对我们的思想和知识拥有任何一种世俗统治权吗?当然没有;不过,我们的道德行为却更加不容争辩地服从他们,我们无论如何不可以免除他们就这种行为作出判断的权利。③

共济会员应避开[国家]对分会集会的禁令,会员自然有权利"离开拒绝宽容对待他们的社团的国家"。有争议的是下述法律问题:在没有集会禁令或相应法律的情况下,共济会分会是否可以未经明确许可而以"沉默忍耐的社团"形式存在。不过,共济

---

① 审判文件最初发表在英文杂志 *Ars Quotuor Coronatorum*(《四季花环艺术》),66(1953)页107–123。

② J. J. Moser, *Von Geduldung der Freimaurer: Gesellschaft, besonders in Rucksicht auf den westffalischen Frieden*(《谈如何宽容对待符合〈威斯特法伦和约〉的社团——共济会》),Frankfurt a. M. 1776,页29。[中译按]《威斯特法伦和约》(Westtälischer Friede)是经四年之久的谈判于1648年10月24日缔结的终结欧洲三十年战争的和约,其中《奥格斯堡宗教和约》(1555年)提出的原则"Cuius regio, eius religio"("谁的国家,信奉谁的宗教")重新得到确认。

③ *Freye Bemerkungen über die Politische Verfassung des Ordens der feryen Msurer von dem Bruder Christran Rose*(《会内兄弟洛泽对共济会组织的政治状况的自由评说》),Leipzig: Rittern zum heiligen Grabe, 1787,页39。

会的秘密却保护着自己，以对付国家的严酷措施。在法国，路易十四死后，完全被排除出政界的新社会精英试图创建自己的社会组织，将之扩建为间接的政治权力。君主政体当然不容许公开质疑其直接的统治和立法垄断。颇有影响的"亭子间俱乐部"（Club de l'Entresol）在1731年遭禁——可见，一旦共济会试图走出私人领域公开露面，便是想隐蔽地继续生存下去也不可能了。

唯一适应独立王权主义国家结构的社会机构是各共济会分会，它们能够作为potestas indirecta（间接权力）立足。由于集会普遍遭禁，也没有得到特别许可，所以，早在1737年，巴黎警方便查禁了当地各分会的工作。贵族成员若参与共济会，就会被开除出宫廷，担任领导的市民分会兄弟通通得抓起来，酒馆老板若是共济会员，则不仅罚款，酒馆也得关门。警方将共济会的行内仪式公之于众，1738年甚至见诸报端。

相反，分会会员的身份本身并未受到任何形式的指控。后果只是，分会工作数量下降，尤其在1739年。在严守秘密的情况下，各分会不顾警方的种种措施，不顾路易十五的排斥态度和教会的敌意，仍继续自己的工作。自1746年——当时在法国已有二百多个分会，尤其自1771年夏特（Louis Philippe von Chartres）公爵接任师傅职务以后（对此路易十六曾让他的大臣提出抗议），尽管没有明确许可，事实上已经容许各分会存在，虽然警方在1787年下令关闭了巴黎的所有俱乐部。①

分会秘密保护共济会员免受国家侵扰。与秘密的这种保护作用在思想上相关的是，道德与政治的分离——科塞勒克特别指出这一点。"基于自己的职业，共济会员有责任服从道德法律"；同时，他又是"市民权力的一个温和臣民，不论他在何处居住和工作；绝不可参与破坏和平和民族幸福的动乱或阴谋活动"——这

---

① 参见 G. H. Luquet, *La franc-mesonerie et l'Etat en France au XVIIIe siecle*（《共济会与十八世纪法兰西的国家》），Paris, 1963（附文献）。

是 1723 年的《古老义务》（*Old Charges*）的前两章"上帝与宗教"和"市民当局"所规定的。这一规定明确拒绝以国家理由为指针的无道德政治："我们反对一切政治活动"，这是《古老义务》第四章里的话。但另一方面，根据"道德法"（Moral Law），根据"所有人一致信奉的宗教"，并结合对政治和所有"关于宗教的争执"保持距离的明确态度，共济会又要求对不依附于国家和教会的"自然的"和"理性的"道德进行机构性垄断。

在结束教派内战以后长达一个世纪之久的时间里，独立王权国家的政治中立化与和平化作用失去了其浓烈色彩。如今，从道德上弥合民族、宗教和等级"分裂"（莱辛语），似乎成了共济会的历史使命。只有在分会秘密的保护之下，才可能实现这项使命，而分会秘密所标志着的恰恰又是道德与政治之间的分野。施米特所揭示的内与外的辩证关系，又重新起作用了：在道德的内在空间与政治的外在空间的分裂中，从一开始便包含着这样的前提，即道德具有高于政治的价值。美德登上法官宝座，独立王权主义国家被置于美德的司法权之下。

> 个人的良知通过秘密这一中介扩展为一个社会，社会则变成了一个伟大的良知——成了一个世界良知，社会有意识地通过秘密避开这个世界。共济会员在拒绝政治的同时，却作为更善良的政治良知而存在。道德与政治的分离包含着对居统治地位的政治的道德判决。（科塞勒克，页 67）

共济会的分会秘密所特有的政治作用在于，掩盖共济会员直接拒绝政治这一态度的间接政治内涵。莱辛不可能将这种隐蔽的由内而外、从道德自由向政治自由的转折，瞒过极富洞见的政治观察家和启蒙运动的重要人物。但是，共济会员"不可说他最好缄口不说的东西"（莱辛语）。《恩斯特与法尔克》把极富创意的共济会结构展示在我们面前，与此同时，莱辛却隐瞒了某些东西，也暗示了许多东西。谈话的秘传性质在于，微妙暗示共济会政治，而非揭开共济会的"秘密"和历史的"封尘"。

莱辛坚持道德与政治的分离。他并不像某些天真的共济会员那样，简单地以道德取代政治。政治的"分离"作为市民社会存在的前提，正如从中产生的"恶"一样，从本体论上看是预先确定的："这是既成的事实，是不可改变的。"既然共济会员现在志愿承受这道德的"分外之工"，即"尽可能严密地弥合那些使人相互变得格格不入的分离"，以便由此"为对抗不可避免的国家之恶而工作"，那么，政治领域将不可避免地受到影响。当然，踏入政治领地绝不是为了达到暴力颠覆的目的。革命行动主义跟莱辛本人的想法相去甚远，违背他关于创造不断臻于完美的看法："凡让人流血的事情，肯定不值得为之流血。"要直接从政治上接管权力，市民共济会员无意为之。这当然是一种政治上的软弱无力，但正是这种政治上的软弱，使得共济会员的自我意识具有特殊的道德热情。

由于共济会员没有直接进入政治的门径，道德便成为他们的行动和目的独一无二的正当性源泉。他们"向外的行动"（Taten ad extra）虽然以政治的"分离"和"恶"为前提，但在意识上仍然是非政治的。共济会员"真正的行动""目的在于，让人们一般习惯上称为善行的一切，绝大部分成为多余之举"。这道出了共济会员的终极目标带有乌托邦性质：彻底地消灭产生国家、教会、等级以及所有"恶"的政治原因，正是这些原因使得共济会的道德活动成为可能。

在这里，可以看到具体的政治思想与乌托邦历史哲学的重叠——在莱辛那里，如在"共济会始终存在"那段著名的说法中，也可以看到这种重叠，不过，这种重叠对于启蒙时代来说，并没有什么意外的东西。历史哲学"必须填补（无权的）道德立场与力求争取到的统治之间的空白（Hiatus）"（科塞勒克，前揭，页108），正因为如此，历史哲学才无异于在为启蒙思想家们，尤其是为共济会员们的出类拔萃的意识提供证明。由此来看，共济会的历史哲学——尤其莱辛在第五次谈话中提到的1738年章程中的历史哲学——无异于要证明，在市民的解放过程中，共济会当处于领导地位。

在莱辛那里（参见第一次谈话），秘密这个概念恰恰出现在这一背景之下："他们的真正行为是他们的秘密。"就其内涵而言，这个秘密是乌托邦的，从其作用来看，这个秘密具有高度的政治重要性。

> 这正是莱辛让人窥见的东西。道德的长远目标本身看似无可怀疑，它或早或迟必然会被迫冲向万恶之根本，这就是说，具体地看，历史必然会与国家政治领域发生冲突。可见，在莱辛的思想中，也出现了道德与政治的临界性分野，但莱辛超越了这个分野，揭示出其中的辩证法：一方面，共济会员的道德活动只有基于"不可避免的国家之恶"才有可能，另一方面，这种道德活动又恰恰针对这类恶。对这种辩证关系的认识，便是共济会员的政治秘密。（科塞勒克，前揭，页72）

这就是莱辛在离世前不久写下的《恩斯特与法尔克》的具体政治内涵。

当时，共济会刚刚经历了一场分会内部强烈的情绪骚动，它在一段时间里坚持不懈地尝试制度建设的定位（1775年布伦瑞克、1776年巴登、1778年沃尔芬比特尔的全体会员大会），正是在此之后，莱辛完成了《恩斯特与法尔克》，呈给居主导地位的德国启蒙思想家们和共济会员们。对于个人的"共济会认信"的直接作用，莱辛并不抱任何幻想："我盼望着哪怕最后只有一个人理解它"——在致克劳狄乌（Mathias Claudius）的信中，莱辛说，他不愿"揭共济会的密，只是要使其隐蔽外壳更合适"。这副外壳掩藏着启蒙共济会的秘密，甚至也不让这样一些人看到：他们虽然"被老一代共济会员接纳进一个个合法的分会里"，却并未认识到，"共济会是什么和为了什么，存在于何时和何处，如何和以什么手段得到推动或者受到阻碍"（参见第一次谈话）。启蒙运动的两张面孔甚至对其绝大多数知情者也是隐而不露的。

莱辛在《恩斯特与法尔克》里提出了"共济会的真实本体

论"（参见第一次谈话），由此让人看到，启蒙运动作为市民政治解放运动，其意识形态和策略究竟是怎样的。按照西欧的标准，启蒙运动在德国的发展水平较低；在这一历史背景下，人们当然很容易用梅林（F. Mehring）想当然的方式从思想史上为莱辛的《恩斯特与法尔克》定位：

> 在这里，莱辛首先开始了他作为德国市民阶级的伟大思想家和文学家从德国苦难无望的漩涡中腾起，向思想高空飞去，因为，他们必须高飞，只有这样，才可能确保市民阶级可望得到的解放运动。（前揭，页350）

梅林认为，莱辛的《恩斯特与法尔克》带有"乐观的、稍嫌空泛的人道主义"，带有"理想的共济会思想——最高尚、最值得追求的人类发展目标"，为了德国市民阶级的世界地位而实现了从"市民政治"向"市民哲学"的转折。可惜，这种说法对作为政治思想家的莱辛来说实在太离谱，实际上，没有哪个同时代人像莱辛在《恩斯特与法尔克》里那样，彻底反思过启蒙运动的政治内涵。

三

法国大革命后，独立王权主义体制衰微，市民公众胜利进军，从而使共济会的秘密发生了一次新的作用转变。

共济会分会曾提出要预先公开密契，但在十八世纪，却并没有参与实施它们准备采取的走向公众的步骤，而仍然停留于因袭下来的秘密实践。不过，欧洲大陆诸分会作为市民阶层的精英组合，却在十九世纪完成了或多或少公开的政治步骤。罗曼语系各国的共济会发展成为自由、民主和政权还俗论（Laizismus）思想的先驱,德国的共济会则成为普鲁士君主制的忠诚支持者和德意志民族主义的堡垒。① 除了这种政治化的共济会活动外,启蒙共济会则完全表现出非政治的特点,追求道德上的自我认识和高级体系,带有令人眼花缭乱的神秘主义色彩。

为什么公开拒绝政治,共济会在独立王权主义统治体制之内的秘密实践究竟起了什么作用,对于自由派历史学家们来说始终是个谜。所谓的"阴谋理论"所依据的是巴鲁埃(Abbe Barruel)的《关于雅各宾主义历史的回忆录》(*Memoires pour servir a l'histoire du Jacobinisme*, 1797),但这种理论并没有可靠的历史依据,它将法国革命简单地理解为共济会密谋的结果,这种理论带有激烈的反共济会倾向,它必然让人看不清真相。罗曼语系各国的共济会为使其政治活动合法化,怀着感激之情捡起这样一个教皇极权主义命题:共济会才是法国大革命之父,这使事实真相更加模糊。在这些背景之下,《恩斯特与法尔克》的政治内涵在整个十九世纪都不可能引起反响。

相反,倒是在十八世纪终结之时,莱辛的《恩斯特与法尔克》却得到比较强烈的反响。1778年8月,李希滕伯格(Lichtenberg)在致布阿(Boie)的信中写道:

> 这是我很久以来读到过的最好的文章。倘若共济会会员们是这样的,那么,不当共济会员便是一种有违人类天性的罪过了。

哈曼(Hamman)在1779年2月间请求赫尔德寄给他莱辛的《恩斯特与法尔克》后续部分的手稿,他说:"对莱辛的本体论意义上的谈话,我实在百读不厌呵;能否阅读第四和第五篇谈话?"

---

① 参见 Manfred Sbeffens, Freimaurer in Deutschland. Bilanz eines Vierteljahrtausends(《共济会在德国:二百五十年纪事》),第二版,Frankfurt,1966,页291以下。

在十八世纪的八十和九十年代,莱辛就现代共济会的产生所提出的命题,使众多作家必须对此表态。就我们的兴趣而言,赫尔德(1793)和施勒格尔(1804)写的续篇,无疑是莱辛的《恩斯特与法尔克》的持续影响的最重要明证。

赫尔德直接接续莱辛的第二篇谈话,但转到了另一个方向:赫尔德想取代共济会,推出"世界各地所有思想者的社会",换言之,建立学者共和国。从建制上看,这大概意味着,他在《关于第一所爱国主义德意志共同精神学院的设想》中宣传的"德意志科学院"便是共济会诸分会的替身;富兰克林(Benjamin Franklin)的最初设想所描绘的普遍的人道联盟,也是共济会诸分会的替身;取代分会圣殿的则是图书馆。①

但是,赫尔德并没有在他的谈话中讨论其"不可见的可见社会"的机构构成形式问题。在这里,他关注的是,从与世隔绝的秘密分会的内在空间向精神国际(Internationale des Geistes)的公共社会领域过渡具有必然性,倘若人们要在法国大革命时代实现莱辛所勾画的人道的共济会目标的话。共济会的秘密"也许曾经是好的和必要的;但我觉得,它不再适合我们的时代。适合我们时代的东西恰恰是其反面,即纯粹、明白、公开的真理"。

赫尔德的思想可以一直追溯到他与尼柯莱的护法武士之争(1782),以及他遗留下来的谈话录《格劳孔和尼基阿斯》(*Glaucon und Nicias*,1786年前后)和《关于第一所爱国主义德意志共同精神学院的设想》(1787)等:共济会员犹如在他们之前的阿尔比根派、瓦尔杜派和护法武士们,② 是启蒙运动的开路者。18世

---

① 参见 Basilika,Über die Freimaurerein(《大会堂——论共济会》)。
② [中译按] 阿尔比根派(Albigenser)是十二和十三世纪活动于法国南方阿尔比(Albi)地区的分离教派;瓦尔杜派(Waldenser)是十二世纪瓦尔杜(Petrus Waldus)在法国里昂创建的分离教派;护法武士1119年帕恩(Hugo von Payens)为保护耶路撒冷朝拜者而创建的骑士教团。

纪下半叶，随着教育的普及，共济会的启蒙作用已丧失其价值。当时，秘密社团的秘传实践已成多余，甚至威胁到启蒙运动本身。在诸分会的"墓穴"里，"虽然没有以欺骗冒充真理"，但人们至少必须设法"阻止以欺骗冒充教育指导，并阻止因袭传统的迂腐"。①

随之，赫尔德提出了这样的问题：在启蒙运动已经取得胜利，独立王权主义秩序式微的情况下，秘密教团会有怎样的未来？但从他写的对话中可以看出，对赫尔德来说，人道的共济会和开明的学者共和国这两个十八世纪最有影响的社会组织，就其制定的目标而言是相同的。——科塞勒克则进一步指出，这两种外在于国家的组织形式的相似之处还在于结构上的共同性：都产生于共同反对独立王权主义统治制度的立场，要求"间接掌握权力"。

科塞勒克不曾引用赫尔德的这一作品，但赫尔德的《关于一个不可见的可见社会的谈话》的确证实了这种相似，当然，两者也显示出差异。将共济会与建立在公开讨论的交往之上的学者共和国区别开来的，恰是共济会的秘密——与国家机密和教会秘密相近的秘密。随着独立王权主义结构的瓦解，共济会秘密的政治动机也失去了存在的意义；共济会诸分会本来一直是启蒙运动的先驱，如今却沉湎在自己空洞的意识形态中。此时，学者共和国却不受阻碍地得到长足发展，竭力谋求垄断人道思想。如今，即便没有共济会保护，学人族（gens de lettres）也可以"自由工作"，参与"伟大、高尚的人道大厦"的建设。②

青年施勒格尔的《关于共济会的第三篇谈话的片断》成文于这样的时代：一些德国学人大力尝试以德意志唯心主义改造共济会——赫尔德支持汉堡剧院经理施洛德（F. L. Schröder）的改革，康德派的费斯勒（J. A. Feßler）和费希特（J. G. Fichte）的《论共济会的哲学：致康斯坦茨的十六封信》（Phlosophie der Mourerei. Schze-

---

① 参见赫尔德，《关于一个不可见的可见社会的谈话》。
② 参见赫尔德，《关于一个不可见的可见社会的谈话》。

hn Briefe für Konstanz，1802/1903）则企图以新的德国哲学精神改造柏林总分会（《献给约克的友谊》［Royal York zur Freundschaft］）。

不过，施勒格尔为莱辛的《恩斯特与法尔克》写的续篇，几乎与此没有直接关联。施勒格尔的《关于共济会的第三篇谈话的残稿》分两部分，第一部分是对话，提出了十八世纪终结之时的巨大变革之后共济会思想的命运问题。在对话中，具有根本意义的，并不是被他笔下的恩斯特视为时代中心事件的法国大革命，而是另一场革命："其间在人的精神最深层发生的另一场更伟大、更迅速、更全面的革命"——即"唯心主义的想象"。人发现了自己本身，"由此自然也产生了一切公开的和秘密的社团的新法则"。

紧接其后的第二部分是一篇作为结语的短文《论哲学的形式》，其中包含着施勒格尔对自己改宗前一段时间世界观和思想态度发生变化的剖白，完整地记下了自己为什么要离开唯心主义哲学转向"神性的唯心主义"。在这个阶段，哲学被视为一种"秘密"："哲学本身就是神秘（Mystik），或者具有神性秘密的学问和艺术"——作为秘密，真正的哲学目的根本不应"向俗众泄露哪怕一点儿"。

> 最初是宗教改革运动，继之是这场革命更多地使我们再清楚不过地看到，彻底的公开性意味着什么，造成了怎样的后果，哪怕仅仅是公开也许本来用心良苦、想得非常正确的东西。

"真正的哲人们"现在必须成立"一个不可见而又至为紧密的联盟，就像古老的毕达戈拉斯派的伟大联盟那样"，以便让德意志民族走上施勒格尔自己所走的路，在这条路的第一阶段，通过这篇自我剖白文章，施勒格尔认为"可以毫无危险地传达给任何人"："新哲学的目的"是"奠定和建造一种全新的文学，和一个更高的艺术和科学的崭新大厦"，是"重建基督宗教"，"恢复古德意志宪法,即恢复荣誉、自由和诚信的道德帝国",使真正自由的君主制得以建立在对这种古德意志宪法的信念之上。"共济会永远不会停步","以往的模式遭到破坏"后,共济会将按施勒格尔的观念和他所指出的形式重新出现,并遵循着施勒格尔所指示的目标。这种"永恒的共济会思想"的新模式也笼罩着一层秘密,以便与外界隔绝——只不过,这一次要隔绝的不是独立王权主义国家,而是民主的大众。

附录四

从《恩斯特与法尔克》看莱辛历史观的辩证法

海塞（Wolfgang Heise）

一

莱辛是共济会员。

但1771年参加汉堡"三太阳"分会以后，他便失望地脱离了分会事务。尽管如此，莱辛还是撰写了《恩斯特与法尔克——写给共济会员的谈话》。在谈话中，德国共济会各分会受到揶揄和批判；当时的分会聚集了优秀的社会名流，莱辛对分会的行内仪式、秘密祭祀、历史轶闻以及照搬秘密结社内部的现存等级和宗教等等都作了评说。莱辛的这篇作品可以说是"结束共济会的整个现有模式"的一种方式。——严律派的浪漫主义和封建性的高等级或岑内多夫（Zinnendor）的大邦分会的神秘主义对他究竟有什么用？关于莱辛与共济会的关系，施奈德（Heinrich Schneider）已经做过详细研究和阐述，本文在此仅想向读者指出：莱辛在这几篇谈话里勾画出了另一个共济会的形象，即与人类社会同样古老的真正的共济会。

"你大概不至于认为共济会始终装成共济会的角色吧？"法尔克讥讽地问恩斯特。现存的共济会是装出来的，因而并不是恒在的共济会；现存的共济会戴着一副假面具，其模式与真正的共济会不相称，充其量只是其前院。真正的共济会源于人和市民社会的本质。莱辛的《恩斯特与法尔克》的对象是可能存在的真正的共济会员——分会内外的共济会员。人们从他们的行为就可以认出，他们是共济会员。这种行为旨在克服市民社会必然产生的人与人的矛盾和分裂。这类行为是一种善行，但其目的是达到一种不再需要这类善良行为的状态。这里的所谓市民社会，并非仅仅指资本主义社会，而是整个阶级社会，涵括恩斯特所说的整个文明史。换言之，"市民社会"指的是阶级社会，其特征是国家、国家宗教、等级制度和必然产生不平等的财产等等。

所有德国的启蒙谈话中，这篇谈话最具辩证生命活力，它围绕着共济会的秘密展开。然而，真正的共济会的秘密却是市民社会及其历史的公开秘密。莱辛主张没有超验的拯救，主张世界内在的发展预定论，从这样的历史观出发，扬弃这种市民社会是必然的结论。真正的共济会员是扬弃市民社会的隐蔽推动者，莱辛为他们制订计划，呼吁他们，寻找他们，视他们为看不见的教会，视他们为秘密党派和行动共同体，他们要达到自己的目的，靠的并不是最好的国家宪法，而是扬弃市民社会本身——这些话出自《斯巴达克思》①的作者笔下。这是一个在政治上软弱无力的个体作者。凡是他要公开做的，他同时也在启蒙谈话里指了出来。他时而公开讲话，时而透露秘传秘密；时而在思想上最大胆地推进，时而安抚性地撤回其结论——在这变换交替中，扬弃市民社会的思想是中心，其他一切都从中取得各自的位置。这种思想在这里并非直接表达出来，而是一种强制性的结论——只是在之后不久与雅可比的一次谈话里，莱辛才讲出了这一结论。

在法国大革命前的最后一个十年之初，在革命前夜的危机中，莱辛在探索一条出路；当时，德国处于静止状态，莱辛却在探索一种看不见的运动；当时，他感到窒息，感到软弱无力，所有权力都在另一方，但他在探索历史行动的可能性、意义和前景——总之，莱辛在自己可怕的孤寂中探索着一个肯定的共同体。《恩斯特与法尔克》是莱辛最重要的历史哲学著作，一部关键性作品，同时又是一部晦涩难解的作品。看一下这部作品被接受的历史，

---

① [中译按] 莱辛遗留下题为《斯巴达克思》（*Spartacus*）的剧本写作计划。

对于理解作品的内容当会有帮助。

二

在十九和二十世纪的德国共济会之内，有两条基本的接受路线：一方面，莱辛被奉为"共济会哲学和社会伦理思想的宣讲者""共济会人道学说的真正奠基人"——这是"人道的"和不受教派制约的共济会派的观点，这派共济会具有政治上被动的市民教育人道主义和博爱主义的倾向，这种倾向继承的是自由主义宿命论，但又具有启蒙思想。与此相反，保守的神秘倾向反映的是市民和贵族保守主义、民族主义及其教派的关系，这一倾向无法宽恕莱辛"真正的指环大概丢失了的命题"，拒绝莱辛提出的人类的、超民族的构想，正如代表这种倾向的研究体制的史学家容克尔（Runkel）所说："这位诗人讨论共济会，犹如瞎子描绘色彩。"在二十世纪，对莱辛的相互对立的评价，反映了市民意识形态内部自由主义倾向与保守主义倾向之间的对立。

革命时代的情况大不一样。当时，对共济会的评价差别很大，因为，共济会组织内部集合的是种种异质的阶级力量，其成分从贵族俱乐部到由改革派贵族、宫廷官吏等构成的开明独立王权主义的教育联合会，再到市民阶级尤其知识分子的前卫力量的组合，这种结盟最终是为了达到相互支持、结社、教育和政治的目的。由于不存在真正的阶级运动，秘密同盟在这里便成为一个潜在性的公众，一种自我理解的教育场所，甚至进行政治谋划的地方，只是缺乏积极的基础。世界观和政治方面最激进的教团在创建行动方面（比如光照派教团［Illuminatenorden］①）的意义和界线就在于此。莱辛的

---

① ［中译按］1776 年由魏斯霍普特（Adam Weishaupt）创建的秘密教团，力图按启蒙运动原则改造社会和教会，赫尔德、歌德都是其成员。

谈话在这里起着导火线的作用。光照派的秘密目的是建立一个没有国家、没有封建主和等级制的国际性世界秩序，一个自由、平等的世界。教团创始人魏斯霍普特在光照派受迫害期间曾为自己辩解，并收回了自己的主张——当时，哥达宫廷出面庇护了他，但在1787年，他写了《为我的意图辩白的补充》，其中写道：

> 我还必须补充，当第一次读莱辛的谈话录《恩斯特与法尔克》时，我内心被唤起一种世界主义的慈善思想，如今，我基本上放弃了这种思想。我不再认为，君主和民族有朝一日会从大地上消失，我也不再认为，一切等级差别将不复存在。

可见，他的主要理由仍应归结于莱辛的思想。只是，在这里应指出，光照派政治家克尼格（Knigge）并没有放弃这一目标，而是丢掉了这样一个幻想：能够靠秘密教团达到目标。赫尔德在他关于人道的通信里收入了莱辛的《恩斯特与法尔克》，将它做了改写——赫尔德原则上反对秘密同盟的做法，要求全面公开。费希特写的关于共济会的讲话也以莱辛的《恩斯特与法尔克》为依据。

图宾根三友——荷尔德林、黑格尔和谢林① 在大革命的突变时代感到，改变世界的需要是不可取消的，因为世界必须有所改变；他们意识到，一个新的时代和新的生活秩序就要来临，但在自己可能采取的行动方面却又软弱无力。在这历史的朦胧光影中，他们发现自己的口号用语早已出现在莱辛那里——这就是：理性、自由和"看不见的教会"。共济会的术语和标志在各分会内外传布着志同道合者的相互理解和支持，这时，已经出现一场广泛的知识人运动。当然，如果心里已经形成比较具体的目标的话，共济会的术语和标

---

① ［中译按］三人先后都曾在创建于1526年的图宾根隐修院（Tübinger Stift）就读，这是一所培养新教神学家的教育机构，但侧重哲学和语文学教育。

志同时也有掩护作用。莱辛在当时的影响,得益于对大革命,尤其对法国共济会革命派的支持。德奥特(Jacques d'Hondt)根据非常丰富的材料证明,莱辛的思想和问题提法何等深刻地影响了青年黑格尔,尽管德奥特在解释这些材料时不免带有强烈的感情色彩。

施勒格尔在差不多同一段时间里欣然接受了莱辛的谈话,这与他的思想以启蒙运动为起点是一致的;但随着世界观和政治倾向的转变,施勒格尔又改变了态度,给莱辛的这些谈话加上了一个宗教-保守主义的、反大革命和民族主义的续篇,从而颠倒了莱辛的意识形态意向,使之变成了完全相反的东西——这倒颇能说明大革命后市民意识形态危机的特点。

在资产阶级革命的前夜,形成了一种接受莱辛的《恩斯特与法尔克》的新倾向,它最初具有向社会主义立场过渡的革命民主主义品格,这时,共济会正在丧失其进步潜力——说明这一点的是海涅和赫斯(M. Hess)。但最具启迪意义的是:巴黎《前进》杂志的最后两期发表了《恩斯特与法尔克》,不过经过删节,当时,马克思以及追随他的共产主义者们正与卢格(Ruge)的资产阶级民主主义分道扬镳。格朗琼(Jacques Grandionc)令人信服地证明,当时,马克思发表此文的倡议在编辑部内起了决定性的影响。《前进》杂志发表莱辛的谈话时加了按语:

> 在本期中,我们已经将伟大的社会运动的起源追溯到伟大的农民战争时代,我们刊发了从莫雷利(Morelly)的作品中选出的片断……今天,我们还要引录一个德国作家的作品——所有作家中第一个最具经典性的作家莱辛这位德意志文学之父的作品。

正文和标题《作为社会主义者的莱辛》并非出自马克思手笔,但基本战略很清楚:当共产主义尚处在降生阶段的时候,意识到被压迫阶级的历史斗争,并从理论上和纲领上反思这些历史斗争,将使人们接近或将人们引向科学的共产主义。所以，阶级斗争的历史在这里被用作达到自己的历史意识的催化剂。发表莱辛的这部作品，与早期共产主义者的自我理解的发展、宣传方法和结盟政策密切相关。马克思对《恩斯特与法尔克》的兴趣，当然不可能是共济会思想本身。

试看一下，在十八世纪资产阶级革命的前夜，还有哪种思想的形成如此有创造力？即便从由资本主义形态向社会主义形态过渡的视角看，它仍然没有完全被耗尽。在三月革命前①，无产阶级已经被看成一个阶级，被看成推翻资产阶级社会的行动者，但莱辛却不知道也没有认识到这个行动者，对于他来说，真正的资本主义还是很陌生的，他所看到的"市民社会"还正处于不成熟状态，资本主义尚未摆脱封建关系。莱辛所指的市民社会，是对一般阶级社会的抽象，他的视角本质上是否定市民社会，但在正面描述中，却未下定论。他的描述属于政治－道德性的，对经济背景缺乏意识。然而，正在形成中的科学共产主义者发现，《恩斯特与法尔克》是共产主义斗争的先行者——虽然赫斯指责莱辛的表述过于小心谨慎、拐弯抹角。

从莱辛这部作品的接受史可以看出，这部作品其实另有一层含义，资产阶级的尤其改良派的解释始终未看到这层意义，但对于我们来说，这层含义恰恰最重要。

三

现在来谈谈作者本人莱辛。"人被造出来，为的是劳作，而非为了理性推理。"这是青年莱辛的信念。然而，在他看来，唯一可能的社会劳作却是以思想和言论进行理性推理。这种实践涉及一群尚有待形成的公众，他们是言论的行为空间和认识手段，是独

---

① ［中译按］指从 1815 年至 1848 年德国三月革命前的时期。

立的意识形态构成，为了解决斗争的空间，就必须争取这群公众。作为作家，莱辛准备拆除安静而又封闭的学者世界的藩篱。这群以市场为基础的市民公众最初产生时尚狐疑不定，他们在意识形态上还受到德意志独立王权主义和帝国城市统治机制的约束。莱辛必须估计到这种无动于衷、迟钝、对不习惯的东西的恐惧，必须估计到自己的言论所要针对的人们的内在奴性。即便德国现状的僵化是表面上的，对现状的反叛即便较为普遍，反叛的先驱者们毕竟很分散，虽然有学养，但经济上却并不独立。

到了1860年代，这种反叛才进入加剧、激化和蔓延阶段。在文学上表现的，便是所谓的狂飙突进运动。孤独地蛰伏在沃尔芬比特尔的莱辛置身于伟大的世界观和历史哲学的构想之中，他的哲学和理论思考、他的"启蒙"趋于激进，关于进步的思想也随之进入他的哲学探索努力的中心。在莱辛之前，关于进步的思想早已形成，并从历史的角度被具体化——不妨想一下莱辛熟知的法国启蒙运动和英国的英格兰学派的历史理论。但莱辛的切入点仍然是意识形态的，同时又是抽象的，换言之，他借助宗教模式来思考一般历史哲学意义上的进步。在《论人类的教育》中，莱辛提出，启示宗教在人类理性的发展过程中尽管具有历史的必然性，最终将成为多余的东西，理性－道德的自律性的远景才是合乎规律的结果。在这里，莱辛并未认信启示信仰，而是将它看作理性发展史上必要的弯路。

在《论人类的教育》中，对理性的历史性（Historizität）的认识露出了清晰轮廓。莱辛在呼唤未来的完成时代，呼唤未来的永恒福音时代，由此我们看到他面对经验世界时保有的乐观主义的努力。求助灵魂回转说（Metepsychose）的做法不过是一种思辨，一种尴尬，因为还缺乏现实的此世运动，但它毕竟解释了一个内在的远景。进一步分析这一点，会远离我的论题。我仅想补充说明的是莱辛对真理追求之无限性的认信：所谓占有真理、占有整个真理，不过是人类的幻想，首要的是现存权力的统治手段。从而，占有真理变成了直接的政治，因为，只有作为集体的和公众的认识过程，真理追求才有可能完全实现。为了确保这个过程,莱辛展开了反葛茨的斗争。① 正是由于莱辛在这里不太关注认识的特殊内容,而是关注认识的社会可能性,他感到有些漫无目标:

> 我那未被指名的人——我不知道他何时写的——认为,在他认为是真理的东西可以公开宣讲以前,时代必须首先变得更明朗;而我呢,我认为,时代已经变得很明朗了,足以使人首先考察一下他所认为是真理的东西是否确实是真理。这一切都是事实,首席牧师先生……要是在这个不知名者可嘉的谦逊和谨慎的情况下,在他的举证中没有如此高的信念,他对卑劣者没有如此程度的蔑视,对自己那个时代没有如此深刻的怀疑作为基石就好了!要是他根据这种种观念宁可烧掉自己的手稿也不留给理智的朋友们用就好了!或者,首席牧师先生,莫非您也认为,只要俗众、可爱的俗众好好地待在教士们很善于将他们引入的常轨上,理智的人暗自相信的东西就是无关紧要的了!您这么认为吗?

然而,恰恰在这场争论中,莱辛丝毫没有谈及他对基督宗教的信念。这时,他在为争取公众空间而斗争,正因为如此,秘密认知到的东西才会变成公众的认识,进而变成可检验的认识。众所周知,莱辛遇到过政治上不愉快的事,他因此而相应地改变了自己的斗争方式。

在《贝朗瑞手稿》② 中,莱辛发表了纲领性的声明:

---

① [中译按] 参见莱辛,《历史与启示》,朱雁冰译,北京:华夏出版社,2005。

② [中译按] 贝朗瑞(图尔的)(Berengar vou Tours, 约 1000—1088),经院神学家;1770 年,莱辛在沃尔芬比特尔图书馆发现了贝朗瑞的手稿,以书的形式发表。

我知道，如果人们要宣讲真理，其义务便是：要么完整地宣讲，要么就根本不宣讲……精致的错误可能使我们永远远离真理。

可在几年之后，莱辛在《恩斯特与法尔克》中说：

法尔克：你知道吗，朋友，你已经是半个共济会员了？
恩斯特：我？
法尔克：就是你。因为你已经认识到人们最好闭口不说的真理。
恩斯特：但却是可以说？
法尔克：聪明人不可以说他最好闭口不说的事。

莱辛在这里不仅说出了应闭口不说的事，也提到了缄口不语，既然说出了真理不可说出来，也就说出了要人闭口不说的已知之事。莱辛的表述所带有的佯谬意味在于，既实施又表述禁忌（Tabu），从而冲破禁忌——在缄口不语中说出真理，即通过单纯地暗示和诱发有待继续思考的东西说出真理。这涉及国家、宗教、等级和财产制度，同时也涉及伪装、不容侵犯的做法，以便达到能够完全公开言说的目的。为此，对于作为作家的莱辛而言，便需要面具，需要扮演角色，甚至伪装（Camouflage）。门德尔松（Moses Mendelsohn）是莱辛最亲密的朋友，但却几乎不理解他的意图，1771年1月9日，当拉伐特（Lavater）劝诱门德尔松改变信仰，以令人难堪的方式公开发出挑衅时，莱辛写信给门德尔松说：

不过，倘若您要对此作出回答，我还要再次请求您尽可能自由地、以所有想象得出的强调口吻回答。在这件事情上，只有您才能够和可以如此说和写，所以，您与其他诚实的人相比，实在幸运得很，他们为了能够促使人们推翻这最可憎的荒唐大厦，只能在重新加固它的幌子下行事。

莱辛对胆小怕事的门德尔松大谈"推翻"——多么矛盾！同时，莱辛又道出了何等的绝望！他谈到门德尔松所不需要的东西：保护色、面具、角色。可是，这些词并不是中立的呵。要想反对荒唐的东西——这里指教会连同其神学、启示信仰等及其作用——和教会所代表的东西，需要有一个新的基础，但这个新的基础又必须在忠顺的承认之内来奠立，两者的距离实在太大：因为，现行的基础已经过时，它所支持的东西因此被宣布已经失去根基。可是，这种忠顺与推翻行为仅仅在形式上对立。

当然——我们不禁会问——倘若角色对于作者来说是自己的公开生活，是他公开的活动形式，那么固有的东西与外在的角色扮演可能分裂吗？在对社会及其公众的态度上，这种矛盾的存在岂不必然会给最大胆的思想强加上令人无法捉摸和不确定的成分吗？一种思想如果力求重新接近现实，表达新现实，那么，在其影响所及的范围内，这种思想难道不会对思考它的人掩饰起来？或者说，这个人难道不会不得不除去其危险内容，以便能够对它进行思考吗？倘若社会本身公开地两极分化，处在明显的对抗性动荡之中，这种情况也许就大不一样了。

在《论人类的教育》第68条中，莱辛对谁讲话？他说：

> 现在仍然至关紧要的是：当心呵，你这更有才智的人，你在读到这基础读本（[中译按]指《新约》）的最后一页时激奋得顿足，你要当心，万不可让你才智较低的学友察觉到你所嗅出的东西或你开始看清楚的东西……

莱辛要说服自己，还是要展示自己？莫非他在故作姿态？这其中确实包含着历史的经验，孤独者的辛酸——但莱辛毕竟并没有收回在那里所看见和所嗅出的新东西，只不过，他也没有明确地说出来，只是暗示罢了。梅林的估计尽管以一直很高的阶级觉悟为前提，仍然不那么充分，因为，当时毕竟还不存在阶级，阶级还在形成之中。何况，这并不见得就是《恩斯特与法尔克》中所讨论的市民解放的目标，虽然也涉及这些目标，因为，这些目标并非前后一致，始终如一。

在德语的经典作家中，莱辛最内向。他的整个身心既在他的每部作品中，同时又超脱于作品之外。他在每一场斗争和论战中说出的话，都并非终极之言，而是权宜应对，其内涵多于他所说出的。换言之，这里预设了读者的成熟，把这种成熟视为最内在的潜力，因而，莱辛宁可让问题悬而不决，也不提出仓促的解决办法。作者自己深知，他的思想和信念无论浅显易懂还是深奥费解，总是具有相对性，他的哲学推论总是未完成的。因此，认识过程之无限性才是莱辛的基本信念。他的批判和论战，旨在消除这个过程中的障碍，这是因为莱辛意识到，无论认识还是所寻求的道德－政治实践，都具有相对性。莱辛的观念如果显得和谐一致，那么，它就像一个和谐一致的莱辛形象那样，是虚假的——和谐一致的观点并未说出所经受的痛苦，和谐一致的莱辛形象隐瞒的则是：生活的矛盾实际上不可能解决。

四

《恩斯特与法尔克》中所阐释的思想进程的前提，我在此只可能指出其问题所在，无法进一步考察这些问题本身。这些前提是：

1. 原则上属于泛神论的总体观点：不承认外在于世界的位格的上帝，只承认一个自然的、有规律的神性世界和自然；
2. 决定论（Determinismus）——斯宾诺莎接受、莱布尼茨改变了的决定论，在莱辛这里变成了发展思想，包括其目的论方面；
3. 对自然与社会环境之密切联系的认识——法国启蒙运动已

经达到这种认识,在莱辛这里,孟德斯鸠和伏尔泰的影响尤其是决定性的;

4. 进步的基本信念——有规律的进步,即人类自然的向前发展,它划分为几个必要的阶段进行。从这个意义上看,历史是一个不断完善的过程。

《恩斯特与法尔克》的历史哲学内核在于,全面批判以"市民社会"来指代的对抗性阶级社会,这种全面批判与一个共同体秩序的远景结合在一起:这个秩序是非对抗性的,扬弃了国家教会、等级制和私有财产等等。莱辛的决定论历史观以辩证的切入方式将这种秩序的实现设想为一个必然的历史过程。他的基本思想是,市民社会"不将人们分离开来,便不可能将他们联合起来;不加深他们之间的沟壑,不在他们之间筑起隔离墙,便不可能将他们分离开来"——还有:"市民社会将其分离活动在每一个别部分里继续下去,以至无限。"

可见,在市民社会中,对立的并不是人与人、这个单纯的人与那个单纯的人,毋宁说,相互对立的是一国的公民和臣仆与另一国的公民和臣仆,他们各自代表着自己的特殊利益;对立的是不同宗教的成员,这个宗教的成员凭靠自己的特殊的拯救真理而宣称优越于另一宗教的成员,并因此拥有更高的权利;对立的是不同等级的社会成员,高等级傲视更低、更无权的等级;对立的是有产者与无产者、富人与穷人,而有产者之间也相互对立。即便发明了所有可能的宪法中最好的宪法,这种情况仍然会存在,最好的宪法也没可能取消国家分离的原则——即便均匀分配财产,对立的情况仍然会存在,或早或迟不平等又会重新出现,贫富对立又会重新出现。这便是从作为总体制度的市民社会中必然产生的恶。

然而,这种社会、这种国家又不过是人类的工具,是人为了实现自己的目的而设立的建制。但这种工具陷入了与目的的矛盾:与由自然所规定的人类生存的目的相矛盾,与幸福,与每一人类个体的幸福相矛盾。莱辛的尺度是彻底的幸福论(Eudamonisus):

国家将人联合起来，以便通过这种联合和在这种联合之中使每一个别的人能够更好、更可靠地享受到属于自己的那份幸福。所有成员的个别幸福的总和，便是国家的幸福。除了这种幸福之外，就根本没有幸福。国家的任何其他幸福，哪怕让很少个别的人受苦，让很少个别的人不得不受苦的幸福，也只是绝对王权的伪装而已。

莱辛对"市民社会"的批判可归结为这样几个方面：人与人分离、目的与手段的关系颠倒、幸福被剥夺。从形式上和道德上瞄准的首先是最一般的社会内容——莱辛开列的是一个个具体个体的受苦清单。他的理论武器是社会唯名论。国家、祖国等等对于现实的个体来说只是单纯的抽象概念，或者说，只是个体达到幸福目的的手段，它们是合法的、被设立的。很清楚，这里的理论前提是作为孤立个体之整合体的社会思维模式，从这一前提必然导致历史唯心论。这种思维模式整合、拉平社会关系——包括物质的和意识形态的关系之总和，其尺度是意识形态的、由人所意识到的关系；因此，物质的结构并不独立于人的意识而存在。

当然，在概念的确定和方法论上，莱辛必须采用已有的思想材料——尤其十八世纪晚期启蒙理论的主导概念："人"的概念，即单纯的、自然的人的概念。这种人的概念是抽象的，不同于现实的有个体差异的人，现实的人只生存于社会和历史的具体关系之中，带有历史的和民族的烙印。对"人"的这种抽象化是一种解放理想：企望市民社会的个体摆脱封建束缚；这种抽象的人被提出来，与现实社会的具体的人相对立，当然就被除去了作为需求和道德的社会性。本来是诸个体的生活和活动之联系和形式的各种社会关系，反倒成了与人相对立的东西。

于是，抽象的"人"成了一个幻想出来的自然基础，成了历史的前提和主体；另一方面，抽象的"人"也是一种抉择理想，它针对的是社会的不平等和分裂状态——这种状态已然发生，非自然地败坏着"自然的"潜力和需求。莱辛也是如此看问题，因此，从这个意义上讲，他还走在市民的启蒙意识形态的道路上——在这种意识形态的种种抽象中，市民社会既被假定为准则，也模糊地反映了市民社会的矛盾和颠倒。尽管如此，莱辛还是设法使这个概念超越其形而上的规定性和意识形态的束缚，将之引入历史进程。他加以折中，让个体的人身只接受靠历史的活动和进程来实现的规定性，即可臻完善性（Perfektibilität）和对人的联合的追求。

康德所谓不合群的合群性的东西，在莱辛看来，并非自然的质素，而是必然的、非恒在的阶段。可臻完善性和对联合的追求，凝结在单子般而又呈开放性的全体性与团结一致的张力场中，而团结一致则已在"同情"的基本规定性中获得了其内容规定——同情并非感伤的被动，而是团结一致的主动参与，其中包含着作为道德-政治要求的平等。因此，莱辛所理解的道德准则，既指发展个体的完善品格，也指更具根本性的团结一致的要求——在这里不妨回想一下《约翰遗言》——只有两者的统一才会实现人类的幸福。

让我们继续读下去：

> 恩斯特：是呀，人只有通过分裂才可以联合起来！只有通过不停的分裂才可以保持联合！这是既成事实，是不可改变的。

不可改变吗？事实既成，便必须且可以永远如此——这是什么意思？在莱辛的斯宾诺莎-莱布尼茨式的发展思想里，凡要形成的东西必然会形成，但没有什么东西是恒在的、不变的，没有什么东西必然始终保持其现状。市民社会是历史的必然，但又行将消亡，不应因理想的本质与现实的矛盾便简单地在道德上谴责市民社会，因为，市民社会是实现这个理想本质的必要的历史形式，其历史性职能和功效就是制造扬弃市民社会、使它成为多余的手段。"哪怕市民社会只有一种善，即一种使人的理性能够在这里得到培育的善，我也容忍它的种种非常严重的恶而为它祈福。"法尔克说。正是这种理性使人有能力自己治理自己，自己做出决定，放弃任何支配自己的特殊权力，从而达到道德－社会上的成熟，这近似于使几经努力达到的"启示"成为多余。在将"真正的共济会"定义为一种针对市民社会及其分裂所进行的历史性对抗行动的语境中，这种发展史的和辩证的切入方法显得更加清楚。共济会如同这个社会一样古老，这就是说，共济会反对社会的分离作用，与分离作用对抗，从而始终是社会的反对派。

但莱辛同时在思虑："市民社会并非只是共济会的一支苗裔"——这意思是说，市民社会和共济会都产生于人类本质，两者必须相互制约。社会是一种不可避免的自相矛盾的联合形式，尽管如此，共济会却并非是其简单的补充或校正：因为，共济会员的行动目的是使善行成为多余——这些善行便是为对抗分裂而产生的。一旦消除了分裂，就不再需要这类善行了。谁是这类真正的共济会员？谁是这个伴随着整个市民社会的反对党和行动党？

莱辛为共济会员规定了职能：针对分裂对抗性地工作，他们的善行恰恰是推动消除国家、国家教会、等级和阶级的行为；他们的道德具有不屈从于这类分裂价值的独立性；他们的活动和生成空间是超越公共社会而存在的私人生活；他们的联合有着理论与实践相联系的直接目标，以便为实践取得理论，从实践提炼出理论。共济会员的作用是：推动所有那些以人类的成熟为确定目标的力量和关系，将这些力量联合起来。共济会员为公众所能理解的活动，本质上是联合性的、教育性的和教养性的。共济会员本身并不能推翻这旧的社会，能够做到这一点的只有成熟的人类，共济会员不过是人类的先锋、前卫，是看不见的教会——他们的结合"并非基于很容易蜕变为市民规定的外在联系，而是以富于同情心的人们的共同情感为基础"。共济会员们分散各地，是"看不见的教会"、联盟、教团，可根据市民社会一时的形态而相应变化；他们构成了一个对立的社会，这个社会在自身之内和自己当中消除了国家、宗教和社会的分裂，但作为这样一个社会，共济会又始终处于迎合、复制现存权力的危险中，因此，同时要批判现有的共济会，因为它恰恰没有完成作为这种对立社会的作用。

从实质上看，如此构想的共济会是一种矛盾的表现，它既在市民社会体制之内，又要冲破这种体制。由于莱辛没有也不可能从社会经济的客观现实来把握这种矛盾，没有也不可能把这种种矛盾理解为有力的、推动其瓦解的关系，他便只能突出与客观的社会相对立的主观方面。从实质上看，"真正的共济会"是一种拟人化的思辨性表现——表现所有联合和正在成熟力量的形成和发展；从自然法看，所有这些力量属于人的本质所固有的可能性、可臻完善性。

但只有在市民社会中，这些力量才可能形成和发展，而且也必然在这里形成和发展，最后在共济会成为多余时摆脱它。真正的共济会并不等于这些力量，而是其前卫、自觉的推动者和教育者——随着历史而变化的秘密的运动政党。从实质上看，共济会是对市民社会的否定，是针对市民社会的革命的对立成分。从其眼下适时的形式看，共济会只可能设想和公开宣称，自己只是在思想上抵制和以和平方式缓解市民社会之恶，并为此进行最广泛、最有远见、宛如园丁般的教育活动。"真正的共济会"是一个意识形态构想，一个克服理论和实践分离的纲领，这个纲领产生于这种分离，并带有其烙印。共济会的形成背景是：当时，人民群众的独立活动尚属不可想象的事——莱辛熟知的民主运动（如美国独立战争）所遵循的目标，还不是莱辛要求达到的目标。莱辛的亲近感当时主要还是针对中世纪晚期的异端和狂热派的思潮，虽然他自己与之相去甚远。

资产阶级革命当时在德国尚未提上日程，按照这种革命的要求来衡量，莱辛的构想是改良主义的。革命并非莱辛的目的，革命的结果，尤其经济-社会的结果，也不是莱辛的目的。他旨在说明的仅是一个内容的形式，这个内容尽管是形式上的，却超越了资产阶级革命和资本主义社会，以其否定形式走向马克思的人类解放目标，虽然这种规定性如此带有权宜性和如此模糊，而且是费尔巴哈式的。当然，我觉得，我们不能仅仅以在政治－意识形态上参与准备和进行资产阶级革命的程度为衡量历史人物的主要标准，否则就会过分天真地将一个阶级的使命作为历史模式的前提，而这个阶级的使命尽管曾一度提了出来，毕竟尚有待在其结果中实现和检验。

所以，我们无须在这里唠叨莱辛思想的历史局限性、思想不彻底一类说法：说什么莱辛对历史的客观现实的实质的把握尚欠成熟——事实上，莱辛的表述中还有掩饰、畏缩，以及在想象实践行为时不可避免的局限；还有以形式掩盖实质、苏格拉底式的佯谬、暗示、收回成说，乃至对别人和对自己本身的防范等等。毋宁说，由于莱辛持改良主义立场，他当然就会反对暴力和流血，强调共济会的活动无害于国家，且从原则上让共济会与政治分离开来。

对莱辛的接受因此出现了各种可能性，不同的、一时的意识形态－政治背景自然会接受文本中所包含着的各种含义中的某一层面——毕竟，文本本身就是矛盾的。尽管如此，这不等于莱辛的文本中没有任何实质性的内容——如已经看到的那样，这实质内容就是扬弃市民社会，从而，莱辛思想的最深层包含着解放的思想。只不过，真正的解放思想拒绝认可莱辛的这种解放思想具有革命－反封建的含义——魏斯霍普特对马克思与莱辛之间的关系的研究，已经说明了这一点。在无视整体的情况下，扬弃国家可能被曲解为自由主义。一切改良主义的构想都坚持实际的形式，尤其那些在革命政治面前退缩、投身于现存教育政治的人们。只有当资产阶级革命的英雄般的幻想实际上已经破灭，人们已经理解到，革命后资本主义社会的阶级对立不可调和时，才可能基于共产主义的觉悟来接受莱辛。

如果说康德将对抗更精确地理解为人类力量发展的手段，那么，他是基于不合群的合群性这一人的自然质素，然而，这个自然质素是按照至高的市民要求来标准化的。赫尔德在莱辛影响下接受了进步思想，从而冲破了自己顽固的比克堡时代的笃信宗教的心态，① 能够更现实地将进步设想为超越革命、灾害的向前发展，亦即超越革命战争暴力同时又有着内在矛盾的向前发展，不过，这一观点还没有超越市民社会。赫尔德说出了莱辛未能达到的认识："人类协力进行的发明发现了两种在尘世维持生计的方法：其一是利用自己双手的劳动；其二是利用他人双手的劳动……"——真可谓言简意赅，由此他只会得出反封建的结论。黑格尔对历史辩证法的阐发虽说要深刻、具体得多，但只有当现实的革命前景显露出市民-资本主义社会的尽头时，《恩斯特与法尔克》的核心才会为人自觉地接受。

莱辛的自我理解当然颇受局限，但正是作为看到历史发展的思想家，作为察觉和看见新情况的思想家，他以思辨方法从道德-社会的规定性预先推定出超越市民社会这一点，从而使人看到十八世纪危机四伏的七十年代的巨大意义。当时除他之外，康德转向了自己的批判立场，由此在唯心主义哲学中开始了"积极方面"的概念发展，狂飙突进运动的年轻一代则将"普罗米修斯"② 视为自己的象征。

总之，难道在莱辛的《恩斯特与法尔克》里的发问没有追根究底？难道没有提出一个根本就还没有实现也绝不应投入历史记忆博物馆里去的人道主义要求？难道没有提出我们以及我们的后代也必须面对的人道主义要求？倘若如此，莱辛可就仅仅是个梦想家了。

---

① ［中译按］比克堡（Buclceburg）是德国下萨克森州的一座小城，1771—1776年，赫尔德曾在此地的市教堂做布道师。

② ［中译按］《普罗米修斯》是歌德在1773年未写完的一部剧本的残稿，在这里普罗米修斯是一个反抗者形象。

附录五

《论人类的教育》编辑手记

施尔松（Arno Schilson）、施米特（Axel Schmitt）

成文经过

莱辛之所以撰写这篇绝对原创性的论著，可能出于非常不同的动因。对早期基督教神学的研究显然已促使莱辛思考启示与历史问题。其他动因则首先在于莱辛通过研究近代几位重要的思想家而受到激发，这促使他在自己所开创的道路上坚定不移地向前迈进，以重新思考人类的神圣教育计划，并从根本上通过历史性的理解来沟通启示与理性。不过，在莱辛的几个同时代人那里，也可以找到大量激发莱辛撰写此论著的线索。尽管所有这些都暗示着可能的，甚至非常可能的来源和依据，但除了极少数例外，我们无法就单独个案得出定论。

鉴于作为莱辛这篇论著的可能来源而提到的作品和作者的质量参差不齐，尤其鉴于这些作品和作者在近代思想史上所处的相互矛盾的地位（尤其指有些研究者和解释家片面强调莱布尼茨或斯宾诺莎），我们切不可草率行事，也不应期待终极定论。这谜团和隐晦，这悬念和探问，这争取明白和确定的努力，以及最终未给予回答的问题——凡此种种，对于莱辛这部晚期著作而言都是独特而不容替代的，这也（或已经）为《论人类的教育》的成文史投下了阴影（或亮光）。

莱辛有意隐讳作者身份，并假托只不过在编订出版他人的作品，而且首先——如1777年无名氏对第四篇残稿的《反对意见》

（参见本文集卷 VIII，页 332 - 364）所言——仅推出一半，这第一个印象已然使《论人类的教育》变得不可捉摸。至今仍未澄清的问题是：后来于 1780 年发表的全文以完整的一百节取代了先前推出的前五十三节，这个完整的文本是否当时已经拟就，甚至即可付印。不管怎样，莱辛在第一次发表全文时没有再花费精力重新修订以前人们已经熟悉的章节，更谈不上改动了。相反，莱辛保留（即部分重印）了其原初文本。因此，这篇于 1780 年首次全文发表的《论人类的教育》很可能早在 1777 年便已杀青，或至少已完成了主要部分。

《论人类的教育》的解释学位置（hermeneutischer Ort）明确无误：这部著作——与莱辛的《智者纳坦》一样——也处在莱辛的残稿之争（Fragmentenstreit）这一更为宽广的语境之中。这场争论的起点，是莱辛在其《编者的反对意见》中① 首次论证了《论人类的教育》的思想框架。

莱辛将《论人类的教育》说成是由另一个作者提供的、重大而行之有效的论证手段，并运用它就令人惊异的启示"真理"及其合理性，与莱马鲁斯（Reimarus）展开批判 - 建设性的论辩。莱辛为了启蒙，以这种令人惊叹而大感意外的方式"挽救了"启示宗教，面对批判理性的要求，他通过发出一个重要的"指点"为启示宗教作了强有力的辩护。莱辛显然想以此吸引人们对宗教进行建设性的深入思考，以有利于启蒙和人道。这已然为启示史（Offenbarungsgeschichte）所包含的第二步和第三步准备了开端。当残稿之争并没有实现莱辛试图通过发表残稿和附加的《编者的反对意见》以达成基督教和神学的自我澄清（启蒙）时，他才最后推出了其《论人类的教育》中意义至为重大的结束部分，他肯定不愿同时将《论人类的教育》作为他最后的著作，并因此而使之成为一种遗言。

莱辛再次以《论人类的教育》编者的身份出现，可当时的知

---

① ［中译按］中译见《历史与启示：莱辛神学文选》。

情者立即认出他就是该文真正的作者，或至少这样称呼他，① 只有少数人问及应被视为真正作者的另一个讳莫如深的作者（前揭 Nr. 2，5），而且询问本身也往往带着讥讽的口吻（比如赫尔德，前揭，Nr. 4）。很多人首先从语言的高超形式，同时也从《论人类的教育》所包含的富有成效和激发性的思维力量，一眼看出莱辛本人就是作者（前揭，Nr. 4，7–10）。

虽说莱辛两封信中的说法——其一是在《论人类的教育》1777年部分发表的框架内，其二是在 1780 年全文发表的直接背景之下——似乎使人有理由否认他的作者身份，但两次都证明与事实不符。仔细阅读便会发现，莱辛的第一个说法是面对"沃尔芬比特无名氏"之子小莱马鲁斯（Johann Albert Heinrich Reimarus, 1729—1814）② 采取的策略上的巧妙伪装，显然莱辛（还）不愿对此人公开说出他出版残稿及其《编者的反对意见》的真正意图，因为这必定会——小莱马鲁斯本人在他的回答（前揭，Nr. 3）中也表示同意——"大大转移（小莱马鲁斯和莱辛自己的）目标"（前揭，Nr. 1）。

莱辛在另一封致他兄弟的信中说，他"永远不会"将《论人类的教育》"看成我的作品"（前揭，Nr. 2），这里大概应作如下补充："虽然它事实上是我的作品。"莱辛沿袭十八世纪常见的做法，将作者改成编者以便巧妙地隐匿自己。可事实上，莱辛最亲密的朋友，诸如艾丽斯·莱马鲁斯（Elise Reimarus）、门德尔松、赫尔德、雅可比（Friedrich Heinrich Jacobi），无一例外地深信，《论人类的教育》是莱辛的一篇奠基性的和值得推崇的论著，这可以视为证明其作者身份的有力依据。

---

① 参见下文《关于接受与影响的文献》，Nr. 4，7–11。
② ［中译按］小莱马鲁斯是德国医生和医学家，第一次将预防天花的牛痘疫苗技术由英国引入欧洲大陆。他是德国启蒙哲学家莱马鲁斯（Hermann Samuel Reimarus, 1694—1768）的儿子。莱辛所谓"沃尔芬比特无名氏"应该就是 Hermann Samuel Reimarus。

更使人感到意外的是，1839年第一次发表的布伦瑞克的医生和合理化农业的创立人塔尔（Albrecht Daniel Thaer，1752—1828）写于1785年的一封信①引起了一场持续到二十世纪上半叶的论辩，论题是此人对莱辛的《论人类的教育》可能产生的影响，或至少是塔尔的一篇所谓的有关文章给予莱辛一种——自然是深刻的——启发的可能性。关键性的支撑点在于几句话，塔尔于其中谈及他新构想的"体系"，并暗示了这个构想的奇特命运（前揭，Nr. 5）。

这场不时变得相当激烈的争论，围绕着塔尔的说法和其中表露的对莱辛思想的原创性及其对这篇文章负有全责和享有唯一作者身份的怀疑，在二十世纪初再次趋于白热化。② 1943年论辩重起，当时又冒出一封信，可望为所谓作者之谜投进新的光亮。此信写于1777年，正是莱辛论著的前半部分发表的同一年。瓦格纳（A. M. Wagner）于1943年发现并公布这封信的作者，③作者据猜测是塔尔的一个同学。这里指的大概是医生、一家通俗医学周刊《医生》后来的编辑翁泽（Johann August Unzer，1727—1799）。

围绕着所谓塔尔的原创性展开的整个论辩，最后得出了如下结论：莱辛对他人的任何依赖，甚或全部接受已有"体系"的说法，几乎显得不可理喻，因而不可信。可以驳斥这种看法的一个补充论据是，根据当时成书的塔尔传记④记载，塔尔的第一篇德语文章发表于1791年，所以，像《论人类的教育》所展示出的那种

---

① 载：科尔特（Wilhelm Korte）写的传记：《塔尔：一个医生和农庄主的生平纪事》（Albrecht Thaer, Sein Leben und Wirken als Arzt und Landwirt, Leipzig, 1839。

② 参阅 Helbig 所列《论人类的教育》的相关文献，页71；另见下文"关于成文经过的文献"。

③ 前揭，Nr. 6；另见 Wagner，《谁……？》。

④ 载 Volker Klemm 和 Gunter Meyer，《塔尔：德国农学的先驱》（Albrecht Daniel Thaer, Pionier der Landwirtschaftswissenschaft in Deutschland），Halle 1968，页196。

语言上毋庸置疑的杰出成就，在该文发表十多年以前几乎是不可想象的。因此有理由将这种说法称为塔尔"传奇",① 而将《论人类的教育》列入莱辛本人撰写的著作之列也是不容争辩的。

所以，赫尔比希（Helbig）的建议（前揭，页 57）看来有悖情理，且不说赫尔比希本人也同意，至少在前 53 节中莱辛不大可能受人影响，对《论人类的教育》的两个部分应作出批评性文体比照——也许还应参照塔尔自己的修辞风格，然而鉴于其已提及的第一篇德语文章的发表时间更晚，因此很难作为参照，如果说不是根本不可能的话。人们倒是应热烈支持赫尔比希最后所作的推断："《论人类的教育》之独特的风格，稳健辩证的表述和丰富的思想内容之相得益彰，可以证实莱辛是这篇论著真正的作者。"

这些必要的说明本身已经部分得出了某些重要结论，现在可以将目光最后完全集中于那些传统和思想模式以及修辞方式（Figurationen），它们对《论人类的教育》的主导思想和明确的基本信念已变得至关重要。同时，除了相对可靠的文献以外，人们还必须提到那些曾促使莱辛获得基本信念，并进一步对其加以区分和补充的思想家或思想结构，通过其基本要求中至少部分的协调一致，鼓励莱辛在他开辟的道路上坚定不移地继续前行。

莱辛通过深入而彻底地研究早期基督教的重要神学家，获得了第一乃至决定性的推动力，以勾画人类通过神圣天意受到教育的历史轮廓，这一历史轮廓并不拘泥于圣经以及启示的历史形态，而可以将一种对启示内涵的完满纯粹的理性认识，即将启示真理最终转变成为理性真理，视为启示的长远目标。② 虽然视角有所变化，而且本身也更接近启蒙运动，但这一基本思想却反映出莱辛受到几个早期基督教教父的构想和思辨方式的决定性影响。他本人多次强调，尤其在与当时颇有声望的神学家和神学史家，诸如

---

① Schneider,《莱辛的最后一篇散文》(*Lessings Letzte Prosaschrift*)，页 229。
② 着重参阅莱辛《论人类的教育》，§76。

汉堡主司牧葛茨（Johann Melchjor Goeze）[①] 和哥廷根教会史家瓦尔什（Walsch）的论辩中反复强调，他的某些信念"得益于自己对最初四个世纪的教父们的悉心反复的研读"（同上）。

正是在这里，在他对早期教父著作独立而深入的研究中，首先在其1760—1765年的布列斯劳（Breslauer）时代，莱辛重新表述了他介于基督教与启蒙运动之间的立场。他从这些文献中获得了决定性的认识。显然，这些文献向他揭示出全新的可能性，即以一种批评－同情而又亲和启蒙运动的方式来研究基督教及其神学。据他的兄弟卡尔称，莱辛尤其对殉道者查士丁（Justin，卒于165年前后）感兴趣，因为他可能从查士丁身上第一次接触到了已有的圣经（参阅《加》3：19－29）教育思想在历史神学中的扩展和应用。查士丁认定异教和犹太教具有发展能力却尚未臻于完善，两者是通向作为宗教史的目的和完美形式的基督教的预备阶段；查士丁的辩护（尤其在他［为基督教的真理品格］辩护的《护教文》[*Apologia*]中）还主张一个在世界上隐而未显，却在基督身上完全得到启示的（世界理性意义上的）"逻各斯"的根本相似性（grundsätzliche Gleichsinnigkeit）。

莱辛怀着敬佩来研究并多次援引的另一位早期希腊神学家是伊里奈乌（Irenaeus von Lyon，约202年殁），在其主要著作《驳异端》（*Adversus haereses*）里，除了提出分为许多教育阶段的全面神意教育计划的观点，还提出了另一个为莱辛所接受的重要思想，即教育过程尚未终结的思想，所以至少在遥远的未来还存在着一个得到充分论证的千禧年说（Chiliasmus）。在两个伟大的亚历山大人克雷芒和俄里根[②]

[①] 参见13卷本全集卷IX，页434，4以下。

[②] 克雷芒，Klemens von Alexandrien，卒于215，撰有题旨鲜明的著作《教育家》（*Paidagogos*）和为莱辛多次引用过的《地毯》（*Stromateis*）。俄里根，Origenes（亦可译为奥利金），约185—253/254，莱辛尤其熟知并经常使用他的重要著作《驳克尔索》（*Kata Kelsos*），也读过他的《论原理》（*Peri archon*）。

那里，莱辛可能汲取了关于神圣天意与以史为鉴的本质二元性（konstitutive Dyas）的重要论说。尤其在俄里根的思想里，Pronoia（有智慧同时又乐于助人的强大神意）与 Paideusis（教育）的相互从属具有特殊方式。在此可以将后者理解为对不同人群——最终对全人类——之善解人意的和逐步或循序渐进的引导，以达到其当前可能达到的认识，进而达到逐渐加深的领悟和逐渐清晰的理解。

此外，在克雷芒以及伊里奈乌和俄里根的著作中，有一种将最初的信仰逐步引入一种正确领悟的"灵知"（Gnosis）的倾向，这一方面指对启示真理更进一步的与理性相一致的把握，即理智上的领悟，另一方面却指在作为无限的上帝认识（Gotteserkenntnis）的神性灵知的完美状态中，渐进性地达到理解之完满。至于其他特别与莱辛的《论人类的教育》有关的明显共同点则可信手拈来：如俄里根对所有人都可能臻于完善的问题深为关切。另外，在他及其他两人的言论中已经听得到关于"永恒福音"的观念，这是指对圣经启示的一种纯精神-宗教的理解。①

我们由此很直接地注意到另一个有关莱辛的《论人类的教育》的重要却属于中世纪的来源。这涉及莱辛在《论人类的教育》中采用的将世界-启示历史划分为"三个时代"的第一次明确表述，其中"永恒福音"成为最后一个时代的内涵、定义和标志。卡拉布里亚②的西妥会修院院长约阿希姆（Joachim von Fiore）深知并完全以先知的方式宣布了新的第三个时代的开始，它是第一个旧约时代和第二个新约时代的继续，莱辛关于教会史的种种著述直接运用了约阿希姆的著作。③

这"第三个时代"以纯粹的精神性为标志。它不需要外在权

---

① 另参见 Schilson，《历史》，页 168–177。
② [中译按] Kalabria，意大利南部的一个地区。
③ 参阅 Liepmann，《莱辛与中世纪哲学》，页 127–137；Schilson，《历史》，页 229–237。

威和书面文字,因为圣灵(Geist)自身敞开了进入此后唯一有效并能为所有人理解的"永恒福音"的直接通道。这种唯理智论-唯灵论色彩的关于"完成时代"的说法,当然与一种完美的爱的伦理学(Liebesethik)密切相关。因此,随着启示在精神上被内在化,人们开始具有一种全新的、无须外在准则和必要惩戒的生活——这是莱辛在其《论人类的教育》中描述"第三个时代"的基本观点。根据上述莱辛阐释的来源,可以用李普曼的话来总结:"《论人类的教育》的发展模式就是教父学和约阿希姆的发展观的综合。"(Liepmann,前揭,页134)

两位伟大的早期启蒙哲学家莱布尼茨(Gottfried Wilhelm Leibniz,1646—1716)和斯宾诺莎(Baruch [Benedict] de Spinoza,1632—1677)堪称权威的有关思想对莱辛的影响,至少与莱辛《论人类的教育》的这些十分古老的来源一样令人感兴趣并值得关注。就莱布尼茨的思想财富的决定性影响而言,在此尤其针对《论人类的教育》的影响而言,值得重视的首先是他的 *Essais de theodicee*(《神义论》)和他的 *Nouveaux essais sur l'entendement humain*(《人类理智新论》),以及他的重要作品 *Monadologie*(《单子论》)——前两本书于1765年首次出版,对莱辛评价启示宗教,特别是基督教的新定位,显然起了决定性作用。① 至于斯宾诺莎的影响,则主要是在于他的 *Ethica ordine geometrico demonstrata*(《几何学方法演示的伦理学》)以及他的 *Tratus theologicopolitico*(《神学政治论》)。

这种论断的确使人感到如此矛盾重重——莱辛将其《论人类的教育》精确地置于这两个思想对手之间,并使其与两者协调一致,尽管他总是在不同方向上受到这两人的启发,甚至得到两人的证实。② 由于在研究中受到重视的大多是莱辛对斯宾诺莎思想的

---

① 持此说者尤其是 Allison,《启蒙运动》(*Enlightenment*);Pons,《基督教论》(*Christianisme*),页 236-246。

② 参阅下文"关于成文经过的文献",Nr. 7 和 Nr. 8。

仰赖，以及对其思想据说只有细微差别的传承，因而在此要特别强调莱布尼茨及其对莱辛教育思想的形成所产生的影响。首先应提到的是莱布尼茨关于根本上美好而合理的世界结构的思想，对莱辛具有决定性意义，这个世界结构在种种截然不同的力量的相互作用中，为上帝的一种慈善而智慧的意旨所支配。

关于世界与历史的结构中存在着终极和谐的基本信念，得到莱布尼茨下述信念的支持：一切模糊的感性－暂时性认识中，都包含着逐渐达到更清晰认识的力量；此外，还有他对个体作为单子最终可能得到无限发展和升华的高度认可，以及他关于意识的和谐和持续发展的观念。所有这些及其他某些思想都开拓了莱辛的精神空间和他的《论人类的教育》一文所特有的广度。①

就此方面，绝不可忽视与斯宾诺莎的明显联系。斯宾诺莎1670年发表的《神学政治论》或许从根本上使莱辛认识到，圣经所载的上帝启示之言因对象而异，这就是说必须"变通"（sich akkommadieren）——这样一种观念在莱辛的时代，主要是由在哈勒执教的重要的新教神学家塞姆勒（Johann Salomo Semler, 1725—1792）提出的，与此相联系的是早期（基督教）信仰的"变通"概念，以及由此产生的不断进展的"可完善性"（Perfektibilitat）之必然性。

在斯宾诺莎的思想中，启示信仰暂时的不充分表明了一种信念，即这种信仰只是达到自然－理性的、不再需要历史基础的宗教的一个阶段。最后，斯宾诺莎的上帝概念对于莱辛的《论人类的教育》也很重要，因为由此概念产生了作为人的最高完善的一种无欲

---

① 关于莱布尼茨对莱辛思想的这种影响，主要参阅 Allison，《启蒙运动》；另参阅 Meyer，《莱布尼茨诠释者》（*Leibniz - interpret*）; Pons，《基督教》（*Christianisme*），页 234 - 272；Wessell，《莱辛的神学》（*Lessings Theology*）

无私的爱，这种爱是至高的美德，同时也指上帝的自爱之爱。①

最后，在莱辛这篇论著的直接准备阶段和撰写期间，还可以提到其他一系列可能性极高的来源，或与莱辛的论著惊人地相似和一致的著作。首先可称道的是洛克（John Locke，1632—1704）1695 年出版的影响重大的 *The Reasonableness of Christianity*（《论基督教之合理性》）。这本书包含着启蒙运动早期为基督教的启示内容与理性之根本一致所作的辩护，即上帝已将所有这些启示真理置于理性之中了。有相似内容的可能是托兰德（John Toland，1670—1722）的著作 *Christianity no Mysterious*（《没有奥秘的基督教》）。在此毫无例外的启示之符合理性的要求与启示之纯然的教育使命并列。

应特别重视的首先是关于人类由低向高的阶段式发展进程的思想创见，就此英国伦理学家弗格森（Adam Ferguson，1723—1816）对莱辛思想的影响是不容争议的。在这里首先应提到弗格森的早期著作 *An Essay on the History of Civil Society*（《论市民社会的历史》），此书出版于 1767 年，1768 年就有了德文译本。他的主要著作 *Institutions of Moral Philosophy*（《道德哲学原理》）出版于 1769 年，并于 1772 年由 Christian Garve 译成德文。②

通过启示对人类进行教育的观念，在莱辛的论著发表前十年间就已大量存在，虽然这种说法或构想连语言运用都完全不同，甚至部分相互对立。应特别指出的是数目惊人的所谓新语文学家（Neologen）。这个称谓（来自 neos logos［新语言或者新真理］）指十八世纪下半叶完全不同的新教神学家，这些人都试图适应启蒙运动的

---

① 参见斯宾诺莎，《伦理学》V，第 36–42 命题；关于斯宾诺莎的著作是《论人类的教育》的关键来源一说，参阅 Flajole，《莱辛挽救失去的真理》（*Lessings Retrieval of Lost Truth*）；Bpllacher，《理性与历史》（*Vernunft u. Geschichte*）；Timm，《上帝与自由》（*Gott und Freiheit*），页 15–135。

② 关于此书对莱辛的影响，着重参阅 Flajole，前揭。

思想和理性要求。他们当中的许多人重又拣出教育思想，这种思想既包括对人受到历史局限的领悟力的适应，即"变通"，也包括人的领悟力由低到高的阶段式发展。这种思想或者与之完全相近的思想，表现在相互间如此不同的新语文学家们的著述中，诸如吕德瓦尔德（Johann Balthasar Lüderwald，1722—1798）、吕特克（Friedrich Germanus Lüdke，1730—1792）、耶路撒冷（Johann Friedrich Wilhelm Jerusalem，1709—1789）、尼塞尔特（Johann August Nösselt，1734—1807）、施坦巴特（Gotthelf Samuel Steinbart，1738—1809）和台勒（Wilhelm Abraham Teller，1734—1804），以及自由思想家巴德（Carl Friedrich Bahrdt，1741—1792），还有洛森米勒（Johann Georg Rosemmuller，1736—1815）于 1767 年发表的著作《论上帝通过神启顺序在他的尘世教会中施行种种管理的智慧意图》（*Abhandlung von den weisen Absichten Gottes bey den verschiedenen Haushaltungen in seiner Kirche auf Erden über die Stufenfolge der göttlichen Offenbarung*）。

甚至赫尔德的早期作品，尤其是他早期的历史哲学著作，如 1774 年发表的《也谈人类教育的历史哲学》（*Auch eine Philosophie der Geschichte zur Bildung der Menschheit*）或 1776 年发表的《人类最古老的文献》（*Aelteste Urkunde des Menschengeschlechts*）第二卷以及 1780 年发表的《神学研究通信》（*Briefe, das Studium der Theologie betreffend*）中，都多次出现了人类教育的概念和论题。①

此外，为了回答莱辛在《论人类的教育》结尾所表述的，关于灵魂转世的假说之来源问题，显然应首先提到瑞士自然哲学家和生理学家波奈特（Charles Bonnet，1720—1793）的一篇相关文章的重大影响，这篇文章有一个点明主题的标题：La palingénésie philosophique, ou idées sur l'état passé et sur l'état futur des êtres

---

① 参阅 Piepmeier 辞典中有关作者的词条，以及"人类教育"词条，栏 738 以下和下文"关于成文经过的文献"，Nr. 9 以下。

vivans（《哲学的轮回说，或关于生命之既往和未来状态的观念》）。此文于1769年在日内瓦发表，当年即有德译本印行。

尽管莱辛表面上对波奈特有批评意见，但所针对的却明显是他的另一篇作品。① 雅可比（Friedrich Heinrich Jacobi）在他流传下来的1780年与莱辛关于斯宾诺莎的所谓谈话中证实，莱辛"在他方才查阅过的波奈特的文章中接触到的思想，与他的论题'灵魂轮回说'，尤其与他的体系非常合拍"（《论斯宾诺莎的学说》，页96）。波内（Klaus Bohnen）曾在一篇专论中提请我们注意，波奈特的《轮回说》的有关段落与莱辛《论人类的教育》§4之间在语言上和思想上有所相近。②

波奈特文中其他许多内容同样表明，该文关于"生命之链"（Kette der Wesen）的阶梯的基本思想、关于整个宇宙由低向高的持续发展进程的提示，以及关于人凭借其不朽的思想实质而再生的认识，对莱辛撰写《论人类的教育》所产生的影响，远远超过了迄今的研究所估计和达到的认识。

最后，灵魂转世－不死学说的发端和来源问题仍有待研究，莱辛在其《论人类的教育》的结尾只是对此学说给予提示，而并未将其作为已完成的明确"体系"而推出。在莱辛的晚期作品中方才出现的这些思想的基本形式及目的和影响方面的含混不清，③使得提出和回答关于《论人类的教育》中的灵魂转世思想的可能性极高的来源或仅仅是动因问题，都变得格外困难。

相对明确和没有争议的是，决定性动因来自上文提到的波奈特于1769年发表的文章这个说法，其标题《轮回说》至少用一个概

---

① 参阅莱辛1771年1月9日致门德尔松的信，13卷本全集卷XI/2，页146。
② 参阅下文"关于成文经过的文献"，Nr. 11。
③ 参阅另外两篇大体与《论人类的教育》同时撰写的，且在其身后发表的相关残稿《卡佩哲学讲话注释》和《人可能不只有五个感官》。

念表达了灵魂转世这个复杂观念的一个方面。显而易见的线索还有，莱辛从奥古斯丁的 Soliloquia（《独白》）中引用了一句话，以作为其《论人类的教育》开头举足轻重的警语，而在《独白》的结尾处，奥古斯丁"［显得……］为灵魂死或者不死的问题感到惶恐不安。《论人类的教育》的作者可能怀着不死的希望把这些话一字不差地接受下来，人们确实可以认为最后几节直接参考了《独白》第二卷"。①

至少同样重要和恰当的是，还应指出对于莱辛的基本立场向来特别重要的伟大哲学家莱布尼茨的有关思想，在这个棘手的问题上所产生的重大影响。② 除此之外，阿尔特曼（Altmann）还指出了（前揭，页 31）与这一思想有关的犹太教喀巴拉传统（Kabbala，［中译按］犹太教的神秘主义教义）。然而，究竟莱辛从哪里获得了形成他那个始终充满谜团的灵魂转世观念的关键性启发，人们几乎无法对此问题给出一个完全满意的回答。桑德（Helmut Zander）在他最新或许也最全面的《欧洲灵魂轮回说的历史》（Geschite der Seelenwanderung in Europa，页 348 以下）一书中对此问题作出总结：

> 莱辛的历史来源问题仍有待回答。……最终，莱辛在《论人类的教育》最后几节所表达的见解，要作为十八世纪旷日持久的灵魂转世讨论的精髓，却毫无特殊可言，所以很难与具体的来源联系起来。如果将这个问题放在关于人可臻于完善的理论和理性讨论的背景之下来看，那么肯定在十八世纪比在十七世纪更有可能找到讨论伙伴和讨论资源——当然并不排除更加古老的材料给予他的启发。

---

① 《历史哲学》，页 33 以下。

② 参阅 Altmann，《莱辛的灵魂转世信仰》（Lessings Glaube an die Seelenwanderung），页 28 – 30；重要的文献还有 Kofink，《莱辛关于灵魂不死和灵魂转世的观点》（Lessings Anschauungen über die Unsterblichkeit u. Seelenwanderung），尤其应参阅页 168 – 211。

最后，莱辛这篇晚期作品之整体也存在着同样的困难。任何一个传统都很难"表明"自身对其具有"占有权"。与其如此，不如坚持阿尔陶斯（Althaus）准确而言简意赅的总结："它集中了古希腊罗马的哲学命题、教父学的信条和最新的思想财富，这种组合是有预谋的。"①

关于成文经过的文献

Nr. 1：莱辛1778年4月6日致小莱马鲁斯（Johann Albert Heinrich Reimarus）的信②：

……《论人类的教育》出自一个好朋友的手笔，他喜欢提出各种各样的假设和体系，为的是享受重新将这些假设和体系推倒的乐趣。当然，这个假设可能远远错过了我的这位无名氏准备击中的目标。可这有什么关系呢？每个人都应说出他自以为是真理的东西，而真理本身应属于上帝！……

Nr. 2：莱辛1780年2月25日致卡尔·莱辛的信③：

……我将《论人类的教育》寄给他④，请他将《论人类的教育》扩印成六个印张。既然我永远不会承认这是我的作品，而许多人又在急切期待全文，我现在可以将这篇文章完整地献给世人了。——……

Nr. 3：小莱马鲁斯（Johann Albert Heinrich Reimarus）1778年4

---

① 《意在言外》（*Das Uneigentliche*），页175。
② 全文见13卷本全集卷VII，页143以下。
③ 引自13卷本全集卷VII，页313以下。
④ ［中译按］指莱辛的出版人Christian Friadrich Voß。

月 19 日致莱辛的信①：

……几个朋友通过您的《反对意见》并不能完全理解您发表《论人类的教育》一文的真正用意何在。老实说，这篇文章果真出自另一个好诡辩的朋友的手笔吗？他真的要转移射出的箭②所针对的目标？——……

Nr. 4：赫尔德 1780 年 5 月致哈曼（Johann Georg Hamann）的信③：

您认为莱辛的人的教育（Erziehung des Menschen）是他本人的手笔吗？

Nr. 5：摘自塔尔（Albrecht Thaer），《我的生平和认信》，1785 年 10 月④：

……我想出了一个新体系并草草将其写成文章。人们违背我的意愿辗转传抄，抄本落到一个伟大人物的手里，此人将风格稍加改变，把其中的一部分作为一个不知名作者的残稿编订出版。（按照那些推断塔尔为原作者的人们的说法，这是暗示 1777 年《论人类的教育》的前半部分的发表。）后来，第二部分也出版了，但有所增补，我并未染指其中（指 1780 年《论人类的教育》

---

① 引自 13 卷本全集卷 VII，页 138。
② ［中译按］指莱辛编订出版的《无名氏残稿》，参 13 卷本全集卷 XI-II 和卷 IX。
③ 载 Otto Hoffmann 编，《赫尔德致哈曼的信》，Berlin 1889，页 151；引文据 Dvoretzky，Nr. 324。
④ 载 Wilhelm Korte，《塔尔：一个医生和农庄主的生平和业绩》，莱比锡，1839；转引自 Helbig，《〈论人类的教育〉解读》，页 55。

的其余各节，如果塔尔的"体系"被视为标准的话）。迄今只有三个在世的人知道我是原作者（但却有不少人作此推断，而我对此极力否认）。……鉴于我的情况和当前的事态，无论如何我都不愿此事为人所知。由于编者的名声，由于文句被过分删节，本文已经荒谬地为各方所误解。……

Nr. 6：摘自翁泽（Johann Christoph Unzer）1777年11月5日（?）致塔尔的信①：

……如果医学中出现什么重要的东西，请告知我。莫非你又爬下了一层楼？在我这里可找不到便捷的门径。老实说，我忠实的朋友，我感到吃惊，你竟那么激动地谈论你的道德大厦（这个谜一般的概念或名称所指应该是塔尔的所谓人类由低向高发展的"体系"）。当你的兄弟将这大厦搬走，当 M.② 将它纳入其神学吹奏乐时，你曾感到多么庆幸。你对此太不屑一顾了。你有头脑，有知识，有心灵。……

Nr. 7：摘自莱布尼茨，《单子论》（*Zur Monadenlehre*）③：

---

① 转引自 Albert Malte Wagner, Who is the author of Lessings "Education of Mankind?"（《谁是莱辛的〈论人类的教育〉的作者?》），载：*Modern Language Review* 38（1943），页 325 以下。

② 据 Wagner 前揭书和 Schneider 的《莱辛的最后一篇散文作品》页 227 以下的说法，这大概指普鲁士历史学家和重农派学者 Jakob Mauvillon（1743—1794），他有一部于 1787 年在柏林初版的著作，从标题即可见出其内容：《唯一真实的基督教体系》（Das einzige Wahre System der christlichen Religion）。

③ 转引自 Ernst Cassirer 编，《为哲学奠基的重要著作》卷 II, Hamburg, 1966，页 130。

……由此可见，这一切以数学方式形成着，这就是说，不出任何差错地在整个广阔的世界中形成着。当一个人能够充分洞察到事物的内在部分，并有足够的记忆力和理智把握和权衡一切状态的时候，他甚至会成为一个先知，犹如在一面镜子里从当今看到未来。——因为情况表明，花草像动物一样，本身在种子里已经构成，虽然因外在的偶然情况可能有所改变，但人们可以断言，整个未来世界便潜藏在当今世界之中，并已经完美地预先构成，任何外在的偶然事件不再可能加入其中，因为世界之外别无其他。……

Nr. 8：摘自斯宾诺莎，《神学政治论》，1670①：

[……神性法则]不要求相信历史，无论哪种历史；因为，既然这种自然的神性法则可以通过对人类自然本性的单独观察来理解，那么我们便能够从亚当身上可靠地把握到它，同样也能从其他任何人身上把握到它，对生活于众人之中的某个人如此，对过隐居生活的某个人亦然。不管对历史的信念如何确定无疑，都不可能给予我们对上帝的认识，所以也不可能给予我们对上帝的爱。因为对上帝的爱产生于对他的认识，而对他的认识则来自本身确定的和已知的普遍概念；根本无法设想，对历史的信念竟会成为一种必然的要求，以便达到我们追求的至善。……

……我认为这清清楚楚地说明，相信圣经中所包含的历史，对于谁以及从何种意义上都是必要的。上述内容的结论显而易见：历史认识和历史信念只对一般俗众极其必要，因为他们的心智还不能清楚明白地领悟事物。

由此还可得出结论：谁否认历史认识和历史信念，谁就是不信上帝的人，因为他不相信上帝存在却又关心人事；谁不了解历史，

---

① 引自 SW，Carl Gehardt 编，卷 3，Hamburg，1976，页 69 以下和 89 以下。

却又靠自然之光知道上帝在此，知道上面提及的另外一些信条，并拥有真实的生活，谁就是完全幸福的，要比一般俗众更加幸福，因为他除了真正的观点，还有清晰而明确的概念。由此得出的最终结论是：谁若不了解圣经中的历史，而且通过自然之光也一无所知，他就虽然不见得不信仰上帝或顽冥不化，却也不是真正的人，甚至近于动物，他没有上帝赐予的禀赋。……

Nr. 9：摘自赫尔德，《从新开辟的东方源头解释新约》(*Erläuterungen Zum Neuen Testament aus einer neu eroffneten Morgenlandischen Quelle*)，1775①：

……如果理性，即对自然的悟性和人的规定性，跟时间顺序与生俱来，而且只是人类经验的一个具体名称，那么人们会看到，将理性跟启示相对立，并将前者奉为某种独立的东西，不过是一场游戏。孩子发展其理性唯有通过教育；这样一种人类教育，即启示，之所以必要，不仅在于使人类绵延下去，更在于让人类的理性成为其现在之所是……。……

Nr. 10：摘自赫尔德，《关于神学研究的通信》(*Briefe, das Studien der Theologie betteffend*) 第三部分第26封信，1781和1786年②：

……可见，首先是**理性**与**启示**而并非理性与经文；可是我还没有注意到两者之间存在着矛盾。既然**启示**就是**人类教育**，正如它过去实际上是也必然是那样，那么启示便养成和教育了理性：母亲不可能反对女儿，而女儿若是真正的女儿，也不会有意反对母亲。**理性**（虽然这个名称很不确定并充满歧义）是我们心灵力

---

① 引自 SW, Bernhard Suphan 编，卷 VII, Berlin, 1884, 页 369。
② 引自前揭，卷 X, Berlin, 1879, 页 286。

量的自然鲜活的运用；除了教育我们的创世者，谁教我们运用这心灵力量呢？……

Nr. 11：摘自波奈特（Charles Bonnet），《哲学的轮回说，或关于生命之既往和未来状态的观念》，Johann Casper Lavater 译，第一部分，Zurich，1770，页 281[①]：

……曾主宰世界教育的智慧启示给人的，无非是人的理性自身不可能发现的东西，或者人的理性为其幸福发现得太迟的东西；智慧将包含在人的理智功效范围之内的一切，都留给人的理智进程去发现。……

接受与影响

与《恩斯特与法尔克》不同，莱辛的《论人类的教育》一文引起了各种各样相对较早但又差别很大的公众反响。除了来自莱辛的朋友和相识圈子里的个别书信外，还立即出现了六篇书评，其中有一些在《论人类的教育》出版之后，即在 1780 年上半年紧接着就发表了。在这些较早对莱辛的论著所做出的反应中还有四种专论，其中第一种发表于《论人类的教育》出版当年。出自莱辛亲密朋友圈子的几封信，证明了对莱辛论著不同的，甚至相互矛盾的接受情况。最后还应提到这样一些作者和思想家，他们以出乎预料的鲜明方式关切莱辛及其《论人类的教育》，并证明自己受到其持久而决定性的影响。就此，仍有众多人的名字有待列举，在迄今对这一影响史的概述中他们极为罕见，或常常根本不被提及。这些关于莱辛《论人类的教育》的接受和影响的基本资料，

[①] 引自波奈特，《莱辛的〈论人类的教育〉》，§4，页 363。

将在下文详加评述。

莱辛的密友艾丽斯·莱马鲁斯[①]在1780年4月的一封信中，最早两次提到莱辛的论著，除了表示她自己的高度赞赏和深切震撼之外，还传达了汉堡的"朋友们"，即与莱辛关系密切的一个小圈子的支持（Nr. 1）。差不多与此同时，一向——比如在涉及《恩斯特与法尔克》时——对莱辛持完全善意和赞赏态度的哈曼（Georg Hamann），在致他的朋友赫尔德的一封信里，就莱辛的文章说了些带有尖锐批评意味的话，难以掩饰他对《论人类的教育》缺乏哲学根底和品质的失望（Nr. 2）。稍后不久，即在六月初，莱辛的朋友雅可比向莱辛表露了他无限的赞赏，并描绘了他对"完美的教育论文"的"无以言表的兴味"（Nr. 3）。

这一时期的很多学术杂志的反响，在《论人类的教育》1780年春出版之后就出现了。最早的书评发表于1780年6月。这些书评大都详细介绍文章的内容，但也不隐讳对莱辛这本小书的评价，虽然评价可谓见仁见智。除了明确的赞赏和对部分内容的完全肯定，如出现在最早的书评中（Nr. 4、5和7）和回响在阿尔托纳（Altonaer）发表的一篇评论（Nr. 6）中的肯定之外，当然也不乏尖锐的批评，甚至有人激烈反驳莱辛的主要意图，说莱辛要从启示（真理）的历史视角指定启示（真理）之所在，同时却又保持启示真理可望转变为"理性真理"的正当性（Nr. 8和12）。其中有一位（当然始终匿名的）书评作者是哥廷根神学教授莱斯（Gottfried Leß），莱辛曾为此人准备了他计划撰写的所谓《致各派神学家们的信》（*Sogenannten Briefe an verschiedene Gotteslehrten*，Nr. 12）。

值得注意的是，在这些评论中有些竭力将所介绍和批评的这篇论著加以归类，当然是非常不同的归类。比如，《基尔文学杂

---

① ［中译按］艾丽斯·莱马鲁斯（Elise Reimarus，1735—1805）出身于汉堡贵族莱马鲁斯家族，一生未婚，致力于教育，特别是儿童教育事业，与莱辛、门德尔松、雅可比等思想家关系密切。

志》(*Kielischen Literatur – Journals*) 的书评作者指出，《论人类的教育》在主题上切近莱辛在布伦瑞克的朋友耶路撒冷的命题。当然，与此同时，这位作者并非没有用赞赏的口吻强调文章的思想倾向之不容忽视的原创性，因此莱辛绝非《论人类的教育》的编者，相反应视其为作者（Nr. 7；Nr. 4 也与此相似）。

与此相对，另一篇评论则拒绝将莱辛"说成可能的作者"（Nr. 5）。另一方面，还有评论家明确指出在残稿之争语境中启示的教育观念所具有的原创性地位（Nr. 8 和 12）。① 这里所列举的书评中，唯有一篇持全盘反对态度，并将莱辛定性为"持冷淡态度的人"（Indifferendist）②，最终定性为"唯自然论"（Naturalismus）的代表（Nr. 6）。

有四本形式各异甚至方向相反的著作，明确针对莱辛的《论人类的教育》，参与了这一系列对莱辛论著非常不同且部分对立的接受和评论。首先应提到的一本书名为：《莱辛的〈论人类的教育〉笺注本》（*Noten mit Text über die Erziehung des Menschengeschlechtes von Lessing*），由绍伯尔特（Christoph Heinrich Schobelt，1741—1807）医生于 1780 年在斯滕达尔（Stendal）编订出版。这本书表明，编者不大理解莱辛本人完全独创性的思想，莱辛通过这种思想试图将启示真理及其必然具有的纪事 – 历史性的品格，与理性（真理）的绝对要求联系在一起。

与此相反，编者明确主张的命题是，历史事实而非不断增长的理性认识给予信仰以不容置疑的确定性。另外两部稍后出版的著作，明确表示出合宜的赞许，从主题方面分析了莱辛的《论人类的教育》。其一是《关于莱辛编辑的〈论人类的教育〉的对话》（Hamburg，1781），这是一个不知名作者以对话形式撰写的评论，对《论

---

① 参阅 13 卷本全集卷 VIII，尤其是页 333 – 344。
② ［中译按］指对宗教持冷淡态度者。

人类的教育》大体上表示赞赏。对这本书，著名的《德意志图书汇刊》①失望地评论说，可惜这并非"一篇连贯的，由 pro（正）和 contra（反）双方进行的关于《论人类的教育》的对话，而是各自读过莱辛文章的两个朋友，在乡间会面时将此文从头至尾重述了一遍而已"。

《人类宗教简史，为有思想的基督徒而作——有感于莱辛编辑的〈论人类的教育〉》一书 1783 年在德骚（Dessau）问世，其作者同样隐匿了姓名。他接续莱辛的文章提出一个神学构想，在其前言中称，"这本在一个州遭到书刊检查扼杀的书，并不想批驳莱辛的文章"。②这本书像前面提到的两本书一样，也在众多书评中引起了热烈反响。③

第四本书于 1784 年由当时在吉森（Gießen）大学，后来在莱比锡大学执教的神学教授洛森米勒（Johann Georg Rosenmüller，1736—1815）发表，对莱辛这部晚期作品作了更为深入细致的剖析，书名为《论神性启示的阶段顺序，修订第二版，以及关于莱辛〈论人类的教育〉中的一些思想之附识》（Hildburghausen，1784）。这个标题使我们注意到了这位今天几近湮没无闻的神学家最早的出版物之一《论上帝在他尘世教会的不同行动中所遵循的智慧意图》（Hildburghausen，1767），它比莱辛 1777 年部分发表的《论人类的教育》④更早，其纲领性标题直接处在莱辛《论人类的教育》的准备阶段和写作语境之内，并很有可能（当时）对莱辛产生过影响（参阅前文"成文经过"）。

除了这些公开出版的关于莱辛《论人类的教育》接受情况的

---

① 1782，卷 50，第二册，页 370，引自 Albrecht，《期刊资料》，页 57。

② 载《德意志图书汇刊》1784，卷 59，第二册，页 357；转引自 Albrecht，前揭，页 61。

③ 参见 Albrecht，前揭，页 53–65。

④ 参阅 13 卷本全集卷 VIII，页 333–346。

文献以外，还可以从同时代人的通信或其著述的有关言论中，列举出其他一些反应。这首先指来自莱辛朋友圈子的一些见解。其中特别记载了莱辛因对他的文章未作回应，或甚至作出误导性回应而感到气愤的情况，当然这些记载不见得完全可靠（Nr. 9、10和17）。与此相比，更值得重视的是他逝世之际发表的一些言论，时间是1781年，着重谈及这部作品及其评论。这里首先应提到巴尔特（Carl Friedrich Bahrdt）的《1781年教会和异端图书年鉴》中的"莱辛"条目，《论人类的教育》在此不仅得到高度赞赏，而且也受到明显的谴责；《论人类的教育》"激起了他（[中译按]即巴尔特）追求真理的欲望，却未能满足之"（Nr. 13）。

1781年3月，赫尔德在《莱辛之逝》中对莱辛赞赏备至，特别谈及他阅读莱辛的《论人类的教育》所得到的"收益"，认为这是"对年复一年的干旱、短缺和歉收的补偿"（Nr. 14）。与此相反，持极端批评态度的是莱辛平生最亲密的朋友门德尔松，他向来非常熟悉莱辛的思想和观点。在1783年发表的《耶路撒冷或论宗教权力和犹太教》一书中，门德尔松批评了莱辛的历史观模式，认为它仍然建立在一种对莱马鲁斯的《申辩》① 具有决定性的、非历史的自然神论（Deismus）的基础之上，并强烈而坚决地反对这类观点。他本人还坚决反对对于莱辛的教育思想之来源的任何推断，这里大概特指耶路撒冷② 的研究可能产生的影响（Nr. 15）。

莱辛晚年的朋友、哲学家和文学家雅可比（Friedrich Heinrich Jacobi，1743—1819）则深为莱辛的《论人类的教育》所感动，认为它的"整个体系明明白白地摆在每一个善于读书和理解的人眼

---

① [中译按] 即德国启蒙哲学家莱马鲁斯最主要的著作《申辩或对上帝的理性信仰者的辩护词》（*Apologie oder Schutzschrift für die vernünftigen Verehrer Gottes*）。

② [中译按] 指莱辛的朋友耶路撒冷。

前"（Nr. 16），他还用审慎的措辞说出了他后来公开发表的对莱辛的所谓斯宾诺莎主义倾向的推断。①

历史学家和政治家穆勒（Johannes von Müller, 1752—1809）1805年致作家施泰克琳（Ludwig Stäckling, 1773—1841）的一封信中反映了对莱辛《论人类的教育》更进一步的接受形式。穆勒在讨论阅读让·保罗（Jean Paul, 1763—1825）的著作时，以赞赏的口吻谈到莱辛的《论人类的教育》（Nr. 18）。莱辛的文章在诗人和戏剧家施莱佛格（Joseph Schreyvogel, 1768—1832）1812年的《日记》中得到最高认可，其中称莱辛的论说是一种"极其理智且内涵丰富的启示观"（Nr. 19）。

最后，莱辛的《论人类的教育》对后来思想倾向非常不同的思想家、哲学家乃至神学家的著述、有益的尝试和深远的构思都曾产生过决定性的影响。现在是弄清楚《论人类的教育》这个难以描述而迄今大部分仍未得到研究的影响史的时候了。令人感到意外的是，首先应提请注意作家和诗人让·保罗，有证据表明，让·保罗早年与莱辛的《论人类的教育》的接触影响了他对世界各种宗教的评价。② 他写于1780年，此后又曾几经修改的文章《论世界上的宗教》（Über die Religionen in der Welt）的第一稿，作为《思维演练》（Übungen im Denken）的第八篇，明显地表露出自己的宗教认识受到莱辛思想的深刻影响，这种影响也表现在收进他1781年发表的《遐想》（Rhapsodien Nr. 1）中的《论世界上的宗教》的全新修正稿里，最后这些思想定型于1785年发表的《追求纯净的神学家们的精炼作坊》（Raffinerien für raffinirende Theologen，Nr. 20）。

这篇文章甚至引用《论人类的教育》中的话，即《编者前记》中的最后一句话作为警语（只是稍加改动）："上帝插手一切，难道

---

① 参阅他1785年发表的《论斯宾诺莎的学说》一文以及下面的"结构、风格与内容"。

② 关于这一点和下面谈到的情况，参阅 Koepke，《让·保罗》。

就没有插手我们的谬误（Irrthümern）？"① 这篇"文章……表明了此问题对于让·保罗的重要性和他思考《论人类的教育》的时间之长和用力之大"。② 宗教对于理智启蒙和"自我完善"有决定性贡献，宗教之间的差别是达到不同精神高度的标志——甚至连文字都证明了莱辛对让·保罗这些基本观念的深刻影响。

同样鲜为人知的或许是天主教神学，尤其是十九世纪初叶的所谓图宾根学派，对莱辛《论人类的教育》的基本思想有据可查的接受及所受到的决定性影响。其主要代表人物试图从总体上将上帝的启示设想为历史。打头阵的是这个学派的早期"奠基人"、深谙莱辛思想的德莱（Johann Sebastian von Drey, 1773—1853）。他们明确接过莱辛的纲领，将启示真理转变为理性真理，尽管有些修改和细微差别，却接受了其基本取舍。③

使这些图宾根派神学家们感到振奋的首先是教育思想被应用于启示，在这一背景下应提到其中的道德神学家希舍尔（Johann Baptist Hirscher, 1788—1865）以及两个教义学者施道顿麦耶（Franz Anton Staudenmaier, 1800—1856）和库恩（Johannes Evangelist Kuhn, 1806—1887），施道顿麦耶多次将其"首创权"归于莱辛（参阅同上，页273）。作为这一神学流派的奠基人和权威倡导者，德莱自己甚至完美地表述了具有纲领性意义的、与莱辛的基本要求平行的"神学（实证的）理性主义"（同上，页268）。

在其《关于我们上帝认识的来源的格言》（*Aphorismen über den Ursprung unserer Erkenntnis von Gott*）中，德莱说："莱辛为改进神学做出的往往被误判的功绩之一，是重新非常明确地强调了这个固然

---

① 让·保罗的引文载：全集，Eduard Berend 编，Weimar，1973，第一部分，卷 XVIII，页33。
② Koepke，前揭，页93。
③ 参阅 Schilson，《莱辛与天主教图宾根学派》。

并非为他最先发明的启示概念（即那个关于教育的概念）"。① 因此，如果德莱对启示概念的阐释，直接从神学上令人惊异地接受了莱辛的基本思想，而只有微不足道的新变通，甚至连细微表述都遵循莱辛的话，也就不足为怪了（Nr. 21）。早在1838年，施道顿麦耶就依据并援引了莱辛非常有益的、给人指点迷津的"基本思想：从上帝的启示中瞥见的只应是对人类的神圣教育"（转引自 Schilson，前揭，页276）。

除此之外，值得重视的还有堪称最重要和最知名的天主教启蒙神学家，即自1748年②开始在狄林根（Dillingen）工作的新教神学家塞勒（Johann Michael Sailer，1751—1832），特别是他1785年发表的《人之为人的理性说》（*Vernunftlehre für Menschen, wie sie sind*）所遵循的便是莱辛的《论人类的教育》。这首先表现在对塞勒具有基础性意义的关于借助启示"对人类进行教育"的观念，以及对"天意母亲的智慧"的仰赖。③

莱辛的《论人类的教育》在神学领域的影响史的最后一个层面，已经表明了其在历史哲学领域强大而持久的影响力。从历史哲学层面可以看到，大多数情况下甚至可以证明，赫尔德和席勒、施勒格尔和诺瓦利斯、康德与费希特，以及整个德国唯心主义，都受到莱辛这篇最后论著的重大推动。甚至在人们通过批判超越他的命题的地方，尤其在谢林和黑格尔的著作中，仍然可以看到对莱辛的基本命题和新命题的有关借鉴。④

从根本上看，这同时迫使人们修正某些流行的错误评价："不

---

① 《格言》，页266以下，注释明确提请参阅《论人类的教育》。
② ［中译按］原文如此，可能为1784年之误。
③ Sailer，前揭，页156以下，转引自 Schilson，《影响史》，页81。
④ 关于这方面的论证，参阅 Piepmeier，《论〈论人类的教育〉》，以及 Pelters 的《莱辛的立足点》，页78-104论及有关情况的一章："莱辛与德国历史哲学"；另可参阅 Koepke，《晚年的莱辛》。

应不加批判地赞叹，尽管怀着敬意，也要深入分析，继续思考，甚至充满激情地分析和思考。对于 1780 和 1790 年前后的青年一代而言，莱辛是写出《残稿》《智者纳坦》《论人类的教育》和《恩斯特与法尔克》的莱辛，也是后来发表关于斯宾诺莎的讲话的莱辛，这个莱辛使他们激动无比。他是有争议的、被禁读的、受贬谪的；所以，不宜在教科书和大学论文中援引他的言论……"①因此，人们必须以一种令人惊叹的、广泛而全面的"对晚年莱辛的接受"，特别是对《论人类的教育》的接受为出发点。《论人类的教育》的个别观点在此接受过程中变得特别鲜明。

首先是作为莱辛论文基础的三阶段前进模式，即划分为三个时代的启示历史，与之相联系的是通过教育使上帝的启示凭借他智慧的预定，与人类理性当时的能力相适应的思想。② 特别是带有千禧年主义色彩的，将"永恒福音"视为（世界）时间之最终完成的说法，显然是莱辛在中世纪盛期的修道院院长菲奥勒（Joachim von Fiore）的著作中相对独立地重新发现的观念，在后来的很多历史哲学著述中，这个观念被广为接受，并以相当不同的方式传播开来。③

例如，施勒格尔 1800 年出版的《理念》④ 便逐字重述了莱辛对第三个时代，对"一个永恒福音时代"的坚定希望。另外，这里也应提及费希特、诺瓦利斯和荷尔德林等人的名字。⑤ 莱辛关于某种可能的、靠天意可以确保完满的灵魂转世的暗示，有时候被认为是邪门歪道和深奥费解的，有时候被批判地接受，并部分得到进

---

① Koepke,《晚年的莱辛》(*Der Späte Lessing*)，页 212。

② 参阅席勒,《摩西的使命》(*Die Sendung Moses*)，载：NA, Weimar, 1970, 卷 17, 页 377 – 397。

③ 参阅 Lowith,《世界史》，页 190 – 195；Schilson,《历史》，页 229 – 237。

④ "Jdeen"，载 KA, Ernst Behler 编, Munchen, 1967, 卷 2, 页 256 – 272，尤其页 265，残稿 Nr. 95。

⑤ 参阅 Koepke,《晚年的莱辛》，页 216 – 219。

一步阐发，如赫尔德 1797 年发表的论文《转回转世——论人类灵魂的重现》[1]。

这一简短而又至为概略的、关于莱辛最后这篇论著的早期影响和接受史的描述，虽然令人信服地反映出某些明确的脉络关联，但对于莱辛的《论人类的教育》之不胜枚举的借用以及直接或间接的参考，还远远谈不上可以揭示其内情。因此，全面描述莱辛三部晚期作品中最后或许也最重要的作品之接受史，仍然是莱辛研究中一个有待填补的空白。

关于接受与影响的文献

Nr. 1：摘自艾丽斯·莱马鲁斯（Elise Reimarus）1780 年 4 月 25 日致莱辛的信[2]：

我怀着最高的兴致将您的《论人类的教育》从已知的部分直到人们未知的部分通读完毕，我们大家全都是这么做的，思考您自己所想到的一切，一直到我要称之为怪诞念头的东西——倘若容我直言的话。我最喜爱读的段落是 §76 一直到结尾。我读到几个地方曾忍不住号啕大哭。

总的说来，您是我所认识的唯一善于以这种方式，犹如用电击一般使真理可以为人所知，使人的心灵为之震颤的哲学家。当我们读到您谈到多次重返此世的地方时，我们大家异口同声地说，您一定会完成走向尘世-博爱学园（Erden - Philantropin）的最后之旅，因此之故，亲爱的莱辛，您岂不更应该在我们这里再逗留一会儿？因为以后这整个永恒可都是您的了！——

---

[1] 载 SW, Bernhard Suphan 编, Berlin, 1887, 卷 16, 页 341 - 347；尤其页 351 以下明显参考了莱辛的《论人类的教育》。

[2] 引自 13 卷本全集卷 VII, 页 321。

我今天已经把您的小书寄给了我们的朋友海宁斯（Hennigs），这本书对于他也将是沙漠荒原中的一块绿洲。……

Nr. 2：摘自哈曼（Johann Georg Hamann）1780年致赫尔德的信[①]：

昨天，犹太人给我带来莱辛寄来付印的关于人类教育的文章。我只可能看一下这篇文章。您是否知道这位作者是谁？以前为Summus philosophus（最高哲学家），而今是summus paedagogus（最高教育家）。无非是以新的套话和词语表述思想。没有Schiblemini，没有真正的改革精神，没有值得赞赏的内涵。

Nr. 3：摘自雅可比1780年6月1日致莱辛的信[②]：

我怀着无以言表的兴致读了已告完成的《论人类的教育》，便立即第一次鼓起勇气，将我的未完稿（即刊登在1780年《德国博物馆》4/5月号上的Woldemar的续篇）转寄给您，这篇东西大概您还未得一睹，或者它也许没有引起您的关注。……

Nr. 4：摘自L.（?），载：《最新神学和哲学短文述评》（*Neueste Critische Nachrichen von Kleinen theologischen und phirosophischen Fchriften*），Greifswald，1780（6月10日）[③]：

---

① 载 Carl Hermann Gildemeister，《北方巫师哈曼生平著述》（*Johann Georg Hamann's, des Magus im Norden, Leben und Schriften*）卷2，Gotha，1857，页319；转引自 Dvoretzky，Nr. 160。
② 引自13卷本全集卷VII，页329。
③ 转引自 Braun，卷2，页260。

……此文是以令人折服的雄辩，以莱辛的精神写成的，这一点几乎无须提示，然而尚有许多蓓蕾留待读者去剥开，尽管所剥开的并非每次都是玫瑰花蕾——这样的写作有多少不是如此呢？可春天也不会常驻的呀！更让评论家感到高兴的思想是启示即教育，因为这种思想长期以来就在考虑使宗教导师的所有义务尤其在宣讲时与教育者的义务保持最适当的关系。评论家还希望，不至于有人从这篇文章里吸吮到比作者原本有意置于其中的毒汁更多的毒汁。可什么样的毒汁没有呢？

Nr. 5：摘自《哥达学术报》1780 年第 37 期（6 月 10 日）[1]：

……在大多数关于神和赎罪所说的话当中，是否含有幻想或者诡辩，让我们留给别人去研究吧。我们绝不想诽谤，因此也不愿推断作者的意图；我们倒是要承认，不论基督徒还是自然神论者，似乎（让我们也用一回这个可用的字眼儿）都不曾就宗教写过比这篇短文更加公正的东西。

……

既然莱辛先生本人自称为编者，那么将他说成可能的作者，便是放肆冒失之举。

Nr. 6：摘自《新学术信使报》，Altona，1780 年第 8 卷，（7 月 13 日）[2]：

在对这里所主张的命题中的任何一个都不表示赞同的情况下，人们可以认为，篇幅虽少，说得却很多；值得花力气考量和批驳。这篇文章不可能是有害的，因为它所针对的是思想家。作者自己

---

[1] 转引自 Braun，卷 2，页 261 以下。
[2] 转引自 Braun，卷 2，页 263。

是宗教淡漠者（Indifferentist）；但他却造就不了几个宗教淡漠者，因为罕有人能够跟得上他的思想。谁领悟他，就肯定能考量他，谁若能考量他，也就深知与他相对立的诸理由之强烈程度。自然主义者有一个古老的说法：自然宗教是智者坚持的唯一宗教，在这种情况下，他必然对一切实证宗教采取漠不关心的态度。像伏尔泰一样，有些人不仅以警言妙语证明其自然主义，而且确实在进行推理，这些人必然会思考上帝容许如此多样的实证宗教存在的终极目的，而这里要揭示的便是这种目的。

Nr. 7：摘自 Carl Friedrich Cramer①：

紧接着耶路撒冷的"沉思"之后，人们必须读一下这篇短文，如果他们要弄清事情原委的话。文章虽然短小，却是莱比锡图书博览会上众多罂粟籽中的一粒亚历山大胡椒。它的部分内容保持着作者所独有的一切，当然也从所有其他不同方面，至为精确地切入了上述思想，包含着作者已说过的以及他在没有退出舞台前还可能说的东西的梗概；这为进一步研究给出了明确提示，但作者并非耶路撒冷，而是莱辛，虽然他远远地隐藏在**编者**的名义之下和诸章节的背后。人们可以从每一种制服上，也可以从讲坛制服上，分辨出有身份的人，而原创者也有别于其同类。

——谁若能将莱辛与耶路撒冷相混淆，谁若处在这种盲目状态，谁也会将一株雪松当成一株橡树。虽然前者属针叶树木，而后者则长满浓密而威严的阔叶。……

啊，人们多么想跟着他沉浸于这样的冥思苦想呵！多么想跟这位智者一起待一天，在他的柱廊（Stoa）下徜徉，在他身边就**情状**（Wie）之可能性，即就人们如此热切希望和如此坚定相信

---

① 载《基尔文学杂志》，Altona，1780，第二卷，第七期（7月），页591以下。转引自Braun，卷2，页264。

的东西之可能性，进行哲学推理呵！

Nr. 8：摘自《埃夫特学术报》，Erfurt，1780 年 8 月 6 日[①]：

当我们在博览会目录中瞥见刚才提到的标题时，我们立即知道我们所期待的是什么了。但我们的期待并没有得到实现。莱辛先生曾在我们很快要详细指出的某个地方说：让人品尝无须盛满一碗。可我们现在几乎想问：是否需要盛半碗呢？因为这篇《论人类的教育》的大半部分，已经在沃尔芬比特公爵图书馆的珍藏中选出的《历史与文学》第四辑（页 522 以下）上发表了；而这里作为下半部分发表的内容还不足 37 页。

姑且撇开宫廷参事先生莱辛是不是眼下这本小书的作者不说，我们必须承认，其中包含着许多优美的段落，给善于沉思的读者带来某些快乐；但我们也不得不提醒人们注意，有的地方故作调侃，而另有一些地方则出现了那一类对启示宗教之威信极为有害的语句。……

在这里（§59）谁看不出沃尔芬比特那位残稿编者的语言？……

我们眼前的这篇文章尽管短小，但却不乏这类悖理的文句（§69），或者也可以说，不乏矛盾的诡辩。我们不可能一一列举。现在且听作者在 §72 所说的话：正如我们现在为解释上帝的唯一性已无需《旧约》，我们为解释灵魂不灭说也开始不需要《新约》了，等等；他在接着的三节里，就三位一体说、原罪、圣子的救赎进行理性推断，这时我们真感到有些激动，我们很忧虑，如此对待《旧约》和《新约》的方式一旦蔓延开来，说不定将出现另一个时代，即便最黑暗的经院哲学的世纪与之对比，也称得上是金光灿烂的了。

---

① 转引自 Braun，卷 2，页 265–267。

现在再说一下全文的理念！文章的理念本身并不新鲜，虽然我们得承认，在其表述上出现了许多令人意料不到的思想，不过，只要人们公道地设想一下，在彻悟的神学家与非理性的神学家之间作一区别，这正是细腻的与粗劣的怀疑论者或空想家之间的区别，人们必须承认，沉思的神学家所谈的始终是至高者的启示的诸阶段，他们始终认为：新约（Bundes）信徒的宗教认识，远比崇信《旧约》的父辈们的宗教认识完美，我们在新约信仰生活中的认识将超越其他一切认识。

Nr. 9：摘自苏菲·莱马鲁斯（Sophie Reimarus）1780 年 10 月 6 日致海宁斯（August Hennings）的信①：

莱辛已经到达这里，或者今天一定到达。他甚为光火，因为还没有人抨击他的《论人类的教育》，还没有人将它视为对他以前观点的否定。

Nr. 10：摘自苏菲·莱马鲁斯 1780 年 10 月 30 日致海宁斯的信②：

……我差一点儿忘记，星期天已离去的莱辛让我向你亲切致意，他还说，认为他希望有人就他的《论人类的教育》提出异议的说法，纯属恶意中伤，他对事情的走势和你的意见表示满意。但在博览会目录中我却看到一本完整的、针对《论人类的教育》的书已经出版（即 Schobelt 的《笺注》）。人们无须担心愚蠢会保持沉默。

Nr. 11：摘自盖布勒男爵（Tobias Philipp Freiherr von Gebler）

---

① 转引自 Daunicht, Nr. 884。
② 转引自 Daunicht, Nr. 896。

1780 年 10 月 31 日致尼柯莱的信①：

近日我见到了莱辛的《论人类的教育》。这是跟神学家们的一场新论战！

Nr. 12：摘自哥特夫里特·莱斯，载《戈廷根学术报》，Göttingen，1780，第 146 期（11 月 30 日）②：

对这类思想的一部分，公众已从编者编辑的《文丛》有所了解；整体是如此彰显和机敏，正如人们对莱辛先生所创造的精神产品的期待那样，或者如熟悉他的人所乐于接受的那样。这里真切而精辟地谈到，人们将神性的启示与教育相比是再恰当不过的了；《旧约》只是宗教的**基础读本**（§1 – 3、9、16、18、19、44 – 50）。这也正是长久以来其他人曾谈到过的。然而，作者却并未就此止步；他由此进行推论，并得出许多大胆的判断，提出许多不可证明的，甚至被证明为不正确的看法。这张真理、谬误、推断和假定之网，甚至使《新约》成为无异于理性的警醒者之类的东西，《新约》开始变得没有用处了。作者一开始（而这正是上述谬误见解的主要来源）就忘记了，《论人类的教育》只是一个方便的比喻，而并非论证依据，因为他如此推断：（接 §1 – 3……）§4 以下诸节。看来，作者并没有仔细思考他的体系的所有要点。总之，他所有的句子都是与论证对立的格言。……

可见，问题在于我们这位作者在什么意义上将《新约》称为一种神性的启示。如果他将其理解为一种间接的、在所有理性真

---

① 载《来自约瑟夫治下的维也纳的信——盖布勒与尼柯莱 1771—1786 通信集》（［中译按］Joseph，1741—1790，奥地利皇帝，1765—1790 年在位），R. M. Werner 编，Berlin 1888，页 103；转引自 Dvoretzky, Nr. 218。

② 转引自 Braun, 卷 2, 页 268 – 270。

理中都会发生的神性启示，那么他必须首先推翻能证明其为直接启示的论据。但如果他接受其为直接启示，那么要将他的格言与《新约》的内容取得一致，对于他就是一件吃力的事了。而且有些概念还得进一步确定，以便使人们能够接受这个新体系，例如，对人类的全部教育所要达到的至高完善，按照§85的说法，在于人之行善是因其为善。

难道全然不考虑善行和上帝的赞赏所给予的快乐？这样一种毫无一己之利的境界是跟人类灵魂的本质相悖的。或者，只是不要感性奖赏？这样一来新的宗教教本也就是多余的了，因为《新约》所许诺的是一个充满纯精神欢乐的天国。最终，人们将很难把人经常重临世界的说法跟多样性和向前发展的法则统一起来。

Nr. 13：摘自 Carl Friedrich Bahrde，《1781年教会与异端年鉴》，Haresiopel，① 页102 以下：

……这话只在我们中间说，我觉得此书也在《论人类的教育》的计划之内。至少智慧的教育者的做法，只是粗略地将教育头脑和心灵的课题留给孩子们，迫使他们通过勤奋劳作将之为己所用。即便自然给予我们的，例如葡萄，最初也是带有污物和杂质的，必须经培植才可食用。在你的未完稿中也是有污物和杂质的，这一点你想必是最明白的。——最后谈到《论人类的教育》，容我冒昧直言，它激起了我追求真理的欲求，可并未使我得到满足。不过，对于我们广大读者而言，这是他们连皮带籽儿一起吞下去的瓜。而我吃的只是厚厚的瓜皮里的瓜肉，我也恰恰因此而没有感到饱胀。你不会怪罪我的坦诚吧。……

---

① 应是 Zullichau，[中译按] 波兰西里西亚地区一城市名。

Nr. 14：摘自赫尔德，《莱辛之逝》（1781 年 3 月）①：

……如此多方面的、如此伟大的才能集中于一个人身上，这是多么罕见呵！——像《智者纳坦》这样一部独一无二的作品是怎样一本书！——对于我，对于每一个对精神作品的完美性有所领悟的人，是怎样一本书！——像《论人类的教育》这种只有几个印张的书，对于我——对于年复一年的干旱、短缺和歉收是多么大的收益、多么大的补偿呵！——当我暗自思忖的时候，我不能不对自己说：他不在了，这个曾为我的精神和心灵提供支柱的人不在了！可我还希望从他那里得到那么多东西呵！现在，这个提供光明和力量的源泉永远被堵死了！……

Nr. 15：摘自摩西·门德尔松，《耶路撒冷或论宗教的权力和犹太教》，Berlin，1783②：

……我本人对人类的教育问题没有概念，它是我已归永寂的朋友莱辛让某个我不知道的人类的历史研究者想象出来的。人们将人类这个集体设想为一个人，并相信天意似乎将他放在尘世送进学校，从一个孩子教养为成人。从根本上讲，人类几乎在所有世纪，不妨打个譬喻，都同时是孩提、成人和耄耋老者，只是所在不同、地域各异而已。此处他尚在摇篮吸吮母乳，或用奶油和牛奶喂养；彼处他已身着成年男子的甲胄，大嚼牛肉；在另一处，他已牙齿脱落，拄杖蹒跚而行。

对于天意所决定的个别人而言，这个过程是他在此尘世度过的其永恒的一部分。每个人的一生都在走他自己的路；这个人的人生之路穿越花丛和草地，那个人则被引向沙漠荒原或高山峭壁

---

① 转引自 SW，Bernhard Suphan 编，Berlin 1888，卷 15，页 33 以下。
② 转引自 GS（Jub A），Stuttgart/Bad Cannstatt，1983，卷 8，页 162 以下。

和万般险恶的峡谷。然而，所有人都在继续他们的旅程，沿着自己的路走向天意所赐的永福。然而尘世间的人类之整体，在时间的长河中一直向前推进并臻于完善，在我看来这似乎并非天意之目的，至少并不如此确定，为了得到上帝预定的拯救，这远不如人们习惯上所想象的那么必要。……

Nr. 16：摘自雅可比 1784 年 12 月 30 日致哈曼的信①：

您的判断完全正确，我的朋友。在莱辛推出残稿的激情中，心底里隐藏着的是他在《智者纳坦》里直言不讳地说出的东西，这被您称之为对基督教怀有的敌意。这样一种敌意当然隐藏于他的内心，而他所扮演的角色绝不是基督教哲学家。何况他也不愿被视为这类哲学家。他所使用的面具一眼即可看穿，遮不住他的真容，只不过被用来保护他不至于受到外来的迫害而已。在他这段时间的主要著作《论人类的教育》中，他的整个体系明明白白地摆在每一个善于读书和理解的人眼前。

《编者前记》中下面这段话使人不再怀疑他的历史信仰的性质："为什么我们不愿将一切实证宗教看成是每个地方的人类理智能够独自得到发展并继续发展下去所遵循的进程呢？为什么我们要对某一实证宗教要么报以微笑，要么就大动肝火呢？"如果由于他在此处或彼处为他的学说披上的外衣，人们称他是一个伪君子，那么对柏拉图和莱布尼茨，甚至对苏格拉底，人们也只好作同样严厉的裁决了。……

对其真实见解的任何误解都使莱辛恼怒。《论人类的教育》全文发表之后，有人认为，这不是基督教文章，甚至有人认为莱辛否定了自家以前的作品（有如诗人写诗否定自家的前一首诗），听

---

① 载 C. H. Gildemeister，《北方巫师哈曼生平和著述》，卷 5，Gotha，1868，页 28 以下；转引自 Dvoretzky, Nr. 256。

见这些说法，莱辛对俗众的愚蠢的不悦上升为愤恨。……

Nr. 17：摘自波提格（Karl August Böttiger）的游记①：

出于偶然，我（1795年在汉堡）在（与艾丽斯·莱马鲁斯）的一次谈话中提到，我早已从《论人类的教育》所描绘的甜蜜而令人感到迷惘的梦中苏醒过来了，这是一个世世代代逐渐臻于完善、在我们尘世生活这段时日达到更高人性的梦。这时，她的双眼闪出光亮，她诚恳地让我确信，她多年以来就无法再相信这首善良幻想的诗了。同时我还听到一则轶闻：莱辛自己在编辑其《论人类的教育》时，也不再相信这个往日旧梦了，当时编辑发表它的目的只是牵制那些神学的斗士们。"纳坦"中的好些段落，若准确理解，也证明莱辛对此并不当真。

Nr. 18：摘自穆勒（Johann von Müller）1805年12月14日致施泰克琳（Ludwig Stäckling）的信②：

……您从未读过莱辛的《论人类的教育》吗？此人妙笔生辉；这是他的最优秀的作品。如果您没有这本书，我就给您寄去，并非供您阅读，而是让您去研究，以便完全把握这崇高、伟大的观点。您应当用这食粮滋养自己；它将为心灵增添活力。

Nr. 19：摘自施莱佛格尔（Joseph Schreyvogel），《日记：1812

---

① 载《文学状况和同时代的文人——波提格遗存手稿中的描述》，Leipzig, 1838，页19；转引自 Daunicht, Nr. 785。

② 载穆勒，《通信选》，Edgar Bonjour 编，Basel, 1953，页291；转引自 Dvoretzky, Nr. 382。

年12月27日》①：

莱辛的《论人类的教育》包含着一种理智超绝、内涵丰富的启示观：启示即教育。在一个伟大人物（如康德）的头脑里产生的内涵深刻的思想除了启示会是别的什么吗？

在这种观点里，犹太教也得到比较宽容的对待；它很符合上帝的伟大教育计划。基督教更是完全符合！这两个宗教多么值得人去认识呵！

Nr. 20：摘自让·保罗（Jean Paul），《论世界上的宗教》(*Über die Religionen derwelt*)②：

……宗教是天意为使人臻于完善、开启其理智和改善其心灵所走的路。天意走的路因个体的不同而有别；正因为如此，宗教的数量才如此巨大。大地承载的民族千差万别——因而有千差万别的宗教。……

……后者（指宗教，即基督教）产生于犹太教的余烬，在基督身上闪烁着微弱的光芒；约翰（Johannes）眼看这光芒不容遮蔽地散射开来；现在，按照一个伟大人物的推断（指莱辛和他的《论人类的教育》），它仍在腾升着，朝向自然宗教的纯洁状态，并使我们确信，我们将在天国成为无须再做基督徒的完人。……

Nr. 21：摘自德莱，《关于我们上帝认识的起源的格言——论

---

① 载《1812—1823年日记——第一部分》，Karl Glossy 编，Berlin，1903，页225；转引自 Dvoretzky，Nr. 346。

② 载《思想演练——第八个考察》，1780（转引自 SW, Eduard Berend 编，Berlin，1928，第二部分，卷 I，页57），以及《遐想》（*Rhapsodien*），I（同上，页247）。

启示概念最新争论的裁决》（*Aphorismen über den Ursprung unserer Erkenntnisse von Gott – ein Beitrag zur Entscheidung der neuesten Streitigkeiten über den Begriff der Offenbarung*）①：

§29 由此（原初启示、旧约－犹太教的启示和新约－基督教的启示这三个阶段）产生了真正自然的启示概念。启示对于全人类，正是对于个人之为教育的东西。②

§30 让我们从这个观念——人们就启示可能达到的最有价值和最真实的观念——推断启示与理性总体之关系，然后将对启示的评判放在这个基础之上。

§31 首先，我们从以上内容认识到，启示对于人在开始时是必要的，因为若没有启示，人既不会使用其理性，也达不到关于上帝的理念。我们正是用一般解释教育之必要性的理由和论据，来解释和论证启示之必要性，以便使人能够尽早使用他自己的理性。……

§33 教育对于个别人永无止境，即便对于最有学养和最富智慧的人也永无止境，教育对于他始终是必要的，只是其外在形式有所改变而已，同样，启示也是如此。启示对于人类始终需要，贯穿于人类生存的所有时期，启示即便在天国也不会终结。……

§37 ……启示作为理性在神性事物上的教育者，除了将理性引向其自身自由的、对神性真理的自我认识以外，本身并没有（不同于其他教育的）特殊目的；换言之，启示本身的功能，在于使理性能够对开始时作为启示真理给予它的东西，在随后的时间

---

① 载《神学季刊》，第八卷，Tubingen，1826，页237－284，这里的摘录见页266－271。

② ［中译按］莱辛为提高神学所做的往往为人所忽视的功绩之一，是重新明确强调了这个当然并非为他所发明概念。见《残稿：论人类的教育》，《神学论文》，第一部分。

里依靠自己本身去认识，能够对开始只是信仰的东西，在随后的时间里经过广泛的认识而理解为必然。……

§40 ……一般而言，启示所给予者只可能是对理性本质的启迪。……

结构、风格和内容

乍看起来，《论人类的教育》外在形式上是莱辛晚年最明畅、结构最严整、构思最具说服力的作品之一。就个别段落逻辑顺序上令人注目的形式和体系的严谨而言，唯有在与葛茨的论争（Goezestreit）产生的《公理》（*Axiomata*，参阅13卷本全集卷 IX，页53–89）、回敬莱斯（Johann Heinrich Reß）的文笔洗练的《第二次答辩》，以及他的《耶稣基督复活史》（*Auferstehungsgeschichte Jesu Christi*）可与之相比。然而若仔细观察，莱辛的《论人类的教育》便显得松散、紊乱、漫无头绪，这着实令人吃惊意外，虽然其行文谋篇采用了段落清楚的分节叙述形式。个别小节的对称形式，及其分别从属于三个时代的划分欠完美。

另外，绝非罕见的，甚至经常出现的部分冗长的离题议论，冲淡了重要的、起主题作用的教育思想。可以说第一印象并非假象：莱辛这篇文章虽然基于其外在形式，对论证之透彻和精确提出很高要求，但却没有达到这个要求。可见，莱辛的《论人类的教育》在其接受、影响和阐释的历史过程中，得到极其不同的解释，同时又造成大量误解，并非毫无道理。这足以说明莱辛为之感到忿忿然的推断：他的教育论文是 Palinodie（翻案诗），是他以前对基督教所采取的态度之否定。[①]

莱辛本人虽然以审慎的讥讽口吻，最先将这篇晚期作品当成

---

① 参阅"关于接受与影响的文献"，Nr. 9 和 Nr. 10。

"假定",① 可紧接着将之定格为"体系",随后又视之为"指点"。显然,他是把《论人类的教育》看成全然纲领性和原则性的确定见解,因为在其沃尔芬比特时代,许多东西已经在朝着这个方向发展。他毕竟以他的《论人类的教育》的前半部分及其基本视角,在针对莱马鲁斯及其非历史的自然神论的残稿之争中,已进行了卓有成效的论证。

因此,有益而又不可或缺的做法应该是,首先要仔细地,尤其要按其顺序理清这篇文章的段落和结构,以及个别思想脉络的过程和归属。接着应分析莱辛在后二十节中语言风格和论证口吻的显著变化。随后,必须详细思考新近研究中深入考察过的"编者前记"对理解《论人类的教育》的特殊品质和独到表述 – 结构所具有的功能。只有揭示出一种得体(同时又是从多方面和多层次着手)解释的这种解释学背景,才有可能进一步探讨莱辛在《论人类的教育》中本来怀有的意图和主宰一切的主题。

结构与风格

有许多方面从一开始便可以确定:开端清晰明确,独具风格地表述了主导命题,并提出了富有启发性的要求;然后是显然按照某种严格且有说服力的逻辑,在一个严谨的框架中,即在相互接续、内涵丰富的整整一百节中展开的行文布局;结尾则是一个问题接着一个问题,是鼓励和呼吁,是试探以及连暂时有效之要求也无法满足的相应"回答"。

段落和结构

§1 - §5 立论基础。主导构想之表述:启示即教育。

---

① 参阅"关于成文经过的文献",Nr. 1,以及《论人类的教育》中与灵魂轮回说有关的§95,页98, 24。

§6 – §7　过渡段。一神论作为原初之时传达给人类理性的信念（一种原初启示）和一神论因人的过错而丧失。

§8 – §50　作为第一时代的犹太教启示历史。
§8 – §33　前出埃及时代。
§8 – §16　从启示史视角对以色列早期历史的概述。
§17 – §23　在考虑到不可避免的要符合神性之变通的情况下对教育思想所作的第一次辩白。
§24 – §33　过渡段。驳沃伯顿为《旧约》中缺乏灵魂不灭思想所作的辩解。
§24 – §50　后出埃及时代。
§51 – §52　过渡段。对启示之必然前进预先所作的原则性思考。

§53 – §57　作为第二个时代的基督教启示历史。
§53 – §61　基督是第一个可信的和实践性的灵魂不灭说的导师。
§62 – §76　后耶稣时代的基督教史。
§72 – §76　过渡段。对启示真理转变为理性真理之必然性的解释以及具体例证。
§77 – §80　过渡段。对作为最后完成时代之催化剂的第二个基督教时代的辩白。

§81 – §100　作为第三个时代的"永恒福音时代"。
§81 – §86　唤起对"完成时代"即将来临的信心。
§87 – §90　过渡段。对空想家给予警惕的一瞥，并审慎地指出灵魂轮回说之"空想"。
§91 – §100　灵魂轮回说有助于保持完善之希望。

关于《论人类的教育》的结构和分段的初步提示还须作详细解释。首先令人注目的是，各节长短不一，这使其井然有序的外在形式大大减色。除了言简意赅的论题般的小节以外，还有一些包括很多语句的长节。此外，另有一些在上面的图示中被称为"过渡段"的、由数节构成的表意单元，这类单元有时更应作为附论，而不宜作为推进式的论证。分段方法和这类经常离题的议论的必要性，应从素材自身方面去理解：在说明随后的历史描述及其模式的基本论题，即把启示理解为教育时，§1 - §5 运笔快捷，未经多少论证便像原理一般将其确立起来，而在其他部分，却需要较长的、间或铺陈宽泛的解释。在详细评述犹太教的启示历史之前，还在§6和§7讨论了一种对人类理性的原初启示。莱辛用这种设想和信念可谓不留痕迹地进入了他那个时代的神学家和宗教思想家们的洪流。他由此而与英国怀疑论者和经验主义者休谟完全不同的论题区别开来，休谟断言有一种从多神崇拜到一神论的运动。

犹太教的启示历史对于人类是"新的推动"（§7），在回顾中可以发现，原初-启示事件间接而隐晦地向前推进，类似于得到确认。在犹太人流亡的时代背景下，他们被迫生活在看似远离上帝的众多民族当中，由此得出了关于启示与理性之相互关系的最初几点重要认识（重点参阅§35 - §40）。在《论人类的教育》的第一部分，即产生于直接剖析莱马鲁斯论题的部分，莱辛的论证特别有力，也极其严谨。在这里，对沃伯顿的清算（参阅§24 - §33）尤其表现出他高度的自我意识和机智的论证能力。

启示历史的第二个时代，即基督教时代，也是以一个新的上帝启示事件，即"教育的第二个伟大步骤"（§14）为其开端的。因此，这个时代同样意味着人类的神圣教育史上的一次质的飞跃，这种说法可以指先前的犹太教，也可以预指第三个时代的开始。正如在未完稿《基督的宗教》（*Die Religion Christi*）中那样，莱辛在这里也善于仔细地将耶稣本人与后来发展形成的"基督宗教"

区别开来，耶稣以卓越的"教育家"的形象出现，他将宗教之真正的同时又是原初性的价值作为他宣讲的中心。出人意料的是，这种基本学说的组织方式和附加于其中的某些看似品质低劣的次要成分，并没有受到以往经常受到的严厉甚至毁灭性的批判。这种批判虽然口吻和缓，却主导着他写于 1763—1764 年间未完成的论文《论启示宗教的产生》①。其中还可读到十足的自然神论的基本立场：

> 一切实证和启示宗教……都同样真实而又同样谬误。……最好的启示或实证宗教，最少将传统附加物给予自然宗教，最少限制其良好作用。（同上，页 424 以下）

在此占主导地位的显然还是"一种怀疑 - 实用的解释模式；（对这种模式来说）自然宗教与启示宗教之间的一种加法（additiv）关系"（Strohscheider - Kohrs，《理性与智慧》，页 227）具有决定性。与此相反，莱辛在 §63 透露出对基督教教义体系作出令人大感意外的高度评论的可能性，他以自我批评和时代批评的口吻问道，"这种杂有异质的教义，对于人类的理性是否成了一种新的方向性推动"。

值得重视的是这种远远超越任何自然宗教范畴的品格，即"超自然"的真理成了新的"推动"——"推动"这个词在莱辛这篇文章中，至此仅仅用于标志那些开启新时期或新时代的神圣启示步骤。莱辛以精心选出的基督教信仰的三个核心成分（上帝的三位一体性、原罪、赎罪）为例，说明理性认识靠基督教启示的极其不同的层面可能得到的收益，而这三个核心成分在当时的旧词新义的启蒙神学（neologisch - aufkläreschen Theologie）中却很少受到重

---

① Über die Entstehung der geoffenbarten Religion，参阅 13 卷本全集卷 V/1，页 423 - 425。

视，而且往往受到极端曲解甚至拒绝（参阅§73 - §75）。

向"一个新的永恒福音"的第三个时代的过渡，在一种期待的眼界中没有清晰可辨的界限，更不是神性启示-教育历史上一个业已结束的步骤（§86）。与原初启示、犹太教的和之后基督教的启示历史之间截然割裂的情况相反，在这里还有一个期待中的前景，随着基督教的启示真理，即大都遭到误解的所谓"奥秘"（参阅§76），逐渐转变为理性真理，已然闯入并不断闯入当前的未来就呈现在眼前。通过启示进行神圣教育的目标，似乎在第二个阶段，即在基督教的启示阶段已显著临近，因而一个新的时代已露出曙光。

这样一来，当然就只有界限不清的过渡了；在这些过渡中，与此前发生的历史相比，各方面都出现了"质的飞跃"。[①] 这具体表现在一场"理论话语危机中，这种话语第一次以惊叹的言述方式，清楚地预告了一个位格上帝的第一次同时也是最后一次呼唤"。[②] 最后几节讨论第三个时代，在考量这个时代时甚至将灵魂转世观念也包括在内，关于这几节的特殊结构和语言形式，下面将详细讨论。若就《论人类的教育》的结构和形式作一个初步小结，则应注意三个特点。

首先令人注目的是，讨论三个时代的有关各节长短不一。犹太教的启示历史占有最大篇幅（共有42节，其中9节是"过渡段"），而基督教的启示历史的篇幅要小得多（22节），最后，第三个时代则不得不局限在最小的范围内（全部共19节）。虽然对犹太教的启示历史的这种铺陈宽泛的讨论，很容易由1777年残稿之争中前53节的处境得到解释（或以之为借口），但当时《论人类的教育》的第一部分着力反对莱马鲁斯的下述论断：由于缺乏对灵魂不灭的信仰，犹太教的启示原本不配名之为"宗教"。不过

---

① Altenhofer，《历史哲学》，页32。
② 同上，页33；参阅§82。

令人大感意外的是，在后来全文发表的文本中，这前半部分仍然占了最大篇幅，因此在讨论随后的两个时代时，长短比例严重失调显得特别突出。

第二，除此之外，《论人类的教育》仅从其结构和分段看，还缺乏体系－条理上始终如一、严格遵循逻辑进行推论和渐次展开论证所应有的严谨；唯有这种严谨才可能使这篇作品成为一本真正的教科书，或者成为作者经缜密思考和全面反思在其中展示其体系的论文。莱辛本人特别谈到，他只是讨论一种"假设"（同上）。因而所有试图根据莱辛世界观的某个倾向，根据他所独有的、按体系确定的立场的某个倾向，来解释《论人类的教育》的操之过急的做法，仅仅出于这些非常形式化的和外在的理由，也必须谨慎对待。

第三，这种情况的产生，原因之一显然是全文被划分为一百节的随意性，而并非由于思维的进程或者思想的丰富，抑或鉴于表述过程逐渐达到高潮而被迫或者有理由作如此划分。人们不难增加或者减少分节的数量。看来，并没有实质性的、从讨论的主题本身可以看得见的理由，将论证恰恰扩展到一百节，或者应在一百节中断而无须将全文写完。

> 若将分段稍作改动，可以多几节，也可以少几节。人们当然可以对一百节作象征性的解释，比如是Pentekosté（圣灵降临节或五旬节，复活节后五十天）的两倍，并以此指"第三约"①。即便分段是纯粹任意的，并无潜在含义可言，由此也会产生一种加在论证之上的超体系。②

---

① ［中译按］即"旧约""新约"以外的"约"，在此语境中指"第三个时代"。

② Eibl，《纯然的象征和比喻》（*Lauter Bilder und Gleichnisse*），页249。

完全从外在形式上看，在各节和由开头的假设（Axiomen）得出结论的顺序上，莱辛所遵循的似乎是笛卡尔（Descartes）也曾采用过的一种方法，① 这种方法被称为欧几里得（euklidisch）方法（见 Eibl，前揭）。然而，最后 20 节却不容许我们按此精神来阅读或解释他的作品。这 20 节在其语法结构以及语言形式方面，完全摆脱了这样的框架，同时表明"这种分节文体……作为对一个传统的借鉴，似乎是带引号的"（Eibl，前揭，页 250）。作者在此表现为一个正在成长中的人，正期待着这个无法简单描述清楚的完成时代，他向这个时代伸出双手，向往着它的到来，甚至企图强迫它到来。对 §90 - §100，在语言和文体上应注意的是：

（这 10 节）几乎完全放弃了句法上正面的（即放弃了直陈式的或肯定的）叙述。同样令人注目的是许多鼓动性的呼喊，这……可以被理解为对读者发出的呼吁，要求他们遵循和赞同这种有缺陷的论证。总的看来，这里急促不安和一改其从容论证风格的行文，与前面各节形成鲜明反差；哲学及其语言和论证模式在此走入狭路，并为其他因素（如灵魂轮回说）所取代。②

回忆一下《论人类的教育》正文前的"编者前记"和其中关于"指点"的说法，看来完全恰当，

（莱辛）并没有用一个新人的宣言或可以在世界之中获得救赎的启蒙信条（结束他的教育论文）。结尾是呼喊和提问：这并非理论上的确认，而是实践中的怀疑，进入编者的空缺

---

① 见 Bollacher，《理性与历史》（*Vernunft und Geschichte*），页 207 - 210。
② Schilson，《历史》，页 241。

位置并由此进入正文语境的读者,被同时给予了这种怀疑。①

通过细致观察莱辛这篇文章形式方面的几个问题,我们进入了关于其类别和归属的原则性问题,尤其接触到了符合解释学的正确解释问题。在详细说明解释和深入莱辛的《论人类的教育》的多层次性以前,权且对迄今为止所作的思考和观察加以总结,这当然绝非最后的或者完全令人满意的总结:莱辛以这样的文字献给读者的作品,仅就其外在形式,即就各节一目了然的严整顺序而言,要求一种(当然尚待精确界定的)体系效应,要求认真的反思和严谨的论证。他的思想被归纳为条理清晰的次序,并通过总体看来合乎逻辑的整整一百节段落划分展示了这些思想,从而着重强调了这种效应要求。令人惊异的事实是,尽管莱辛精心撰写的这部作品中所描绘的进程显然并未结束,尽管他的思想也因此而未臻于完成,可他在 1780 年,即 1777 年发表第一部分之后三年,还是将其作为完整文本付梓出版,这个事实使得此文极具分量,因此在莱辛的晚期作品中有理由赋予它非凡的意义。

"前记"是分析形式和内容的解释学锁钥

新近一段时间,同时有多个莱辛《论人类的教育》的解释家在着力研究"编者前记"。这些人认为,在这篇特别强调莱辛的编者身份,并使作为真正作者的他跟他自己的作品保持一种特殊又有益的距离的"前记"里,蕴含着正确解读和领会《论人类的教育》的重要的解释学锁钥。他们因此特别明显而又卓有成效地与 1770 年代和此前的众多解释家们拉开了距离,后者花了相当大的解释学功夫紧紧盯住莱辛的教育论文,探求其"体系性之所在"。这种目光褊狭的方法堵死了最终真正超脱瓦勒(Martha Waller)

---

① Altenhofer,《历史哲学》,页 34。

1935年的有关研究（据我所知，完全停留在对莱辛《论人类的教育》的集中研究上）的多种可能性，而且还反复寻求并发现莱辛接近斯宾诺莎主义的思想方法，或者更接近莱布尼茨所立足的"理性主义"。下面将粗略描述研究莱辛的这篇文章的切入点，在此指出一些新的、不同的途径，并要求人们能够以新的目光看待貌似陈旧或者尽人皆知的东西。

施特洛奈德－科尔斯[①]就"前记"及其对于从解释学上正确理解《论人类的教育》之全文的关键作用，提出了一个深有感悟的解释，特别是将《论人类的教育》与莱辛的其他两部重要的晚期著作，即《恩斯特与法尔克——写给共济会员的谈话》和戏剧诗《智者纳坦》联系起来。作者一开始就深为惋惜地指出了一个无可争辩的事实：这篇语言洗练的"前记"虽然"在大多数莱辛解释中……均被提到；然而几乎总是为了强调某些有关宗教哲学的方面。关于《论人类的教育》在艺术上、语言上的特点，和鲜明而独一无二的风格或总体情状，却罕有人论及"（页218以下）。施氏的评述恰恰集中于"前记"的这个层面。这并非仅仅是最终会成为多余的序跋之类的东西，其意图在于给阅读正文以解释学的提示，同时指出并预先集中说明正文的方向和最终意图。而且，这里为莱辛所运用的"虚拟编者身份"，使莱辛[②]"可以……表达自己的见解，却保持着距离，使自己不至于被他人所迫而为此承担责任"，或者使自己"不至于与他人所领会的内容过分一致，因为作为著作者他要受到自己体系的制约"，[③] 这种"虚拟身份"可作如下解释：

---

① Strohschneider－Kohrs,《理性与智慧》；下面的引文只标页码。
② 见 Althaus,《言外之意》（*Das Uneigentliche*），页171。
③ Timm,《一出神学的悲喜剧》（*Eine theologische Tragikomödie*），页15。

对莱辛而言（仍）存在着一系列可能性，以批评性前提的形式揭示自己的表述受到制约的情况——以促使人们注意本身永远只是在接近真理的努力所受到的局限。（页220以下）

首先须指出，"前记"最后一段就《论人类的教育》接下来的正文详细解释了其中所包含的"指点"，由此做出了一个重要陈述，在某些方面冲破了文章本身预先设定的框架。在"前记"结尾部分多层面相互交错的复杂长句里，并没有使用直陈式，而是闻所未闻地以疑问-可能性形式来讲话……；而且通过一连串否定词（"并非宁可没有""一无所得""切莫"），连成了一条奇特的具有暗示性的纯逻辑特征的上升之线……（页224）。人们读到结尾一句话时，绝不可将"谬误"这个词理解为对宗教的概括评价（页225），因为这还说不上"将'宗教'与'谬误'直接等同"。① 相反，人们必须：

> 在关于教育论文的基本思想的提示中宣扬一种改变了的视角。由于"反对意见"和教育论文主要讨论诸宗教之启示前提和阶段式生成，因而目光首先转向成长，转向诸宗教在人类历史上的演变步骤，而莱辛在"前记"中追溯的，显而易见是已形成的、历史上存在和一目了然的"一切实证宗教"现象；这是一个视角，因涉及其有争议的评价（"嘲讽和不满"）而再次清楚地表露出来。既然莱辛在教育论文中用理性与启示的"相互影响"这种字眼，指出宗教形成过程中的基本因素或可能性限制，那么对于历史上形成的实证宗教，可以同时设想它们所独有的双重标志（doppeltes Signum）：属于人类有局限性的理智发展的符号和概念，与属于上帝启示部

---

① Bollacher 也作如是说，见《理性与历史》，页246。

分的符号、"象征"或者内容 – 密码，两者相互交织在一起出现。对实证宗教中这种"属于上帝的部分"，不应忽视，也不应否认，而应当放在实证宗教现象之整体中同时来思考，这便是"前记"中莱辛的最后一句话所要指出的——而且使用了的确不常见也并不空洞或者说颇为恰当的、具有象征性的问号。（页 225 以下）

沿着施氏的思路，在作出精细的解释时还可从"前记"中得出另一个重要因素。这不再是"前记"的最后几句话，也与奥古斯丁警语的基本含义无关，而是指"前记"的中间部分。在这里，编者即莱辛本人预先提到下面的正文，同时从作者的视角和立场将之归类。这里谈到作者所立足的一座"山丘"，由此"俯瞰所及比他的当代所划定的道路更多"。

此外，还谈到一个使他自己"惊叹不已"的"令人喜不自胜的前景"，这前景特别地吸引并推动其他人发出类似的惊叹。这里描述了"一片柔和的晚霞……既未完全遮蔽，也未完全展示的无限广袤的远方"。正是从这里得出了那个"指点"，在结尾以假定 – 疑问的口吻叙述的部分，那个"指点"容许我们用新的目光来看待实证宗教在人类历史中的内涵和意义。

可谓独一无二的是……，在莱辛的语言和反思技巧之范例中，出现这种"复杂的、条理清晰的复合句……"，是由于其譬喻性的和语言逻辑所特有的风格……。在这里，"道路"或者"时间流逝"这类主题因素不再居于重要地位；主宰这一组连续画面的是一种空间想象，是一种远方和地平线的层面，这一点再清楚不过了。

……这里用看似冗赘的"既未 – 也未"来强调，并作为句子的中心，就"远方"和"晚霞"所说的东西……表明这里所谈到的体验就在眼前，人的"度量"和认识无法把握的

"远方",以沉思方式为人所把握。这是一种真理体验的符号和象征语言,这种体验意识到其局限,却并不否认或者怀疑超越此局限、尚且无法认识的被给予之物(Gegebene)。(页232–234)

另外,运用"晚霞"这个关于光的譬喻同时证明,这里指的是"认识问题",即"认识论问题"(noetische Problem),用"晚霞"这个形象的字眼,"敞开又遮蔽了注视着'无限'的目光——这使得'真理本身'无法完全认识,但也不至于沉入全然无知之境"(页234)。

作为《论人类的教育》的解释学关键和阅读指导,"前记"吸引人们细心体认莱辛独特的"认识-经验"(页236)的重重隐匿和开启,并重视"在此所表达的理解中他个人所占的高比重"。"这种自我-论题表述的同一,用显而易见的虚拟和假定论述方式主宰着句子结构",这足以使人将《论人类的教育》看成莱辛晚期的"哲学独白"之一(页237),并因此将其归于他的晚期作品之列。

阿尔滕霍芬[1]和阿尔陶斯[2]两人提出一种类似的精辟解释,其想法惊人一致,两者可谓相辅相成。不过这种解释主要以悉心研究置于所有内容——即前记和正文——之前的警语为根据,同时又特别重视"编者前记"及其对正确理解《论人类的教育》的决定性意义。

两人都将莱辛的《编者前记》认定为"隐喻性表述"。[3] 阿尔滕霍芬同时还称其为:

---

[1] Norbert Altenhofer,参阅他的《历史哲学》,下面两段中引用时只注明页码。
[2] Thomas Althaus,《意在言外》。
[3] Althaus,前揭,页171。

简略说明（……，它）对随后印出的§1－§100预先作出的解释。作为对作者文本的纯粹说明，其假定式行文（在对"实证宗教"作出可能评估方面）意指，这并非唯一可能的解释，而只是编者认为此刻从眼下的立场来看，这是最可信的解释。……可见，作者关于**论人类的教育**这个主题的理论话语，并不代表同样冠以此标题的整部作品。理论话语的作用相当于戏剧脚本中受角色和场景制约的文本，脚本则运用不同的人物以及摆脱了文本和语境关联的剧本言说形式。（页29）

需要特别说明的是，编者和作者的"立场"不一定在任何时候都绝对一致，虽然这种一致也许切合眼前这篇文章较为狭小的范围："（虚构的编者和事实上的作者的）视角一致在内容上的表现是，提议从人类理智的立场出发回顾诸实证宗教，并承认其正当性。"作者所"俯瞰"到的东西，尽管因立于"山丘"之上，可能是延伸于他眼前的（后来"无限广袤的远方"和"柔和的晚霞"所指的）一段路。然而，同样真实和重要的是回头观望"他（漫游者）今日被预先规定的道路"，即回顾。在其中发现的"指点"指出了同样的矛盾心态：按照莱辛自己的文本（参阅§46），"指点……暗示着已包含某种萌芽的东西，从中可以发展出尚被遏制的真理"。历史地看，对于"更具才智的个体"而言（§68），甚至存在着"宁可再次返回这部基础读本（《新约》）"（§69）的必然性。

　　未来的前景（因此）只会呈现给这样的目光，它不会仅仅死盯住属于自己宗教传统的那一段路：只有理解《旧约》为《新约》所取代的历史含义，理解自己传统的历史性的个体，才可能预见到"《新约》也……必然会过时"。（页30）

尽管如此，"向着第三个时代的过渡在正文中不再是一成不变的历史神学范例之内的位移，而表现为质的飞跃"（页32）。

在此终于表明，也正如阿尔陶斯（在以下两段引用时只注明页码）所强调的那样，即便在语言－文体上，"对（莱辛）本人的解释尝试之不可终结性"，引向"一种思想的过程性，这个过程不可能通过最后有效的确定而终结"（页177）。此外，分节结构也不会掩盖对这个文本需要进一步加以解释的事实。

此文本凭本身的文字还无法"达到完满"，就像从一个基础读本到另一个基础读本的过渡最后所要求那样（§67）。虽然文章通过不断分节本身很容易留下一些尾巴。然而用节来分开句子的方式，使各句相互间的关联恰恰变得清晰了。各节中句子的开端同时也是句子的衔接点，而分节符号犹如问题－推论－问题三者之间的连接线。分节号分离开来的内容之间的共属关系因此更加突出。

这首先指最后几节。在这里，开始时一再出现连词，正如"前记"那样，虽然被分成个别小段，由于经常使用连词，这些小段又被连成一个统一体。所有这些都基于莱辛的下述信念："真实的东西"和整体……只是"不可言说地临在于非真实的东西之中，正如从未来指向当今的'指点'"（页178）。尽管"在这条没有尽头的语言史（sprachgeschichtlichen）道路的顶头……有一种特殊用语（Idiom）在示意，图像与言词和概念与思想、启示与理性巧合于其中。这是一种纯认识的无形无声的语言"[1]（Schröder，《莱辛》，页90）。然而，无论"前记"还是《论人类的教育》的详细正文，在当今时代都不可能拥有这种语言。不过，关于"前记"与《论人类的教育》全文的关系，

莱辛相互矛盾却又始终如一地（尝试），一方面表明

---

[1] ［中译按］这犹如庄子所说的"得鱼而忘筌，得意而妄言"。

《论人类的教育》如何在思想上从其"前记"中得以展开，另一方面将"前记"中更高的立足点同时作为后来的立足点，其手段是将两个文本的反应关系引向外部，将其用于两个不同的作者，让一个作者用其"前记"之文本，对另一个拥有其作品正文的作者做出反应。（页184）

这一系列解释，并没有将兴趣放在《论人类的教育》的体系化内容之上，而更多试图细密审慎地研究莱辛这篇文章所固有的美学结构和品质，属于这一系列解释的，还有米切尔（Willy Michol）的一篇发人深省的论文，它有一个生动的标题：《历史哲学理解中反教条主义的虚构形式》（*Antidogmatische Fiktionsbildung im geschichtsphilosophieschen Verstehen*，以下引用此文时只标注页码）。这篇论文虽然与前面简略提到的、研究《论人类的教育》的三种切入方式有无法否认的相似之处，但走的显然是自己的路子。而且，这里的重点是莱辛这篇论著中深刻的启示批判，这一批判在"前记"中已有所表露，随之便遵循着自己的"途径经由次要的虚构形式"而展开（页22）。在"前记"结尾以询问形式提出的与"实证宗教"沟通的建议，指的是：

> 一种启发式－解释学的虚构，以便在解释过程中从美学上对隐蔽于启示信仰背后的、关于超验上帝的观念和设想提出质疑。人们徒然地期待着从那个山巅观察的"视角"① 得到"指点"，这个"指点"可以被想象为内在于历史的虚构。（页23）

莱辛在此是一个观察家，"他想平息世纪冲突而又不必占有那个居高临下解释一切的'视角'"（同上），但这要求一种哲学的

---

① Sehe-Punckt，Chladenius语，见Michel，页22。

历史观，从这个观点看，解释学的主体"并不'裁定'自己就是唯一周全的理解模范；但它也不是只持有一种观察态度……。由于解释学主体描述的历史理解需要和解释目的，处于其相互分离或相互连续的次序之中，这使得一直延伸到当代的这些次序的影响史相对化了"（页24）。

值得注意，莱辛将启示与教育类比，由此虚构出一个模式，以便理解实证宗教的差异性。但莱辛并不承认，启示对于人凭自己的力量可能达到的认识具有本质上的优势地位，这正是由于考虑到了教育（参阅§4）。这样一来，莱辛也就承认了个人在认识上的根本差异，无论在被赋予了某种启示的民族当中，还是在这些民族范围之外，这种差异不仅见于过去的任何时代，而且今后也不会消失（参阅§7、§20、§68）。当然，莱辛为了教育的进步，进而为了人类理性对启示之实在内容的日益增长的认识，大声呼吁要耐心和审慎。这里需要澄清的是，

> 超越了已被启示的救赎真理之限度的隐秘认识，与显白的陈述可能性之间的辩证关系。……读者必须自己解决文本的形式－内容之辩证关系，以便认识隐秘的意图和目标方向。但这种隐秘意图恰恰不再是少数几个人依赖于神学的救赎知识，而是其世俗化了的替代物：一种启蒙知识，这种知识不可直接表白，以免导致期望之反面；只有少数人能够理解启蒙知识的全部历史影响，但这种知识也不会将众多尚深陷于传统理解模式当中的人吓跑。（页26）

这自然意味着对自己看似明白的见解保持批判性距离，也意味着那个真正无限的使命：能够整体解释迄今通行的文本和传承。

当然，莱辛在《论人类的教育》中，即在他明确谈到阐释第一和第二个时代的基础读本的地方（参阅§51、§67－§69），清晰地划定了范围。由此可见，对莱辛适用的尺度是"一个文本在

某一历史的有效框架之内发挥影响的可能性"（页28；文中用的是强调字体）。换言之，"准诗学的（quasipoetische）虚构必须能够在历史上兑现和为人所理解"（页29）。然而，这恰恰不再可能适用于莱辛在《论人类的教育》结尾所提出的、应"从一种次要的虚构形式的意义上"（页30）来理解的、关于灵魂转世的假设（§98）。

值得注意的还有，莱辛在这个语境中再次将"显然已在记忆中丧失而未曾实现的历史可能性，与令人感到压抑、退缩和建立在恶劣的历史现实之上的记忆（区分开来）。失去的历史可能性，并非在任何时候都能随意回忆起来或得以实现。然而在公开的解释学构想中，在文本的'否定性的完整状态'中，却仍然保留着那种历史可能性的可回忆性"（页32；参阅§99）。

最后应注意一个重大的视角变化，它表明，在一个站得更高因而看得更远的作者的批评性说明，与《论人类的教育》的最后一句话，也就是作者在其中最后避开了一切批评的那个问句之间，有某种不可比性（Inkommensurabilität）："这个问句显明了——既保持着虚构性，又未在黑格尔意义上复苏的——关于历史的解释学主体。"（页33）这些思考说明，只有更加精确地把握住《论人类的教育》的固有属性，即把握住一个有着高度美学要求并需作出相应解释的文本，才可能找到正确的切入点，并有助于防止草率所导致的误解。

艾伯尔（Klaus Eibl）也曾在一篇值得重视的论文《纯粹的形象和譬喻》（"Lauter Bilder und Gleichnisse"）中[①]指出，在莱辛的三部伟大的晚期作品《论人类的教育》《恩斯特与法尔克》《智者纳坦》中存在这个诗术的层面。从总的原则上可以认为：

> 诗术（Poesie）的"意在言外话语"不像修辞术（Rheto-

[①] 以下引用此文时只标出页码。

rik）话语那样，可以毫不费力地还原为"真实的"话语，而是拒绝这种出于"实体性需要"的缩减，诗术话语以特别的纯粹形式来"思辨"。诗术话语作为话语有其偶然性，但由于它作为"意在言外的话语"，同时以偶然性为主题并使之上升为意识，于是它便成了一种所谓"共济会式"的活动。（页240）

按照艾伯尔的说法，在莱辛的《论人类的教育》中，偶然性就出现在§83和§85（两节都在页96）之间令人惊异的辩证关系中，如果说还不完全是两节之间的矛盾中的话。在这两节里，"完成时代"仍然有待于未来，精确地说，有待于"理智"在未来得到更高发展。人们完全可以解析这种行文方式表面的自相矛盾（Paradoxie），

> 如果他们将其中的矛盾理解为偶然性之表现的话：即便对"完成时代"中的思想，如果我们要设想它的话，就必须形象地将其作为未来思想（Zukungfsgedanken）来看待。（页245）

同样的道理也适用于灵魂轮回说，其希望之潜能（Hoffnungspotential）就集中在《论人类的教育》的最后一句话里。在此向人们示意的是作为报偿的"整个"永恒，这从论证上再一次与据说在"完成时代"不再有效的"人心的自私"（§80）相左。

> 这并非莱辛的一次论证事故，而是从他的前提中推出的必然结论。因为在偶然性条件下不可能例外地指出非偶然性的东西。关于灵魂转世的话语……是偶然性条件下的"意在言外"话语。（页246）

就正文的两个中心段落得出的这些认识，引出了这个基本问

题:"《论人类的教育》从总体上看是不是一篇诗情文章。"(页247)何况置于文前的警语还着重指出,这篇文章应视为"'言在意外的'话语"(页249)。甚至分节文体的结构,虽然假托遵循欧几里得的论证方式,然而与欧几里得学说明显矛盾的§91中的"最短的线始终是直线的说法并不正确"这一论断,怎么会与此学说相容呢?所以,这种结构也因"类比性基础"和结尾的一条"问题之链",尤其"为那种迫使§81、§82和§83中的论证进入未来的激昂呼喊破坏了,姑且完全撇开一些不重要的主观性用语不说"(页24)。

因此,分节文体本身可以被理解为"意在言外"。这恰恰是由(虚构的)编者与(现实的)作者之间的尴尬关系所致,这种情况"使《论人类的教育》的话语至少清楚地具有角色话语(Rollenrede)的特点。这种话语与'论文'文体的关系犹如一出单人剧与独白的关系,或一部小说与一则纪实报导的关系,也犹如'对一个情节的摹仿'与现实事件的关系"(页250)。但这样一来,莱辛的这篇论著"作为整体便进入了'言在意外'话语领域"(页251)。

这种解释学的说明和归类,对精确认定莱辛的立足点,尤其是他的"世界观"①,或与此相关的问题,自然有着深远影响。显然,莱辛以前文提到的三部晚期作品,尤其以《论人类的教育》,"参与了上个世纪末那场以诗(Poesie)取代宗教-形而上学教义学的思想运动;诗是一种新的世界观,更精确地讲,是反思之媒介,它使得真理在旧的外壳破碎之后得以继续发挥作用"(页251以下)。

鉴于这些类型多样却侧重点有着惊人一致的"指点",是为正确理解莱辛最后这部重要著作,并做出与其水平相当的解释而提

---

① Weltanschauung,按照狄尔泰(Wilhelm Dilthey)1905年在《经历与诗》中的说法。

出的，还须特别指出的是，在有关的莱辛研究中，虽然考虑的内容各不相同，评论和解释也互有差异甚至部分相互矛盾，但受到重视的恰恰是《论人类的教育》。神学和哲学研究的兴趣，主要在于莱辛提出的启示与理性的关系问题，《论人类的教育》对此作出了纲领性分析和讨论。①

同样的兴趣还在于，莱辛对基督教及其神学的态度在思想史上的定位，② 就此问题，一种富有智慧的思想语境③ 也已特别得到考虑。同样，更多解释家将他们的注意力集中在了对《论人类的教育》也同等重要的启示与历史问题。④ 另有一些人则着重，⑤ 或至少倾向于⑥ 用带有斯宾诺莎主义色彩的思想倾向来解析莱辛的《论人类的教育》。不同见解的争论，以及明显而大都言之成理的切入点和解释的多样性，从属于不同学科，也反映着广泛的兴趣，这再次令人印象深刻地证明，莱辛这部最后的作品曾经是，也仍将是内涵丰富的神秘莫测之作。

---

① 参阅 Thielicke，《启示》；Bothe，《信仰与认识》；Schilson，《启示》；Dörr，《启示》。
② 参阅 Allison，《启蒙运动》；Wessel，《莱辛的神学》。
③ 参阅 von Lüpke，《智慧之路》。
④ 参阅 Pelters，《莱辛的立足点》；Schilson，《历史》；Bollacher，《理性与历史》。
⑤ 参阅 Timm，《上帝与自由》。
⑥ 参阅 Bohnen，《精神与文字》；Bollacher，《理性与历史》。

附录六

《恩斯特与法尔克》编辑手记

施尔松（Arno Schilson）、施米特（Axel Schmitt）

《恩斯特与法尔克：写给共济会员的谈话》（Gespräche für Freimaurer）前三篇以《恩斯特与法尔克》（Ernst und Falk）为正标题，首次发表于 1778 年米歇尔博览会（Michaelismesse）。未注明作者和出版人，但印有"1778 年沃尔芬比特"（Wolfenbüttel，1778）字样。据博览会目录记载，这本总共 93 页的小书由"哥廷根的迪特里希出版"（Göttingen，bey J. C. Dieterichen）。根据此初版还有一个经仔细修订的版本，见 LM①（卷 13，页 340），被称为 1778a，我们的文本②以此为底本。

与 1778a 相比，被称为 1778b 的重印本有不少小的印刷错误。1779 年 1 月 18 日和 21 日，《柯尼斯堡学术与政治报》分别在第五和第六期副刊上登载了据初版重印的文本，只是没有献辞和"前言"。以 1778a 为依据的"第二版"印行于 1781 年，所标注的出版地仍然是沃尔芬比特。1787 年首发的"新版"还包括最后两篇谈话，并正确地标出"哥廷根的迪特里希出版"（Göttingen，bey J. C. Dieterich）。莱辛《杂文集》第七部分（Vermischte Schriften，页

---

① ［中译按］LM 即 G. E. Lessing, Sämtliche Schriften, hg. v. Karl Lachmann. 3., auf's neue durchgesehene und vermehrte Aufl., besorgt durch Franz Muncker, Bd. 1–23, Stuttgart und Leipzig 1886–1924（Reprint 1968）。

② ［中译按］即中译所依据的 12 卷《莱辛著作与书信集》。

222—278）于1792年重印了经修订的前三篇谈话，但只作了较小的、对文本考订无关紧要的改动。

不仅通过 LM，而且通过 PO[①]（卷21，页283），对1778a 的第一个刊本与手稿所作的通篇比较表明，手稿显然是1778a 的直接底本，其中的偏差仅限于明显的印刷错误，就此 LM 和 PO 都有相应的证据。眼前这个版本根据手稿对1778a 作了两处较小的改动，其他与1778a 不同的变动在"正文评注"（Kommentar）中没有提及。

《恩斯特与法尔克》的第四和第五篇被称为《续篇》，根据封面提示出版于1780年。其中同样未注明作者和出版人，甚至没有说明出版地。实际上，这个共有61页的作品是在美因河畔的法兰克福由 H. L. Bornner 出版的。这个初版也有两个外观相同的刊本，其中第一个刊本即 LM 中的1780a，它要比第二个刊本1780b 可靠。尽管如此，1780b 却被用作1790年《续篇》重印本的底本。在此之前，《恩斯特与法尔克》最后这两篇已被收入上面提到的包括全部五篇谈话的1787年"新版"。1792年莱辛《杂文集》第七部分（页279—322）又重印了这两篇谈话。

莱辛未曾亲自操办或监督过他的这部分《恩斯特与法尔克》的印制事宜。根据最新研究，主持出版事务的人确切地说是克尼格男爵（Adolf Freiherr Knigge，1752—1796），当然他并未被授权。他甚至可以被认为是那篇几乎不会出自莱辛手笔的《前言》的作者。[②] 在他那里发现的、由他亲笔抄写的最后两篇谈话的誊清

[①]　［中译按］PO 即 Julius Peterson und Waldemar von Olshausen（Hg.），*G. E. Lessing*，*Werke*，Vollständige Ausgabe in 25 Teilen，Teil 1—20，3（durchpaginierte）Anmerkungs- und 2 Registerbände，Berlin und Wien 1925—1935（Reprint 1970）。

[②]　参见芬纳（Fenner），《莱辛也许是我们的人》（*Lessing wäre auch ein Mann für uns*）。

稿，只有唯一一处，即通过"笺注"（Commenthureyen）对第四篇谈话所作的删节与 1780a 不同，因此它大概曾被用作 1780a 的底本。由于克尼格的手迹还包括《前言》，这在莱辛的原始手稿中很可能没有，因此要说它直接抄自莱辛的手稿不大可能。

但至少莱辛本人显然曾部分地通读过 1780a 这个刊本，同时还作了修正，诗人和财政顾问戈金克（Leopold Friedrich Günther von Goeckingk，1748—1828）于 1786 年以《莱辛的〈恩斯特与法尔克〉第四和第五篇对话勘误》（Berichtigungen des 4ten und 5ten Lessingischen Gespächs，Ernst und Falk）为题在《德国杂志》（Joural von und für Deutschland）第三卷第八期 169 页以下对此作了通报，但这些修正只进行到了第五次谈话的四分之一处。因此，以 1780a 这个刊本为依据的第四次谈话全文和第五次谈话的一小部分，以及 1786 年所通报的修正，都有一个为莱辛正式认可的文本，而由李希滕伯格（Lichtenberg）监督出版的前三次谈话，或可以认为只经过了莱辛的默许。

因此，由哲学著作家哈曼（J. G. Hamann，1730—1788）主持推出的第四和第五次谈话的另一个文本，是否不大可能有同样高的认可度，应当说仍成问题，这个文本于 1781 年刊登在《柯尼斯堡学术与政治报》上，即第 37 期 145 页以下、第 38 期 149 页以下、第 38 期副刊以及第 39 期 153 页以下。哈曼发表的文本以莱辛手稿的一份抄件为基础，这份抄件有些部分与 1780a 出入很大。例如，其中没有"第三者前言"（Vorrede eines Dritten）；此外，还用星号等符号标出了删节；并且包括两个星号以及字母 a-k，这些字母标示出"第五次谈话"中未写出的"注释"。少数几个地方也与莱辛 1786 年公布的勘误不符。

这种有着细微差异和漫无头绪的文本传承，使得就最终具有约束力的文本形式作出明确裁定变得极为困难，如果说还不是不可能的话。原则上理当重视 1780a 的文本形式，并优先尊重莱辛 1786 年发表的勘误，尤其因为它事实上是这两篇《恩斯特与法尔克》的初版文本。另外，看来在哈曼 1781 年的版本中发现的改动不仅很有说服力，而且以文本校勘为根据因而更具有真实性。此外根据芬纳 1994 年以来的发现，刊本 1780a 的可靠性也不再是无懈可击的了，因为根据最新的发现，克尼格的抄本是准确的，当然很难说这个抄本依据的就是莱辛的原始手稿。LM 在其文本中追溯了当时已知的版本，而且"大体上……以 1780a 为基础，却按照 1786 年的勘误作了改进，同样对 1780a 的文本与哈曼的文本并非同样真实之处，则根据哈曼 1781 年的版本作了全面修订"（LM13，页 388）。

我们的文本所依据的也是这个版本，并在"文句评注"（Stellenkommentar）中罗列了与 1780a 不同的行文，但对这个文本不作考订和评注。在这里以"1781"指哈曼印本，以"1786"指戈金克的勘误。对用于 1780a 而 1786 未作修正的写法，Freimaurer 和 Freimaurerei 分别作了全面修改，因而在个别地方不再一一注明。与此相对照，哈曼的 1781 年抄本有变音符号，这也出现在前三次"谈话"里。虽然并不排除莱辛本人事实上曾改正过他的写法，但同样以莱辛的手稿为依据的哈曼本的写法仍堪为范例，因为这样也就同时从语言上更好地保持了所有五次谈话的内在统一。①

成文经过

《恩斯特与法尔克》的成文史，只能在莱辛本人与共济会（Freimaurerei）及其在十八世纪德国的动荡历史的关系语境中加以相应的描述。

莱辛大概很早就与共济会员（Freimaurern）有着较为密切的联系。1747—1748 年间，莱辛在莱比锡参加的诺伊伯（Friederike Caroline Neuber，1697—1760）的剧团里至少有两个共济会员。1748

---

① LM 卷 13，S. 339 – 368、387 – 411。

年11月移居柏林后,莱辛一定很快就接触到了共济会的理念,尤其是因为普鲁士国王腓特烈二世(Friedrich II, 1712—1786)本人自1738年开始就是共济会员了。他在《柏林特许报》(*Berlinische Privilegirte Zeitung*)的书评工作本身,使他以大量阅读各专业领域和各种语言的书籍为己任,因而不可避免地接触到共济会的思想。除此之外,他在1748年结识的朋友、书商和《柏林特许报》主编,后来成为莱辛出版人的佛斯(Christian Friedrich Voß, 1722—1795)是一个热诚的共济会员。另外,莱辛的密友、柏林书商和作家尼古拉(Christoph Friedrich Nicolai, 1733—1811)自1754年便跟他结识,他本人是虔诚的共济会员,撰写了几篇关于共济会的重要文章。另外,应当提到1751年在《柏林特许报》上首次发表的莱辛嘲讽共济会的诗《秘密》(*Das Geheimnis*)。尽管1753年出版的莱辛的《文集》第一部分收入了这首诗,但在1771年的第二版中却未再收入。这显然是由于莱辛加入了一个共济会分会(Loge),或者因为他对共济会及其秘密有了新的评价。

对莱辛真正产生影响同时也是最有成效的与共济会的接触,却发生在他的汉堡时期(Hamburger Zeit)。这个城市当时被认为是德国共济会的中心。莱辛在这里遇到了一个作家和翻译家,即很快成为他的事业伙伴的波德(Johann Joachim Christoph Bode, 1730—1793),他是汉堡居领导地位的共济会员。波德于1761年加入共济会,1765年成为一个"严格纪律派"("Strike Observanz")分会的大师,后来又成为光明派教团(Illuminatenorden)的成员。在他那里莱辛不仅看到了一个拥有共济会文献的藏书丰富的私人图书馆,而且他显然早在1767年就对波德表示过要加入其领导的汉堡共济会分会"三株荨麻边的押沙龙"[①]。

波德后来的记载(参见 Nr. 2)表明,当时确实是莱辛第一次

---

① "Absalom zu den drei Nesseln",[中译按]押沙龙(Absalom)是大卫的第三个儿子,其事见《旧约·历代志》3∶2。

请求参加共济会，却被作为领导人的波德拒绝。理由看来并非波德个人对莱辛怀有疑虑，或者大师的某些自负心态。确切地说，恰在莱辛申请入会的时刻，汉堡的分会之间激烈争论，导致出现 Silanum（泉水），即正常会务工作陷于停顿，所以也就不可能按照规定程序接纳新会员。波德因此而被捆住了手脚。面对莱辛的质问，他感到尴尬，有口难辩，因为当时他无法继续作为负有责任的大师来履行职责，对这种不光彩的分会内部情况，他既不能也不愿向（尚）不是共济会员的莱辛透露。

无论如何可以肯定，莱辛当初这次尝试——即参加共济会的一个分会，进而更多地了解这个社团的秘密——是针对"严格纪律派"这个高级共济会派别。波德的记载证明，莱辛在并未成为共济会员的情况下，不仅声称他知道共济会的"秘密"，而且还企图就此撰写文章。因而最迟在 1767 年，莱辛关于共济会及其秘密文章的撰写草案已经成形。

人们还可能超越这个较早的时限，即将莱辛与政治家和历史学家莫塞（Justus Möser，1720—1794）1766 年 6 月间在皮尔蒙特浴场（Bad Pyrmont，明显的影射）的会面也算进来。显然，两人讨论过那个话题，莱辛在第一份始终未曾发表的关于共济会的文章草稿中，曾对此作过深入分析，后来在第五次谈话中只是重提了这个论题。此论题关涉 massonei（Tischgesellschaft［聚餐会］）与 masonry（Maurerei［砖石匠行会］）之间的词源和历史关系。莱辛想以他的解释通过英国的聚餐会（Tafelrunden）传统，将共济会与亚瑟王的圆桌骑士团（Runden Tafel der Artusritter）联系起来。

1766 年 10 月 11 日莫塞致阿布特（Thomas Abbt，1738—1766）的一封信（参见 Nr. 1）证明，他与莱辛的谈话曾涉及这个话题。莫塞在其《爱国者的狂想》（*Patriotischen Phantasien*）的第 XXXII 篇——1768 年首发于《奥斯纳布吕肯知识人报》，题为《小城市手工技艺的衰微》——再次而且完全按莱辛的思想谈到上述渊源关系。1772 年哥廷根的物理学家和讽刺作家李希滕伯格报道了莫塞的一次谈话,即莱辛就这个语源学问题向他发表的见解(参见 Nr. 6)。

1770 年,莱辛作为奥古斯特公爵图书馆馆长迁居沃尔芬比特,这使他与共济会有了新的接触。显然,甫一抵达此地,他便再次着手其原初计划,撰写共济会及其所谓秘密的历史。共济会在布伦瑞克的(braunschweigischen)上层社会,特别是王室所起的重大作用超过其他任何一个德意志邦。莱辛的上司,布伦瑞克和吕内堡的卡尔一世公爵(Herzog Karl Ⅰ von Braunschweig und Lüneburg, 1713—1780)本人可能就是共济会员。至少毫无争议的是,公爵一定是布伦瑞克共济会分会强有力的保护人,在莱辛的沃尔芬比特时期之初这个分会改宗为"严格纪律派"。公爵的儿子们中间有几个作为分会兄弟参与活动。但在布伦瑞克分会中最重要的共济会人物是斐迪南公爵(Herzog Feidinand),他是在位邦主的兄弟。1772 年,他成为所有高级分会的大师(Großmeister),因而在后来的岁月中成为德国共济会的领袖人物。

十八世纪下半叶,两个不同分会系统(Logensysteme)的对立并存成为德国共济会的特点。源于英国传统的第一个系统只有学徒、帮工和大师三级。人们按照其庇护者施洗约翰(Johannes dem Täufer)的名字称其为"约翰共济会",偶尔也(因为其基本色是蓝)称为"蓝共济会"(blaue Maurerei)。无论不同等级的象征性称谓,还是其宣谕秘密的组织礼仪的象征(这种象征从最低级的粗石料加工到大师级的绘图工作)都清楚表明这个系统源于建筑手艺。然而这种"实践性的"共济会,即在建筑手艺同业公会和教堂建筑工棚里干手艺活的(自由)工匠([Frei-] Maurerei),在约翰共济会里已经从建筑工匠和砖石匠发展成为"思辨性的"共济会。它将共济会共同体的思想基础和基本价值观——首先是人人平等和全面的博爱——放在了中心位置,并由此维护着象征性和精神性的劳动。与此约翰分会对立的是自称"严格纪律派"的高级派。这个称谓指分会要求严格、绝对的顺从和强有力的统治。

相反,从"严格纪律派"方面看,人们将另外一些按照英国传统行事的分会及其比较松散的组织关系称为"自由派"（laten Observanz），即保持松散的（即 late；拉丁语，意为"广阔的"）形式。"严格纪律派"作为高级派的特点是超越约翰分会的等级，将共济会的等级秩序进一步延伸到骑士一级。"严格纪律派"认为其源头是 1312 年被废除的圣殿骑士团（Templerorden）。据其创建时的传说称，逃往苏格兰的法国圣殿骑士在那里生存下来，后将其影响扩展到欧洲大陆。"苏格兰共济会"（Schottische Maurerei）这个称谓便由此而来。与这个复杂的渊源相联系的是仿效圣殿骑士的教团衣饰，以及对其习俗尤其是森严的等级结构的仿效，按此结构要达到更高等级的前提是较高的社会地位。这个高级派由帝国男爵封·洪德（Karl Gotthelf von Hond，1722—1776）创建，在 1763 和 1775 年之间为德国共济会赢得了崇高地位。在经历了洪德之死和众多内讧之后，"严格纪律派"在 1782 年威廉巴特会议（Kongreß in Wilhelmsbad）上寿终正寝。

约翰共济会的种种特征基于其英国渊源，还表现出实践性共济会，即建筑和作坊传统的清晰痕迹，更带有启蒙-理性主义色彩，"严格纪律派"则表现出神秘、秘传和精英化的特点。尽管它带有基督教的印记，却仍表现出明确的唯灵论倾向，显然还在传播炼金术或至少是此类兴趣。此外（可以理解的是鉴于其根基未稳），他们尚在寻求合法的高层或祖宗，这种情况正值莱辛的《写给共济会员的谈话》准备或起草阶段，最终导致了一场高级共济会形式的深刻危机。1765 到 1790 年间，德国共济会内部日益加剧的分裂所酿成的后果是，汉堡共济会分会从 1767 年起活动中断。

取代中断活动的"严格纪律派"分会的，是新冒出来的一些起初没有得到委任状的分会，这些分会因此被称为"黑分会"（Winkellogen）。例如，前普鲁士上尉劳森伯格男爵（Georg Johann Freiherr von Rosenberg，1731—?）于 1768 年建立了一个名为"三朵（金）玫瑰"（drei [goldenen]）的分会。他在 1770 年使这个分会隶属于"德国大邦分会"（Greßen Landesloge von Deutschland），从而取得合法地位。可是，这个"大邦分会"是由原名埃伦伯格（Ellenberger, 1731—1782）的岑内道夫（Johann Wilheilm Kellner von Zinnendorf）于 1770 年为反对"严格纪律派"创建的一个新的高级派，据称其创建依据是瑞典文书（schwedischen Akten），而让"严格纪律派"反感的是，"大邦分会"甚至取得了英国大分会的承认。基督教的原则也适用于这个分会体系，同时这个体系又具有明显的神秘特征。它很快得到了最广泛的支持，却也接过了骑士精神以及圣殿骑士的传统。

1771 年 9 月 3 日，莱辛在汉堡开始整理他在 1767 年就曾作为待办的事项与波德讨论过的手稿。据劳森伯格的说法（参见 Nr. 3），文章的标题是《经最古老的文献确认和充分论证的真正的共济会》（Der wahr Orden der Freimaurer aus den ältesten Urkunden hergeleitet und mit Gründen beweisen）。莱辛显然重新请求波德接纳他入会，大师鉴于"严格纪律派"分会的工作仍一直处于中止状态，未能满足这个请求是可以理解的。而且，波德特别恳切地劝他不要发表这篇文稿。劳森伯格在 1771 年 9 月 7 日致岑内道夫的信中曾表示过他希望能争取莱辛加入他的分会。一天以后，即在 1771 年 9 月 8 日，他谈到莱辛的手稿和他打算不惜任何代价并以特别优厚的条件（这大概是指有意使莱辛尽快晋升为大师；参见 Nr. 3）接纳莱辛的计划。莱辛事实上也于 1771 年 10 月 14 日晚被接纳加入劳森伯格的汉堡分会，这个分会在举行此次入会仪式时并没有达到法定人数。莱辛很快在所有三个象征性等级中都得到晋升。

1771 年 10 月 15 日，莱辛取得已完成入会手续和已达到级别的法文资格证明。但正式载入分会名册的手续是由劳森伯格的后继者实施的。从 1775 年起，莱辛在分会名册中被列为大师，但 1780 年以后却再也没有被提及。他在履行入会仪式之后再也没有参加过聚会。劳森伯格本人在 1771 年 10 月 15 日向岑内道夫报告了他的这一成就（参见 Nr. 4），在这封信中还曾提到莱辛要在沃尔芬比特建立一个分会的意图。此事最终没有办成，一方面是由于他随后很快冷静下来并对他的入会感到失望（参见 Nr. 5）；但另一更为重要的方面是当地的情况。莱辛不愿参加在布伦瑞克占主导地位的"严格纪律派"。他更不大可能去冒险在沃尔芬比特建立一个与受他的上司保护的"严格纪律派"相竞争的约翰分会了。

岑内道夫本人（听从劳森伯格的建议）在 1771 年 10 月 19 日致函莱辛。他告诫莱辛对共济会的教条和礼仪要保守秘密，并向莱辛索求准备付印的文稿。莱辛大概没有回复这封让人感到颇为傲慢和不得体的信。他最终完全放弃了发表这篇大概尚未完成的手稿的念头，此稿可能基本上与本卷收入的《〈恩斯特与法尔克〉补遗》相同。这不见得是出于尊重岑内道夫的要求，而是莱辛关于共济会的写作计划有了一个影响至为深远的新定向。他对共济会现状的幻灭感导致的深切失望在波德的记载中有所反映（Nr. 5），但也见诸大概在 1773 年 6 月间与莱辛的朋友犹太裔哲学家和作家门德尔松（Moses Mendelssohn，1729—1786）进行的一次谈话，这篇谈话由莱辛的弟弟卡尔（Karl）保存了下来。①

莱辛在 1774 和 1775 年间最初显然还在继续研究他原来的主题：共济会的渊源是 massonei（聚餐会）而非 masonry（砖石匠行会）。莱辛的朋友尼古拉在 1776 年春曾提到与莱辛的一次历史－语源学讨论，莱辛在讨论中第一次谈到沃伦（Wren）的共济会地位（参见 Nr. 7）。而与门德尔松的有关谈话众人皆知。真正撰写全部五篇《恩斯特与法尔克》是 1776 和 1777 年间的事，而且是完全重新谋篇行文，只有最后一次谈话接触到共济会的沿革史，即最初对莱辛至为关键的问题。

不可不予考虑的是，莱辛的主要意图是从世界主义的视角，将真正的共济会解释为精神性的兄弟友谊（Brüderschaft），这个想法得益于诗人维兰德（Christoph Martin Wieland，1733—1813）的重大影响。可能的接触点是《德意志信使》杂志 1774 年 5 月第二

---

① 参见《莱辛生平……第一部分》，柏林，1793，页 299-301。

期（页149-151）上发表的《阿布提拉人续篇》①，其中描绘了虚构的世界主义教团。②

所有五次谈话的手稿至迟在1777年10月底想必已经全部完成，因为莱辛大概于1777年11月初将手稿寄给了门德尔松，后者在1777年11月11日就此发表了意见。此外，门德尔松提示后来的刊本中尚缺乏的某些"不同的段落"③，证明这位朋友是知道最后两次谈话的。同样，神学家和辞典编纂家卡培（Joachim Heinrich Campe，1746—1818）1778年9月底的一封信也明确提示过第五次谈话的一些段落。

莱辛撰写此文时正值德国共济会的危机升级和为此采取相关改革努力的时期；他的写作可能由此获得了更多的动因。④ 在反对竞争分会的斗争中，高级"严格纪律派"首要寻求的是在不同的传统中取得坚实的历史基础和合法性。1775年——当时莱辛逗留在意大利——"严格纪律派"在沃尔芬比特举行了一次大会，斐迪南公爵还准备于1778年2月中旬于此再召开一次大会。毕竟这个分会在1776年上过一个骗子的当，现在它出于绝望而试图从瑞典方面获取新的资源，即关于共济会秘密的消息，来加固其受到动摇的基础。

但是，不仅"严格纪律派"因"大邦分会"的迅速崛起而受到打击。甚至有着深厚英国传统的分会也由于这两个占主导地位

---

① Fortsetung der Abderiten,［中译按］阿布提拉（Abdera），古希腊色雷斯的海港，此地居民以愚笨为世人嘲笑。

② Kosmopoliten-Ordens，参见 Nisbet,《论职能》（Zur Funktion），页302以下。

③ 参见卡尔·莱辛1778年10月28日的信。

④ 关于这一点可参见施奈德（Schneider），《莱辛》；佛格斯（Voges），《启蒙与秘密》（Aufklärung und Geheimnis）；Hammermayer,《威廉巴特共济会员大会》（Wilhelmsbader Freimaurer-Konvent）；Deziergwa,《莱辛与共济会》（Lessing und die Freimaurerei）。

的神秘主义分会的争斗而陷于不利境地。他们曾坚持的共济会员的人道理想，如今在隐晦的神秘主义和秘传以及喀巴拉主义的（kabbalistischen）形式中变得岌岌可危，尤其正在蜕变为圣殿骑士意识形态和对圣殿骑士的仿效。

虽然莱辛本人对他加入的汉堡分会会员们的具体表现感到失望，可他显然对于完全独立地"为共济会员"解释共济会的本质和秘密仍保持着浓厚兴趣和深切同情。同时，莱辛的共济会员谈话显然与当时"严格纪律派"内部的危机有着密切而实质性的，甚至说得上是根本性的联系。他在第四次谈话中对圣殿骑士传说的攻击尤其证明了这一点。这一击中要害的毁灭性批评跟当时"严格纪律派"大师裴迪南公爵的一个类似见解遥相呼应，并可能为后者摆脱这种难以成立和站不住脚的沿革史的打算提供充足的理由。因此，公爵还支持将他的改革计划的最后两次谈话的手稿发给他的教团内各方面德高望重的成员相互传阅。①

门德尔松在1777年11月11日的信中就热情地发表了他阅读谈话后的看法。诗人克劳狄乌（Mathias Claudius，1740—1815）大概在1778年春也曾见过手稿，而此前可能见过手稿的还有波德，与他同时见过手稿的则是隶属布伦瑞克"严格纪律派"的朋友们。1778年7月28日，在已提及的沃尔芬比特"严格纪律派"大会期间，莱辛给裴迪南公爵寄去五次谈话的一份完整手稿，因为公爵早就对此表示过浓厚兴趣。当时还谈不上有付印的意图。为什么莱辛随后在米歇尔博览会上，即在1778年9月底，将前三次谈话交由哥廷根的 J. C. 迪特里希匿名付印，虽然印刷地沃尔芬比特会有泄密的可能，详情却不得而知。在哥廷根的印务由李希滕伯格承办，他在8月底读过大概已备好待印的三次谈话的手稿。莱辛向他许诺随后将寄去最后两次谈话的手稿。

不过此事一直拖到1780年1月23日方才办成。莱辛在哥廷根

---

① 参见 Hammermayer，《威廉巴特共济会员大会》，页26以下。

的朋友，古代语言学家和图书馆长海内（Christian Gottlob Heyne，1729—1812），此前从未以书刊检查官身份出现过，他于1778年9月2日签发了出版许可，这也为手稿所证明。莱辛于1778年10月19日将一本样书寄给裴迪南公爵，并附一封短笺，为事前未经商定的献辞表示歉意。后者的反应虽有些不悦，但他对莱辛的论述表现出高度浓厚的兴趣，这大概也包括"第五次谈话"末尾所预告的"注释"，对此他期待已久（参见1778年7月29日的信）。莱辛立即以极其激烈的言辞表示不容对泄密产生任何怀疑。

莱辛后来是否还对已经成文的最后两次谈话的手稿做过润饰，人们难知其详。在第五次谈话中谈到一段引文，一段富兰克林（Benjamin Franklin）论福斯特（Georg Forster）的名句。最后两次谈话的手稿肯定在1779年5月"外借到了较远的地方"①，所以莱辛到1779年11月6日方才可能将手稿寄给卡培，后者只是想将它转借给一个相识。1780年1月23日，李希滕伯格终于收到《续篇》。一份抄件在1780年1月（？）25日寄达赫尔德，他自1770年以来便与莱辛保持着友谊。这封信明确表示可将手稿转给哈曼。这封信的日期也许稍晚，或许在1780年2月25日，因为赫尔德在1780年4月29日才做了回复。哈曼在1780年3月24日收到手稿并立即转抄，第二天便将此"续篇"退还赫尔德。哈曼根据这个抄件在1781年单独出版了这两次谈话。如果人们的出发点是，给赫尔德寄出誊清稿的时间比以前设想的要迟一个月，那就不存在以往几乎不容置疑的下述推断了：据说有两份抄件——何况莱辛本人曾对赫尔德提到，他除了自己的 Brouillon（草稿）以外，只有"唯一一份誊清稿"。②

"续篇"后来在1780年暮秋出版，仍然匿名，没有责任人，显然也没有莱辛的明确认可，由法兰克福 H. L. Bronner 印刷厂承

---

① 见1779年5月25日莱辛致 Elise Reimarus 的信。
② 参见1780年1（2）月25日的信。

印，当时的厂主之一是书商布洛纳（J. C. Bronner，1738—1812），他早先是"严格纪律派"的活跃分子，后来是一个沿袭古老的英国传统的共济会分会的成员。对这个可能促成此次非法承印出版并撰写了《第三者前言》的匿名人，曾有过许许多多的推断揣测，现已通过新发现的 1780 年 10 月的一封信证明，这个出版人是克尼格（参见 Nr. 8 和芬纳，前揭）。克尼格在 1780 年夏与布洛纳所领导的法兰克福共济会的接触，以及新近在他的遗物中发现的他亲手誊清的、与 1780a 完全符合的莱辛最后两次谈话的文稿，不容辩驳地证明了他的出版人身份。

第五次谈话结尾所预告的"笺注"（critische Anmerkungen，页66），在哈曼 1781 年刊本里以字母 a–k 标明，这些"笺注"是否像有些人认为的那样已由莱辛完成，迄今仍未得到澄清。或许戈金克以其提示指的就是事实上已完成的"注释"，即莱辛在其校样中"还补充了一些重要内容"。① 然而戈金克却未转述这些注释。对雅可比（Friedrich Heinrich Jacobi，1743—1819）1782 年 5 月 31 日给莱辛的熟人格莱姆（J. W. L. Gleim，1719—1803）的一项通报也应置而不论，雅可比本人是共济会员，他想就此通报告诉赫尔德：

> 我获得了可靠消息，莱辛已完成待印的共济会员谈话的附件，想必已在死者的草稿中发现了。②

古特克尝试重构这些注释的做法，③ 遭到严厉批评和（有充

---

① 《德意志杂志》第三卷，1786 年第 8 期，页 169。
② 雅可比，《通信集》（*Briefwechsel*），M. Bruggen, H. Gockel 和 P.-P. Schneider 编，《全集》（*Gesamtausgabe*），I, 3, Stuttgartt - Bad Cannstatt 1987；本卷页 36。
③ Guthke,《莱辛的〈第六次共济会员谈话〉》（Lessings "Sechstes Freimaurergespräch"）。

分理由的）反对，他依据的是《补遗》（Paralipomena）中的遗稿，特别是其最后的札记。①

莱辛撰写时所根据的文献——也可看一眼《补遗》——只能使人知其概略。因为特别重要而被广泛阅读和经常使用的关于共济会历史和章程的一本书，是英国牧师安德森（Pastors James Anderson）的著作。此书以《共济会章程……》（The Constitutions of the Free‑Masons...）为题首次出版于1723年，1738年新版，最后分别在1756和1767年发行了恩提克（John Entick）修订的两个新版本，据古特克称（《札记》，页158），两个版本在268页以前完全相同。莱辛可能使用过的1767年版的标题是《古老而高尚的自由公认的共济兄弟会之章程，及其历史、职责、法规等……》（The Constitutions of the Ancient and Honorable Froternity of Free and Accepted Masons, Containing their History, Charges, Regulations etc. ...）。它叙述了一个无疑不大准确的、共济会自天堂般的时代以来的历史，及其与建筑手工业发展的密切关系。②

首先，这部著作传达了对于英国分会及其仿效者具有权威性的"古老职责"（Oid Charges），即共济会的"Alten Verpflichtungen"，这本书得到英国大分会认可，因而行文被认为具有约束力。还有于1770年（如果不是1769年的话）首次匿名出版、1778年再版的由共济会员和后来的秘传派施塔克（Esoterikers Johann August von Starck；《补遗》中的札记提到此书）撰写的《申辩》（Apologie），也应列入莱辛使用的可靠文献之内。至少莱辛由其前言，或通过自己的阅读，可能也了解1768年在伦敦出版的《共济会：通向地狱之路》（Masonry the Way to hell）一书。此书当年，并且后来又在1770年以"Die Freimaurerei, der Weg zu Hölle"为题在布伦瑞克印行。

---

① 参见佛格斯，《札记》或《评注》（"Notitzen" oder "critische Anmerkungen"）。

② 参见《补遗》中关于安德森的札记，页71。

莱辛在他最早的草稿中曾提及此书。属于此类文献的还有1770年发表的反驳文章《共济会：通向永福的捷径》（Die Freimaurerei, der gerade Weg zur Glückseligkeit），这是1768年在伦敦出版的《共济会：通向生活幸福和永恒幸福的康庄大道》（Masonry the Turnpike: Road to Happiness in the Life, an Eternal Happiness herafter）的德译本，而且英文原著还附有《共济会：通向地狱之路》的全文。

由此推断，莱辛可能也读过此书，至少知道书名。最后，莱辛还读过生于苏格兰的伦敦印刷商和记者普里斯顿（William Preston, 1742—1818）于1772年发表的《共济会解说》（Illustrations of Masonry），德译本 Erläuterung der Freymaurerey 大概发行于1776年，莱辛在1778年10月致卡培的一封信里曾强调过。1779年3月19日，莱辛回信告诉他兄弟卡尔，他未见到"关于共济会的英语新书"，[1] 这里说的大概是1779年英语原著的新版本。莱辛还读过哪些有关共济会的原始资料和文献并吸收进了他的共济会员谈话，很难追述其详。关于相应文本关系的零星证据，可以在"文句评注"中找到。

关于成文经过的文献

Nr. 1：莫塞致阿布特 [1766 年] 10 月 11 日的信[2]：

莱辛先生要我寄给他一份 Spellmanni Glossario 关于 massoney、maconeia、masonei 等等词条的释义摘要。但是，我在 Spellmann、Somner、Skinner 等辞书中未查到这些词条。

事后我想到，原始根词必定是 mate，这个词在德国人、荷兰人、英国人、丹麦人、瑞典人等等那里均指 socium（伙伴），从 ma-

---

① 卡尔指的是1775年由普里斯顿出版的第二版。
② 莫塞《书信集》（Briefe），E. Beins 和 W. Pleisster 编，Hannover u. Osnabruck 1939，页227。

te 衍生出的 Mascopey 和（科学的 [der Wissenschaften]）Maetschapie，意即 Societas（社团），因此，圆桌骑士 in hoc sensu（在此意义上）构成一种 massoniam（社团），而共济会（Frymasons）① 作为 socii societatis non clousae（非封闭性的伙伴团体）与 massoniae clausae（封闭性的团体）相对立，正如莱辛先生所推断的那样。如果您给他写信，请您告诉他这些情况。

Nr. 2：②

莱辛对严格纪律派主座大师（波德本人）说，他未经传授也知道共济会的秘密，他想就此著文。这位主座大师回答说：莱辛呀！我没有想在任何一门科学上成为您的敌手；可在这方面您却知之甚少，我会轻而易举地击败您。莱辛自然认为这不过是一个主座大师的惯常说法而已。然而这一次他这位朋友的威严语调使他提出了入会请求。可主座大师给他的答复却是：除了您我不知道还会愿意让谁成为我的兄弟。但是，我又不得不直截了当地劝您打消这个念头，因为我们组织的进步对您的年龄和您火热的性格而言真是太缓慢了。还是维持现状吧！

Nr. 3：劳森伯格 1771 年 9 月 8 日致岑内道夫，原姓埃伦伯格的信（转引自 Daunicht, Nr. 517）：

我适才听说，莱辛先生将一份手稿交给了某人阅读。他

---

① 原文如此！
② 波德译，载：波内维勒（Nicolas de Boneville），《苏格兰共济会与三种教团盟誓的比较和十四世纪圣殿骑士的秘密：译自法文并附译者波德的注释》，第二部分《圣伊格纳修会的四种盟誓与圣约翰共济会的四个等级的一致性》，Leipzig, 1788，页 113 注释。

想出版这份手稿,标题是:经最古老的文献确认和充分论证的真正的共济会。我在尽一切可能获取这份手稿,并期望他无偿地接受我的请求……您可否得便写信给他?我愿亲自将信递交给他,因为他考虑在这里再逗留一两个星期。据我所能知道的情况,他想必通过沃尔芬比特图书馆获得了许多关于共济会的知识。

Nr. 4:劳森伯格 1771 年 10 月 15 日致岑内道夫,原姓埃伦伯格的信(转引自 Daunicht, Nr. 535):

如果说我曾怀着愉快的心情提笔写信,那一定就是今天了!我可以转告您的令人高兴的消息是,经过许多周折我终于成功地在好兄弟克诺勒(Knorre)在场的情况下将好兄弟莱辛接纳入会。我本来很愿意公开举行他的入会仪式,可他有特殊原因,在一段时间里仍应对布伦瑞克当局保守秘密。他到达布伦瑞克后会把他的文章寄给我,可他仍然坚持认为应被详细告知事情的缘由。现在既然他知道在布伦瑞克没有什么真实的东西,所以就在今天清晨,他说,他要做的事是粉碎和完全消除此类虚假的东西。

人们应尽快放他走。他将在沃尔芬比特组建一个他那种类型的共济分会,并想当这个分会的大师,其余的事应顺次而行。我相信,我最亲爱的兄弟,我已经暗中帮了您的忙。既然如此,我真诚地请求您给此人致函以示关切,并写信告知我接下来要办的事。我已向他作过承诺。您不难推断,像他那样有知识的人将锲而不舍地干下去,不会就此止步。我会让他事事向您求教。这也是他的唯一愿望。他还请求我,此事至少今年内在汉堡不可外传。波德争取他已有几年之久,但却未能奏效……

Nr. 5：①

……加入（"三朵金玫瑰"分会）当晚，这位 R 先生（劳森伯格主座大师）对莱辛说：现在，您看到了吧，我说的是真话！您并没有发现什么反对宗教或者反对国家的东西！刚才可能感到有些乏味的莱辛此时转过身来说：哈！我还希望发现这种东西呢，如果那样我会更满意。可是，据译者（波德）所知，他沿着寻常的等级顺序一直升到第三级。但他再未晋升，虽然这全在他自己；他并不自视为圣殿骑士，连一个象征性的圣殿骑士都不是，更谈不上一个真正的了！

Nr. 6：李希滕伯格，《日记》（*Tagebuch*），1772 年 9 月 25 日（转引自 Daunicht, Nr. 351）：

（莫塞先生对我说）莱辛认为，Masonniren 是关于圆桌骑士的一个常用词，含义很多，当其与地点的连用时，便产生了 Francmaçon② 和 Maurer 这两个词。我们的语言过分书卷气，它是一种书面语言。如果人们为了美而咬文嚼字，最后就什么都没有了。

Nr. 7：引自尼古拉《试论对圣殿骑士团的指控和该教团的秘密；附言：关于共济会的产生》（*Versuch über die Beschuldigungen, welche dem Tempelherrenorden gwmacht worden, und der dessen Geheimniß; Nebst einem Anhang über das Entstehen*），Berlin 和 Stettin, 1782，第一部分，页 151 – 153：

---

① 波德译，载：波内维勒，《苏格兰共济会》（见 Nr. 2），Leipzig, 1788，注释，页 113 以下。

② ［中译按］这个法语词含义有二：1. 法兰克砖石匠；2. 自由砖石匠。

我已故的朋友（莱辛）六年前从意大利归来在柏林作短暂逗留时，就与我详细讨论过他关于共济会的产生的假设。他将他的假设建立在**克里斯托福·沃伦**在建造保罗教堂时所成立的**砖石匠行会**（Massoney）或社团的基础之上，这类行会已存在数世纪之久；他假设的根据并不是秘密存在的**圣殿骑士聚会**（Massoneyen von Tompelherren），据说沃伦将之作了**改变**，或者将其原则作了**显白解说**。莱辛此后想必发现了推动他改变看法或进一步确定其看法的信息。

可是我必须承认，无论当时还是现在我都无法确信我的朋友的假设之正确性，即他认为共济会是在**上个世纪末方才建立的**。我曾向他口头表示异议，断言这个社团在上世纪中叶已存在于英国。我甚至清楚地记得好几年前曾在英文书籍里发现过有关报道，证明这个社团在当时的内战中曾被用于某种重要的政治目的。他不愿承认我这一点，我也未找到记载这个证据的纸条，他因此认为我由于记忆失误也许将**革命**（Revolution）跟复辟（Restoration）搞混了，而且认为在那个世纪初**出版的**任何一本书里绝对找不到 Freymaurer 或 Free-Mason 这样的名称，同样在**这个时期以前的手抄文献中**也不可能找到。

我已故的朋友在他的《恩斯特与法尔克》续篇第 38 页所主张的正是这一点。尽管他通常在历史论断上如此精确，他的阅读之广博是如此不可估量，他对所读书籍的运用是如此准确，可是这一次他却搞错了。……

Nr. 8：引自克尼格男爵 1780 年 10 月致魏斯豪普特（Adam Weishaupt）的信[①]，载：Euphorion（《回光返照》）88［1994］），页 481 以下：

[①] 转引自芬纳，《莱辛也许是我们的人，克尼格与莱辛新事》（Lessing wäre auch ein Mann für uns, Neuigheiten über Knigge und Lessing）。

神思机敏的莱辛自认为已探明究竟。他于 1778 年出版了前三次谈话，阁下会读到的，可我仍将谈话随信附上。当他想出版续篇时，裴迪南公爵请他暂时压一压，因为其中所讲到的严格纪律派的实情令人难以消受。他的手稿落到了我的手里，我是这里附寄的谈话续篇的秘密出版人，阁下可与其他谈话一起保存。我觉得其中叙述的 Mry.（Maurerei [共济会]，W. F. [芬纳]）的起源史是所有这类历史中最可能成立的，我希望莱辛如今能改变主意将这些论证公之于众。

接受和影响

关于莱辛的《恩斯特与法尔克》在其发表后最初几十年中的明确评价和接受，基本上如同文学家霍恩（Franz Horn）1819 年所作的回顾性论断（Nr. 8）：在法国大革命时代，莱辛及其作品"只是一个凄凉存在的影子"，人们"不大理会他最优秀的作品，其中就包括《恩斯特与法尔克》"。书评数量微乎其微，深入和实质性的解读剖析至为罕见。评论大都给予相当高的认可，间或有含蓄的批评，却罕有激烈的批评。即便在共济会员圈子里，这些明确地为这些人而写的谈话也没有引起实质性的回应，只有一些微弱反响或者赞许罢了。

直到十九世纪，尤其十九世纪下半叶，这个读者圈子对《恩斯特与法尔克》的评价方才发生了变化。在这个共济会员圈子之外，尤其在相关的莱辛研究中，对莱辛的著作及其内容表现出同样的窘迫。人们感到很难理解莱辛对共济会员的看法，在描述就此猜想的莱辛的政治哲学时，得出的只是种种主观臆断，往往还不乏明显的误解。

对《恩斯特与法尔克》早期影响史所作的这一冷静而又令人失望的回顾，当然不应该掩盖莱辛的《恩斯特与法尔克》"在同时代人当中所引起的巨大兴趣……：卡培、克劳狄乌、哈曼、赫尔德、康德、李希滕伯格、施勒格尔（F. Schlegel）等人在此书出版或读过此书之后，立即受到莱辛的激发"。① 在此背景下同样重要的是，不仅《恩斯特与法尔克》的德文版很快连续再版（1781、1787 和 1790），而且某些部分在十八世纪就出现了欧洲其他语言的译本②；进而迻译为希腊文、意大利文、西班牙文、捷克文以及匈牙利文，则是二十世纪的事了③。首先是已提到的法译本，仅包括前三次谈话，曾被马格德堡的共济会员作为裴迪南·冯·布伦瑞克公爵的诞辰贺礼。这种传播情况说明，对莱辛关于共济会的著作的兴趣远远超出表面的反响。

按照有关《恩斯特与法尔克》早期接受情况的已有文献，会发现至少有两个回应出现在前三次谈话发表之前。首先做出回应的是莱辛的朋友门德尔松，他在读完所有谈话的手稿之后，于 1777 年 11 月 11 日发表了热情洋溢的讲话。他本人 1767 年完成的对话《斐多，或论灵魂不死》（*Pädon, oder über die Unsterblichkeit der Seele*）显然为莱辛用对话形式撰写关于共济会的著作提供了范例。他清楚地看出了莱辛的"非真实的"共济会和理想化的"非凡思想"，虽然这种视角迫使门德尔松更加尊重共济会。不过，他竭力劝阻这个著作的发表。另一个来自李希滕伯格的回应则不同，他在 1778 年 8 月 31 日对波耶（Heinrich Christian Boie）表示，他极为赞赏莱辛的著作及其共济会观点（Nr. 1），并将校对此著作的印本。就在前三次谈话出版后几天，1778 年 9 月 30 日的《哥达学术报》（*Gothaische Gelehrte Zeitung*）上出现了一个批评家的匿名书

---

① 芬克（Fink），《道德信条》（*Das moralische Glaubensbekenntnis*），页 58 以下。

② 法文本在 1778 年（事实上应在 1779 年）、1784 年、1786 年；荷兰文本在 1807 年；丹麦文本在 1821—1922 年；英文本在 1854 年。

③ 参见 Contiades 所列一览表，载《恩斯特与法尔克》页 124 以下。

评（Nr. 2）。书评对写作样式和"非凡的思想"表示尊重，但对莱辛"关于共济会的终极目的和本质的评说"表示怀疑。

另一篇关于《恩斯特与法尔克》的早期评论——参照 LM 卷 13 第 340 页的有关资料，虽然因查不到其中提到的杂志卷目或论文而无法进一步核实，塞菲特（Seifert）在他的《莱辛研究书目》（Lessing – Bibliograhie）中也未收入——见诸 1778 年的《柯尼斯堡学术与政治报》，即 12 月 24 日第 103 号。按照 LM 的说法，此文出自"一个无名氏，大概是哈曼"，他赞赏莱辛的著作，并预告"此书即将问世"，而且此书事实上也在 1779 年 1 月根据哈曼的抄本出版了。尽管 LM 只从这篇早期评论中引用了几句话，但却足以证明躲在这篇评论背后的确实为哈曼无疑。因为他与此同时曾对前三次谈话发表过类似的赞语，虽然极其简略。他在发表之前可能已读过《续篇》的手稿，却只给予它不多的称许（Nr. 3）。此外，哈曼还从《恩斯特与法尔克》（尤其是第一次谈话）中摘录了几个片断加进他在 1779 年出版的《Konxompax：一个伪预言女巫关于世界末日秘密的残稿》（Konxompax Fragmente einer apokryphischen Sibylle über apokalyptische Mysterien）。

1781 年 10 月 20 日《文学戏剧报》（Litteratur – und Theater - Zeitung）上刊登的一个不知名书评家关于 1780 年发表的谈话《续篇》的文章（Nr. 4），指责其写作质量欠佳和内容冗赘，因此对莱辛的作者身份提出质疑："如此无足轻重、内容空洞、靠摘录别人的书七拼八凑起来的东西，不可能是德国第一流的思想家莱辛的手笔。"相反，书评对此前发表的《恩斯特与法尔克》赞不绝口："前三次谈话闪烁着莱辛洞察一切的精神……"

1782 年，在莱辛的朋友尼古拉与赫尔德之间发生了一场辩论，尼古拉对莱辛关于共济会员的历史 - 语源学观点提出批评（Nr. 5），赫尔德立即两次对其表示激烈反对，并认为自己充分意识到，对实际情况有特殊而确实的了解（Nr. 6 和 Nr. 7），同时还不乏对莱辛的溢美之词。后来，赫尔德在他的《促进人道思想的通信》（Briefe zur

Beförderung der Humanität）第二辑① 上发表了《关于一个不可见的可见社会的谈话》(Gespräch über eine unsichtbar – sichtbare Gesllschaft)，这篇谈话首先概括性地重述了莱辛的第二次谈话，只是用"我"取代了恩斯特，用"他"取代法尔克。然而接下来他却放弃了对于莱辛的著作具有决定性的主张：政治与道德的分离，以及在秘密社团中保守所谓秘密，从而有益于公开的、维护报刊讨论的学者共和国和关注全面的人道思想。②

属于《恩斯特与法尔克》影响史范畴的，还有阿道夫男爵克尼格于1786年匿名发表的《论反映共济会教团最新历史的九篇对话》，③ 此文标有可能是虚构的出版地柏林。之所以此文受到莱辛作品影响，是因为首先此文同样采用了两人对话形式，其次在作自我批评的共济会员"威勒"与探索和提问的"布林克"之间的这场对话，详细说明了共济会的历史及其意义。

这篇文章明显以莱辛的《恩斯特与法尔克》为依据，还在于它也有一篇《预先提示》(Vorerinnerung)，克尼格在其中只作为"出版人"而不承认其作者身份，并且自己始终隐姓埋名。从内容上看，克尼格的文章（Beytrag）更侧重共济会的"真实历史"和决定其历史的"秘密"，其中至少影射了莱辛所侧重讨论的共济会的"本体论"中的个别思想，然而克尼格的《对话》既没有达到莱辛谈话的华彩，也没有莱辛对共济会员的秘密的若明若暗的指点，正如下文的 Nr. 9 从第二次谈话中援引的一段话所表明的那样。

光明教团（Illuminatenorden，1748—1830）的创建者和领袖魏

---

① Riga, 1793, Nr. 26, 载《全集》(SW), Suphan 编, 卷 XVII, 页 123 – 132；另见 Contiades, 前揭, 页 59 – 73。

② 更为详细的论述参见：Müller,《考察》(Untersuchungen), 页 50 – 68；佛格斯,《启蒙与秘密》(Aufklärung und Geheimnis), 页 188 – 223。

③ Beytrag zur neuesten Geschichte des Freymaurerordens in neun Gesprächen, 载《选集》(Ausgew. Werke), 芬纳编, 卷 7, Hannover 1994, 页 191 – 275。

斯豪普特（Adam Weishaupt）在1787年发表的《我的目的辩白的补充》（*Nachtrag zur Rechtfertigung meiner Absicht*）中明确将莱辛及其共济会员谈话称作使他形成"世界主义思想"和这一思想所包含的消除一切国家、宗教和等级差别的理念的决定性推动力，尽管他对莱辛谈话可能产生的激进后果并非毫无保留。《恩斯特与法尔克》中的历史和语源学论题的最后一次余响，反映在作家和诸多不同的共济会分会的创建者古厄（August Siegfried Goué，1743—1789）1788年发表的一部著作的一段记述里（Nr. 11），这段记述认为莱辛"欠缺共济会知识"。辛克（Johann Friedrich Schink，1755—1835）在1795年出版的《德国人的万神殿》（*Pantheon der Deutschen*）第二卷赞赏莱辛的共济会员谈话，说这些谈话是"将思辨哲学具象化（Versinnbildung）的杰作，是真正的苏格拉底式对话"。

施勒格尔（Friedrich Schlegel，1772—1829）在《纯美艺术教程》（*Lyceum der schönen Künste*）卷一第二部分（1797年柏林版，页76‑128），以"论莱辛"发表了详细的具有深远影响的见解，其中看似顺便以赞赏口吻提到被不公正地大大低估了其价值的共济会员对话。几年后的1804年，他在《莱辛的思想和见解：著作辑录和解释》（*Lessings Gedanken und Meinungen aus dessen Schriften zusammengestellt und erläutert*）所收入的前三次谈话（这里被称为《第一次谈话》）和后两次谈话（这里被称为《第二次谈话》）之后，同时以《恩斯特与法尔克——关于共济会的第三次谈话残稿》为题发表了自己的一篇对话。[1] 这篇对话模仿莱辛谈话在"F."与"E."之间展开，也模仿了莱辛的风格。

然而，施勒格尔认为"一切公开和秘密社团的新法则"（同上）的建立，并非由于法国大革命，而是由于"观念论的创造"[2]

---

[1] 载《批评文集》（KA），Behler 编，III，页94‑102；同时参见 Contiades，前揭，页75‑89。

[2] Erfindung des Idealismus，同上，页96。

以及与之相联系的人的发现。共济会员的"模式"（同上）也随之改变了。有关的详细解释和说明包含在残稿所附的《论哲学的形式》①一文中。这里所追求的是"真正的哲学家"的同盟（同上，页102），"（旨在）一个不可见却又紧密结合的朋友们的同盟，（一个）像古老的毕达哥拉斯派的伟大同盟那样的同盟"（同上）。

莱辛的共济会员谈话也激发和启迪了费希特（Johann Gottlieb Fichte，1762—1814）。在他1802—1903年间写成的《共济会哲学：致康斯坦特的信》（*Philosophie der Maurerei. Briefe an Konstant*）中，第一个讲话（即书信1和3-7）无论风格还是内容都依赖于《恩斯特与法尔克》的前三次谈话。这种一致性尤其表现在共济会与国家的关系定位、共济会克服差别的努力、它的文明传播活动和它不断变化、不加确定的组织形式上。②

目前，关于莱辛的《恩斯特与法尔克》在共济会中的接受史，有一本令人印象深刻的著作描述了直到此前不久的情况。③描述指出，"在早期接受阶段（大致到十九世纪中叶）……莱辛的共济会员谈话在德国共济会员中仅受到很少关注"（同上，页170）。而且，早期共济会员的接受很不相同。热烈的赞赏主要在十九世纪下半叶，人们认可莱辛的谈话在德国共济会思想中的经典地位；除此以外，在很长一段时间里则是贬低甚至歧视性的评价，尤其在保守的基督徒共济会员中更不乏批评与反对的声音。

重要的是，莱辛这篇著作的编者、译者和出版人大都是共济会员。"总的看来，这些版本的大部分首先明确被用作共济会员的常备读物。"④共济会方面大量有关莱辛的文献和十九世纪中叶以来乐于以"莱辛兄弟"为立论依据，使这一历史回顾臻于完备。

---

① über die Form der Philosophie，参见前揭，页97–102。
② 参见 Müller，前揭，页69–79。
③ 参见 Dziergwa，《莱辛与共济会》（*Lessing und die Freimaurerei*）。
④ Contiades，前揭，页132。

最后还应指出，《恩斯特与法尔克》第一个文本考订版本是由共济会员麦茨道夫（J. F. L. Th. Merzdorf, 1812—1877）完成的。这个版本至少从历史的角度看，直到今天仍值得一提和重视。

关于接受和影响的文献

Nr. 1：引自李希滕伯格 1778 年 8 月 31 日致波耶的信①：

前天我读了莱辛的一份手稿《恩斯特与法尔克——对共济会员的谈话》。这是我长期以来所读过的文章中最好的一篇。如果共济会员果真是这个样子的，那么，不做共济会员就是背逆人性的罪孽了。前提是人们能够怀着信念明白这个道理。莱辛先生甚至使我抱有希望：寄给我第三次和第四次谈话的手稿。迪特里希（Dieterich）将这前三次谈话印得很美，我愿校对印本。他的名字不会出现在书上，但他写信明确告知迪特里希，无须对此讳莫如深。

Nr. 2：引自匿名，《哥达学术报》，Gotha，1778 年［9 月 30 日］②：

……这三次谈话所陈述的主题的讨论方式、表达形式和行文本身说明了一切，即便人们并不知道其作者是沃尔芬比特的宫廷顾问莱辛先生。至于作者先生在书中提出的关于共济会的终极目的和本质的见解是否正确，就另当别论了，对此也许只有少数人才能作出裁定，而大多数人只能推断而已。不论这种见解是否真实无妄，这些谈话却包含着某些与普遍的国家法和国际法有关的

---

① 转引自 Dvoretzky, Nr. 266。
② 转引自 Braun, 卷 2, 页 155。

卓越思想。

Nr. 3：引自哈曼分别于 1778 年 11 月 25 日、1779 年 12 月 21 日和 1780 年 3 月 25 日致赫尔德的信①：

……《法尔克与恩斯特》也符合我的看法。……我几乎不敢相信，第四次和第五次谈话会付梓出版，因为据说有人曾对前三次谈话的发表制造过麻烦。……

……莱辛的本体论谈话我百读不厌。……

……关于我所不知的模式，获益匪浅——可我却不大相信内核，我不理解法尔克对此内核或其内涵的激情和兴致。……

Nr. 4：引自（匿名）《文学戏剧报》②：

……此人（作者）竟是他（莱辛），这在我们看来仍然十分可疑。前三次谈话闪烁着莱辛洞察一切的精神：虽然他仅仅踏进了共济会的第一道门槛，（正如我们这些本身并非共济会链条上的一个环节的人从可靠方面听到的那样）却立即深入这个兄弟会的本质，在一幅幅画面和一层层掩饰之下瞥见他为之献身的这个体系的终极目的闪烁着微光。我们必须承认，这并非一个微不足道的证据：共济会员在他们的神秘表情之后，在他们近来不时地向槛外人道明的众多隐晦和寓意性的概念背后隐藏着一种东西，一种精神，一种光，任何一个得其门而入者只要拥有莱辛的那种洞察力和领悟力都能够捕捉到这种东西。我们以为只有那些浑浑噩噩度日、不知机敏和判断力为何物的弱智才会说，这没有什么名堂。

然而，我们却不可否认，只是当莱辛，智者莱辛也投入共济

---

① 载《通信集》，Arthur Henkel 编，Ⅳ，页 34、54、174。
② 柏林，1781 年（10 月 20 日），页 670 - 672。

会的怀抱，并以他独有的机敏、精确和内涵丰富的概念，就一个似乎注定只会由末流作家来写的主题进行写作的时候，我们方才部分地领悟到共济会教团并非完全不重要。……

在恩斯特与法尔克之间进行的第四和第五次谈话里，续貂者的命运与其同道几乎一样：达不到原作者的精神境界。何时才会有一个可与莱辛比肩的人？仅从文笔看也是模棱两可、言不及义，用词、思想都不像原作者，全文内容无非是共济会章程里可以找到的东西。如此无足轻重、内容空洞、靠摘录别人的书七拼八凑起来的东西，不可能是德国第一流的思想家莱辛的手笔。……

Nr. 5：引自尼古拉，《试论对圣殿骑士团的指控和该教团的秘密；附言：关于共济会的产生》①：

当我正在思考这个（共济会的产生）问题时，突然注意到我多年珍视的密友莱辛一篇文章中的几段话。我正要就这个令人费解的看法询问他时，却传来他过早离世的令人悲伤的消息，这对今世和后世都是不可估量的缺憾。他在《恩斯特与法尔克》的续篇53页认为：圣殿骑士的聚餐会（Massoneyen）在十二和十三世纪名气很大；上世纪末叶，这个坚忍不拔地维持在伦敦市中心的圣殿骑士聚餐会经由克里斯托福·沃伦成为共济会（Freymaurergesellschaft）。莱辛并非盲从写作的人。尤其对圣殿骑士聚餐会早在十三世纪就名声大噪这种说法，他必定至少从历史中得到了指点。我作如此推断还有另外的理由（……②）。

Nr. 6：引自赫尔德，《尼古拉的〈试论对圣殿骑士团的指控和

---

① Berlin 和 Stettin，1782，第一部分，页 150 – 153。
② 后面的陈述参见上文的《关于产生和来源的文献》Nr. 7。

该教团的秘密；附言：关于共济会的产生〉一书的历史疑点》①：

> 自从莱辛将他的优秀谈话《恩斯特与法尔克》的手稿寄给我以来，难免触动我再次捡起了自己作为槛外人曾经思考过的论题，虽然我不能赞同他关于共济会产生的体系，却因为一个如此机智和富有学养的人所写的闲聊（Unterhaltung）而更加关注某些论点。这个主题于我可以说相当熟常，所以我无需更多开场白而直奔主题，向您直截了当地说出我对这篇试论的疑问。……
>
> ……莱辛从桌子（Mase）推导出同桌进餐会（Masonei），并用封闭性的聚餐会（geschlossene Tischgesellschaft）加以解释。……在这些方面，我觉得人们可以相信莱辛。……但我绝不想附和莱辛，由此推断共济会的产生。……

Nr. 7：引自赫尔德，《关于圣殿骑士、共济会员和玫瑰十字会士的通信：〈尼古拉先生试论对圣殿骑士团的指控和该教团的秘密一书的历史疑点〉续篇》②：

> 那会怎样呢？假如他们（圣殿骑士）之所以犯下异端过错，恰恰是由于这些活动是如此广泛，如此不可遏制，为如此优秀的人物所代表，真是宗教中的健康理智与纯洁性的曙光呢？假若他们在东方从萨拉逊人③那里学到了上帝的唯一性，如今在西方又从阿尔俾派④那里学到了基督教的纯洁性、宗教中健康的折中主义，尽管并非作为其助手，但却作为其保护者和朋友协助促成更美好

---

① Berlin u. Stettin，1782 年［3 月］，转引自：《全集》（SW），Suphan 编，卷 XV，页 57 以下。
② 1782 年［4 月］转引自前揭书，页 626 以下。
③ ［中译按］Saracenen，指阿拉伯人，后来泛指伊斯兰教徒。
④ ［中译按］Albigensern，十三世纪产生于法国南部的改革派。

的日子的到来,又会怎样呢?因为在当时的漫漫长夜里,哪怕只是做些许促成美好日子到来的事,也确实是一大功绩呀。

假若他们通过勇敢和实践智慧的完美结合,超越他们那个时代的可憎偏见,在他们的心灵中将东西方最高尚和最真实的东西结合起来,假若他们事实上成为国中之国,成为摆脱民族偏见的圣殿集会地,成为高尚的聚餐会,而莱辛的希望正是将他们及其后继者共济会提升到这样的高度,那又将如何?现在,我们抵达莱辛谈话的光辉之点,一幅壮丽的海市蜃楼般的画面;这是为两个社团所写成的最完美的著作,它应成为现存社团的理想和律法书,若能如此,它也可能成为已消亡社团身后的荣耀。请让我们拭目以待!我们已就我们迄今所作的考察和朝圣之旅得出结论。只是我还要谬用一下您的耐性。

Nr. 8:引自霍恩(Franz Horn),《1790—1818 德国纯文学的历史和批评概述》①:

众所周知,在所指的那个时刻,即在法国大革命爆发之时,莱辛早已不在我们当中了;但是,他在某种程度上可以说又活在我们中间,而且比他在世时的某些岁月活得更富有生命力。可在那个时候,人们所称的莱辛只是一个凄凉存在的影子,而不是活在我们当中的他所独具的真实精神。对他基于学养和睿智的强大有力的批评,却几乎见不到一丝痕迹,人们也不再理会他最优秀的著作《恩斯特与法尔克》和《论人类的教育》,然而这些作品之所以重要,是因为它们以他所有伟大的不知满足和美好向往,完全表现出了作者本

---

① *Umrisse zur Geschichte und Kritik der Schönen Literatur Deutschland, während der Jahre 1790 bis 1818*, Berlin, 1819, 页 15。

人。人们只盯住爱米丽亚①，甚至萨拉②，庸俗地把它们捧上了天。人们从他的著作里，尤其从他的早期著作里寻找一些微不足道的批评观点，并可怜巴巴地以此来维持自己的需要。……

Nr. 9：引自克尼格男爵，《论反映共济会教团最新历史的九篇对话》③：

……威勒（Weller）：……这正是此类秘密联盟的伟大影响和活动。这类人感觉到了已悄然侵入人类社会纽带和市民社会之内的腐败，他们想在他们更加严密的团体里消除这种腐败，这种弊端。可是他们并没有考虑到，种种家族的、市民的、家庭的契约和联盟在其产生之初也是建立在同样纯洁，甚至更加纯洁的基础之上的，就像他们现在所立足的基础一样。但是，这些机构经过漫长的岁月像所有其他人类机构一样都腐败了；他们的机构尽管在其创建之处是如此纯洁，但也面临着同样的结局……

布林克（Brink）：按照您的描绘，我担心他们会更糟，因为如果说他们除了公开的社团所具有的一切毛病以外还有他们独有的缺陷，那么，他们所造成的弊必然多于利。

威勒：这是确定无疑的！时代对这类虚假小国的癖好使人们对最自然、最圣洁的人类联系纽带采取冷漠态度。在有的社团里这种冷漠、这种对市民和家庭联系的鄙弃甚至成了原则！

布林克：请容许我在这里打断您的话。倘若果真能够使人脱

---

① ［中译按］ Emilien，指莱辛最成功的悲剧《爱米丽亚·伽洛蒂》（*Emilien Galotti*）。

② ［中译按］ Sara，指莱辛的第一部悲剧《萨拉·萨姆逊小姐》（*Miss Sara Sampson*）。

③ 前揭，Berlin 1786；《选集》，W. Fenner 编，卷 7，Hannover，1994，页 206 以下。

离国家和家庭的组合，将他们纳入一个使一切民族中的所有人都兄弟般地联合起来的普遍的团体之内，我倒认为这不啻为一种善举。我一直在想，这必定是产生共济会的原因。

威勒：什么？他们会赞成一个社团竭力解散自然和理性创建的联盟，目的是将气候、兴趣、组织差异、情绪、爱好等等方面几乎自然而然地虽非相互割裂，但却大有差距的异质性团体捆绑在一起吗？

Nr. 10：引自魏斯霍普特，《再为我的意图辩解》①：

……可是，我在这篇讲话里提出了哪些手段呢？——**道德和启蒙**。哪些人更有能力做这件事呢？哪些人更清白无辜呢？哪个好政府会阻止这些人？——我还得补充说，我已经有点儿从通过阅读莱辛的谈话《恩斯特与法尔克》而在我内心唤醒的世界主义的、如此乐善好施的理念中回过神来了。如今我不再相信君主和民族有朝一日会从大地上消失；我不再相信一切等级差别将不复存在。但我相信当权者将永远存在：最高的权力将受到其定义本身所具有的规定性的限制，并确保不致被滥用：平等更多是权利平等，罕有人格和等级的平等。

Nr. 11：引自 August Friedrich von Goué，《诺图马并非超越共济会整体的前耶稣会士》②：

莱辛写了一篇关于共济会的谈话，叫《恩斯特与法尔克》。这

---

① *Nachtrag zur Rechtfertigung meiner Absichten*，Frankfurt 和 Leipzig，1787，页 86 以下。

② *Notuma nicht Ex-Jesuit über das Gange der Maurerey*，Leipzig，1788，页 120。

当然不属于他的优秀作品,他至少暴露出有关共济会知识的缺陷。**诺图马**以他们交往中遵循的一如既往的坦诚,直截了当地说出了这一点。这个伟大人物坦陈此说不爽。

Nr. 12:引自辛克,《莱辛的品格》①:

共济会员谈话《恩斯特与法尔克》是将思辨哲学具象化的杰作。在引向预定目的的思想逐渐形成方面,在作为这篇哲学谈话之结论的假定犹如在我们眼前显现方面,这是真正的**苏格拉底式**对话。这种明明白白的展示,两个讨论者性格中的戏剧性姿态,和一场杰出对话的魅力同时感染着我们,使我们的求知欲,使我们的学术和道德关切完全得到了满足。

……

就这些谈话的**历史部分**,这个教团的知情人可能会提出某些异议。但根据一个槛外人就此可能作出的评判,莱辛的论断即便在这个方面也具有高度的可能性,而且他从共济会的上述确定活动出发,从其已经形成的本性出发,以高度的洞察力来阐释其论断。所以,这种既将我们引向实(Sache),也将我们引向名(Namen)的光,几乎不大可能只是微弱星光和远方电闪;这个伟大现实(Realität),这个由此而进入共济会的伟大现实,对于全人类是如此崇高,人们至少不能对此失去希望,它可能存在,为此它被描绘。……

结构、风格和内容

莱辛独具匠心写成的这些谈话的意图和动机仅从标题就能看

---

① *Charakteristik Gotthold Ephraim Lessings*,载《德国人的万神殿》第二部分,Chemnitz, 1795,页 126, 129 以下。

得出来。首先引人注目的是，印本的副标题（《续篇》中同样如此）与正标题《恩斯特与法尔克》相比明显突出，因此特别值得重视。莱辛写这些谈话是"为了共济会员"，因而此书是为那些自己本来应该比《恩斯特与法尔克》的作者更多也更清楚地了解其秘密社团的目的和任务以及产生历史的人所准备的。

可见，这部作品应是用来教育和启蒙这些人，以推动他们彻底进行自我反思，推动他们返归其原初固有的永恒理想。只可由此来解释这部作品的结构和内容。因此这些谈话的目的，并不是冷静而清醒地观察和思辨地分析共济会的历史及当前现实，更不是对此进行全面的描述。

关于这些方面所说的一切只从属于一个唯一的目的：理解和严格地判断，究竟什么是共济会固有的内核、"本质"、"真实的本体论"，以及与此相关的处于重重迷雾之中的"秘密"。这种严谨的，以徐缓而审慎的步调进行的思想运动，意在说服并希望通过苏格拉底启发式的问 - 答游戏（Frage - Antwort - Spiel）来唤醒人们的判断能力，与这一思想运动相应的是清晰而一目了然的结构、鲜明的框架、譬喻成分的丰富运用，以及谈话进行的特殊方式显而易见将对话的结构与内容密切结合为一体。

谈话的框架条件

作为精心安排的谈话伙伴出场的是两个"朋友"：恩斯特与法尔克。前者早先还不是共济会员，但看来却在竭力探知共济会的秘密；相反后者已经是一个共济会员，可是他将目光投向这个秘密社团之更深层的、超越一切外在形式和机构特征的本质和秘密，对当时具体的共济会采取极其保留和怀疑的态度，而且对明显的错误形式不乏指点。作为假想谈话地的是皮尔蒙特浴场，按照谈话过程判断，至少法尔克正在这里作温泉治疗，不过这次治疗在第四次谈话开始时已经结束。1766 年夏，莱辛在皮尔蒙特与莫塞邂逅，尤其在那里除了别的之外还就共济会的历史－语源学问题进行交谈，这在多大程度上对此谈话地点的选择起了决定作用，则应置而不论。

第一次到第五次谈话的时间框架是凌晨（früher Morgen）和深夜（später Abend）——这期间为进行第三次谈话还有一次晚间会晤，恩斯特在这次会晤结束之时宣称他将在第二天动身进城。由于法尔克在第四次谈话的开始曾提到他的温泉治疗"早已结束"，而这一治疗只是在第一次谈话之前两天开始的，① 所以在前三次谈话及其"续篇"之间的间隔大概只有一天多的时间。尽管如此，莱辛所选择的谈话时间框架仍具有重要意义，因为这段时间从凌晨日出一直到日落，这意味着完全不同的、更加稳定的"照明"（页37，33以下），它发出耀眼光芒，可靠地提供着稳定的光亮。人们由此不难发现，这是对共济会入会仪式的暗示：这种仪式总是在晚间举行，礼仪以丰富的象征手段表现黑暗与光明、盲目与识辨清晰的"健康眼睛"的反差。

个别谈话的结构和论题重点

一次次谈话都围绕着不同的主题和基本问题。谈话机智而细心地敞开对话空间，最先是试探着，然后字斟句酌地围绕共济会员之可见而又绝不表露其真实秘密的"善良行为"展开。那些使"善良行为……成为多余"的"真实行为"的"谜底"，② 直到"第一次谈话"结束前，始终隐而不露未得破解。不和谐和费解、恩斯特的气恼和不悦以及法尔克借助一只蝴蝶（同样是共济会的一个象征）转移视线的做法使谈话戛然中止，于是交谈刚刚开始便面临搁浅的危险。第二次谈话恢复交谈的尝试相当艰难。恩斯特最初拒绝继续任何关于共济会的谈话。由于从观察蚂蚁和

---

① 参见第三次谈话的结尾处说明时间的"前天"。
② 关于这些情况着重参见 Michelsen，《真实的行为》。

回忆昆虫国家的社会性特点（这在共济会著作中也是相当重要的）中得到启发，法尔克选择了一个迂回地进入共济会秘密的新的切入点。

关于市民社会——这在莱辛那里是人类在国家中共同生活的同义语——的内涵和影响范围的讨论表明，《恩斯特与法尔克》显然受到法国哲学家卢梭（Rousseau）的国家理论，尤其他在1754年发表的《论人类不平等的起源和基础》一书的影响。[①] 将市民社会中由其本身所造成的种种"分裂"客观地列举了出来：不同的民族、信仰各异的宗教以及差别不一的等级和财产是国家之恶（尽管是必然的）。要克服这类恶，便需要一种超越国界展开的活动，需要一种 Opus supererogatum（分外之功）。

话说到这里，法尔克将注意力引向默默地、卓有成效地为克服这些分裂而工作的共济会员及其"秘密"。在他还没能满足恩斯特由此而重新苏醒的、对如此描绘和具有如此规定性的共济会本质的兴趣的时候，谈话再次中断。只是到了夜晚，在远离"社会喧嚣"，在与外界隔绝的温馨的卧室空间之内，方才重新连接上谈话之线，这条线将恩斯特引向真正的"顿悟"，这时他才理解，共济会为人民广造福祉的活动，正是为了减少随着国家宪法的确立而产生的弊端。法尔克将教团之内人人绝对平等视为"共济会的基本法则"，然而只能就其更深一层的秘密而言是如此，也就是说，这绝不等同于这种秘密。

第三次谈话与后续谈话之间的断裂，最初是由于恩斯特暂时离去，后来则主要因为从法尔克那里了解到共济会员的高尚理想和"真正的本体论"之后，如今本身作为共济会员的恩斯特对他在共济会分会及其"工作"中具体感受到的东西完全彻底地失望和幻灭了。这种失望情绪以多种多样的譬喻得到生动描绘。这里提到共济会的礼仪，提到从一团光芒耀眼和暖流四溢的烈火向四面八方弥漫

[①] 参见 Fink,《道德信条》，页 36–44。

开来的有毒烟雾，提到丰盛的宴饮和对会内晋升的徒然期待，还有围绕着个人和"天命"之"道路"而展开的振振有词的争论——这些在莱辛著作中是一幅常见的、首先具有历史哲学意味的画面——都使恩斯特的抱怨具有必要的鲜明个性和咄咄逼人的尖刻。

谈话毫不留情地揭露和鞭笞了各种弊病：炼金狂热、讳莫如深的秘传、基于所谓共济会员（尤其"严格纪律派"）的圣殿骑士出身而形成的重传统和以精英自居的装腔作势，还有以营利为目的的金融业务，所有这些不断对共济会各分会的高度道德要求和社会地位产生了有害影响。法尔克再次强调，组织上从属于一个共济分会与真正的共济会精神并不是一回事——这大概反映了莱辛自己的经验和信念。[①] 这次谈话重又使人清楚地看到"外壳"、"形式"、名称与共济会的"本质"之间重要的、显然被莱辛视为核心的区别。这次谈话进程因客人以及"饶舌者"的干扰性参与而延期，这类人（不仅就涉及共济会方面而言）始终停留在非本质的表层领域。

最后一次谈话再次将话题转向共济会员拒绝一切暴力和一切流血革命的艰难活动，推崇太阳、火焰和照明灯光的光的譬喻使其基本思想在这里得到直观和集中的表述。谈话再次唤醒"富有同情心的人的共体感"作为共济会的中心和基础。同时，法尔克强调"就其本质讲……与市民社会同样古老"的共济会的形式多样性和变化之可能性。

历史－语源学的讨论历数（这同时表现出莱辛的深厚知识和准确判断）同时代人关于共济会员的历史渊源的五个主要作伪行为和错误，并证明其完全不能成立。而取代这些作伪和错误的是一些完全不同的说法，这些说法似乎可以追溯到1766年莱辛在皮尔蒙特浴场与莫塞的谈话，或至迟发生在1770—1771年间他撰写其第一份草稿之时。在此Massonei 作为"亲密的聚餐会"被追溯到从萨克森传

---

① 参见上文《成文经过》。

到英国、在十二和十三世纪达到全盛期的 Masonei（砖石匠行会），并由此与共济会的产生历史联系在一起。从历史的角度看这是欠准确的，但莱辛在第五次谈话里却以他独有的机智和一些"抠字眼儿的方法"（施罗德在《莱辛》一书中多次提到），试图将"实践性的"（劳动）砖石匠行会（masonry）与沃伦十七世纪在英国建立的"思辨性的"（象征性的）自由砖石匠行会拼凑在一起。

在"一个从市民生活实践上升到思辨的社团的对立图像中……"，法尔克看到了共济会原初和持久的意义和使命，其中大概反映出莱辛自己的信念，由此共济会只证明自己间接的政治性和实践性，而正是在这一点上和由于这一点的缘故才对市民社会的结构及其分裂具有颠覆性。随着新的"另一个太阳"的"光明"在一天傍晚之时"令人眼花目眩地"腾升，在人们面前展开了一个乌托邦层面。这种前景在极大程度上与《论人类的教育》的"前记"提到的"柔和的晚霞"是一致的，它同样既光辉灿烂而又隐而不露地指出和预先反射尚未达到的远方。

莱辛让他的共济会员谈话保持着这个文本形式。因此，如果考虑到在结尾的"信息"中曾预告的简讯以及包含着这条简讯的第六次谈话，此两者都未流传下来，人们只能将这个文本判定为残稿。在《补遗》近结尾处所作的提示究竟在多大程度上符合曾打算撰写的"评注"，或至少为此做准备，鉴于留传下来的资料不足，还无法下最后的断语。

谈话的政治 – 乌托邦层面

人们出于种种理由不仅将莱辛的共济会员谈话推崇为对话艺术的范例，而且也视之为"对十八世纪共济会问题的最深刻的剖析"。[①] 对《恩斯特与法尔克》的重新发现和诠释给予有力推动的

---

① 佛格斯，《启蒙与秘密》，页 146。

是科塞莱克（Reinhart Koselleck）的论文《批评与危机》（*Kritik und Krise*, 1959）。他从君主专制时代政治与道德的分裂和两极对立出发，将秘密结社看成启蒙之载体，即在私人领域，在一个像共济会这样的通过其秘密结合起来的社团里实现启蒙。

> 以诸共济分会为基点，自觉地与现行政治制度并列来建立一个崭新的价值体系。可是，既然政治现实恰恰被视为在诸共济分会之内业已得到实现的道德立场之否定……，那么在道德的名义之下政治的不临在就是间接的政治临在。①

由此出发，科塞莱克将莱辛的共济会员谈话诠释为间接政治效应的成功典型，这种效应以共济会真正的本质和秘密为例说明政治和道德的辩证关系。作为抵制市民社会弊端的唯一对抗运动，其"道德目标的确定不可避免要涉及国家的政治领域"。② 所以，莱辛的功绩在于，清楚地认识和揭示共济会员们的道德活动和世界主义意图的政治后果，同时眼中又不失"扬弃"某些条件下导致的国家分裂这个乌托邦目标。

> 在实施道德规划时必然会超越这个范围，这是知内情者法尔克所知道的；而道德也必然同时会变成一种政治，人们对此最好秘而不宣，这是恩斯特所认识到的真理。他知道这是共济会员们的一个秘密，他"不能说出口，哪怕他很可能想说"。(《批评与危机》，页74)

科塞莱克的命题绝非无懈可击。尽管如此，这些命题却可能

---

① 《批评与危机》，页67；另请参见 Contiades,《莱辛的〈恩斯特与法尔克〉》，页134-151。

② Koselleck，前揭，页71。

相当中肯地描绘出莱辛在同时代人对共济会及其秘密的认识上的重要性和突出地位。不过应当更加明确强调的是，莱辛的历史构想具有将许多东西相对化的乌托邦品格，这一历史构想在"谈话的秘密"中被折射出来，并以此强调"共济会秘密的教育－认识批评层面"。① 此外，莱辛同时发表的《论人类的教育》中的那种历史构想的优势在此变得显而易见。"他虽然触动了现实存在，但却表明他无法拟出有助于实现乌托邦思想的哲学实践的组织形式和战略。"（《启蒙与秘密》，页187）但恰恰在这种情况下，"谈话的方法负有不断启蒙的责任，目的在于使这种矛盾不致失去它所要求的现实性"（同上，页188）。

与此相应，人们将莱辛原则上有具体含义，而实际上仍止于抽象的乌托邦作为依据来说明他作为"保守的革命家"的辩证品格。② 这对于他完全是"一个政治目标"，③ 但莱辛在这里表述的"并非具体的乌托邦，而是一个起调节作用的理想，这个理想虽然为人们所追求，但很可能永远无法达到"（同上，页144）。另一些人在充分考虑到历史渊源和同时代人的类似作品的情况下，将莱辛作品中独有和特殊的东西描绘为"一个世界主义的唯个人论者的道德信条"，④ 与此同时还提请人们注意谈话用"苏格拉底的启发式问答方法"（同上，页24）进行的"对读者的渐进式传授"（同上，页22）。这种启发式问答方法同样要求在"开场白"中作预先思考，这对于进而思考未完成的结论是"渐进式观察法的象征"（同上，页31）。

这里简要提到的情况，引导我们从根本上思考莱辛的共济会员谈话及其"真实行动"中的"秘密之功能"。有人指出其全部

---

① 佛格斯，《启蒙与秘密》，页181。
② 参见 Bahr，《保守的革命家》。
③ Henn，《论〈恩斯特与法尔克〉》，页138。
④ Fink，《道德信条》。

晚期作品中都有"一种故弄玄虚、诪张为幻和神秘化的倾向"。①凡是作为法尔克的策略和"论辩上的神秘化"（《启蒙与秘密》，页 295）出现的东西，假如仔细观察便会发现，这是这些谈话有意使用的形式原则，由此"要达到的效果是，最大限度地激起读者的好奇心"（同上，页 296）。不可将"这种故弄玄虚和神秘化倾向解释为"无能为力，或者"认为这表现出内容，即主题之历史客观性的不成熟，以及莱辛把握它的不成熟"，② 而应该注意到这些做法凝聚一切概念和语言习惯用法的力量。也就是说，从秘密的修辞中，即从具体的共济会员那里悄悄听来然后加以利用，作为"表达他（莱辛）自己独立思想的一种有效媒介"，③ 莱辛的共济会员谈话中有启蒙和进步作用的这种思想功能由此得到了解释。

同样要坚持的是，这种如今更应从内容上理解的秘密，同时又指共济会员的"真实行动"，它与表面的"诡秘"毫无共同之处。从共济会作为同桌进餐会（Masonei）并因此而作为"一个封闭性的亲密聚餐会"这一对莱辛具决定性意义的基本含义出发，"真实行动"的"微光依稀［可见］，它就闪现在友人对话时相互之间的活泼影响中，闪现在心心相印中，闪现在共同哲思中"。④ 可见，这是与政治作为全然有别的东西。正是这种友人对话的形式、对话的"亲密性"指出了对话以之为内容的东西：

> 纯粹的人之存在的理性真理在时间中、在历史中的实现是通过朋友间的对话。从这个意义上看，共济会并非乌托邦，它在这里——公开而又必然是秘密地——将某种东西付

---

① Nisbet，《论功能》，页 291。
② Heise，《莱辛的〈恩斯特与法尔克〉》，页 18。
③ Nisbet，前揭，页 307。
④ 见 Machelsen，《真实行动》，页 314。

诸实施：对话中这种出于友谊而实施的行为就是他们的"行动"，这……是而且始终是他们的"秘密"。由于法尔克向朋友揭示了被遮蔽和被湮没了的——按照他的信念——历史上那个原初的共济会含义，这个朋友茅塞顿开，可是为他指明这条道路（对此他深信不疑）并不通向共济会诸分会，而是通向本来的共济会：与朋友们（或与其约定立即又将在城里进行一次新的对话的朋友）对话。（《真实行动》，页 315）

独具一格的对话结构

这种认识从《恩斯特与法尔克》的谈话特点及其结构方面可以更清楚地加以解释。就此近期的研究又开辟了不同的方面。于尔根·施罗德（Jürgen Schröder）早就对莱辛的共济会员谈话发表过里程碑式的看法：这些对话必须"作为一篇关于问与答之错综复杂性的意味深长的论文来理解"，所以这些对话归根结底，撇开所有内容方面不说，仅从其语言形式看，讨论的是"令人棘手的交际术（Kommunikation）"（《论莱辛》，页 21）。他完全依此来描述莱辛在这些对话中主要采用的语言形式："重要的是他的对话构成了……人应当效命顺应的、为论题内容所规定的词语之精神运动方式，而非其讲话人的语言表达形式。"（同上）

另有一些人在类似的考虑层面上从《恩斯特与法尔克》的语言结构中发现了一种深不可测的 Language Skepticism（语言怀疑论）（古斯塔夫森 [Gustafson] 的有关论文作如是说），这是对一种没有任何歪曲、误解和晦涩的交流所持的深刻怀疑。莱辛在这些对话里以及在其他地方对语言沟通或者可见符号的所谓无限能力所表露的怀疑同时也针对过分理想的启蒙期待。尽管如此，莱辛仍然要求保持渐进式的运动，走向一个完美的交往共同体的乌托邦目标。

霍恩布洛赫伯爵夫人（Marion Grafin Hoenbroech）也曾强调莱辛突出地表现在《恩斯特与法尔克》中的"对相互沟通的怀疑"。① 由此可以看出一个确定的"交际战略"，这个战略应有助于"作为一种社会行为形式的语言的批评性渗透"（同上，页39以下），以一种"批评的狡黠"（这里明确地谈到共济会员的"狡黠"）化解传统的、看似有确切定义的概念，由此开辟新的相互理解层次，推动社会的认识和相互理解的进程。

施罗德对他关于莱辛谈话的特殊形式的提示作出更为重要的精确阐释，这些阐释为揭示共济会员谈话的特殊对话结构提供了求之不得的手段。② 他提请注意莱辛所独有的"单边对话"（einseitiger Dialog）形式，这种形式存在于并未明确采用对话形式的作品里，同样也用在像《恩斯特与法尔克》这样明显的"双边对话"（einseitige Dialoge）作品或者与此结构相似的短文《约翰遗言》③ 里，这种"单边对话"形式不意味着也不应当意味着此一或彼一对话者占主导地位。对此，他详细解释说：

> ［Dialog 中的］Dia 所指并不是人，即两个对话对手，其原初含义是作为话语（Wort）的逻各斯（Logos）。这样的"哲学"对话包含的不是对话双方通过可听见的语言进行的并始终针对对话双方的双边事件；相反哲学对话指的是个人以话语所做的单边应对，即通过批评性的"悉心遣词造句"的问答方法瞄准一个超越个人的目标。（前揭，页22）

在明确地关注"单边对话"的同时，还要为这种哲学对话加上另一种思想：

---

① 《批评的狡黠》（*Die List der Kritik*），页 27。
② 着重参见前揭书，页 12–25。
③ *Das Testament Johannis*，参见本文集卷 XIII，页 447–454。

> 单边对话……是一种已经结束的、同时代表双方的对话形体。这种单边特点由于对话进入其角色而不再需要对手的回答,它意味着一种质的本质特点,这使其从根本上与双边对话区别开来。(同上,页23以下)

固有的纵深层面和对最终不可言说的秘密的提示,从这种结构观察的视角看是很清楚的,正如莱辛在恩斯特与法尔克之间进行的双边生动交谈中巧妙引入的单边对话,在这里,"开场白"以其近乎诠释学的要求,即进行自我思考和参与思考的要求,预先为单边对话规定了方向。许斯肯思-哈塞尔贝克[1]接受了这一想法并对之作了进一步阐发,不过,她着重描述的是《恩斯特与法尔克》中不容否认的双边对话。同时她远远超越其他一切关于这些对话之公认的苏格拉底启发式问答法的提法,"将恩斯特与法尔克之间的关系定格为师生关系"(同上,页125)。不过她同时认为,"从(恩斯特与法尔克)'双边对话'这个现象看,这基本上是'单边对话'中的一场'双边对话'"(同上,页130以下),因为,"如果'双边对话'的读者要破解对话的陈述,他(必须)自觉地接过对话学(Dialogie)的方法,并随之接过他此时所承担的角色。由于在'双边对话'中对话学的方法一方面构成主题,另一方面也同时构成对话本身的形式原则,于是莱辛便迫使读者同时运用和反思其对话学能力"(同上,页128以下)。所以,这要求《恩斯特与法尔克》的读者将自身引入对话形式,因为只有这种对话形式才适用于内容,即适用于绝不可"以明确的语言表述直接指称的"(同上,页129)近似于渐进式的意识展开,因为"在对话中,'现实'之演示与通过被演示的主体对'现实'在语

---

[1] Karin Huskens – Hasselbeck,《文体与批评》(*Stil und Kritik*),着重参见页118–133。

言上的把握是一致的"（同上，页83）。

巴纳尔（Wilfried Barner）在一篇颇为善解人意的论文[①]中，提醒人们注意试图再次破解《恩斯特与法尔克》对话的具体形式和深远含义的更进一步的观点。在众多同时代人的对话当中，莱辛的《恩斯特与法尔克》占有独特的地位，"在莱辛的同时代人当中很难找到可与之比美者：这是一种往返摆动的、在范畴对立之间和在变幻不定的层面上运动的谈话，这种谈话虽然以对话双方的某种'亲密关系'为前提，但恰恰并不要求意见一致"（页2）。这和大致同时写成的短篇对话《约翰遗言》相似，在此一个故隐其名的"我"和一个同样不知名的"他"采取类似方式讨论一个基本思想，在这里未达成的结论同样指向神秘莫测的远方，这种朋友关系以特殊方式为《恩斯特与法尔克》中的角色表演打上了烙印。

在第一次谈话里，法尔克作为纲领宣布而在这里成为主题的一个句子犹如一句箴言："没有什么能胜过与一个朋友进行有声的思考。"这句话仿佛简短的指令，有助于揭示对话更深层的结构和内容。在这里，十八世纪晚期并非绝对罕有的"朋友"（Freund）称谓——与此相比更令人吃惊的是亲切的 Du（你），莱辛甚至对最亲密的朋友也不曾用此称谓！——摇摆于个人信任和深入的两人关系，与出自共济会员的归属感以作为补助语的兄弟概念之间。鉴于在见面之初只有法尔克是共济会员，后一界定性的朋友概念几乎成为两者之间的分离因素，而在前一种情况下友情纽带则使人组合为一个共同体，这个共同体远离公众开辟了一个隐秘空间，在此开始了有声思考。

莱辛将朋友对话的外部关系分为三个等级：最内层的领域是绝对的隔离状态（比如在"卧室"），接下来是比较密切的"聚会"，鄙之为"饶舌者"，其次更加广泛，这就是市民社会及其所

[①]《与一个朋友自言自语》（*Laut denken mit einem Freunde*）。

有的群体（"民族""宗教""共济会诸分会"）。这样一种对外在世界的提防，还有持续不断地"'干扰'交流过程"（Barner，前揭，页7）、误解、"对话中断"、"语塞"、"谈话中止"，都给予"进行有声的思考"（页6以下）以广阔的空间和具体的形式。"这里既不热烈赞颂友谊，也不使本质性的讲话变成对话。"（页7）相反，这种朋友对话的结构恰恰属于"本质上对'秘密'的莱辛－苏格拉底式的接近"（页11）。这种不可捉摸和乌托邦，这种"故意不写结尾使人得不到满足"（页12），将告知的语言形式与不写结尾的语言形式从本质上牢牢地联系在一起，佛格斯在强调"启蒙和秘密（……的）矛盾重重的辩证统一"（《启蒙与秘密》，页166）时也曾明确指出过这一点。

晚期作品的总体对话

这种未完状态，以及乌托邦希望和（至少意向性的）行动指示，将《恩斯特与法尔克》与莱辛的晚期作品，尤其与戏剧《智者纳坦》以及《论人类的教育》紧密联系起来。在此处或彼处只是小心谨慎和语焉不详地提到的东西，在另一个地方则被公开而明确地讨论和表述。许多诠释家都着重指出了晚期作品中的这种相互交叠和主题联系，并同时提供了有关佐证。①

波内（Klaus Bohnen）曾深刻地指出，《智者纳坦》在更广阔的背景下展示了《恩斯特与法尔克》只是概略提到的"社会的对立图像"。莱辛在《恩斯特与法尔克》和《智者纳坦》里表露出的语言怀疑（Sprachskepsis）之相近是显而易见的（参见Gustafson的相关论文），正如他在不同作品中的交际战略和语言理论思考的一致性

---

① 参见Schilson，《人只应通过分离联合起来！》（*Die Menschen sind nur durch Trennung zu vereinigen!*）。

也清晰可辨。① 甚至对莱辛众多言论中的具体政治观念的多层面提示，也可以根据《恩斯特与法尔克》重新定位，反过来又将开辟新的切入途径。②

几乎同样重要的是历史哲学的视角，这一视角虽然在《恩斯特与法尔克》中获得了基本内涵，也只是在《论人类的教育》中方才得到更为广泛的阐发。莱辛早期便已形成，后来逐渐披上了乌托邦外衣的可臻于完美性（Perfektibilität）的思想，即人类历史上真正（认识上的）进步的思想，以独特的、在《恩斯特与法尔克》里也占有极大空间的方式，与一个突出的神义论主题联系在一起。③ 在这些著作中起决定作用的是"为对话奠定基础的悖论：人只有经由谬误才会达到认识"（Fink，前揭，页35）。

在《恩斯特与法尔克》绝非无关紧要的地方，连续两次提到Vorsehung或者Vorsicht。④ 这显然表明了莱辛的信念绝非在此独有：

> 神圣的"天意"为人的行动创造前提，天意使人面对恶，同时又给予人圣火，这使人几乎能够对抗人的一切愚蠢之见，与有缺陷的现实进行斗争并奋力追求完美。（Fink，前揭，页36）

关于这在多大程度上是莱辛晚期作品的概括性视角所具有的一个显然普遍而又重要的方面，施罗德的表述堪称典型：

---

① 着重参见施罗德，《论莱辛》；Hoensbroech，《批评的狡黠》；许斯肯思-哈塞尔贝克，《文体与批评》。

② 参见Reich，《斯拉夫人》（*Slaves*）。

③ 尤其应参见Fink，前揭，页31-36；以前曾提到的Müller，《考察》，页33-49；Schilson，《历史》；Bohnen，《精神与文字》，页176-196；佛格斯，《启蒙与秘密》，页170-180。

④ ［中译按］这两个词在此都意指"天意"。

> ……《智者纳坦》《恩斯特与法尔克》和《论人类的教育》以"善"为目的假设的世界蓝图比现实世界更加自然,因为前者表现了世界之道德-宗教、道德-政治和宇宙神学的(Kosmotheologisch)品格,这种品格在一个连续不断的运动中坚持一个更美好、更有人性和更符合天意的世界。(施罗德,前揭,页157)

莱辛对"作为人类共同生活之人道前提的选择-社交圈子(Alternativ-Gesellschaft)的可能性和条件"[①] 的探索,不仅在内容上而且在结构上决定着《恩斯特与法尔克》并因而使其独具特色,这种探索远远超越了这篇著作。只有在莱辛全部作品的语境中,尤其在他晚期作品的语境中才显示出其真正的层面。

[①] Bohnen,《论平等》,页158。

图书在版编目（CIP）数据

论人类的教育：莱辛政治哲学文选 / (德) 莱辛著；朱雁冰译；刘小枫选编. -- 2版. -- 北京：华夏出版社有限公司, 2025. -- (西方传统：经典与解释). -- ISBN 978-7-5222-0816-9

I. B516.39-53；D0-02

中国国家版本馆 CIP 数据核字第 2024M0N339 号

论人类的教育 —— 莱辛政治哲学文选

著　　者	［德］莱辛
译　　者	朱雁冰
选　　编	刘小枫
责任编辑	刘雨潇
责任印制	刘　洋
出版发行	华夏出版社有限公司
经　　销	新华书店
印　　装	北京汇林印务有限公司
版　　次	2025 年 4 月北京第 2 版
	2025 年 4 月北京第 1 次印刷
开　　本	880×1230　1/32
印　　张	12.875
字　　数	359 千字
定　　价	98.00 元

华夏出版社有限公司　地址：北京市东直门外香河园北里 4 号　邮编：100028
网址：www.hxph.com.cn　电话：(010)64663331(转)

若发现本版图书有印装质量问题，请与我社营销中心联系调换。

西方传统：经典与解释
Classici et Commentarii
HERMES
刘小枫◎主编

古今丛编

迷宫的线团　[英]弗朗西斯·培根 著
伊菲革涅亚　吴雅凌 编译
欧洲中世纪诗学选译　宋旭红 编译
克尔凯郭尔　[美]江思图 著
货币哲学　[德]西美尔 著
孟德斯鸠的自由主义哲学　[美]潘戈 著
莫尔及其乌托邦　[德]考茨基 著
试论古今革命　[法]夏多布里昂 著
但丁：皈依的诗学　[美]弗里切罗 著
在西方的目光下　[英]康拉德 著
大学与博雅教育　董成龙 编
探究哲学与信仰　[美]郝岚 著
民主的本性　[法]马南 著
梅尔维尔的政治哲学　李小均 编/译
席勒美学的哲学背景　[美]维塞尔 著
果戈里与鬼　[俄]梅列日科夫斯基 著
自传性反思　[美]沃格林 著
黑格尔与普世秩序　[美]希克斯 等著
新的方式与制度　[美]曼斯菲尔德 著
科耶夫的新拉丁帝国　[法]科耶夫 等著
《利维坦》附录　[英]霍布斯 著
或此或彼（上、下）　[丹麦]基尔克果 著
海德格尔式的现代神学　刘小枫 选编
双重束缚　[法]基拉尔 著
古今之争中的核心问题　[德]迈尔 著
论永恒的智慧　[德]苏索 著
宗教经验种种　[美]詹姆斯 著
尼采反卢梭　[美]凯斯·安塞尔-皮尔逊 著
舍勒思想评述　[美]弗林斯 著

诗与哲学之争　[美]罗森 著
神圣与世俗　[罗]伊利亚德 著
但丁的圣约书　[美]霍金斯 著

古典学丛编

伊壁鸠鲁主义的政治哲学
[意]詹姆斯·尼古拉斯 著
迷狂与真实之间　[英]哈利威尔 著
品达《皮托凯歌》通释　[英]伯顿 著
俄耳甫斯祷歌　吴雅凌 译注
荷马笔下的诸神与人类德行　[美]阿伦斯多夫 著
赫西俄德的宇宙　[美]珍妮·施特劳斯·克莱 著
论王政　[古罗马]金嘴狄翁 著
论希罗多德　[苏]卢里叶 著
探究希腊人的灵魂　[美]戴维斯 著
尤利安文选　马勇 编/译
论月面　[古罗马]普鲁塔克 著
雅典谐剧与逻各斯　[美]奥里根 著
菜园哲人伊壁鸠鲁　罗晓颖 选编
劳作与时日（笺注本）　[古希腊]赫西俄德 著
神谱（笺注本）　[古希腊]赫西俄德 著
赫西俄德：神话之艺　[法]居代·德拉孔波 编
希腊古风时期的真理大师　[法]德蒂安 著
古罗马的教育　[英]葛怀恩 著
古典学与现代性　刘小枫 编
表演文化与雅典民主政制
[英]戈尔德希尔、奥斯本 编
西方古典文献学发凡　刘小枫 编
古典语文学常谈　[德]克拉夫特 著
古希腊文学常谈　[英]多佛 等著
撒路斯特与政治史学　刘小枫 编
希罗多德的王霸之辨　吴雅锋 编/译
第二代智术师　[英]安德森 著
英雄诗系笺释　[古希腊]荷马 著
统治的热望　[美]福特 著
论埃及神学与哲学　[古希腊]普鲁塔克 著
凯撒的剑与笔　李世祥 编/译

修昔底德笔下的人性　[美]欧文 著
修昔底德笔下的演说　[美]斯塔特 著
古希腊政治理论　[美]格雷纳 著
赫拉克勒斯之盾笺释　罗逍然 译笺
《埃涅阿斯纪》章义　王承教 选编
维吉尔的帝国　[美]阿德勒 著
塔西佗的政治史学　曾维术 编
幽暗的诱惑　[美]汉密尔顿 著

古希腊诗歌丛编
古希腊早期诉歌诗人　[英]鲍勒 著
诗歌与城邦　[美]费拉格、纳吉 主编
阿尔戈英雄纪（上、下）
[古希腊]阿波罗尼俄斯 著
俄耳甫斯教辑语　吴雅凌 编译

古希腊肃剧注疏
欧里庇得斯及其对雅典人的教诲
[美]格里高利 著
欧里庇得斯与智术师　[加]科纳彻 著
欧里庇得斯的现代性　[法]德·罗米伊 著
自由与僭越　罗峰 编译
希腊肃剧与政治哲学　[美]阿伦斯多夫 著

古希腊礼法研究
宙斯的正义　[英]劳埃德-琼斯 著
希腊人的正义观　[英]哈夫洛克 著

廊下派集
剑桥廊下派指南　[加]英伍德 编
廊下派的苏格拉底　程志敏 徐健 选编
廊下派的神和宇宙　[墨]里卡多·萨勒斯 编
廊下派的城邦观　[美]斯科菲尔德 著

希伯莱圣经历代注疏
希腊化世界中的犹太人　[英]威廉逊 著
第一亚当和第二亚当　[德]朋霍费尔 著

新约历代经解
属灵的寓意　[古罗马]俄里根 著

基督教与古典传统
保罗与马克安　[德]文森 著
加尔文与现代政治的基础　[美]汉考克 著
无执之道　[德]文森 著
恐惧与战栗　[丹麦]基尔克果 著
托尔斯泰与陀思妥耶夫斯基
[俄]梅列日科夫斯基 著
论宗教大法官的传说　[俄]罗赞诺夫 著
海德格尔与有限性思想（重订版）
刘小枫 选编
上帝国的信息　[德]拉加茨 著
基督教理论与现代　[德]特洛尔奇 著
亚历山大的克雷芒　[意]塞尔瓦托·利拉 著
中世纪的心灵之旅　[意]圣·波纳文图拉 著

德意志古典传统丛编
论德意志文学及其他　[德]弗里德里希二世 著
卢琴德　[德]弗里德里希·施勒格尔 著
黑格尔论自我意识　[美]皮平 著
克劳塞维茨论现代战争　[澳]休·史密斯 著
《浮士德》发微　谷裕 选编
尼伯龙人　[德]黑贝尔 著
论荷尔德林　[德]沃尔夫冈·宾德尔 著
彭忒西勒亚　[德]克莱斯特 著
穆佐书简　[奥]里尔克 著
纪念苏格拉底——哈曼文选　刘新利 选编
夜颂中的革命和宗教　[德]诺瓦利斯 著
大革命与诗化小说　[德]诺瓦利斯 著
黑格尔的观念论　[美]皮平 著
浪漫派风格——施勒格尔批评文集　[德]施勒格尔 著

巴洛克戏剧丛编
克里奥帕特拉　[德]罗恩施坦 著
君士坦丁大帝　[德]阿旺西尼 著
被弑的国王　[德]格吕菲乌斯 著

美国宪政与古典传统
美国1787年宪法讲疏　[美]阿纳斯塔普罗 著

启蒙研究丛编

动物哲学 [法]拉马克 著
赫尔德的社会政治思想 [加]巴纳德 著
论古今学问 [英]坦普尔 著
历史主义与民族精神 冯庆 编
浪漫的律令 [美]拜泽尔 著
现实与理性 [法]科维纲 著
论古人的智慧 [英]培根 著
托兰德与激进启蒙 刘小枫 编
图书馆里的古今之战 [英]斯威夫特 著

政治史学丛编

布克哈特书信选 [瑞士]雅各布·布克哈特 著
启蒙叙事 [英]欧布里恩 著
历史分期与主权 [美]凯瑟琳·戴维斯 著
驳马基雅维利 [普鲁士]弗里德里希二世 著
现代欧洲的基础 [英]赖希 著
克服历史主义 [德]特洛尔奇 等著
胡克与英国保守主义 姚啸宇 编
古希腊传记的嬗变 [意]莫米利亚诺 著
伊丽莎白时代的世界图景 [英]蒂利亚德 著
西方古代的天下观 刘小枫 编
从普遍历史到历史主义 刘小枫 编
自然科学史与玫瑰 [法]雷比瑟 著

地缘政治学丛编

地缘政治学的黄昏 [美]汉斯·魏格特 著
大地法的地理学 [美]斯蒂芬·莱格 编
地缘政治学的起源与拉采尔 [希腊]斯托杨诺斯 著
施米特的国际政治思想 [英]欧迪瑟乌斯/佩蒂托 编
克劳塞维茨之谜 [英]赫伯格-罗特 著
太平洋地缘政治学 [德]卡尔·豪斯霍弗 著

荷马注疏集

不为人知的奥德修斯 [美]诺特维克 著
模仿荷马 [美]丹尼斯·麦克唐纳 著

阿里斯托芬集

《阿卡奈人》笺释 [古希腊]阿里斯托芬 著

色诺芬注疏集

居鲁士的教育 [古希腊]色诺芬 著
色诺芬的《会饮》 [古希腊]色诺芬 著

柏拉图注疏集

《苏格拉底的申辩》集注 程志敏 辑译
挑战戈尔戈 李致远 选编
论柏拉图《高尔吉亚》的统一性 [美]斯托弗 著
立法与德性——柏拉图《法义》发微 林志猛 编
柏拉图的灵魂学 [加]罗宾逊 著
柏拉图书简 彭磊 译注
克力同章句 程志敏 郑兴凤 撰
哲学的奥德赛——《王制》引论 [美]郝兰 著
爱欲与启蒙的迷醉 [美]贝尔格 著
为哲学的写作技艺一辩 [美]伯格 著
柏拉图式的迷宫——《斐多》义疏 [美]伯格 著
苏格拉底与希琵阿斯 王江涛 编译
理想国 [古希腊]柏拉图 著
谁来教育老师 刘小枫 编
立法者的神学 林志猛 编
柏拉图对话中的神 [法]薇依 著
厄庇诺米斯 [古希腊]柏拉图 著
智慧与幸福 程志敏 选编
论柏拉图对话 [德]施莱尔马赫 著
柏拉图《美诺》疏证 [美]克莱因 著
政治哲学的悖论 [美]郝岚 著
神话诗人柏拉图 张文涛 选编
阿尔喀比亚德 [古希腊]柏拉图 著
叙拉古的雅典异乡人 彭磊 选编
阿威罗伊论《王制》 [阿拉伯]阿威罗伊 著
《王制》要义 刘小枫 选编
柏拉图的《会饮》 [古希腊]柏拉图 等著
苏格拉底的申辩(修订版) [古希腊]柏拉图 著
苏格拉底与政治共同体 [美]尼柯尔斯 著

政制与美德——柏拉图《法义》疏解　[美]潘戈 著
《法义》导读　[法]卡斯代尔·布舒奇 著
论真理的本质　[德]海德格尔 著
哲人的无知　[德]费勃 著
米诺斯　[古希腊]柏拉图 著
情敌　[古希腊]柏拉图 著

亚里士多德注疏集
亚里士多德论政体　崔嵬、程志敏 编
《诗术》译笺与通绎　陈明珠 撰
亚里士多德《政治学》中的教诲　[美]潘戈 著
品格的技艺　[美]加佛 著
亚里士多德哲学的基本概念　[德]海德格尔 著
《政治学》疏证　[意]托马斯·阿奎那 著
尼各马可伦理学义疏　[美]罗娜·伯格 著
哲学之诗　[美]戴维斯 著
对亚里士多德的现象学解释　[德]海德格尔 著
城邦与自然——亚里士多德与现代性　刘小枫 编
论诗术中篇义疏　[阿拉伯]阿威罗伊 著
哲学的政治　[美]戴维斯 著

普鲁塔克集
普鲁塔克的《对比列传》　[英]达夫 著
普鲁塔克的实践伦理学　[比利时]胡芙 著

阿尔法拉比集
政治制度与政治箴言　阿尔法拉比 著

马基雅维利集
解读马基雅维利　[美]麦考米克 著
君主及其战争技艺　娄林 选编

莎士比亚绎读
哲人与王者　[加]克雷格 著
莎士比亚的罗马　[美]坎托 著
莎士比亚的政治智慧　[美]伯恩斯 著
脱节的时代　[匈]阿格尼斯·赫勒 著
莎士比亚的历史剧　[英]蒂利亚德 著
莎士比亚戏剧与政治哲学　彭磊 选编

莎士比亚的政治盛典　[美]阿鲁里斯/苏利文 编
丹麦王子与马基雅维利　罗峰 选编

洛克集
洛克现代性政治学之根　[加]金·I.帕克 著
上帝、洛克与平等　[美]沃尔德伦 著

卢梭集
致博蒙书　[法]卢梭 著
政治制度论　[法]卢梭 著
哲学的自传　[美]戴维斯 著
文学与道德杂篇　[法]卢梭 著
设计论证　[美]吉尔丁 著
卢梭的自然状态　[美]普拉特纳 等著
卢梭的榜样人生　[美]凯利 著

莱辛注疏集
汉堡剧评　[德]莱辛 著
关于悲剧的通信　[德]莱辛 著
智者纳坦（研究版）　[德]莱辛 等著
启蒙运动的内在问题　[美]维塞尔 著
莱辛剧作七种　[德]莱辛 著
历史与启示——莱辛神学文选　[德]莱辛 著
论人类的教育　[德]莱辛 著

尼采注疏集
尼采引论　[德]施特格迈尔 著
尼采与基督教　刘小枫 编
尼采眼中的苏格拉底　[美]丹豪瑟 著
动物与超人之间的绳索　[德]A.彼珀 著

施特劳斯集
论法拉比与迈蒙尼德
苏格拉底与阿里斯托芬
论僭政（重订本）　[美]施特劳斯/[法]科耶夫 著
苏格拉底问题与现代性（第三版）
犹太哲人与启蒙（增订本）
霍布斯的宗教批判
斯宾诺莎的宗教批判

门德尔松与莱辛
哲学与律法——论迈蒙尼德及其先驱
迫害与写作艺术
柏拉图式政治哲学研究
论柏拉图的《会饮》
柏拉图《法义》的论辩与情节
什么是政治哲学
古典政治理性主义的重生（重订本）
回归古典政治哲学——施特劳斯通信集
　　　　＊＊＊
哲学、历史与僭政　[美]伯恩斯、弗罗斯特 编
追忆施特劳斯　张培均 编
施特劳斯学述　[德]考夫曼 著
论源初遗忘　[美]维克利 著
阅读施特劳斯　[美]斯密什 著
施特劳斯与流亡政治学　[美]谢帕德 著
驯服欲望　[法]科耶夫 等著

施特劳斯讲学录
维柯讲疏
苏格拉底与居鲁士
追求高贵的修辞术
　　——柏拉图《高尔吉亚》讲疏（1957）
斯宾诺莎的政治哲学

施米特集
施米特与国际战略　[德]埃里希·瓦德 著
宪法专政　[美]罗斯托 著
施米特对自由主义的批判　[美]约翰·麦考米克 著

伯纳德特集
古典诗学之路（第二版）　[美]伯格 编
弓与琴（第三版）　[美]伯纳德特 著
神圣的罪业　[美]伯纳德特 著

布鲁姆集
伊索克拉底的政治哲学
巨人与侏儒（1960-1990）

人应该如何生活——柏拉图《王制》释义
爱的设计——卢梭与浪漫派
爱的戏剧——莎士比亚与自然
爱的阶梯——柏拉图的《会饮》

沃格林集
自传体反思录

朗佩特集
哲学与哲学之诗
尼采与现时代
尼采的使命
哲学如何成为苏格拉底式的
施特劳斯的持久重要性

迈尔集
施米特的教训
何为尼采的扎拉图斯特拉
政治哲学与启示宗教的挑战
隐匿的对话
论哲学生活的幸福

大学素质教育读本
古典诗文绎读 西学卷·古代编（上、下）
古典诗文绎读 西学卷·现代编（上、下）